# Temas Avançados de Direito da Saúde

---- Volume 2 ----

## Casos Difíceis

## CONSELHO EDITORIAL MATRIOSKA EDITORA

Álvaro Luiz Travassos de Azevedo Gonzaga, Pontifícia Universidade Católica – PUC/SP

Alysson Leandro Mascaro, Universidade de São Paulo – USP

André Araújo Molina, ESMATRA – MT

Angela Issa Haonat, Universidade Federal do Tocantins – UFT

Armando Luiz da Silva, Escola Superior de Administração, Marketing e Comunicação – ESAMC

Carmem Lúcia Costa, Universidade Federal de Goiás – UFG, Campus Catalão

Fernando Gustavo Knoerr, Centro Universitário Curitiba – Unicuritiba

Fernando Rovira Villademoros, Universidade de la Empresa (UDE) – Uruguai

Fernando Fita, Universidad de Valencia – Espanha

Flávio Leão Bastos Pereira, Universidade Presbiteriana Mackenzie – São Paulo

Lucas Gonçalves da Silva, Universidade Federal de Sergipe – UFS

Marcelo Lamy, Universidade Santa Cecilia – UNISANTA, Santos – SP

Motauri Ciocchetti de Souza, Pontifícia Universidade Católica de São Paulo – PUC/SP

Norma Suely Padilha, Universidade Federal de Santa Catarina – UFSC

Óscar Requena Montes, Universitat Rovira i Virgilli, Espanha

Reginaldo de Souza Vieira, Universidade do Extremo Sul Catarinense – Unesc

Ricardo Maurício Freire Soares, Universidade Federal da Bahia – UFBA

Sandra Mara Campos Alves, Fiocruz/Brasília-DF

Sandra Regina Martini, Universidade UNIRITTER, Rio Grande do Sul

Sérgio Salomão Schecaira, Universidade de São Paulo – USP

Sonia Francisca de Paula Monken, Universidade Nove de Julho – Uninove, São Paulo

Thereza Christina Nahas, Pontifícia Universidade Católica de São Paulo – PUC/SP COGEAE

Viviane Coelho de Sellos Knoerr, Centro Universitário Curitiba – Unicuritiba

Viviane Gonçalves Freitas, Universidade Federal de Minas Gerais – UFMG

MARCELO LAMY

Organizador

# Temas Avançados de Direito da Saúde

Volume 2

*Casos Difíceis*

©Matrioska Editora 2021

Todos os direitos reservados e protegidos
pela Lei nº 9.610/1998.

Publisher – Editorial: Luciana Félix
Publisher – Comercial: Patrícia Melo
Copidesque: Ana C. Moura
Revisão: Equipe Matrioska
Projeto gráfico: Tony Rodrigues
Editoração e capa: Leandro Guerra

**Matrioska Editora**

Atendimento e venda direta ao leitor:
www.matrioskaeditora.com.br
contato@matrioskaeditora.com.br
facebook.com/matrioskaeditora
instagram.com/matrioskaeditora

**Dados Internacionais de Catalogação na Publicação (CIP)
(Câmara Brasileira do Livro, SP, Brasil)**

Temas avançados de direito da saúde – Vol. 2: casos
difíceis/coordenação Marcelo Lamy. – 1. ed. – São
Paulo: Matrioska Editora, 2021. – (Direito da saúde; 2/
coordenação Marcelo Lamy)

Vários autores.
Bibliografia
ISBN 978-65-86985-20-7

1. Direitos fundamentais 2. Direito à saúde 3. Justiça
social 4. Saúde – Leis e legislação – Brasil 5. Saúde
pública – Brasil 6. Serviços de saúde – Brasil 7. Tutela
jurisdicional – Brasil I. Lamy, Marcelo. II. Série.

| 21-58423 | CDU-34:351.77(81) |
|---|---|

**Índices para catálogo sistemático:**

1. Brasil : Direito da saúde 34:351.77(81)
2. Brasil : Saúde : Direito 34:351.77(81)
Aline Graziele Benítez - Bibliotecária - CRB-1/3129

# Os autores

**Adriana de Fátima SANTOS**
Advogada (Lamy, Oliveira & Santos Sociedade de Advogados). Professora universitária da Universidade Santa Cecília (Unisanta). Membro do grupo de pesquisa CNPq/Unisanta Direitos Humanos, Desenvolvimento Sustentável e Tutela Jurídica da Saúde. Bacharel em Direito pela Faculdade de Direito de Valença. Especialista em Direito Empresarial pela Universidade Estácio de Sá (Unesa) e pela Fundação Getúlio Vargas (FGV). Mestre em Direito da Saúde pelo programa de pós-graduação stricto sensu em Direito da Saúde: Dimensões Individuais e Coletivas, da Universidade Santa Cecília (Unisanta). Doutoranda em Direito Constitucional pela Pontifícia Universidade Católica de São Paulo (PUC-SP).

**Amélia COHN**
Professora permanente do programa de pós-graduação stricto sensu. Mestrado em Direito da Saúde: Dimensões Individuais e Coletivas, da Universidade Santa Cecília (Unisanta). Graduada em Ciências Sociais pela Universidade de São Paulo (USP). Mestre e doutora em Sociologia também pela USP.

**Bruno Chancharulo de BARROS**
Mestrando do Programa de Pós-Graduação Stricto Sensu em Direito da Saúde: Dimensões Individuais e Coletivas, da Universidade Santa Cecília (Unisanta). Pós-Graduando do Programa Lato Sensu em Direito Público da Faculdade Legale (Falegale). Aprovado no XXVIII exame da OAB (2019). Integrou o Programa Institucional de Iniciação Científica pela Universidade Paulista (UNIP). Graduado em Direito pela Universidade Paulista (UNIP).

*Os autores*

### Bruno Zanesco Marinetti Knieling GALHARDO

Advogado. Mestrando do programa de pós-graduação stricto sensu em Direito da Saúde: Dimensões Individuais e Coletivas, da Universidade Santa Cecília (Unisanta). Pós-graduado em Ciências Criminais pela Universidade Estácio de Sá (Unesa). Graduado em Direito pela Universidade Católica de Santos (Unisantos).

### Carol de Oliveira ABUD

Graduada em Direito pelo Centro Universitário de Rio Preto (Unirp). MBA em Gestão Empresarial pela Fundação Getúlio Vargas (FGV). Advogada e consultora jurídica (Themis de Oliveira Advocacia). Professora e orientadora de Núcleo de Prática Jurídica, com ênfase em Direito das Famílias, Direito das Obrigações, Direito Contratual e Direito do Consumidor. Mestranda do programa de pós-graduação stricto sensu em Direito da Saúde: Dimensões Individuais e Coletivas, da Universidade Santa Cecília (Unisanta).

### Carolina Aparecida Galvanese de SOUSA

Advogada. Mestranda do programa de pós-graduação stricto sensu em Direito da Saúde: Dimensões Individuais e Coletivas, da Universidade Santa Cecília (Unisanta). Graduada em Direito pela Universidade Metropolitana de Santos (Unimes) (1998). Membro da Comissão de Direito da Saúde da OAB/SP, Subseção de Santos.

### Carolina Cruz Rodriguez COELHO

Graduanda em Direito pela Unisanta. Bolsista pelo Programa Institucional de Bolsas para Iniciação Científica (PIBIC, 2019/2020). Participa como pesquisadora no projeto Marco Regulatório dos Medicamentos no Brasil. Membro do grupo de pesquisa CNPq/Unisanta Direitos Humanos, Desenvolvimento Sustentável e Tutela Jurídica da Saúde.

### Celso Ricardo Peel Furtado de OLIVEIRA

Desembargador federal (TRT 2ª Região/SP). Bacharel em Direito. Mestre em Direito da Saúde pelo programa de pós-graduação stricto sensu em Direito da Saúde: Dimensões Individuais e Coletivas, da Universidade Santa Cecília (Unisanta). Doutorando em Direito pela Universidade de Buenos Aires (UBA). Professor de Direito do Trabalho da Faculdade de Direito da Unisanta na

Graduação e na Pós-Graduação. Professor convidado da Escola Superior da Advocacia de São Paulo (ESA/SP). Professor convidado da Escola Judicial do TRT 2ª Região/SP. Membro e diretor da revista *Bonus Iuris*, do Instituto Meridional del Derecho de Trabajo.

**Danilo de OLIVEIRA**
Advogado (Lamy, Oliveira & Santos Sociedade de Advogados). Bacharel em Direito. Especialista em Direito Público com ênfase em Direito Constitucional pela Universidade Potiguar (UnP). Mestre e Doutorando em Direitos Humanos pela PUC/SP. Professor universitário da Universidade Santa Cecília (Unisanta). Coordenador do curso de Pós-Graduação lato sensu em Direito do Trabalho e Previdência Social da Unisanta. Membro do Grupo de pesquisa CNPq/Unisanta Direitos Humanos, Desenvolvimento Sustentável e Tutela Jurídica da Saúde. Avaliador do Inep/MEC.

**Danilo Fernandes MARQUES**
Advogado. Mestrando do programa de pós-graduação stricto sensu em Direito da Saúde: Dimensões individuais e coletivas, da Universidade Santa Cecília (Unisanta). Graduado em Direito pela Universidade Santa Cecília (Unisanta). Pós-graduado em Direito/Processo do trabalho de pela Faculdade Damásio de Jesus (Damásio Educacional).

**Edson Henrique de CARVALHO**
Advogado. Bacharel em Direito pela Universidade Metropolitana de Santos (Unimes). Especialista em Processo Civil pela Universidade Católica de Santos e em Processo do Trabalho pela Universidade Católica de Santos (Unisantos). Mestre em Direito da Saúde pelo programa de pós-graduação stricto sensu em Direito da Saúde: Dimensões Individuais e Coletivas, da Universidade Santa Cecília (Unisanta).

**Érika Pucci da Costa LEAL**
Promotora de Justiça no Ministério Público do Estado de São Paulo (MP/SP). Especialista em Direitos Difusos e Coletivos pela Escola Superior do Ministério Público (ESMP/SP). Mestranda pelo programa de pós-graduação stricto sensu em Direito da Saúde: Dimensões Individuais e Coletivas, da

| Os autores

Universidade Santa Cecília (Unisanta). Graduada em Direito pela Faculdade de Direito de São Bernardo do Campo (FDSBC).

**Felipe Marcelo Miranda da SILVA**
Graduando em Direito pela Universidade Santa Cecília (Unisanta). Bolsista pelo Programa Institucional de Bolsas para Iniciação Científica (PIBIC-CNPq, 2019-2020). Ganhador do Prêmio Dr. Milton Teixeira, na 12ª edição do Congresso Brasileiro de Iniciação Científica (Cobric) da Unisanta em 2020, na categoria Ciências Sociais Aplicadas, pela pesquisa desenvolvida sobre práticas integrativas e complementares.

**Fernando Reverendo Vidal AKAOUI**
Promotor de Justiça. Coordenador e professor permanente do programa de pós-graduação stricto sensu em Direito da Saúde: Dimensões Individuais e Coletivas, da Universidade Santa Cecília (Unisanta). Coordenador e professor da Faculdade de Direito da mesma universidade. Membro do grupo de pesquisa CNPq/Unisanta Direitos Humanos, Desenvolvimento Sustentável e Tutela Jurídica da Saúde. Bacharel em Direito pela Universidade Católica de Santos (Unisantos). Mestre e doutor em Direito pela Pontifícia Universidade Católica de São Paulo (PUC/SP).

**Henrique Brandão Accioly de GUSMÃO**
Tabelião de notas e registrador civil do Estado de São Paulo. Especialista em Direção Notarial e de Registro da Faculdade de Damásio de Jesus e especialista em Propriedade Intelectual pela GVlaw/FGV. Mestrando do programa de pós-graduação stricto sensu em Direito da Saúde: Dimensões Individuais e Coletivas, da Universidade Santa Cecília (Unisanta). Graduado em Direito pela Universidade Presbiteriana Mackenzie.

**Ismar Jovita MACIEL**
Advogado. Graduado em Direito pela Universidade Paulista (Unip) e pós-graduado em Docência do Ensino Superior. Mestrando pelo programa de pós-graduação stricto sensu em Direito da Saúde: Dimensões Individuais e Coletivas, da Universidade Santa Cecília (Unisanta).

## Luciano Pereira de SOUZA

Advogado. Professor permanente do programa de pós-graduação stricto sensu em Direito da Saúde: Dimensões Individuais e Coletivas, da Universidade Santa Cecília (Unisanta). Professor e coordenador do Núcleo de Pesquisa e Prática Jurídica da Faculdade de Direito da mesma universidade. Bacharel e licenciado em Biologia pela Universidade de São Paulo (USP). Bacharel em Direito também pela USP. Especialista em Metodologia da Pesquisa e do Trabalho Científico (Unisanta). Mestre em Direito Civil (USP). Doutor em Direito Ambiental Internacional pela Universidade Católica de Santos (Unisantos).

## Luiz Pinto de PAULA FILHO

Advogado. Professor de Direito. Mestre em Direito da Saúde: Dimensões Individuais e Coletivas (UNISANTA); Bolsista PROSUP/CAPES; Integrante do Grupo de Pesquisas CNPq/UNISANTA Direitos Humanos, Desenvolvimento Sustentável e a Tutela Jurídica da Saúde; Integrante do Grupo de Estudos de Direito Sanitário da USP (GEDISA/USP); Especialização em Direito da Seguridade Social (FALEG); Especialização em Direito Previdenciário (UNESA); Bacharel em Direito (UniFMU).

## Marcelo LAMY

Advogado (Lamy, Oliveira & Santos Sociedade de Advogados). Vice-coordenador e professor permanente do programa de pós-graduação stricto sensu em Direito da Saúde: Dimensões Individuais e Coletivas da Universidade Santa Cecília (Unisanta). Líder do Grupo de pesquisa CNPq/Unisanta Direitos Humanos, Desenvolvimento Sustentável e Tutela Jurídica da Saúde. Coordenador do Laboratório de Políticas Públicas (Unisanta). Diretor geral e de pesquisas do Observatório dos Direitos do Migrante (Unisanta). Professor de Direito da Faculdade de Direito da Unisanta. Bacharel em Direito pela Universidade Federal do Paraná (UFPR). Mestre em Direito Administrativo pela Universidade de São Paulo (USP). Doutor em Direito Constitucional pela Pontifícia Universidade Católica de São Paulo (PUC/SP).

| *Os autores*

### Marina Stefania Mendes Pereira GARCIA

Advogada. Mestre em Direito da Saúde pela Universidade Santa Cecília - Unisanta (2020). Graduada em Direito pela Universidade Norte do Paraná (2005), pós-graduada em Direito Empresarial pela UEL - Universidade Estadual de Londrina – PR (2006). Aperfeiçoamento em Mediação e Arbitragem (2008).

### Orlando Narvaes de CAMPOS

Mestre do programa de pós-graduação stricto sensu em Direito da Saúde: Dimensões Individuais e Coletivas, da Universidade Santa Cecília (Unisanta). Graduado em Direito pela Universidade de Mogi das Cruzes (UMC). MBA em Direito Imobiliário (Falegale). Especialista em Direito Civil e Processo Civil (Falegale).

### Renata Favoni BIUDES

Graduada em Farmácia – Bioquímica pela Universidade Paranaense (Unipar). Pós-graduada em Auditoria em Saúde, Farmácia Clínica Direcionada à Prescrição Farmacêutica. Especialista em Preceptoria no SUS (Sírio-Libanês). Mestranda do Programa de Pós-Graduação stricto sensu em Direito da Saúde, da Universidade Santa Cecília (Unisanta). Especialista em Saúde da Família (Unileya).

### Renata Salgado LEME

Advogada (Renata Salgado Leme Advogados Associados). Professora permanente do programa de pós-graduação stricto sensu em Direito da Saúde: Dimensões Individuais e Coletivas, da Universidade Santa Cecília (Unisanta). Professora titular na graduação da Faculdade de Direito da mesma universidade. Graduada pela Faculdade de Filosofia, Letras e Ciências Humanas, da Universidade de São Paulo (USP), e pela Faculdade de Direito da Universidade Católica de Santos (Unisantos). Mestre e Doutora em Direito pela USP. Membro do Instituto dos Advogados de SP (IASP), da Comissão de Direito da Saúde da Subseção da OAB em Santos e em Guarujá.

### Renato Braz Mehanna KHAMIS

Professor permanente do programa de pós-graduação stricto sensu em Direito da Saúde: Dimensões Individuais e Coletivas, da Universidade Santa

Cecília (Unisanta). Mestre e Doutor em Direito do Estado pela Pontifícia Universidade Católica de São Paulo (PUC/SP). Líder do grupo de pesquisa A Efetividade dos Direitos Fundamentais e a Efetivação do Direito à Saúde.

**Rodrigo dos Santos DIAS**
Mestre em Direito da Saúde: Dimensões Individuais e Coletivas pelo programa de pós-graduação stricto sensu da Universidade Santa Cecília (Unisanta). Graduado em Direito pela Universidade Católica de Santos (Unisantos). Pós-Graduado em Regime Próprio de Previdência Social pelo Damásio Educacional.

**Rosa Maria Ferreiro PINTO**
Professora permanente do programa de pós-graduação stricto sensu em Direito da Saúde: Dimensões Individuais e Coletivas, da Universidade Santa Cecília (Unisanta). Graduada em Serviço Social pela Universidade Católica de Santos (Unisantos). Mestre e doutora em Serviço Social pela Pontifícia Universidade Católica de São Paulo (PUC/CSP).

**Rosilma Menezes ROLDAN**
Advogada. Membro do grupo de pesquisa CNPq/Unisanta Direitos Humanos, Desenvolvimento Sustentável e Tutela Jurídica da Saúde. Membro do Laboratório de Políticas Públicas na Universidade Santa Cecília (Unisanta). Bacharel em Direito pela Universidade Católica de Santos (Unisantos). Licenciada Plena em Letras pela mesma universidade. Especialista em Direito Penal e em Direito Público pela Escola do Ministério Público do Estado de São Paulo (ESMP/SP), em Língua Portuguesa, em Psicopedagogia, em Educação Especial e Inclusiva (Unisanta) e em Ética, Valores e Cidadania na Escola pela Universidade de São Paulo (USP). Mestre em Direito da Saúde pelo programa de pós-graduação stricto sensu em Direito da Saúde: Dimensões Individuais e Coletivas, da Unisanta.

**Sylvio Roberto Corrêa de BORBA**
Médico. Especialista em Anestesiologia e em Anestesia Condutiva e Tratamento da Dor pela Universidade Federal do Rio Grande do Sul (UFRGS). Portador do Título Superior em Anestesiologia (SBA). Advogado. MBA em Direito da Economia e da Empresa pela Fundação Getúlio Vargas (FGV).

*Os autores*

Procurador do Município de Porto Alegre (inativo). Mestre em Direito da Saúde pela Universidade Santa Cecília (Unisanta). Membro do grupo de pesquisa CNPq/Unisanta Direitos Humanos, Desenvolvimento Sustentável e Tutela Jurídica da Saúde.

**Vitória Faria PASCHOALINI**
Mediadora e conciliadora. Bacharel em Direito pela Universidade de Ribeirão Preto (Unaerp). Mestranda em Direito da Saúde pela Universidade de Santa Cecília (Unisanta).

# Apresentação

N A obra *Levando os direitos a sério*, Ronald Dworkin instiga a que os juízes, diante de "casos difíceis",[1] não se valham da discricionariedade, não inventem, mas descubram[2] quais são os direitos das partes, de acordo com "argumentos de princípio",[3] e não com "argumentos de política",[4] especialmente porque "um direito [...] não pode ser menos importante que todas as metas sociais".

Esses ensinamentos serviram-nos de inspiração para compendiar os trabalhos deste volume da Coleção, que tangenciam casos difíceis relacionados ao direito da saúde: informação qualificada, práticas integrativas, ortotanásia, reprodução assistida de transgênero, transfusão de sangue de testemunha de Jeová, ciência ABA, medicamento à base de canabidiol, rol da ANS, descriminalização do aborto, uso de máscaras, distribuição de recursos escassos em tempos de pandemia, enfrentamento da pandemia nos presídios etc.

A presente obra compendia resultados parciais e finais de algumas das pesquisas realizadas pelos docentes, discentes e egressos do programa de pós-graduação *stricto sensu*, mestrado em Direito da Saúde: Dimensões Individuais e Coletivas, da Universidade Santa Cecília (Unisanta). Parte delas decorre de atividades do grupo de pesquisa CNPq Direitos Humanos,

---

1 Casos difíceis são casos em que a solução não advém de uma regra de direito clara e estabelecida de antemão, nem mesmo se ampliarmos ou reinterpretarmos as normas existentes (Cf. DWORKIN, Ronald. *Levando os direitos a sério*. Trad. Nelson Boeira. São Paulo: Martins Fontes, 2002, pp. 127 e 128).

2 A teoria positivista cederia, nesse momento, à discricionariedade judicial e permitiria certa invenção. Dworkin propõe algo diverso, a descoberta do direito que já existe (DWORKIN, 2202, p. 127).

3 Argumentos de princípio são argumentos que respeitem, garantam ou estabeleçam um direito de um indivíduo ou de um grupo (DWORKIN, 2002, pp. 128 e 141).

4 Argumentos de política são argumentos voltados a fomentar, proteger ou estabelecer algum objetivo coletivo (DWORKIN, 2002, pp. 128 e 141).

| *Apresentação*

Desenvolvimento Sustentável e Tutela Jurídica da Saúde,[5] sediado na Unisanta e liderado pelo organizador deste livro.

Agradecemos a dedicação de todos os pesquisadores envolvidos, inclusive daqueles que não aparecem formalmente na composição final desta obra. As pesquisas aqui apresentadas não teriam atingido a qualidade que ora apresentam sem as orientações dos professores: Amélia Cohn, Antonio Carlos da Ponte, Antonio Herman de Vasconcellos e Benjamin, Celso Ricardo Peel Furtado de Oliveira, Danilo de Oliveira, Fernando Reverendo Vidal Akaoui, Luciano Pereira de Souza, Marcos Montani Caseiro, Patricia Gorisch, Renata Salgado Leme, Renato Braz Mehanna Kamis, Rosa Maria Ferreiro Pinto, Verônica Scriptore Freire e Almeida.

Agradecemos o apoio da Coordenação de Aperfeiçoamento de Pessoal de Nível Superior (CAPES), que financiou a pesquisa de alguns dos presentes autores no decorrer de seus cursos de mestrado. Agradecemos o apoio do Conselho Nacional de Desenvolvimento Científico e Tecnológico (CNPq), que dá suporte às atividades do grupo de pesquisa Direitos Humanos, Desenvolvimento Sustentável e Tutela Jurídica da Saúde.

Agradecemos o apoio da Alta Direção da Universidade Santa Cecília, nas pessoas da Dra. Lúcia Maria Teixeira, presidente do Instituto Superior de Educação Santa Cecília, da Dra. Sílvia Ângela Teixeira Penteado, reitora da Unisanta, e do Dr. Marcelo Pirilo Teixeira, pró-reitor administrativo da mesma universidade, bem como do Diretor da Faculdade de Direito Dr. Norberto Moreira da Silva e do Coordenador do Curso de Direito e do Programa de Pós-Graduação em Direito da Saúde Dr. Fernando Reverendo Vidal Akaoui, que continuamente investem na formação e na estruturação de núcleos e atividades de pesquisas de excelência na Faculdade de Direito e no Programa de mestrado em Direito da Saúde, como fizeram com o Observatório dos Direitos do Migrante e com o Laboratório de Políticas Públicas. Sem esses núcleos, não teríamos a estrutura para dar cabo da produção da presente obra.

Desde maio de 2019, a Unisanta tornou-se membro da iniciativa internacional *United Nations Academic Impact* (UNAI), em virtude da efetiva promoção de atividades fundadas nos dez princípios da iniciativa da Organização das Nações Unidas (ONU): Erradicação da Pobreza, Construção

---

5      Link de acesso ao site sobre o grupo: http://dgp.cnpq.br/dgp/espelhogrupo/191597.

de Capacidades, Educação para todas e todos, Cidadania Global, Acesso à Educação Superior, Direitos Humanos, Diálogo Intercultural, Paz e Resolução de Conflitos, Sustentabilidade e a Carta das Nações Unidas.

A presente obra está inserida no bojo das atividades da Unisanta relacionadas a essa iniciativa, pois agrega ideias e soluções para muitos dos desafios globais de saúde identificados no terceiro objetivo dos Objetivos de Desenvolvimento Sustentável.

**MARCELO LAMY**

(organizador)

Advogado e sócio-fundador da Lamy, Oliveira & Santos Sociedade de Advogados. Na Universidade Santa Cecília (Unisanta): Vice-coordenador e professor permanente do Programa de Mestrado em Direito da Saúde, professor titular da Faculdade de Direito, professor da Pós-Graduação de Direito EAD, líder do grupo de pesquisa CNPq Direitos Humanos, Desenvolvimento Sustentável e Tutela Jurídica da Saúde, Diretor geral e de pesquisas do Observatório dos Direitos do Migrante, Coordenador do Laboratório de Políticas Públicas.

# Sumário

## Parte 1
## DIREITO DA SAÚDE

**1.1. O direito à informação qualificada para consentir de forma esclarecida** ........................................................................... 3
*Carolina Aparecida Galvanese de Sousa*
*Ismar Jovita Maciel*
*Marcelo Lamy*

**1.2. Determinantes culturais da saúde e da doença** ................................. 21
*Rosilma Menezes Roldan*
*Marcelo Lamy*
*Fernando Reverendo Vidal Akaoui*

**1.3. Política nacional de práticas integrativas e complementares (PNPIC) como instrumento de efetividade do atendimento integral à saúde: um ensaio jurídico** ....................................................................... 37
*Felipe Marcelo Miranda da Silva*
*Danilo de Oliveira*

**1.4. O princípio da dignidade no fim da vida: ortotanásia ante a ascensão dos cuidados paliativos** .............................................................. 49
*Vitória Faria Paschoalini*
*Amélia Cohn*

**1.5. Transgênero e o direito de ter filhos por técnicas de reprodução assistida no Brasil** ..................................................................... 69
*Carol de Oliveira Abud*
*Luciano Pereira de Souza*
*Marcelo Lamy*

| *Sumário*

1.6. Testemunhas de Jeová e a recusa a transfusões de sangue ................ 89
*Érika Pucci da Costa Leal*

1.7. A análise do comportamento aplicada como ciência ao transtorno do espectro autista ..................................................................................... 123
*Henrique Brandão Accioly de Gusmão*
*Renata Favoni Biudes*
*Rosa Maria Ferreiro Pinto*

1.8. Importação, fabricação e plantio do canabidiol para fins de tratamento do transtorno do espectro autista ....................................................137
*Marina Stefania Mendes Pereira Garcia*
*Rosa Maria Ferreiro Pinto*

## *Parte 2*
## JUDICIALIZAÇÃO DA SAÚDE

2.1. Rol da ANS: não meramente exemplificativo? .................................... 155
*Marcelo Lamy*
*Adriana de Fátima Santos*
*Carolina Cruz Rodriguez Coelho*

2.2. O estado de coisas inconstitucional na saúde pública brasileira ...... 179
*Luiz Pinto de Paula Filho*

2.3. Fundamento técnico das decisões judiciais na área da saúde .......... 201
*Érika Pucci da Costa Leal*
*Renata Salgado Leme*

2.4. Direito à saúde das pessoas com deficiência ....................................... 227
*Orlando Narvaes de Campos*
*Rosa Maria Ferreiro Pinto*

2.5. A inconstitucionalidade da descriminalização do aborto realizado até a 12ª semana de gravidez: a desproporcionalidade da ponderação feita pelo STF no HC nº 124.306 ........................................................ 247
*Rodrigo dos Santos Dias*

2.6. Saúde como direito, SUS e a assistência farmacêutica na atenção básica ................................................................................................... 267
*Renata Favoni Biudes*
*Amélia Cohn*
*Henrique Brandão Accioly de Gusmão*

## Parte 3
## POLÍTICAS PÚBLICAS DE SAÚDE

3.1. Uso obrigatório de máscaras durante a pandemia de Covid-19 e o crime previsto no artigo 268 do Código Penal .................................................. 291
*Bruno Zanesco Marinetti Knieling Galhardo*
*Luciano Pereira de Souza*

3.2. Alocação de recursos escassos em saúde em tempos de pandemia: quem utilizará o último ventilador? .............................................................. 319
*Sylvio Roberto Corrêa de Borba*

3.3. Saúde mental e Covid-19 .......................................................................... 339
*Rosilma Menezes Roldan*
*Marcelo Lamy*

3.4. Burnout, a síndrome do vulnerável ........................................................ 355
*Edson Henrique de Carvalho*

3.5. Superlotação nos presídios e as medidas de enfrentamento ao contágio do novo coronavírus ........................................................................ 367
*Danilo Fernandes Marques*
*Luciano Pereira de Souza*

3.6. O consórcio intermunicipal como mecanismo de solução para os problemas regionais de saúde ........................................................................ 381
*Bruno Chancharulo de Barros*
*Renato Braz Mehanna Khamis*

3.7. Paradigmas internacionais para a proteção da saúde dos trabalhadores portuários ............................................................................... 393
*Celso Ricardo Peel Furtado de Oliveira*
*Marcelo Lamy*

# Parte 1

## Direito da saúde

# 1.1

## O direito à informação qualificada para consentir de forma esclarecida

*Carolina Aparecida Galvanese de Sousa*

*Ismar Jovita Maciel*

*Marcelo Lamy*

### INTRODUÇÃO

ESTA pesquisa permitiu aferir que a construção do conceito que atualmente se tem do consentimento informado procede do atendimento de uma necessidade humana de respeito aos limites e idiossincrasias de cada indivíduo. Este se apossou do consentimento de modo constante e paulatino à medida que as liberdades individuais, muitas vezes oriundas de uma aquisição aguerrida, passaram a ter relevo e lugar próprio no rol de conquistas humanas.

Para essas constatações, é feita uma sucinta incursão na história do conceito, desde o seu nascedouro, considerando a distinção do consentimento para tratamento médico pelo paciente e para pesquisa científica. Consideram-se também as modificações que ocorreram ao longo dos anos na feição da concepção original e passaram a atender às necessidades reivindicadas pela realidade social cuja intervenção o Poder Judiciário se prestou a nortear, até chegar ao conceito que temos hoje. Analisou-se também a visão paternalista que orientava o protocolo médico, do modelo tradicional hipocrático, em cotejo com o moderno informativo-científico atual e suas repercussões jurídico-legais.

A partir disso, aponta-se de que modo a comunidade médica pode encontrar um aliado no instituto, no sentido de prevenir responsabilizações

**1.1** | *O direito à informação qualificada para consentir de forma esclarecida*
Sousa | Maciel | Lamy |

indevidas. Ademais, é considerado aqui o direito à informação pela óptica do paciente, aquilatando a forma, os termos, o momento e o modo de realizar o consentimento.

A disponibilização da informação clara e detalhada e o acesso a ela, dentro dos parâmetros da razoabilidade que se espera, isto é, em linguagem leiga compreensível ao paciente, apresenta-se muito mais do que um direito a ser observado em benefício daquele: é também um instrumento de exercício de defesa do médico, o que erige o manejo do instituto à condicionante de validade e eficácia de toda a relação jurídica posta em pauta e vincula, de modo nevrálgico, todos os seus protagonistas no contexto presente e futuro.

O consentir nada mais é do que a formalização válida da decisão livre tomada pelo paciente capaz, após a obtenção de todas as informações que dizem respeito ao seu caso e que. Se utilizado de maneira adequada, protege e previne frustrações e, por consequência, demandas judiciais.

O direito à informação e sua correspondente garantia de efetividade e concretização são, doravante, condições sem as quais o consentimento inexiste do ponto de vista qualitativo e jurídico, daí a magnitude de sua compreensão e imprescindível adoção na prática médica diária.

Este relato é fruto de pesquisa exploratória com viés descritivo ancorada em material bibliográfico, ou seja, livros e artigos científicos encontrados nos portais Harvard e Scielo, bem como no Scholar Google, a partir da utilização das seguintes palavras-chaves para a busca: *Consentimento informado e esclarecido. Bioética e consentimento. Responsabilidade civil do médico. Informação para consentir. Direitos dos pacientes.*

A partir da coleta do material bibliográfico, foram localizados estudos de casos como registros históricos e paradigmáticos, normas legais brasileiras vigentes e aplicáveis, além de farta doutrina a respeito do assunto.

O exame dos dados permitiu elaborar conceituações relacionadas aos tópicos, bem como analisar e contextualizar a questão de forma prática e pontual, fornecendo ao leitor subsídios jurídicos para engendrar um raciocínio que lhe permita uma visão qualificada da importância da informação razoável e equilibrada para a subscrição do Termo de Consentimento Livre e Esclarecido.

### 1.1.1. ORIGEM DO CONSENTIMENTO INFORMADO

Remonta à Magna Carta de 1215 a necessidade de autorização inequívoca, de um modo geral, para que o corpo de uma pessoa possa ser tocado, violado ou manipulado (GOLDIM, 2005, p. 45).

Especificamente no tocante à eleição e ao assentimento a tratamento médico, a citação pioneira ocorre em 1767, na Inglaterra, no caso de um procedimento para consolidação de fratura óssea. Na ocasião, a partir do manejo desautorizado dos profissionais, o paciente sofreu uma nova fratura, responsável por causar danos desnecessários e dolorosos a ele (SIMÕES, 2010, p. 191).

Por sua vez, é de 19 de outubro de 1833 a data do primeiro registro científico de que se tem notícia, sobre o uso de um documento que estabelecia uma autorização para a realização de procedimento médico experimental e envolvia um pesquisador e um indivíduo pesquisado. O primeiro era o médico William Beaumont (1785-1853), ao passo que o segundo, sujeito da pesquisa, era Alexis St. Martin. Além de casa e comida, o paciente que fosse submetido à experiência receberia cento e cinquenta dólares para colocar-se disponível por um ano para a realização de todos os experimentos. O Dr. William Beaumont, encarregado do atendimento do paciente e da posterior realização de experiências, é considerado o primeiro fisiologista estadunidense, fundador gastroenterologia enquanto ramo da medicina e redator do primeiro código de ética na pesquisa científica, ao delinear diretrizes para a experimentação responsável, notadamente com a exigência do consentimento voluntário e o encerramento das experiências caso o paciente desistisse (GOLDIM, 2005, p. 46).

Embora referido documento seja considerado precursor do consentimento informado, não havia voluntariedade da ação tampouco

**1.1** | *O direito à informação qualificada para consentir de forma esclarecida*
Sousa | Maciel | Lamy |

informações acerca do processo e procedimentos impingidos ao paciente. Além disso, a compreensão leiga sobre as pesquisas eram discutíveis, considerado o panorama histórico e a formação pessoal do indivíduo. Situação parecida ocorreu em 1677, em Trípoli, quando um contrato também foi estabelecido para fins assistenciais.

Até então, reconhecia-se a necessidade do consentimento, mas muitas vezes este era obtido apenas no interregno do tratamento ou do experimento (e não previamente, como acontece hoje), de modo lacunoso e pobre de detalhamento, o que tornava insegura a relação alinhavada e justificava a interposição de várias demandas judiciais que, inclusive, erigiram precedentes vinculantes[1] nos países regidos pelo sistema da Commow Law.

O uso da expressão "consentimento informado" aconteceu pela primeira vez em uma sentença judicial no caso "Salgo v. Leland Stanford Jr University Board of Trustees", em 1957, na Califórnia/EEUU[2]. Apenas a partir daí o instituto assumiu ares de dever legal para o profissional da saúde nos casos de tratamento médico a ser dispensado.

Por fim, em relação à experimentação, tem-se que, com a superveniência da Segunda Guerra Mundial, o assunto ganhou expressão e atenção mundiais, dando origem a diplomas de natureza supranacional que o previram e o exigiram formalmente, a exemplo do Código de Nuremberg[3] e da Declaração de Helsinque[4].

---

1. A título de exemplificação, vide os casos paradigmáticos no direito estadunidense: Mohr vs. Williams, Pratt vs. Davis, Rolater vs. Strain, Schloendorff vs. Society of New York Hospital.
2. Neste, o paciente Martin Salgo, de 55 anos, portador de arteriosclerose, submeteu-se a uma aortografia diagnóstica. O procedimento foi feito sob anestesia e com o uso de contrastes. Na manhã seguinte, o paciente descobriu que estava com os membros inferiores paralisados, devido a intercorrências durante o procedimento. Na decisão, a Corte ressaltou que **o médico violou o direito do paciente quando deixou de informar todos os fatos necessários, incluindo os riscos, para um consentimento racional por parte do paciente.** A Corte ressaltou que o médico deve "revelar plenamente os fatos necessários a um consentimento informado" (WANDLER, 2005).
3. Promulgado em 1948, possui um caráter casuístico tendo em vista que se originou para apurar e processar médicos que participaram de experiências em seres humanos durante a Segunda Guerra Mundial. Visa à proteção do ser humano por meio da demarcação de limites para a pesquisa, além da necessidade do consentimento (voluntário, competente, informado e compreensível) durante a realização da pesquisa.
4. Foi redigida pela Associação Médica Mundial logo após o Código de Nuremberg e promulgada em 1964: trata-se de documento que entalha apenas princípios éticos. Foi influente na história do

## 1.1.2. NASCIMENTO DA BIOÉTICA

Com os aprendizados absorvidos diante dos acontecimentos na área de experimentação humana durante a Segunda Guerra Mundial, dilemas de cunho ético na Medicina passaram a exigir uma tomada de consciência e o estabelecimento de critérios definidos no que dizia respeito à atuação do profissional da saúde na garantia da integridade e do respeito à pessoa que estivesse entregue a seus cuidados.

Nesse contexto, em 1966, o anestesiologista de Harvard e do Massachusetts General Hospital, Henry Beecher, denunciou, perante a comunidade científica americana, a ocorrência de vários abusos sofridos por pacientes incapazes, que haviam sido submetidos a processos experimentais de pesquisa. O fato impulsionou uma série de discussões morais sobre as ações humanas na área de biomedicina e instigou a fixação de limites aos investigadores, a fim de que os conhecimentos obtidos beneficiassem os seres humanos, e não o contrário (CLOTET, 2011, p. 10; WANDLER, 2015, p. 19).

Em resposta, em 1971, um pesquisador e professor estadunidense da área de oncologia, Van Rensselaer Potter, preocupado com as proporções que os avanços da ciência estavam tomando, lançou a obra *Bioética, uma ponte para o futuro* (no original: "Bioethics – a bridge to the future"), na qual sugeriu um novo segmento, que auxiliasse as pessoas a refletirem sobre as consequências, positivas ou negativa, desses avanços sobre a existência de todos os seres vivos, humanos ou não, e sobre a manutenção da vida no planeta (CLOTET, 2011, p. 16; GOGLIANO, 2009, p. 510).

Assim nascia a Bioética, que serve como uma espécie de mediadora entre a cultura científica e a humanística tem como essência os preceitos ilustrados com o seguinte pensamento: "Nem tudo que é cientificamente possível é eticamente aceitável".

Nesse sentido, ela pode ser conceituada como ciência que trata, de forma geral, "dos aspectos éticos relacionados com o fenômeno vida em

consentimento informado depois que muitos grupos de médicos ao redor do mundo o endossaram, utilizando-o como orientação enquanto desenvolviam regras, em especial a exigência prévia da informação e captação do consentimento do paciente.

## 1.1 | O direito à informação qualificada para consentir de forma esclarecida
Sousa | Maciel | Lamy |

suas múltiplas variedades através da reflexão de caráter transdisciplinar" (CLOTET, 2011, p. 16) e estuda em especial os problemas éticos decorrentes da ciência biomédica.

Em 1978, o Relatório Belmont, elaborado por uma Comissão do Congresso Americano e reconhecido como consagrador de princípios que estabelecem limites entre a prática e a investigação em linguagem mais acessível e de fácil interpretação, , apresentou-se como elemento nevrálgico ao identificar e preconizar os três principais princípios ligados à pesquisa com seres humanos: 1. O respeito à autonomia; 2. Beneficência; 3. Justiça (CLOTET, 2011, p. 16; GOGLIANO, 2009, p. 513). No entanto, foi a obra de Beauchamp e Childress, *Princípios de ética biomédica* (no original: "Principles of biomedical ethics"), de 1979, que traçou as linhas iniciais estruturais da bioética a partir do estabelecimento de quatro princípios básicos não absolutos: nãomaleficência[5], beneficência[6], respeito à autonomia[7] e justiça.[8] (CLOTET, 2011, p. 17).

### 1.1.3. SUPERAÇÃO DA VISÃO MÉDICO-PATERNALISTA

A relação médico-paciente estabelece-se exclusivamente na confiança. Este elege aquele porque confia na qualificação e na aptidão do profissional e depositar sobre ele expectativas e anseios de prevenção ou de cura, mesmo sendo de si mesmo a responsabilidade pelos cuidados com a própria saúde, inclusive no que diz respeito ao atendimento das recomendações, ao uso de medicação e às modificações na rotina (adoção de dieta específica, prática de exercícios físicos, abstenção de álcool e fumo, por exemplo).

---

5. Baseia-se no ensino hipocrático de ou socorrer, ou ao menos não causar dano.
6. Significa buscar sempre o bem-estar do paciente, devendo o profissional valer-se de todos os conhecimentos e habilidades técnicas possíveis a serviço do paciente a fim de maximizar os benefícios e minimizar os prejuízos e/ ou riscos.
7. Implica o respeito à autodeterminação.
8. Relaciona-se à distribuição equânime dos bens e benefícios em relação à área de saúde de modo a promover o equilíbrio social.

É lógica, portanto, a necessidade da mútua lealdade entre os indivíduos. Isso implica que a transparência nos tratos deve nortear a relação, independente de qual seja o ângulo observado. Nesse ponto, como diz Sgreccia, citado por Mabtum, "a consulta e o ato médico tornam-se uma relação de sinergia" (SGRECCIA apud MABTUM, 2015, p. 74).

Nos primórdios, a cura por intermédio de um médico era um fenômeno mágico, pois a medicina era praticada como um rito, com poções e em magias que faziam parte do imaginário coletivo, e sempre ligada ao sobrenatural e ao misticismo (SÁ, 2018, p. 88).

A racionalização do ofício começa a tomar forma com a concepção preconizada por Hipócrates (BEIER, 2010; SÁ, 2018, p. 88). A partir de então, passa-se a projetar a atuação do médico com base no princípio da beneficência impositiva, que nada mais representa do que um paternalismo impositivo, cerceador da autonomia do paciente.

Àquele momento histórico, a definição do tratamento recaía exclusivamente sobre o iátrico, sem consulta ao enfermo, a quem cabia apenas submeter-se por não estar preparado para saber o que era melhor para si mesmo: era o médico que conhecia a situação. Era o tempo em que imperava o então denominado paternalismo. A origem do termo remonta a 1880 e representa o epítome dessa relação assimétrica, o que de certa forma também evidencia um escalonamento de hierarquia na relação desenvolvida entre médico e paciente.

Todavia, por causa da ocorrência de abusos e arbitrariedades com resultados nefastos para os pacientes, e também do fortalecimento da ideia de autodeterminação pessoal para a apropriação do direito às próprias escolhas, essa concepção, que até então idealizava o médico, sofreu significativo desgaste.

Em especial com o advento das guerras mundiais, o avanço da ciência e a influência do liberalismo por todas as áreas do conhecimento humano, passou-se a raciocinar, então, que o médico não poderia exercer a beneficência de modo absoluto, estando adstrito aos limites estabelecidos pela dignidade intrínseca a cada pessoa e devendo respeitar a liberdade

**1.1** | *O direito à informação qualificada para consentir de forma esclarecida*
Sousa | Maciel | Lamy |

de decisão sobre si mesmo. A isso, dá-se o nome de autonomia privada (DRUMOND, 2011, p. 2).

Assim, referida relação já começa desigual devido ao privilegiado conhecimento técnico que o médico possui, de um lado, e à vulnerabilidade do paciente (que, em razão da enfermidade, encontra-se fragilizado física e mentalmente) de outro. Essa desigualdade e distanciamento são ainda mais acentuados hoje, com o desenvolvimento da biotecnologia aplicada à saúde, que faz com que os profissionais se superespecializem e, em alguma medida, também se desumanizem e percam (ou ao menos enfraqueçam) a empatia e o viés solidário e fraternal, que deveriam permear a relação (MABTUM, 2015, p. 74).

Ao mesmo tempo, a visão paternalista se esvai, e a relação médico-paciente passa a apresentar-se de diversas formas[9]: a) informativa ou científica, na qual o médico tem apenas o dever de informar ao paciente todos os riscos e benefícios do tratamento. Aqui, a intervenção ocorre apenas com a anuência do enfermo, e o profissional de saúde reduz-se à condição de um prestador de serviços qualificado; b) interpretativa, na qual o médico tem a função de auxiliar o paciente na escolha. após disponibilizar a informação necessária. Portanto, aqui, atua também como um conselheiro, emitindo seu juízo de valor sobre a melhor opção a ser adotada (MABTUM, 2015, p. 75).

Superado o paternalismo nos tratos entre médico-paciente e admitida a moderna atuação do profissional, quer como informador, quer como orientador, percebe-se que há claramente um gatilho que deve ser acionado, pois condiciona o desenrolar dos atos e procedimentos: a informação.

O médico não pode agir mais por mera vontade própria como alhures. Em vez de caracterizar uma restrição cerceadora em detrimento do profissional no exercício de sua função, isso é, antes, uma proteção de cunho preventivo, como verificado adiante.

---

9. Há ainda, em vários compêndios científicos, como na obra de CLOTET, a referência a outros modelos (CLOTET, 2011, pp. 64-67) que buscam explicar as possibilidades da relação médico-paciente e que não foram colacionados a este trabalho pela extensão que tomariam, o que não está em propósito aqui.

## 1.1.4. CONSENTIMENTO INFORMADO: NATUREZA, FORMA E CARACTERÍSTICA

Do ponto de vista conceitual, a doutrina brasileira entende, hoje, que o consentimento informado ou esclarecido é uma decisão voluntária, expressa e revogável a qualquer tempo, emitida por pessoa capaz, no pleno gozo de sua autonomia, após deliberação psíquica pessoal, com base em informações fornecidas pelo profissional assistente, acerca dos benefícios, riscos e consequências, o que resultará na aceitação de tratamento ou submissão a experimento científico.

Pela natureza que lhe é ínsita, o consentimento é um direito do paciente e está inserido no rol dos direitos de personalidade (SIMÕES, 2010, p. 192), embora não de maneira expressa, e sim como um desdobramento e uma instrumentalização da autonomia da vontade. Espelhando a realidade fática do momento da subscrição, ele deve sofrer adaptações e sucessivas readequações conforme ocorrem modificações do quadro clínico e reações psicológicas do paciente, o que presume o acompanhamento constante do profissional junto ao assistido: é documento despido de definitividade, portanto.

Dessa abordagem, é possível depreender que, como contrapartida, o consentimento será inválido se viciado, ou seja, se captado mediante erro, ignorância, fraude, simulação, ou qualquer outra hipótese de nulidade ou anulabilidade prevista em lei, conforme dispõem os artigos 166 e 171 do Código Civil (BRASIL, 2002), podendo configurar ato de violência privada (GOGLIANO, 2009, p. 520).

No Brasil, a imposição de um Termo de Consentimento Livre e Esclarecido ou Informado foi prescrita pela Resolução n° 196/1996, portanto, por um ato regulamentador do Conselho Nacional de Saúde, embora se tenha se fundado em diversas normativas primárias. Inúmeras outras resoluções de caráter administrativo, além da lei sobre biossegurança (BRASIL, 2005), trazem o princípio da dignidade humana sempre como supedâneo (GOGLIANO, 2009, p. 522).

**1.1** | *O direito à informação qualificada para consentir de forma esclarecida*
Sousa | Maciel | Lamy |

Em que pese a inexistência de imposição normativa primária específica para a exigência do termo, pelo fato de ele pertencer ao universo do contrato[10] e retratá-lo, é imprescindível a observância de critérios e de princípios norteadores que forneçam aos protagonistas a segurança necessária que fortaleça a confiança mútua esperada.

Nesse sentido, nosso direito se vale do Código de Defesa do Consumidor (CDC), em diálogo com a legislação civil substantiva e o Código de Ética Médica, para coser um cerco de proteção em torno da relação jurídica (SIMÕES, 2010, p. 192).

O CDC define a posição dos atores: paciente é o consumidor, e o profissional da área médica é o fornecedor do serviço (BRASIL, 1990, artigos 2º e 3º), o qual, por sua vez, possui relevância pública por força do disposto na Constituição Federal (BRASIL, 1988, artigo 197).

Daí então emerge a responsabilidade do fornecedor do serviço na ocorrência ou apuração de vícios, os quais, em se tratando de profissional liberal, estarão condicionados à verificação de culpa (DRUMOND, 2011, p. 5; BRASIL, 1990, §4º do artigo 14).

Outrossim, o consentimento informado, que aparentemente era um escudo a favor do paciente contra abusos e arbitrariedades, passa a ser uma importante arma na defesa do médico, visto que este responde tão somente pela ausência de previsão do imprevisível, ou seja, pela sua falta de diligência inicial (SIMÕES, 2010, p. 193).

No tocante à responsabilidade civil, insta ressaltar, ao menos *en passant*, que se devem verificar não apenas o eventual prejuízo do paciente e a culpa do médico (no caso da responsabilidade subjetiva), mas também o nexo causal.

Aliás, seja a responsabilidade objetiva ou subjetiva a depender das circunstâncias e elementos de cada caso concreto, é evidente a importância do consentimento informado, dentro dos padrões legais desejados, para a salvaguarda do profissional tendo em vista a possibilidade de

---

10. Como explica Gogliano (2009, p. 519), assim se justifica por tratar-se de negócio bilateral que surge do encontro de duas vontades e que têm no consentimento o seu elemento constitutivo.

haver a mitigação da vulnerabilidade médica, indelevelmente possível de verificar-se no ambiente hospitalar (SÁ, 2018, p. 57).

Destarte, o profissional deve deixar documentado[11] o fato de ter informado ao paciente todos os riscos envolvidos no procedimento e as reais possibilidades de êxito na obtenção do resultado almejado. Num eventual processo judicial, comprovada a existência de consentimento informado bem elaborado e subscrito pelo paciente, juntamente com a ausência de culpa do profissional (já que o insucesso pode ser atribuído a fatores diversos, como a inobservância das recomendações de pós-operatório pelo paciente), o médico não será responsabilizado (SÁ, 2018, p. 50).

Impende salientar, porém, que não é suficiente a captação do consentimento na eminência de um procedimento – quando se tratar do manejo para fins assistenciais –, com o uso de formulários-padrão. Do mesmo modo, uma redação a esmo ou carregada de cláusulas nebulosas, ambíguas ou rebuscadas será uma ofensa ao direito de personalidade do paciente, e o documentação estará sujeito à anulação pelo Poder Judiciário, em face da abusividade (AZEVEDO, 2012, p. 629).

Em relação à análise da forma e conteúdo do consentimento, o indivíduo que vai consentir[12], tanto para fins assistenciais quanto experimentais, deverá ser hígido, capaz[13]. Assim, deverá estar na posse de suas habilidades intelectuais para compreender e decidir de acordo. Também deve estar isento de coação, fato que confirma a voluntariedade. A manifestação de vontade deverá ser, ainda, expressa, específica e inequívoca,

---

11. Com o advento da telemedicina, é possível que essa documentação se dê através de recurso audiovisual ou outro meio idôneo, com apoio na tecnologia disponível.
12. No caso em que o paciente não possa falar por si, ou que seja incapaz de compreender, e na ausência de diretiva antecipada de vontade, estará o médico na obrigação de conseguir o consentimento de seus representantes legais, o que se denomina de consentimento substituto (FRANÇA, 2019, p. 114).
13. Essa capacidade, em relação aos menores e idosos, segundo GOLDIM (2006, p. 47), não está relacionada à capacidade civil prevista nos artigos 3º e 4º do Código Civil. Isso porque, segundo ele, "a capacidade para entender e decidir não tem uma dependência direta com a idade da pessoa. Muitas crianças e adolescentes podem já ter esse entendimento e podem participar ativamente do processo de consentimento, mesmo que sem valor legal associado".

recomendando-se sempre a subscrição por escrito[14], com a presença de testemunhas, emitida antes do ingresso ao procedimento e após a obtenção de todas as informações a respeito dos benefícios, prejuízos e consequências previsíveis.

Tudo isso significa que, para a garantia das partes, é recomendável que o consentimento seja elaborado com clareza e por escrito, em documento que reproduza de forma fidedigna o discurso verbal proferido pelo profissional em atendimento pessoal, com minúcia e zelo, e com termos compreensíveis à pessoa leiga, isto é, despojado de nomenclaturas técnicas típicas da área médica e farmacológica. Além disso, por certo, a qualidade do conteúdo se sobrepõe à quantidade de cláusulas (AZEVEDO, 2012, p. 629).

## 1.1.5. INFORMAÇÃO QUALIFICADA

Em se tratando a relação médico-paciente de uma relação de consumo, que lida com a vida, bem de maior valor humano, vale trazer à colação os princípios da lei consumerista a respeito do direito à informação, cuja regulamentação se perfez pela previsão constitucional do inciso XIV do artigo 5º (BRASIL, 1988) e encontra disciplina também na lei nº 8.080/1990 (BRASIL, 1990).

Considerando que o vínculo entre médico e paciente é de prestação de serviços, e que há, portanto, uma delegação de poderes para aquilo que ordinariamente possa ser feito, depreende-se uma espécie de pacto entre consciência e necessidade (FRANÇA, 2019, p. 114). Destacam-se, então, como norteadores da informação, os princípios da boa-fé e da transparência (MACHEMER, 2012, p. 32).

---

14. O Conselho Federal de Medicina (CFM), por meio do Parecer-Consulta nº 10/1996, decidiu que o médico deve esclarecer o paciente sobre práticas diagnósticas e terapêuticas, conforme preceitua o Código de Ética Médica, não sendo considerada obrigatória a fixação de termo por escrito e admitindo que o consentimento possa ser registrado pelo profissional no prontuário do paciente. (FRANÇA, 2019, p. 114). A forma escrita e subscrita pelo paciente, embora não obrigatória, é de fato a que oferece maior margem de segurança ao médico, em especial para fins de prova em processo judicial.

Isso implica que a linguagem vocabular utilizada nos tratos entre as partes deve ser decodificada para o leigo, simples, aproximativa e honesta, sem rebuços ou tergiversações, como preleciona o inciso III do artigo 6º do Código de Defesa do Consumidor (BRASIL, 1990)[15]: "a informação deve ser adequada e clara sobre os diferentes produtos e serviços, com especificação correta de quantidade, características, composição, qualidade, tributos incidentes e preço, bem como sobre os riscos que apresentem".

Ao paciente, cabe ser esclarecido sobre os riscos, os benefícios, as implicações, a forma e a execução do procedimento em si, bem como o modo de atuação, evolução de tratamento, consequências iatrogênicas possíveis e estimativa sobre a chance de sucesso. Segundo Stoco (2011, p. 668), é o que se denomina de *disclosure*[16].

Ratificada sua importância e, devido ao comando do artigo 22 do Código de Ética Médica, a captação do consentimento informado ou esclarecido é condição de validade de todo e qualquer procedimento médico, seja para tratamento, seja para experimentação (FRANÇA, 2019, p. 113).

Em decorrência do abalo emocional que aflige o paciente, por causa da desestabilização ensejada por uma enfermidade, a condição de vulnerabilidade dele, especialmente o submetido ao estresse de um ambiente hospitalar – e este texto se refere em especial ao consentimento para fins assistenciais –, implica uma sensível redução de seu juízo racional cognitivo, o que justifica, portanto, a necessidade de maior atenção do médico para discorrer sobre todos os aspectos clínicos do tratamento ou as opções disponíveis, notadamente assumindo uma posição dialógico-discursiva, respeitando sempre a singularidade dos indivíduos.

---

15. Vide, ainda, os artigos 4º, 14, 20, 30 e 31.
16. *Disclosure* é também um termo utilizado na área da segurança da saúde para conceituar o diálogo entabulado entre médico e paciente (ou seus familiares), que visa a comunicar erros e eventos adversos durante o tratamento ministrado. Considerando a fragilidade da situação, que torna ambos os polos da relação bastante vulneráveis, muitas instituições de saúde se valem de um profissional capacitado especificamente para esse tipo intermediação, o coach. (IBSP, 2015).

Por esse condão, as informações devem ser individualizadas, tendo em mente as peculiaridades do paciente, sua condição social, intelectual, cultural, econômica e emocional.

Aliás, a terminologia *paciente* é sintoma desse contexto, como bem ressalta Sá (2018, p. 90). O indivíduo não é um mero partícipe do processo, mas um paciente, alguém que se submete sem reações e se entrega ao ato médico, depositando nele sua fé de cura:

> A ausência de informação correta, sincera, clara e acessível é uma violência que retira o exercício da autonomia do paciente e o torna mais vulnerável à ação do médico. Juridicamente, a própria relação é defeituosa, podendo acarretar a invalidade de cláusula ou mesmo do contrato de prestação de serviços médicos por inteiro. (SÁ, 2018, p. 89)

Havendo recusa expressa do paciente ao recebimento das informações, é obrigação do profissional questionar sobre o seu interesse de que esses dados sejam repassados a outros de seu convívio, tal como familiares – isso deve ser igualmente documentado. O acesso à informação é direito do paciente e obrigação do profissional da saúde.

## 1.1.6. CONSENTIMENTO ESCLARECIDO

Tendo em consideração que o conceito e a compreensão da expressão consentimento esclarecido ou informado foram criados de modo paulatino, tem-se hoje que este envolve não apenas a autonomia do paciente para a tomada da decisão, mas abrange também o elemento constitutivo-objetivo da informação, conteúdo do próprio consentimento.

Embora a tradução do termo "informed consent", originalmente concebido em inglês, seja de fato o consentimento informado na literalidade, seria mais apropriado, pelo conteúdo do instituto, que se tomasse em seu lugar a expressão "informação para o consentimento". Isso porque a aquisição do consentimento ocorre apenas após a informação correta, clara e acessível do médico, gerado como sucedâneo do respeito à autonomia do paciente (SÁ, 2018, p. 89).

Portanto, o consentimento é o resultado, o produto da digestão das informações obtidas, que, por seu turno, vêm qualificar aquele, materializando a intelecção mental da qual emanou do ponto de vista fático e jurídico.

Logo, por causa da origem do juízo pessoal de valor do indivíduo, a rigor, as informações devem ser igualmente qualificadas, pois não se admitirá validade do consentimento se ele for proferido com lastro em material distorcido, nebuloso, incompleto ou claudicante.

O entendimento da questão ganha ainda maior clareza quando se analisa o viés oposto, isto é, a inexistência, como ressalta Sá (2018, p. 89): "A ausência de informação é um ato de violência que retira o exercício da autonomia do indivíduo, e o torna mais vulnerável à ação do médico". Nesse sentido, torna a própria relação jurídica defeituosa, acarretando invalidade de cláusula ou do contrato (SÁ, 2018, p. 89).

Por certo, é a informação da qual o paciente se apropria que o habilita a consentir de forma livre, esclarecida e eficaz. Sem ela, o consentimento é viciado e, por consequência, os atos perpetrados que o tenham como base serão nulos.

E sendo o profissional da saúde o detentor da expertise técnica e responsável pelo fornecimento da informação, é certa sua exclusiva responsabilização não só pela posição de vulnerabilidade do paciente em interferir frente à atuação ínsita à atividade médica no desenrolar dos fatos, mas também e principalmente pela vulnerabilidade do enfermo em produzir prova em âmbito judicial que respalde eventual direito ressarcitório e reparatório, razão pela qual se tem a possibilidade de inversão do ônus da prova previsto no inciso VIII do art. 6º do Código de Defesa do Consumidor.

## CONSIDERAÇÕES FINAIS

Este estudo se prestou a analisar o direito à informação enquanto pressuposto da expressão válida e eficaz do consentimento livre e esclarecido do paciente para fins de escolha de tratamento e experimento científico.

Após uma reflexão acerca da finalidade do instituto ante seu contexto histórico e sua evolução nos tempos modernos, o que deságua, inclusive, na concepção da bioética como ciência, é conclusivo que toda e qualquer tomada de decisão que envolva de forma direta ou indireta a vida e o bem-estar do paciente, notadamente em uma relação médico-paciente onde se deflagra uma nítida relação de consumo, e latente desnível de conhecimentos técnicos de medicina, o apossamento pelo consumidor-vulnerável de todo o arsenal disponível de informações qualificadas no que tange às suas possíveis escolhas e prognósticos, é essencial para o resguardo dos direitos de todos os que protagonizam o evento.

Nesse aspecto, tanto a qualidade quanto a quantidade das informações foram aquilatadas, apontando, ao final, algumas recomendações que, a par da segurança jurídica que se visa a conferir, também evitam litígios e males potencialmente danosos e irreversíveis do ponto de vista material e moral.

Portanto, o direito à informação qualificada, assegurado ao paciente em sua plena medida, é o que valida e legitima o consentimento livre e esclarecido como instrumento essencial na rotina médico-científica atual. Mais do que uma formalidade, o consentimento informado constitui a materialização de um direito fundamental do indivíduo baseado em um processo de comunicação que decorre do respeito e da boa-fé.

## REFERÊNCIAS

AZEVEDO, Álvaro Villaça; LIGIERA, Wilson Ricardo. *Direitos do paciente*. São Paulo: Editora Saraiva, 2012.

BEIER, Mônica; IANOTTI, Giovano de Castro. *O paternalismo e o juramento hipocrático*. 2010. Disponível em: http://www.scielo.br/scielo.php?script=sci_arttext&pid=S1519-38292010000600017. Acesso em 03 nov. 2019.

BRASIL. *Constituição da República Federativa do Brasil de 1988*. Brasil: Diário Oficial da União. Disponível em: http://www.planalto.gov.br/ccivil_03/constituicao/constituicao.htm. Acesso em: 05 nov. 2019.

_____. *Lei nº 8.078, de 11 de setembro de 1990*. Dispõe sobre a proteção do consumidor e dá outras providências. Brasília: Diário Oficial da União, 12 de setembro de 1990. Disponível em: http://www.planalto.gov.br/ccivil_03/leis/l8078.htm. Acesso em: 05 nov. 2019.

_____. *Lei nº 10.406, de 10 de janeiro de 2002*. Institui o Código Civil. Brasília: Diário Oficial da União, 11 de janeiro de 2002. Disponível em: http://www.planalto.gov.br/ccivil_03/Leis/2002/L10406.htm. Acesso em: 05 nov. 2019.

_____. *Lei nº 11.105 de 24 de março de 2005*. Institui a lei de biossegurança e dá outras providências. Brasília: Diário Oficial da União, 25 de março de 2005. Disponível em: http://www.planalto.gov.br/ccivil_03/_Ato2004-2006/2005/Lei/L11105.htm. Acesso em: 06 nov. 2019.

_____. *Lei nº 8.080 de 19 de setembro de 1990*. Dispõe sobre as condições para a promoção, proteção e recuperação da saúde, a organização e o funcionamento dos serviços correspondentes e dá outras providências. Brasília: Diário Oficial da União, 20 de setembro de 1990. Disponível em: http://www.planalto.gov.br/ccivil_03/leis/l8080.htm. Acesso em: 05 nov. 2019.

CLOTET, Joaquim; FEIJÓ, Anamaria; OLIVEIRA, Marília Gerhardt. *Bioética – uma visão panorâmica*. 1ª reimpressão. Porto Alegre: EDIPUCRS, 2011.

DRUMOND, José Geraldo de Freitas. *Bioética e Direito Médico: o princípio da beneficência na responsabilidade civil do médico*. Revista Unimontes Científica. Montes Claros, 2011.

FRANÇA, Genival Veloso. *Comentários ao Código de Ética Médica*. Editora Guanabara Koogan: Rio de janeiro, 2019.

GOGLIANO, Daisy. *O consentimento esclarecido em matéria de bioética: ilusão de exclusão de responsabilidade*. Revista da Faculdade de Direito da Universidade de São Paulo, 2009. Disponível em: http://www.revistas.usp.br/rfdusp/article/view/67868. Acesso em 22 out. 2019.

GOLDIM, José Roberto e outros. *Ciência e ética – os grandes desafios*. 1ª edição. Porto Alegre: EDIPUCRS, 2006.

IBSP, *Disclosure precisa integrar a cultura de segurança do paciente*. 2015. Disponível em: https://www.segurancadopaciente.com.br/central_conteudo/disclosure-precisa-integrar-a-cultura-de-seguranca-do-paciente/. Acesso em: 08 nov. 2019.

LAMY, Marcelo. *Metodologia da Pesquisa: técnicas de investigação, argumentação e redação*. 2ª ed. rev. atual. e ampl. São Paulo: Matrioska Editora, 2020.

**1.1** | *O direito à informação qualificada para consentir de forma esclarecida*
Sousa | Maciel | Lamy |

MABTUM, Matheus Massaro; MARCHETTO, Patrícia Borba. *Reflexões sobre consentimento livre e esclarecido.* In: O debate bioético e jurídico sobre as diretivas antecipadas de vontade [on-line]. São Paulo: Editora UNESP; São Paulo: Cultura Acadêmica, 2015, from SciELO Books <http://books.scielo.org>.

MACHEMER, Vanessa Dariano. *O dever de informar na relação médico-paciente.* Disponível em: http://www.repositorio.jesuita.org.br/handle/UNISINOS/5854. Acesso em: 06 nov. 2019.

SIMÕES, Luiz Carlos Séllos. *Consentimento Informado: o desafio médico-jurídico de nossos dias.* Rev Bras Ortop., p. 191-5, 2010. Disponível em: http://www.scielo.br/scielo. php?script=sci_arttext&pid=S010236162010000200015&lang=pt. Acesso em: 25 out. 2019.

STOCO, Rui. *Tratado de Responsabilidade Civil – doutrina e jurisprudência.* São Paulo: Editora Revista dos Tribunais, 2011.

SÁ, Maria de Fatima Freire de, e outros. *Direito e Medicina – Autonomia e vulnerabilidade em ambiente hospitalar.* São Paulo: Editora Foco, 2018.

TEPEDINO, Gustavo; MENEZES, Joyceane Bezerra de. Autonomia privada, liberdade existencial e direitos fundamentais. Belo Horizonte: Fórum. 2019.

WANDLER, Michelle. *O histórico do requisito de consentimento informado na política federal dos Estados Unidos.* Disponível em: https://dash.harvard.edu/handle/1/8852197. Acesso em: 25 out. 2019.

# 1.2

## Determinantes culturais da saúde e da doença

*ROSILMA MENEZES ROLDAN*
*MARCELO LAMY*
*FERNANDO REVERENDO VIDAL AKAOUI*

## INTRODUÇÃO

ESTE artigo propõe uma reflexão sobre os determinantes culturais da saúde e da doença, sua influência nas políticas públicas de prevenção das doenças, de preservação da saúde, de cura, de cuidado e de tratamento, na própria concepção de saúde e de doença, no treinamento e no aprimoramento dos profissionais de saúde, para que estes possam acolher, diagnosticar e tratar seus pacientes a partir de vários sistemas de saúde que se complementem, e não se restrinjam somente a um único, universal, que não consiga preencher todas as expectativas de atendimento.

Por meio da revisão bibliográfica de artigos e de livros publicados sobre os determinantes culturais de saúde e de doença, sobre os modelos de sistemas de saúde e sua evolução no tempo, empreende-se a análise de como a cultura de cada paciente ou grupo social interfere não somente no tratamento, no diagnóstico e na cura, mas também nas políticas públicas e na formação dos profissionais da medicina.

Compreender como a cultura dos indivíduos, dos grupos sociais e das sociedades interfere no processo saúde-doença, nos diagnósticos, na adesão ao tratamento, no conceito de cura, de saúde e de doença, pode auxiliar a criação de diretrizes para que o sistema de saúde incorpore uma abordagem adequada a todos os pacientes, famílias e grupos sociais,

## 1.2.1. HISTORICIDADE

Importante destacar, *ab initio*, que as concepções de saúde-doença e de cuidado são construções sociais, econômicas e culturais que possuem uma historicidade intrínseca, pois se modificam conforme o tempo ou a modificação do meio onde foram concebidas e estão inseridas.

Na Antiguidade, a visão mágico-religiosa sobre a saúde, a doença e o cuidado era dominante. As causas das doenças teriam origem nos elementos da natureza e no sobrenatural. A doença era consequência das transgressões individuais e coletivas, punidas com a ira dos deuses (de acordo com cada cultura), e a cura exigia o perdão das divindades, que seria obtido em rituais feitos pelos sacerdotes, feiticeiros ou xamãs (HERZLICH, 2004).

Ainda na Idade Antiga, as medicinas hindu e chinesa moldaram uma visão de saúde e de doença baseada no equilíbrio. A saúde surgiria a partir do equilíbrio entre os elementos e os humores que compõem o organismo humano, ao passo que o desequilíbrio provocaria a ocorrência da doença. A causa do desequilíbrio estaria relacionada ao ambiente: os astros, o clima, os insetos. O cuidado, nesse sentido, deveria focar no equilíbrio entre a pessoa e o ambiente, formando uma integridade, acepção acolhida pelo termo holístico (HERZLICH, 2004).

Hipócrates pensou a relação ser humano/meio, em sua teoria dos humores, e o modo como os quatro elementos (água, terra, fogo e ar) estavam ligados à saúde e à doença. Em sua concepção, a saúde seria o resultado do equilíbrio dos humores, e a doença, do desequilíbrio; o cuidado dependeria da busca pelo equilíbrio, a partir da compreensão da causa do desequilíbrio (HERZLICH, 2004).

O modelo de medicina científico-ocidental ou biomédica consolidou--se a partir do século XVI. O método cartesiano (de René de Descartes) influenciou esse paradigma lógico-científico. Desde então, prepondera o conceito biomédico de doença, traduzido pelo desajuste ou pela falha na capacidade de adaptação do organismo ou, ainda, pela ausência de reação aos estímulos a que se esteja exposto, o que pode levar à disfunção de qualquer órgão ou sistema, ou de todo o organismo e de suas funções vitais (HERZLICH, 2004). O modelo biomédico busca a explicação da doença, olha o corpo como partes (cada vez menores) e considera a saúde como sinônimo de um corpo funcional, uma máquina (BARROS, 2002). Capra (1982) já denunciara a concepção fragmentária desse modelo ao defender que este era um modelo mecanicista, em que o ser humano era visto como máquina, o médico como mecânico e a doença como um defeito da máquina.

No Renascimento, a explicação para as doenças voltou a ser relacionada ao ambiente; a causa da doença era externa ao organismo, e o ser humano era um mero receptor da doença. Surgiu, então, a teoria dos miasmas, a primeira explicação, dentro da ciência, da associação entre o surgimento de epidemias e as condições ambientais.

Com o advento da teoria microbiana, que implicou a descoberta dos microrganismos como causa das doenças, a teoria dos miasmas foi abandonada. Para a primeira, a causa de todas as doenças era atribuída a um determinado organismo, que poderia ser identificado, isolado e estudado. O cuidado voltou a basear-se em uma percepção mecanicista: o médico continuou a ser o mecânico, que consertaria o defeito na máquina ou no ambiente. E foi nesse viés que surgiu o que se chamava de sanitarismo.

No final da década de 1970, começou a se pensar no conceito de saúde-doença como um sistema, que incorpora a ideia do todo, ou seja, a contribuição de vários elementos do ecossistema, em contraponto à visão unidimensional e fragmentária do modelo biomédico. Nessa concepção, cada vez que um dos elementos sofre alteração, as demais partes são atingidas até que o sistema busque um novo equilíbrio.

**1.2** | *Determinantes culturais da saúde e da doença*
Roldan | Lamy | Akaoui |

Foi essa mudança do pensamento que possibilitou o surgimento do que passou a se chamar "revolução sanitária", a partir da qual foi apresentado um novo foco para a relação saúde-doença: a percepção da inter-relação entre a organização social, a pobreza, os condicionamentos sociais e a frequência de doenças.

Há diferentes modelos explicativos do processo saúde-doença e cuidado. Cada um indica uma percepção diferente. Há avanços e limitações em cada um. Para Marly Marques da Cruz (2005), é preciso perceber que eles não se excluem, e sim se complementam.

## 1.2.2. DETERMINANTES E CONDICIONANTES

Cruz (2005) alerta que o processo saúde-doença é dinâmico e complexo e abrange dimensões biológicas, psicológicas, socioculturais, econômicas, ambientais e políticas em intrincada inter-relação, tanto no caso de saúde e doença de uma pessoa, como de um grupo social ou de várias sociedades.

Por isso, destaca a necessidade de se observarem as condições de vida, ou seja, os determinantes:

> O processo saúde-doença é um conceito central da proposta de epidemiologia social que procura caracterizar a saúde e a doença como componentes integrados de modo dinâmico nas condições concretas de vida das pessoas e dos diversos grupos sociais; cada situação de saúde específica, individual ou coletiva, é o resultado, em dado momento, de um conjunto de determinantes históricos, sociais, econômicos, culturais e biológicos. A ênfase, nesse caso, está no estudo da estrutura socioeconômica, a fim de explicar o processo saúde-doença de maneira histórica, mais abrangente, tornando a epidemiologia um dos instrumentos de transformação sócia. (CRUZ, 2005)

Os fatos relatados por Cruz fizeram a OMS apresentar, em 1948, uma concepção de saúde mais abrangente, dinâmica, conforme exposto pela autora:

Nessa trajetória, o conceito de saúde vem sofrendo mudanças, por ter sido definido como "estado de ausência de doenças"; foi redefinido em 1948, pela Organização Mundial da Saúde (OMS), como "estado de completo bem-estar físico, mental e social", passando de uma visão mecânica da saúde para uma visão abrangente, e não estática do processo saúde-doença. (CRUZ, 2005)

A visão de saúde foi, porém, mais bem explicitada pela lei brasileira, em 1990. A definição de saúde presente na Lei Orgânica de Saúde (LOS), nº 8.080, de 19 de setembro de 1990, procura ir além da apresentada pela OMS, ao se mostrar mais ampla, em virtude da explicitação dos fatores determinantes e condicionantes do processo saúde-doença. Essa lei regulamenta o Sistema Único de Saúde (SUS) e é complementada pela Lei nº 8.142, de 28 de dezembro de 1990. O que consta da LOS é o fato de que:

> a saúde tem como fatores determinantes e condicionantes, entre outros, a alimentação, a moradia, o saneamento básico, o meio ambiente, o trabalho, a renda, a educação, o transporte, o lazer, o acesso a bens e serviços essenciais; os níveis de saúde da população expressam a organização social e econômica do país. (BRASIL, 1990, Artigo 3º)

A saúde, a doença e o cuidado são determinados socialmente e variam conforme o tempo, o lugar e a cultura, o que tem influência fundamental na organização das políticas públicas, ações e serviços de saúde, assim como nas redes de apoio social e na formação dos profissionais de saúde, que devem ser planejadas e administradas de acordo com esses matizes.

### 1.2.3. PERSPECTIVA ANTROPOLÓGICA

Susan Sontag (1984) acredita que, "nas sociedades, há uma construção simbólica sobreposta às doenças, que são, normalmente, forjadas por explicações 'primitivas' sentimentais ou sobrenaturais dadas pela população" (FIGUEIREDO, 2007) e que "o fenômeno 'doença' possa ser depurado dessas construções metafóricas que o rodeiam, liberando seu aspecto

**1.2** | *Determinantes culturais da saúde e da doença*
Roldan | Lamy | Akaoui |

intrínseco, tal como realidade. Dessa forma, a ciência verificaria a veracidade da doença para lidar com seu aspecto essencial." (FIGUEIREDO, 2007)

François Laplantine (1986) discorda de Sontag ao afirmar que todas as explicações são construções culturais, pois dependem de determinadas lógicas estabelecidas, mas que não há como separar a forma de se perceber socialmente a doença e o que a sociedade considera adequado como tratamento: "a forma de perceber a doença explica as técnicas e rituais terapêuticos que cada sociedade vai criar e considerar adequadas para tratá-la" (FIGUEIREDO, 2007).

É preciso considerar os diferentes modelos de percepção, que podem ser classificados a partir da etiologia das doenças:

> o modelo **racional (ou funcional)**, que vê a doença como desordem orgânica; o modelo **endógeno**, que vê a doença como produção do próprio corpo; o modelo **exógeno**, que vê a doença como algo externo e "invasor" ao corpo; e o modelo **benéfico/maléfico**, que vê a doença como reação de forças maléficas/benéficas que agem sobre o corpo. (FIGUEIREDO, 2007, grifo nosso)

É preciso considerar também os modelos de cura que adotam:

> o **homeopático**, que busca o reequilíbrio interno do corpo; **substrativo**, que busca extrair o elemento causador da doença; o **adorcista**, que vai agir contra o mal que está provocando a doença; e o **excitativo**, que visa estimular o corpo a responder contra a doença (FIGUEIREDO, 2007, grifo nosso).

Esses modelos seriam percepções coletivas na medida em que mostram como a cultura de um grupo interpreta os fenômenos e transmite-os a seus membros. Os modelos adotados pela sociedade são normas interpretativas que criam uma ordem social inconsciente (FIGUEIREDO, 2007).

O discurso da medicina ocidental moderna pode ser percebido por meio de suas influências, como a de Hipócrates, que determinava a existência da doença pelos sintomas dela. Nessa perspectiva, a doença não é o próprio doente, mas outro ser. Essa interpretação promoveu a revolucionária dissociação entre o corpo enfermo (outro ser, o doente) e a alma (o ser). Assim, a medicina tornou-se "um conjunto de princípios lógicos, uma técnica sistematizada, para lidar com esse outro ser animado". Os princípios lógicos da ação de cura seriam verificados no próprio corpo (diagnosticado como enfermo), que deveria ter o seu funcionamento restabelecido (LAPLANTINE, 1986).

Fabrega, segundo Regina Figueiredo (2007), fez o mesmo que Laplantine e classificou três tipos de sistemas explicativos de saúde-doença: os **biomédicos**, que se baseiam na natureza; os **psicológicos** e os **relacionais** (sociomédicos).

O fenômeno saúde-doença não pode ser entendido à luz unicamente de instrumentos anatomofisiológicos da medicina; precisa considerar a visão de mundo dos diferentes segmentos da sociedade, bem como suas crenças e cultura. Significa dizer que "nenhum ser humano deve ser observado apenas pelo lado biológico, mas percebido em seu contexto sociocultural" (MINAYO, 2005).

Esther Jean Langdon relata que, em sua vivência ministrando aulas, notou uma forte resistência por parte dos profissionais da saúde, como se a perspectiva antropológica ameaçasse a visão da biomedicina, que, para eles, deveria ser hegemônica, ou seja, a única e verdadeira ciência a ser levada em consideração (BECKER et al, 2009).

Segundo a autora, o "problema em aceitar os sistemas médicos de outras culturas é devido ao preconceito implícito do profissional para quem somente um sistema, o nosso, é universal e verdadeiro, e os outros são inválidos". Perante esse impasse na relação entre o profissional de saúde e seu paciente, a solução, para ela, deve ser buscada em uma relação dialógica, não hierárquica, com o paciente (BECKER et al., 2009).

Em entrevista a Becker et al. (2009), Langdon afirma que, embora o paradigma biomédico, com foco nos processos biológicos, continue a predominar, torna-se necessário superar o modelo meramente biológico e individual para incluir processos socioculturais e coletivos.

*1.2* | *Determinantes culturais da saúde e da doença*
Roldan | Lamy | Akaoui |

Langdon conta também, nessa entrevista, sua experiência de dois anos e meio na Amazônia, entre os povos indígenas Siona, para estudar o sistema de saúde deles. Algumas das observações da antropóloga servem para despertar novos olhares: "ao longo do episódio de uma doença, eles alternam entre suas práticas tradicionais e a procura do médico, do posto de saúde, e/ou da farmácia. Para os índios isso não apresenta contradições nem problemas, para o médico, sim" (BECKER et al., 2009).

Langdon, na entrevista, destaca o contraponto entre visão biomédica e visão antropológica, sendo a primeira:

> A biomedicina, como ciência, trabalha com universais, no sentido de que as doenças são concebidas como unidades universais, cujas manifestações são independentes do contexto em que acontecem. Em geral, os pesquisadores da ciência biomédica acreditam que seus métodos positivistas revelam a vida objetivamente e aproximam o que pode ser considerado como "verdade", livre de valores, subjetividades e especificidades culturais. (BECKER et al., 2009)

E a segunda:

> Decidir ou interpretar que você está doente é um processo que é construído junto a seu grupo, envolvendo noções compartilhadas sobre o corpo, seu funcionamento e quais sinais indicam que algo está errado, a gravidade da situação e como interpretá-la. (BECKER et al., 2009)

Ainda segundo Langdon, o primeiro diagnóstico e a subsequente procura por tratamento fazem parte de um processo sociocultural em que a pessoa doente e seu grupo dialogam para tentar identificar o problema e decidir o que fazer. Os processos dependem tanto da subjetividade do doente como da negociação entre as pessoas envolvidas (BECKER et al., 2009).

## 1.2.4. DOENÇA COMO PROCESSO DE NEGOCIAÇÃO

Para Langdon:

A doença não é uma categoria estática, mas um processo de construção sociocultural. Ela não é um momento único e sim um processo que envolve negociações entre os vários atores envolvidos, a escolha de terapia, a avaliação sobre sua eficácia – enfim, um ciclo que repete até que a doença seja percebida como curada. (BECKER et al., 2009)

Na verdade:

(no) processo de negociação, raramente há consenso sobre a natureza do problema e o que deve ser feito. Certamente o paciente e seus familiares compartilham percepções diferentes das dos profissionais de saúde, mas não há sempre consenso entre os profissionais. Também não há sempre consenso sobre o término da doença. (BECKER et al., 2009)

Por isso, Langdon esclarece que:

A biomedicina pode julgar que o problema foi resolvido, mas o paciente ou outros participantes do episódio podem afirmar o oposto. O paciente pode continuar se sentindo mal, sentindo que o problema ainda não foi resolvido. Então, nesse sentido, o episódio de doença, como uma construção sociocultural, é o resultado das interações e negociações por um lado e das subjetividades das pessoas envolvidas por outro. Quando falo das subjetividades, não estou apelando para uma interpretação psicológica, mas para o reconhecimento que o sofredor tem sua perspectiva subjetiva da experiência, e que essa subjetividade não está isolada dos processos sociais e culturais. (BECKER et al., 2009)

Para compreender a dor, a narrativa do doente é insubstituível, talvez a única maneira que permita entender as reais dimensões dela, por ser um fenômeno dificilmente mensurável por meio da tecnologia. Usa-se o método da narrativa porque não se pode separar a experiência do doente do contexto da doença enquanto processo sociocultural. Essa abordagem foca no fato de que o paciente é o protagonista da própria vida e pensa, age e decide sobre o que fazer. O doente percebe o mundo de modo diferente do profissional de saúde, que foi treinado especificamente para diagnosticar e cuidar das doenças (BECKER et al., 2009).

## 1.2 | *Determinantes culturais da saúde e da doença*
Roldan | Lamy | Akaoui |

As pessoas, a partir de uma prescrição médica, avaliam se e como vão tomar o medicamento. Pesquisas demonstram que a maior parte dos pacientes não segue o que o médico prescreve e manipula os remédios para controlar os efeitos colaterais, ou seja, exerce os próprios juízos de valor para definir quando e qual dosagem deve tomar, atitude que um profissional de saúde considera questionável e compatível com a ignorância do paciente. Langdon menciona que "tais julgamentos são frequentemente expressados pelos membros das equipes médicas nos programas de saúde indígena, atribuindo a razão da desobediência às crenças indígenas de magia ou superstição" (BECKER et al., 2009). A autora afirma que estão equivocados, pois tanto os indígenas quanto os não indígenas são pessoas que também buscam qualidade de vida e tomam decisões baseadas em expectativas e experiências com os medicamentos e os efeitos deles, de acordo com a respectiva cultura, e não baseadas em crenças ou magias. Eles agem segundo as próprias concepções e expectativas do funcionamento do corpo e das terapias de acordo com sua vivência sociocultural (BECKER et al., 2009).

Para Langdon, o profissional de saúde e o leigo têm visões diferentes sobre saúde e doença, que são pautadas nos processos culturais. Os problemas da prática da biomedicina não estão no conhecimento, mas nas relações hierárquicas e de poder. O médico, sem abandonar seu conhecimento, precisa ouvir o doente para que possa haver comunicação; sem diálogo, o doente vai fazer o que achar mais adequado, e não o que o profissional de saúde recomendar (BECKER et al., 2009).

Cecil Helman, no livro *Cultura, Saúde e Doença*, publicado em 1984, detalha a relação da cultura com o processo saúde-doença. Na obra *The Suburban Shaman* ["O xamã suburbano", em português], publicado em 2004, fez um relato de casos atendidos por ele durante sua trajetória profissional, com exemplos da prática do médico de família, com o objetivo de estabelecer uma comunicação eficiente com o paciente, ouvindo-o na totalidade. Suas obras mostram a importância da compreensão da história de cada pessoa quando estão sob os cuidados dos profissionais de saúde, possibilitando colocar-se no lugar dos pacientes, entender a cultura, as personas e o contexto em que está inserido, além de confirmar o quanto o entendimento de tudo isso é importante para o enfrentamento dos problemas relacionados à saúde e à doença (OLIVEIRA, 2011).

## 1.2.5. ÂMBITO DA PROMOÇÃO DA SAÚDE

Langdon alerta que as práticas de autoatenção, como processo de cuidado e cura, são essenciais, pois agem além do domínio da biomedicina, restrito aos processos biológicos, e aceitam os processos de saúde e doença como interligados com aspectos sociais, culturais e históricos, além de reconhecer que as pessoas decidem suas próprias vidas, percebendo e agindo segundo sua experiência coletiva (BECKER, 2009).

Nesse sentido, Regina Figueiredo (2007) conclui que:

> Notar as especificidades de como os grupos culturais se apossam de determinadas circunstâncias ou fatos trazidos pelos avanços da medicina, não impede que se avalie sua participação nas elaborações sobre sua própria saúde, visto que percebemos que a necessidade do serviço de saúde e o uso da indústria farmacêutica são crescentes nos mais diferenciados grupos sociais, mesmo assumindo funções diferentes, desempenhando um papel importante na vida dessas pessoas. Porém, cabe integrar ao exercício da promoção da saúde a adequação aos códigos e simbologias existentes nas diferentes localidades ou grupos locais, procurando relativizar seu discurso, suas práticas e metodologia de ação, na perspectiva de atender as noções de saúde e bem-estar de cada um desses grupos, compreendendo essa função de complementariedade das diversas práticas e formas de significação que venham a surgir, de forma a construir uma ação de saúde conjunta e participativa. (FIGUEIREDO, 2007)

## 1.2.6 INTERAÇÃO CULTURAL

Alves e Oliveira (2018) reconhecem que a falta de integração cultural pode ser a origem de vários problemas na área da saúde. As deficiências

## 1.2 | Determinantes culturais da saúde e da doença
Roldan | Lamy | Akaoui |

na comunicação e no cumprimento dos tratamentos são comuns quando se trata de concepções culturais não trabalhadas pela educação em saúde.

Segundo o estudo levado a efeito por esses autores, os problemas de origem cultural são mais prevalentes na população feminina, principalmente quando se trata de sexualidade, em que o desconforto em abordar esses assuntos pode prejudicar uma abordagem integral da pessoa. Para os autores, diante de culturas e religiões mais resistentes a mudanças, essa adaptação não ocorre com facilidade, o que prejudica o modo como a pessoa enfrenta a questão. No caso de doenças crônicas, obedecer às diretrizes preventivas impacta negativamente a saúde dos pacientes, pelo fato de que não reconhecem os determinantes como influentes em sua saúde. Abandona-se a prática preventiva, no caso de doenças sexualmente transmissíveis, já que a procura pelo diagnóstico e tratamento é prejudicada pelas mesmas concepções culturais e pelo julgamento prévio que envolve a sexualidade humana. De maneira significativa, o mesmo ocorre com a estigmatização na saúde mental, em que um comportamento fora do comum, na sociedade, leva à exclusão social, o que dificulta, ainda mais, a maneira como a pessoa se insere no meio social e, por consequência, também sua recuperação e tratamento. Alguns fatores raciais e éticos, assim como socioeconômicos, influenciam no equilíbrio de variáveis relacionadas ao processo de saúde-doença em crianças e adolescentes. Estados nutricionais podem variar de acordo com fatores econômicos, com influência importante na qualidade da saúde.

Identificar, analisar e orientar sobre todos esses fatores é fundamental para nortear políticas públicas que implementem ações que não aprimorem apenas a gestão, como também a educação da sociedade no contexto da saúde (ALVES e OLIVEIRA, 2018).

Langdon e Wiik (2010) concluem que "as questões relativas à saúde e à doença não podem ser analisadas de forma isolada das demais dimensões da vida social, mediadas e permeadas pela cultura que confere sentido a essas experiências". Para os autores, os sistemas de atenção à saúde são sistemas culturais que funcionam em sintonia com os grupos sociais e com a realidade social, política e econômica que os produzem. O sistema biomédico de atenção à saúde, portanto, deve ser considerado um sistema cultural, assim como os demais sistemas. As intervenções sobre a saúde-doença, tanto pelos pacientes quanto pelos profissionais de saúde, treinados no sistema biomédico predominante, devem ser interpretadas e balizadas pelo relativismo cultural.

## CONSIDERAÇÕES FINAIS

O fenômeno saúde-doença não pode ser interpretado isoladamente, e sim deve ser considerado em todos os aspectos: sociais, culturais, políticos e econômicos.

O modelo biomédico de saúde sempre foi tido como o único detentor do saber médico, solução universal para a doença, o que desautoriza os meios populares de obter-se a cura.

Apesar da intolerância e do preconceito, as terapêuticas populares permanecem em vários povos e culturas e crenças e tradições são vividas o tempo todo conforme o contexto cultural e social.

A antropologia da saúde e da doença provoca reflexões importantes não só em torno do fenômeno saúde/doença como também na relação com os determinantes sociais e culturais dos povos, já que entende que o conhecimento científico-biológico não é suficiente para solucionar a complexidade que envolve esse processo.

As crenças sobre a saúde e a doença dos diferentes povos no mundo devem também ser consideradas pelos profissionais de saúde na prática cotidiana para que possam aproximar-se da realidade cultural do paciente.

Esse conhecimento mais amplo pode permitir que se repensem as políticas públicas de saúde, compreendendo o contexto social e cultural em que o paciente está inserido. A atenção à saúde deve embeber-se da lógica da interação cultural.

**1.2** | *Determinantes culturais da saúde e da doença*
Roldan | Lamy | Akaoui |

Compreender e valorizar as práticas populares de cura e complementá-las com a prática da biomedicina poderá contribuir para a implementação de programas e políticas públicas de saúde mais adequadas e mais eficazes.

## REFERÊNCIAS

ALMEIDA FILHO, N; ROUQUAYROL, M. Z. *Modelos de saúde-doença: introdução à epidemiologia*. 3. ed. Rio de Janeiro: Medici Ed., 2002. p. 27-64.

ALVES, SAA; OLIVEIRA, MLB. *Sociocultural aspects of health and disease and their pragmatic impact*. J Hum Growth. Dev. 2018; 28(2):183-188. DOI: http://dx.doi.org/10.7322/jhgd.147236

BARROS, J. A. C. *Pensando o processo saúde doença: a que responde o modelo biomédico?* Revista Saúde e Sociedade, São Paulo, v. 11, nº 1, p. 1-11, jan./jul. 2002.

BECKER, Sandra Greice et al. *Dialogando sobre o processo saúde/doença com a Antropologia: entrevista com Esther Jean Langdon*. Rev. bras. enferm. Brasília v. 62, nº 2, p. 323-326, 2009. Disponível em: <http://www.scielo.br/scielo.php?script=sci_arttext&pid=S0034-71672009000200025&lng=en&nrm=iso>. Acesso em: 28 out. 2020.

BRASIL. *Constituição da República Federativa do Brasil de 1988*. Brasília: Congresso Nacional, 1988. Acesso em: 26 out. 2020.

_____. *Lei nº 8.080, de 19 de setembro de 1990: [Lei Orgânica da Saúde]*. Dispõe sobre as condições para a promoção, proteção e recuperação da saúde, a organização e o funcionamento dos serviços correspondentes e dá outras providências. Diário Oficial [da] República Federativa do Brasil], Brasília, DF, p. 18.055, 20 set. 1990. Acesso em: 26 out. 2020.

_____. *Lei nº 8.142, de 28 de dezembro de 1990*. Dispõe sobre a participação da comunidade na gestão do Sistema Único de Saúde – SUS e sobre as transferências intergovernamentais de recursos financeiros na área da saúde e dá outras providências. Diário Oficial [da] República Federativa do Brasil], Brasília, DF, p. 25694, 31 dez. 1990. Acesso em: 26 out.2020.

CAPRA, F. *O ponto de mutação*. São Paulo: Cultura, 1982.

CRUZ, M. M. *Qualificação de Gestores do SUS. Concepção de saúde-doença e o cuidado em saúde*. Disponível em: http://www5.ensp.fiocruz.br/biblioteca/dados/txt_14423743.pdf Acesso em: 26 out. 2020.

FIGUEIREDO, Regina. *Noções de saúde, doença e cura como construções socioculturais*. BIS, Bol. Inst. Saúde (Impr.), São Paulo, nº 41, abr. 2007. Disponível em <http://periodicos.ses.sp.bvs.br/scielo.php?script=sci_arttext&pid=S1518-18122007000100003&lng=pt&nrm=iso>. Acesso em: 26 out. 2020.

GARNELO, L.; LANGDON, E. J. (2005). *A antropologia e a reformulação das práticas sanitárias na atenção à saúde. In:* MINAYO, M. C. S.; Coimbra, C. (orgs.). *Críticas e atuantes: ciências sociais e humanas em saúde na América Latina.* Rio de Janeiro: Fiocruz, 136- 56.

HERZLICH, C. *Saúde e doença no início do século XXI: entre a experiência privada e a esfera pública.* Physis: revista de saúde coletiva, Rio de Janeiro, v. 14, n° 2, p. 383-394, 2004.

LANGDON E. J., WIIK F. B. *Antropologia, saúde e doença: uma introdução ao conceito de cultura aplicado às ciências da saúde.* Rev. Latino-Am. Enfermagem 18(3):[09 telas] mai-jun 2010. Disponível em: www.eerp.usp.br/rlae

LAMY, Marcelo. *Metodologia da Pesquisa: técnicas de investigação, argumentação e redação.* 2ª ed. rev. atual. e ampl. São Paulo: Matrioska Editora, 2020.

LAPLANTINE, F. *Antropologia da Doença.* São Paulo: Martins Fontes, 1986.

OLIVEIRA, F. J. A. Q. de. *Em memória de Cecil Helman.* Revista Brasileira de Medicina de Família e Comunidade, Rio de Janeiro, v. 6, n° 18, p. 9-14, 2011. DOI: 10.5712/rbmfc6(18)109. Disponível em: https://www.rbmfc.org.br/rbmfc/article/view/109. Acesso em: 27 out. 2020.

SANTOS, Alessandra Carla Baia dos et al. *Antropologia da saúde e da doença: contribuições para a construção de novas práticas em saúde.* Rev. NUFEN, São Paulo, v. 4, n° 2, p.11-21, dez 2012. Disponível em http://pepsic.bvsalud.org/scielo.php?script=sci_arttext&pid=S2175-25912012000200003&lng=pt&nrm=iso>. Acesso em 30 out. 2020.

SONTAG. S. *A Doença como metáfora.* Rio de Janeiro: Edições Graal, 1984.

# 1.3

# Política nacional de práticas integrativas e complementares (PNPIC) como instrumento de efetividade do atendimento integral à saúde: um ensaio jurídico

*FELIPE MARCELO MIRANDA DA SILVA*
*DANILO DE OLIVEIRA*

## INTRODUÇÃO

PARECE-NOS inegável que o avanço da ciência e o da tecnologia contribui para o desenvolvimento da sociedade, para a resolução dos problemas e para o aumento das comodidades e do bem-estar. Na área da saúde, não é diferente. Hoje, debatemos os contornos éticos e normativos da Telemedicina, por exemplo.

Contudo, há ensinamentos, técnicas, práticas, tradições (culturas) de décadas, séculos e até milênios que coexistem até hoje com esses avanços. Podemos exemplificar a acupuntura, cujos efeitos benéficos para a saúde e o bem-estar dos indivíduos, ainda que não absolutos, parecem-nos irrefutáveis.

Nesse contexto, apresentamos um ensaio jurídico sobre efetividade da Política Nacional de Práticas Integrativas e Complementares (PNPIC) enquanto política voltada para o atendimento integral da saúde, conforme ditame constitucional expresso.

Na primeira seção [1.3.1], contextualizamos a necessidade de uma boa compreensão das Práticas Integrativas e Complementares (PICs) [1.3.1.1]. Depois, discorremos sobre um breve histórico delas no Brasil [1.3.2], para, em seguida, abordarmos a PNPIC e a institucionalização das PICs [1.3.3].

1.3 | *Política nacional de práticas integrativas e complementares (PNPIC)*
Silva | Oliveira |

Na seção seguinte [1.3.4.], elencamos alguns dos desafios da PNPIC que consideramos mais prementes. Por fim, à guisa de conclusão, defendemos a adequação formal da PNPIC aos direitos humanos e ao ordenamento constitucional pátrio, sem deixar de convidar o caro leitor às reflexões necessárias para a mensuração da adequação material desses institutos aos ditames jurídico-normativos adotados no Brasil. Para tanto, valemo-nos, basicamente, de pesquisa bibliográfica e documental, o que fundamentou nossa argumentação dedutiva.

## 1.3.1. POLÍTICA NACIONAL DE PRÁTICAS INTEGRATIVAS E COMPLEMENTARES (PNPIC)

### *1.3.1.1. Pressupostos teóricos*

De primeiro, parece-nos que a boa análise e compreensão das práticas integrativas e complementares dependem de um alicerce teórico sólido que, para nós, corresponde ao do entendimento da saúde como um estado de bem-estar, como um direito humano e fundamental e como elemento da seguridade social cuja efetividade exige a adoção de boas políticas sociais.

Os direitos fundamentais podem ser compreendidos como todos os direitos essenciais ou básicos de todas as pessoas humanas (brasileiras, estrangeiras, apátridas). Eles estão previstos na Constituição Federal, de 05 de outubro de 1988 (CF/1988).

Por outro lado, tradicionalmente, à pessoa humana se reconhece a necessidade da salvaguarda jurídica de direitos mínimos inerentes a essa própria condição de pessoa humana. Foram muitas as explicações teóricas que afiançaram essa percepção. São alguns exemplos o fato de decorrerem esses direitos de leis naturais e de serem fruto da experiência, da obser-vação do que acontece e, principalmente, do já ocorrido na história. Isso porque, sempre que se "coisificou" a pessoa humana, ou seja, sempre que se deixou de reconhecer essa condição que lhe é característica indissociá-vel, tratando-a como objeto para determinado fim, legitimaram-se abusos e atrocidades de grandes proporções. Daí a necessidade atemporal de se relembrar que direitos são inatos à pessoa humana. Para muitos, inclusive, esses direitos emergem de uma espécie de "marco zero": o da dignidade, o da dignidade da pessoa humana.

Embora reconheçamos a ausência de unanimidade no entendimento sobre essas expressões (fundamental e humano), tornou-se usual que a diferença conceitual entre direitos humanos e direitos fundamentais diga respeito ao aspecto espacial.

A partir do elemento espacial, os direitos essenciais ou básicos da pessoa humana e das pessoas humanas expressos em documentos internacionais são chamados de direitos humanos, enquanto os mesmos direitos essenciais ou básicos da pessoa humana e das pessoas humanas expressos em constituições de Estados soberanos são chamados de direitos fundamentais. Essa é uma forma de distinguirmos uns e outros, mesmo que possam (ou não, eventualmente) coincidir – o que ocorre com a saúde.

A saúde pode ser compreendida ao mesmo tempo como um direito humano e como um direito fundamental se considerarmos documentos internacionais e a Constituição Federal de 1988.

Ademais, é necessário apontar que a saúde, no caso brasileiro, assim como em alguns países, integra a chamada seguridade social, ao lado da previdência e da assistência sociais (artigo 193, CF/1988). Do ponto de vista conceitual, por sua vez, delineia-se a seguridade social como políticas sociais de bem-estar dos indivíduos que de alguma forma estão debilitados socialmente (por idade, alguma deficiência, estado de miserabilidade ou condição de saúde). A seguridade trabalha com a ideia de riscos. Doenças são riscos sociais, porque, ao acometer um indivíduo, em geral implicam uma séria vulnerabilidade social para o acometido.

Por outro lado, a saúde não pode ser compreendida de modo amesquinhado, apenas como a ausência de doenças. Desde a criação da Organização Mundial da Saúde (OMS), em 22 de julho de 1946 (com o ingresso do Brasil em 02 de junho de 1948), a saúde deve ser compreendida como um estado de completo bem-estar físico, mental e social. Por isso, atualmente, o Objetivo de Desenvolvimento Sustentável nº 3 (ODS 3)

**1.3** | *Política nacional de práticas integrativas e complementares (PNPIC)*
Silva | Oliveira |

corresponde à "saúde e bem-estar", almejando assegurar uma "vida saudável" e promover o "bem-estar" para todas as pessoas, em todas as idades.

A correta compreensão da palavra bem-estar no cenário sanitário contém o salto que nos permite compreender melhor o que é a própria saúde e, ainda, a medida de sua amplitude: cura e, antes dela, prevenção (médica e social). Nesse contexto, podemos valorizar, então, o papel da prevenção, seja porque ela evita doenças, seja porque nos prepara para os riscos sociais, evitando gastos públicos excessivos correspondentes. Além disso, é a prevenção que pode propiciar o bem-estar físico, mental e social em todas as dimensões pessoais (individuais e sociais).

No Brasil, em 1988, por meio da Constituição Federal, reconheceu-se juridicamente a prevenção como uma diretriz estruturante do sistema de saúde. Isso se fez com o *status* de diretriz prioritária (artigo 198, II, CF/1988) no seio de um atendimento integral, o que passa por atividades preventivas e curativas.

No contexto específico das atividades preventivas e do próprio atendimento integral (que vai além da prevenção médica ao abranger também a prevenção social) emerge a questão das Práticas Integrativas e Complementares (PICs), pois já se reconhecem, na literatura científica, potenciais "preventivos" e de "cura" atribuídos às PICs.

## 1.3.2. HISTÓRICO DA PRÉ-IMPLANTAÇÃO DAS PRÁTICAS INTEGRATIVAS E COMPLEMENTARES NO BRASIL

Nos idos de 1970, a OMS iniciou o reconhecimento e o respeito às práticas de cuidado e cura ligadas às culturas locais de diferentes países (práticas populares), enquanto alternativa às terapias ortodoxas ou convencionais, inerentes à Medicina Convencional (MC), a exemplo da medicamentosa (modelo biomédico de cuidado).

Havia, e ainda há, uma contracultura com relação a essas práticas, o que levou à adoção de uma estratégia política inicial de dar um caráter "alternativo" a essas práticas, certa "alternatividade".

Em verdade, três olhares se sucederam com relação à compreensão e à legitimação dessas práticas. O primeiro, no fato de ser uma alternativa à MC; o segundo, de ser um complemento à MC; o terceiro, o de ser algo a integrar-se à MC.

De qualquer forma, a partir de um contexto em que a saúde deixou de ser compreendida apenas como a ausência de doença (contemplando o conceito mais amplo de bem-estar físico, mental e social), despontou a discussão sobre uma nova cultura de saúde que questionasse o modelo hegemônico de ofertar cuidados de saúde, o qual excluía formas diferentes de produzir e legitimar saberes e práticas que estivessem voltados à promoção da saúde.

No Brasil, o debate mais profundo sobre as PICs se iniciou no fim da década de 1970, sob a influência da Declaração de Alma-Ata, em setembro de 1978, e ganhou força em meados de 1980, quando da realização da 8ª Conferência Nacional de Saúde, em março de 1986.

### 1.3.3. PNPIC E PICS

No cenário apontado, o governo, em conjunto com gestores de saúde, entidades de classe, conselhos, universidades e usuários do Sistema Único de Saúde (SUS), planejou uma política pública para as práticas integrativas e complementares voltada à atenção integral da saúde.

Em 03 de maio de 2006, respaldado pelas diretrizes da OMS, o Ministério da Saúde do Governo Federal brasileiro aprovou a Política Nacional de Práticas Integrativas e Complementares (PNPIC) no SUS, por meio da Portaria nº 971.

A princípio, foram previstas as práticas: Medicina Tradicional Chinesa/Acupuntura; Homeopatia; Plantas Medicinais e Fitoterapia; Termalismo Social/Crenoterapia. O critério empregado para integrar essas práticas

**1.3** | *Política nacional de práticas integrativas e complementares (PNPIC)*
Silva | Oliveira |

na PNPIC foi o da racionalidade médica, cuja referência, na ocasião, era a professora Madel Therezinha Luz.

Posteriormente, a Portaria nº 849, de 27 de março de 2017, ampliou o rol de práticas, passando a incluir também: Arteterapia; Ayurveda; Biodança; Dança Circular; Meditação; Musicoterapia; Naturopatia; Osteopatia; Quiropraxia; Reflexoterapia; Reiki; Shantala; Terapia Comunitária Integrativa (TCI); Yoga.

Por fim, a Portaria nº 702, de 21 de março de 2018, acrescentou as seguintes práticas: Apiterapia; Aromaterapia; Bioenergética; Constelação Familiar; Cromoterapia; Geoterapia; Hipnoterapia; Imposição de Mãos; Medicina Antroposófica/Antroposofia Aplicada à Saúde; Ozonioterapia; Terapia de Florais; e, novamente, Termalismo Social/Crenoterapia.

Hoje, a PNPIC conta com vinte e nove práticas integrativas e complementares (PICs). Em ordem alfabética, são elas: Apiterapia; Aromaterapia; Arteterapia; Ayurveda; Biodança; Bioenergética; Constelação Familiar; Cromoterapia; Dança Circular; Geoterapia; Hipnoterapia; Homeopatia; Imposição de Mãos; Medicina Antroposófica/Antroposofia Aplicada à Saúde; Medicina Tradicional Chinesa-Acupuntura; Meditação; Musicoterapia; Naturopatia; Osteopatia; Ozonioterapia; Plantas Medicinais e Fitoterapia; Quiropraxia; Reflexoterapia; Reiki; Shantala; Terapia Comunitária Integrativa (TCI); Terapia de Florais; Termalismo Social/ Crenoterapia; Yoga.

As PICs são ações de cuidado transversais. Elas implicam, em certa medida, mais humanização dos cuidados à saúde, pois se respeita o conhecimento de todos os profissionais de saúde envolvidos e, inclusive, a cultura do paciente, e podem ser realizadas tanto na atenção básica quanto na média e alta complexidades embora preponderem na primeira.

A PNPIC traz diretrizes gerais para a incorporação das PICs nos diversos serviços de saúde. No entanto, segundo a Secretaria de Atenção Primária à Saúde (SAPS), do Ministério da Saúde, "compete ao gestor municipal elaborar normas técnicas para inserção da PNPIC na rede municipal e definir recursos orçamentários e financeiros para a implementação das práticas integrativas". Ainda segundo a SAPS, "é de competência exclusiva do município a contratação dos profissionais e a definição das práticas a serem ofertadas".

### 1.3.4. MEDICINA BASEADA EM EVIDÊNCIAS (MBE), ORÇAMENTO E REGULAMENTAÇÃO PROFISSIONAL

Alguns desafios precisam ser enfrentados pelas diferentes esferas envolvidas na PNPIC: federal, estadual e municipal. Notadamente, mencionam-se as dúvidas quanto à eficácia das práticas, além do tema do orçamento público destinado às PICs.

É certo que um dos pontos sensíveis, senão o mais sensível da PNPIC, mais precisamente das PIC, continua a ser a eficácia das práticas, pois muitas delas estão fragilmente fundadas em evidência científica.

Entendemos que a Medicina Baseada em Evidências (MBE), isto é, o emprego de uma pirâmide dos níveis de evidência científica, deve auxiliar na mensuração da eficácia das PIC, ao menos das práticas já institucionalizadas. Ocorre que a MBE não nos parece ser o único meio de comprovação da eficácia (em especial se temos em vista suas limitações, caso das doenças raras ou dos novos olhares da medicina personalizada). Por outro lado, não se pode mensurar, por meio da MBE, a efetividade da política (não da prática) enquanto política pública que enfrenta problemas médicos, mas também sociais.

De qualquer forma, o Centro Latino-Americano e do Caribe de Informação em Ciências da Saúde da Organização Pan-Americana da Saúde (Bireme/Opas) lançou, em novembro de 2020, quatorze mapas de evidências sobre a aplicabilidade clínica de práticas integrativas e complementares de saúde que estabelecem o efetivo avanço das evidências nesse campo (BIREME/OPAS, 2020).

Outro desafio diz respeito à compreensão clara do orçamento público destinado à PNPIC. Parece-nos faltar transparência nesse assunto. A questão é: Qual é a despesa pública anual do SUS com as PICs?

**1.3** | *Política nacional de práticas integrativas e complementares (PNPIC)*
Silva | Oliveira |

O Observatório Nacional de Saberes e Práticas Tradicionais, Integrativas e Complementares em Saúde (ObservaPICS), com base em informações do Ministério da Saúde, informa, em seu site, que o valor anual investido no SUS com PICs não chega a três milhões de reais, o que corresponde a 0,008% das despesas com todos os procedimentos ambulatoriais e hospitalares (ALMEIDA, OBSERVAPICS, 2019). Na mesma matéria, é reproduzido, na íntegra, um artigo de Islândia Carvalho (2018) sobre o assunto. Nele, a pesquisadora afirma:

> [...] além de representar uma parcela ínfima do orçamento repassado pelo governo federal, a implantação das PICS nos municípios tem registrado diminuição no uso de analgésicos, anti-inflamatórios e encaminhamentos para exames de alta complexidade, ou seja, promove economia nas unidades de saúde, além de melhorias na qualidade de vida da população beneficiada.
>
> Pode-se concluir que o argumento de que as PICs são desperdício de dinheiro não se sustenta, tanto pela eficácia dos serviços, tratando dores emocionais e físicas para gerar maior qualidade de vida para os pacientes, quanto pelos valores investidos. Acreditar e fazer crer que a implantação das PICs no SUS está retirando recursos de outras ações estratégicas é fruto de desconhecimento do orçamento do sistema ou de má fé de quem espalha tais inverdades. (CARVALHO, 2018)

Além da questão da evidência científica das PICs e da questão do orçamento público destinado à PNPIC, outra questão nos parece extremamente desafiadora: Quais profissionais podem realizar as PICs? A acupuntura, por exemplo, pode ser realizada apenas por médicos, enfermeiros, isto é, apenas por profissionais de saúde? Yoga, constelação familiar, aromaterapia e outras práticas devem ser realizadas apenas por profissionais de saúde? Do ponto de vista normativo, quais profissionais podem realizar as PICs?

Trata-se de resposta desafiadora. Ela não cabe aos gestores do SUS, nem mesmo ao Ministério da Saúde, órgão do Governo Federal ao qual podemos atribuir a responsabilidade pela PNPIC vigente. A liberdade profissional é um direito fundamental que somente pode ser excepcionado por lei, conforme prevê a CF/1988, no artigo 5º, XIII: "É livre o exercício de qualquer trabalho, ofício ou profissão, atendidas as qualificações profissionais que a lei estabelecer".

Isso significa que cabe ao legislador, mais especificamente ao legislador federal, a edição de lei nacional ou de leis nacionais que regulamente(m) as atividades profissionais relativas às PICs.

Há tempos, o legislador pátrio adota iniciativas nesse sentido, mas, de fato, pouco ou nada se materializou. Peguemos como exemplo a acupuntura. Desde 1980, tramitam e/ou tramitaram, na Câmara dos Deputados Federais, dezenas de projetos de lei que dispõem sobre essa prática ou que a tangenciam: PL nº 4.155/1980 (arquivado), PL nº 5.021/1981 (arquivado), PL nº 3.838/1984 (arquivado), PL nº 141/1987 (arquivado), PL nº 852/1988 (arquivado), PL nº 383/1991 (arquivado), PL nº 935/1991 (arquivado), PL nº 1.244/1999 (arquivado), PL nº 6.653/2002 (arquivado), PL nº 316/2003 (arquivado), PL nº 1.549/2003 (aguardando apreciação pelo Senado Federal), PL nº 2.284/2003 (arquivado), PL nº 2.626/2003 (arquivado), PL nº 5.078/2005 (apensado ao PL nº 4.579/1998, que dispõe sobre o acesso a recursos genéticos e seus produtos derivados, sobre a proteção ao conhecimento tradicional a eles associados e dá outras providências), PL nº 3.276/2008 (arquivado), PL nº 1.297/2011 (retirado pelo autor), PL nº 2.160/2015 (arquivado), PL nº 4.087/2015 (aguardando designação: relator deixou de ser membro), PL nº 10.313/2018 (apensado ao PL nº 4.087/2015), PL nº 531/2019 (aguardando parecer do relator na Comissão de Seguridade Social e Família – CSSF), PL nº 2.821/2019 (aguardando parecer do relator na Comissão de Finanças e Tributação – CFT), PL nº 4.817/2019 (aguardando parecer do relator na Comissão de Defesa dos Direitos das Pessoas com Deficiência – CPD).

## CONSIDERAÇÕES FINAIS

Sob um prisma jurídico, eminentemente internacional e constitucional (de efetividade dos direitos humanos e fundamentais), a PNPIC brasileira

*1.3* | *Política nacional de práticas integrativas e complementares (PNPIC)*
Silva | Oliveira |

desvela-se adequada do ponto de vista formal. A institucionalização das PICs está de acordo com uma saúde que engloba práticas de cura e de prevenção, em integração e complementação à Medicina Convencional (MC). A PNPIC e as PICs condizem com um cuidado multiprofissional e, principalmente, humanizado.

Ao mesmo tempo, a PNPIC e as PICs também se alinham ao dever estatal de cuidar da saúde em todas as dimensões (integralidade), o que abrange tanto as dimensões médicas (preventivas, reabilitadoras e curativas) quanto as sociais (sob a óptica da seguridade).

## REFERÊNCIAS

ALMEIDA, Verônica. *Gastos com práticas integrativas no SUS correspondem a 0,008% das despesas ambulatoriais e hospitalares.* ObservaPICS, 2019. Disponível em: http://observapics.fiocruz.br/pics-consomem-0008-dos-gastos-do-sus-com-procedimentos/#:~:text=Para%20refor%C3%A7ar%2C%20al%C3%A9m%20de%20representar,unidades%20de%20sa%C3%BAde%2C%20al%C3%A9m%20de. Acesso em: 02 jan. 2021.

BARROSO, Luís Roberto. *Interpretação e Aplicação da Constituição.* 6ª ed. rev. atual. e ampl. 4ª tiragem. São Paulo: Saraiva, 2008.

BRASIL. Congresso Nacional. *Constituição Federal,* de 05 de outubro de 1988. Disponível em: http://www.planalto.gov.br/ccivil_03/constituicao/constituicao.htm. Acesso em: 02/01/2021.

_____. Ministério da Saúde. *Portaria nº 971,* de 03 de maio de 2006. Disponível em: https://bvsms.saude.gov.br/bvs/saudelegis/gm/2006/prt0971_03_05_2006.html. Acesso em: 02/01/2021.

_____. Ministério da Saúde. *Portaria nº 849,* de 27 de março de 2017. Disponível em: https://bvsms.saude.gov.br/bvs/saudelegis/gm/2017/prt0849_28_03_2017.html. Acesso em: 02/01/2021.

_____. Ministério da Saúde. *Portaria nº 702,* de 21 de março de 2018. Disponível em: https://bvsms.saude.gov.br/bvs/saudelegis/gm/2018/prt0702_22_03_2018.html. Acesso em 02/01/2021.

_____. Ministério da Saúde. Secretaria de Atenção à Saúde. Departamento de Atenção Básica. *Política Nacional de Práticas Integrativas e Complementares no SUS (PNPIC-SUS).* Brasília: Ministério da Saúde, 2006.

_____. Ministério da Saúde. Secretaria de Atenção à Saúde. Departamento de Atenção Básica. *Política nacional de práticas integrativas e complementares no SUS: atitude de ampliação de acesso.* 2. ed. Brasília: Ministério da Saúde, 2015.

_____. Ministério da Saúde. Secretaria de Atenção à Saúde. Departamento de Atenção Básica. *Manual de implantação de serviços de práticas integrativas e complementares no SUS*. Brasília: Ministério da Saúde, 2018.

CARVALHO, Islândia. *As PICs e o financiamento do SUS*. ObservaPICS, 2018. Disponível em: http://observapics.fiocruz.br/pics-consomem-0008-dos-gastos-do-sus-com-procedimentos/#:~:text=Para%20refor%C3%A7ar%2C%20al%C3%A9m%20de%20representar,unidades%20de%20sa%C3%BAde%2C%20al%C3%A9m%20de. Acesso em: 02 fev. 2021.

FLUMINHAN, Vinícius Pacheco. *SUS Versus Tribunais – Limites e Possibilidades para uma Intervenção Judicial Legítima*. Curitiba: Juruá Editora, 2014.

LAMY, Marcelo. *Metodologia da Pesquisa: técnicas de investigação, argumentação e redação.* 2ª ed. rev. atual. e ampl. São Paulo: Matrioska Editora, 2020.

*MAPAS de evidência*. BVS MITCI Américas (BIREMES/OPAS), 2020. Disponível em: https://mtci.bvsalud.org/pt/mapas-de-evidencia-2/. Acesso em: 02 jan. 2021.

OLIVEIRA, Danilo de. *Direito ao Desenvolvimento: conteúdo, natureza jurídica, vinculações estatais e efetividade.* 1ª ed. Curitiba: Brazil Publishing, 2020.

*PRÁTICAS integrativas e complementares (PIC): o que são e para que servem.* Ministério da Saúde, Governo Federal. Disponível em: https://saude.gov.br/saude-de-a-z/praticas-integrativas-e-complementares. Acesso em: agosto de 2020.

*POLÍTICA Nacional de Práticas Integrativas e Complementares no SUS.* Ministério da Saúde, Governo Federal. Disponível em: https://aps.saude.gov.br/ape/pics/historico. Acesso em: agosto de 2020.

SARLET, Ingo Wolfgang. *A Eficácia dos Direitos Fundamentais: Uma Teoria Geral dos Direitos Fundamentais na Perspectiva Constitucional.* 12 ed. rev. ampl. e atual. Porto Alegre: Livraria do Advogado Editora, 2015.

_____. *Dignidade (da Pessoa Humana) e Direitos Fundamentais na Constituição Federal de 1988.* 10ª ed. rev. atual. e ampl. Porto Alegre: Livraria do Advogado Editora, 2015.

SILVA, José Afonso da. *Aplicabilidade das Normas Constitucionais.* 7ª ed. 2ª tiragem. São Paulo: Malheiros, 2008.

# 1.4

## O princípio da dignidade no fim da vida: ortotanásia ante a ascensão dos cuidados paliativos

*VITÓRIA FARIA PASCHOALINI*

*AMÉLIA COHN*

"O sofrimento somente é intolerável quando ninguém cuida."
Cicely Saunders (1918-2005)

## INTRODUÇÃO

O PRESENTE capítulo busca perquirir a ortotanásia e os cuidados paliativos como instrumentos de preservação da dignidade da vida humana, uma vez presentes no momento da morte que ocorre no tempo certo, sem interferências.

O texto aborda também as diferenças entre institutos correlatos como a eutanásia, distanásia e a mistanásia. Aponta posições da doutrina constitucionalista sobre o princípio da dignidade da pessoa humana e da vida (e, consequentemente, da morte) digna. Aborda a origem e ascensão dos cuidados paliativos e elucida a filosofia do *hospice*, que reconhece e cuida com respeito do ser humano em sua integralidade.

### 1.4.1. ORTOTANÁSIA E INSTITUTOS CORRELATOS

Segundo Gutierrez (2001), verifica-se o quadro de terminalidade quando "se esgotam as possibilidades de resgate das condições de saúde do paciente e a possibilidade de morte próxima parece inevitável e previsível.

# 1.4 | O princípio da dignidade no fim da vida
Paschoalini | Cohn |

O paciente se torna 'irrecuperável' e caminha para a morte, sem que se consiga reverter este caminhar".

Para a compreensão da ortotanásia, busca-se conhecer o conceito de paciente terminal. De acordo com Genival Veloso França (2003):

> Definir paciente terminal não tem sido tarefa fácil. Inclusive a expressão terminal, no atual momento, é complexa e arriscada, porque um paciente portador de enfermidade de evolução fatal e grave pode, em determinados instantes, voltar às suas atividades. Seu conceito é impreciso, até porque a vida por si mesma é terminal. Mesmo assim, a tendência é considerar paciente terminal aquele que, na evolução da doença, não mais responde a nenhuma medida terapêutica conhecida e aplicada, sem condições de cura ou prolongamento da sobrevivência, necessitando apenas de cuidados que lhe facultem o máximo de conforto e bem-estar. (FRANÇA, 2003, pp. 422-423).

Nesse diapasão, estaria em fase terminal aquele paciente que apresentasse ao menos duas características fundamentais: a da incurabilidade e a do fracasso terapêutico dos recursos médicos. Ainda nas palavras de França (2003):

> A incurabilidade da doença e a irreversibilidade do quadro fazem surgir questionamentos acerca do modo como os médicos podem e devem atuar no sentido de manter, ou não, uma vida e do direito de autodeterminação dos pacientes diante do processo terapêutico a ser adotado. (FRANÇA, 2003, p. 307).

No tocante ao direito de autodeterminação do paciente, cabe destacar qual é o instrumento que o auxilia a expressar e assegurar sua vontade, qual seja: as Diretivas Antecipadas de Vontade (DAV).

Embora ainda não tenham suporte na lei, as DAVs têm o respaldo da Resolução nº 1.995, de 31 de agosto de 2012, do Conselho Federal de Medicina (CFM), e reconhecem o direito de o paciente manifestar sua vontade sobre tratamentos médicos, bem como de nomear um representante para assegurar essa escolha e o dever do médico de cumpri-la. Nesse documento, detalha-se, por escrito, os desejos e os valores que devem fundamentar as tomadas de decisão médica sobre os tratamentos do paciente. (DADALTO, GRECO, 2013, pp. 463-476).

As DAVs consideram que o paciente deverá ter participação ativa na interrupção de tratamentos aos quais não deseja ser submetido. Em São Paulo, a Lei Estadual nº 10.241, de 17 de março de 1999, mais conhecida como Lei Covas, regulamenta o direito de o usuário recusar tratamentos dolorosos ou extraordinários para tentar prolongar a vida.

Não se trata de suicídio, de omissão de socorro ou de eutanásia, mas sim de respeito à autonomia e de possibilidade de escolha do paciente.

As DAVs permitem que o paciente registre antecipadamente seu desejo por escrito, entregando o documento ao médico de confiança dele ou designando um representante de suas relações, o qual pode ser familiar ou não. As diretivas são elaboradas quando a pessoa está consciente e comunica ou delega sua decisão à família ou pessoa de confiança. No Brasil, também são conhecidas como "testamento vital" e podem ser lavradas por instrumento público nos cartórios.

As DAVs são antecipadas, pois existem dúvidas se pacientes com doença avançada têm a possibilidade de decidir sobre suas vidas. O propósito é salientar a autonomia do paciente, o respeito a crenças, valores, ideais e escolhas da pessoa. O documento também respalda a conduta médica em situações de conflito, protegendo profissionais da acusação de omissão de socorro ou de eutanásia.

Diferenciam-se as seguintes espécies de condutas relacionadas à fase terminal: o suicídio assistido, a eutanásia, a ortotanásia, a distanásia e a mistanásia, também conhecida como "eutanásia social".

O suicídio assistido ocorre quando a morte é provocada pelo próprio paciente, auxiliado por um terceiro, que pode ser um médico ou não. "No Brasil, o auxílio ao suicídio é considerado crime, conforme a tipificação do artigo 122 do Código Penal que prevê punição de 2 a 6 anos de reclusão se o suicídio se consuma, e de 1 a 3 anos se da tentativa resulta lesão corporal de natureza grave" (COUTINHO, 2013, p. 308).

**1.4** | *O princípio da dignidade no fim da vida*
Paschoalini | Cohn |

A eutanásia pode ser classificada como ativa ou passiva, a depender de uma ação ou de uma omissão, respectivamente. É considerada como um modo de abreviar a vida do paciente, contudo se diferencia do suicídio assistido porque se dá por ato do médico, e não do enfermo. "Na modalidade ativa o médico abrevia a vida do paciente através de um ato positivo, através da aplicação de recursos farmacológicos que provoquem a morte, por exemplo" (COUTINHO, 2013, p. 308). Já na passiva, o médico não se utiliza de expedientes que ainda trariam algum tipo de benefício e, ao fazer isso, acaba por ocasionar de alguma forma a morte.

Para a doutrina, a eutanásia:

> [...] não passa de um homicídio e, que, por piedade, há deliberação de antecipar a morte de doente irreversível ou terminal, a pedido seu ou de seus familiares, ante o fato da incurabilidade de sua moléstia, da insuportabilidade de seu sofrimento e da inutilidade de seu tratamento [...]. (DINIZ, 2001, p. 304)

> [...] ação médica que tem por finalidade abreviar a vida de pessoas. É a morte de pessoa – que se encontra em grave sofrimento decorrente de doença, sem perspectiva de melhora – produzida por médico, com o consentimento daquela. A eutanásia, propriamente dita, é a promoção do óbito. É a conduta, através da ação ou omissão do médico, que emprega, ou omite, meio eficiente para produzir a morte em paciente incurável e em estado de grave sofrimento, diferente do curso natural abreviando-lhe a vida. (SÁ, 2001, pp. 66-67)

Assim como o suicídio assistido, a eutanásia também é criminalizada pelo ordenamento jurídico brasileiro: "A prática da eutanásia configura o crime de homicídio tipificado pelo artigo 121 do Código Penal, porém a lei permite a redução da pena, conforme o §1º, se o agente comete o crime impelido por motivo de relevante valor social ou moral" (COUTINHO, 2013, p. 309).

A distanásia "se dedica a prolongar ao máximo a quantidade de vida humana, combatendo a morte como grande e último inimigo"; (SÁ, 2001, p. 68). Na busca pelo prolongamento da vida, o médico utiliza-se de todos os meios disponíveis. Essa prática:

[...] significa prolongamento exagerado da morte de um paciente. O termo também pode ser empregado como sinônimo de tratamento inútil. Trata-se da atitude médica que, visando salvar a vida do paciente terminal, submete-o a grande sofrimento. Nesta conduta não se prolonga a vida propriamente dita, mas o processo de morrer. No mundo europeu fala-se de "obstinação terapêutica", nos Estados Unidos de "futilidade médica (medical futility). (PESSINI, 2013, p. 1)

Para Vieira (2009, p. 233), a distanásia atenta contra a dignidade, por isso deve ser evitada a não ser que o paciente manifeste sua vontade livremente, "pedindo que sejam aplicados todos os meios terapêuticos disponíveis para prolongar sua vida o máximo possível, ainda que se trate de existência antinatural, totalmente mantida de forma mecânica".

A mistanásia (do grego: *mis*, miserável; e *thanatos*, morte) ou eutanásia social, para Pessini (2004, p. 210), seria a morte do miserável fora e antes do seu tempo, o que englobaria três situações:

> Primeiro, a grande massa de doentes e deficientes que, por motivos políticos, sociais e econômicos, não chega a ser paciente, que não consegue ingressar efetivamente no sistema de atendimento médico; segundo, os doentes que conseguem ser pacientes para, em seguida, se tornar vítimas de erro médico; e, terceiro, os pacientes que acabam sendo vítimas de má prática por motivos econômicos, científicos ou sociopolíticos. A mistanásia é uma categoria que nos permite levar a sério o fenômeno da maldade humana. (PESSINI, 2004, p. 210)

Referidas práticas não fazem parte do objeto específico do presente estudo, todavia é necessário diferenciar as situações para que se possa analisar o que realmente é a ortotanásia.

Pessini (2004, p. 225) desenvolve o conceito de ortotanásia como "a arte de bem morrer, que rejeita a eutanásia e a distanásia" e prossegue dizendo que, "no fundo, a ortotanásia é para o doente morrer saudavelmente, cercado de amor e carinho, amando e sendo amado enquanto se prepara para o mergulho final no amor que não tem medida e que não tem fim" (PESSINI, 2004, p. 226).

Etimologicamente, o termo "ortotanásia":

> [...] advém do grego *orthós* (normal, correta) e *thánatos* (morte), designando, portanto, a 'morte natural ou correta'. Assim sendo, 'a ortotanásia consiste na morte a seu tempo', sem abreviação do período vital (eutanásia) nem prolongamentos irracionais do processo de morrer (distanásia). É a 'morte correta', mediante a abstenção, supressão ou limitação de todo tratamento inútil, extraordinário e desproporcional, ante a iminência da morte do paciente, morte esta a que não se busca (pois o que se pretende aqui é humanizar o processo de morrer, sem prolongá-lo abusivamente), nem se provoca (já que resultará da própria enfermidade da qual o sujeito padece)'. (CABETTE, 2009, pp. 24-25)

Para Cardoso (2008, p. 1), "a ortotanásia não abarca a possibilidade de desligamento de qualquer meio artificial, como é o suporte vital, mas tão somente a suspensão de terapias consideradas extraordinárias para o caso e que visem apenas prolongar um processo de morte já iniciado".

A morte deve ser encarada como um fato natural, como algo inerente ao ciclo vital de todo e de qualquer ser humano. Nessa perspectiva, a doutrina expõe:

> A melhor maneira de descrever o que é ortotanásia é utilizar o conceito de futilidade, isto é, reconhecer que alguns tratamentos são inúteis, sem benefício para o paciente, e que podem ser não iniciados ou retirados. Não é a ortotanásia que deve ser implantada como uma nova prática, mas a futilidade que deve ser evitada. Evitar a futilidade é retirar as medidas inúteis que apenas prolongam, de forma indevida, a vida do paciente. [...] O reconhecimento da situação de futilidade, ou ortotanásia, se quiserem, evita prolongar a utilização desnecessária de medidas sem benefícios, permitindo que a morte ocorra em seu devido tempo. (GOLDIM, 2010, p. 30)

Importante indicar o que se entende por tratamento fútil. Segundo Coutinho (2013, p. 310), "é aquele que não promove nenhum tipo de cura, nem melhora; apenas prolonga o estágio de morte já iniciado". Já segundo Diniz (2001, p. 318), "tratamento médico fútil seria aquele que: a) não consegue seu objetivo imediato ou o do paciente; b) é ineficaz; c) não é capaz de oferecer uma qualidade de vida mínima ou, pelo menos algum benefício médico; d) não oferece uma razoável probabilidade de sobrevida".

Por isso, a "ortotanásia, além de proporcionar ao paciente a morte no momento adequado – nem prolongando a vida de forma indigna, nem a abreviando – denuncia algo que é muito claro para todo ser humano: a sua mortalidade, que não pode ser evitada indefinidamente" (COUTINHO, 2013, p. 310).

Tudo isso significa que sempre se almejará a cura, porém a obstinação pela vida só tem sentido quando realmente existirem possibilidades de recuperação realizada de forma a não afetar a dignidade do indivíduo (COUTINHO, 2013, p. 310).

Portanto, mesmo não sendo possível o efetivo restabelecimento da saúde do paciente, o médico deve prestar-lhe toda a assistência possível, administrando-lhe, para isso, todos os meios de passar pelo estágio da terminalidade de forma digna (COUTINHO, 2013, p. 308). Conforme preleciona Diniz (2001, p. 326):

> Uma exagerada preservação da vida pode ser conducente ao desrespeito de determinados doentes em estado terminal. Isso é assim porque a moléstia destrói a integridade do corpo, e a dor, a integridade global da pessoa. Por isso, a medicina deveria, ao cuidar dos que estão no processo de morrer, aliviar seu sofrimento físico-psíquico. (DINIZ, 2001, p. 326)

Nesse sentido, é possível definir de forma clara e concisa as distinções básicas entre eutanásia, distanásia e ortotanásia, nos seguintes termos:

> A eutanásia, conduta que, ativa ou passivamente, de forma intencional, abrevia a vida de um paciente, com o objetivo de pôr fim ao seu sofrimento, deve ser bem diferenciada da distanásia, prática que, negando a finitude do ser humano, prolonga a existência através da utilização de meios desproporcionados e extraordinários, quando, naturalmente, a vida já chegou ao seu fim, apenas restando os sinais vitais mantidos por aparelhos, e da ortotanásia, postura que se opõe às duas anteriores, **visando a garantir a dignidade do processo de morrer**, sem abreviações intencionais nem prolongamentos desnecessários da vida, propiciando ao paciente alívio da

> dor, conforto, atenção e amor, para que possa recuperar o sentido da vida e da morte. (VIEIRA, 2009, p. 295, destaque do autor)

Santoro (2010, p. 132) afirma, ainda, que é nesse contexto de respeito à dignidade da pessoa humana que se "impõe ao médico o dever de ministrar os cuidados paliativos, propiciando ao paciente que venha a falecer de forma tranquila, com o máximo de bem-estar global sem, no entanto, interferir no processo mortal".

Nessa linha, Santoro (2010, p. 162) estabelece com precisão alguns requisitos indispensáveis para que haja uma situação ortotanásica e, em seguida, destaca o cuidado paliativo:

> a) vida do paciente deve estar em perigo, sendo a morte iminente e inevitável [...]);
>
> b) existência do consentimento, do paciente ou de seus familiares, na supressão ou interrupção do tratamento e na sua conversão em cuidados paliativos, propiciando um completo estado de bem-estar, e, finalmente;
>
> c) atuação do médico e demais profissionais da saúde sempre visando o bem do paciente, razão pela qual não poderá deixar de ampará-lo, prestando-lhe os cuidados paliativos.
>
> **Portanto, é no desdobramento da ortotanásia que surge o conceito de cuidados paliativos acolhido pela Organização Mundial de Saúde e entendido como sendo: [...] a abordagem que melhora a qualidade de vida dos pacientes e suas famílias que enfrentam problemas associados com doenças ameaçadoras de vida, através da prevenção e do alívio do sofrimento, com meios de identificação precoce, avaliação correta, tratamento da dor, e outros problemas de ordem física, psicossocial e espiritual.** (SANTORO, 2010, p. 162, destaque do autor)

## 1.4.2. CUIDADOS PALIATIVOS E A FILOSOFIA DO *HOSPICE*

No desdobramento do procedimento da ortotanásia, surgem os cuidados paliativos. Segundo a definição da Organização Mundial de Saúde (OMS), alterada em 2002, Cuidado Paliativo é:

> uma abordagem que promove a qualidade de vida de pacientes e seus familiares, que enfrentam doenças que ameacem a continuidade da vida, através da prevenção e alívio do sofrimento. Requer a identificação precoce, avaliação e tratamento da dor e outros problemas de natureza física, psicossocial e espiritual.

O Código de Ética Médica (Resolução do CFM n° 2.217/2018), no artigo 36, §2°, diz que "Salvo por motivo justo, comunicado ao paciente ou à sua família, o médico não o abandonará por este ter doença crônica ou incurável e continuará a assisti-lo e a propiciar-lhe os cuidados necessários, inclusive os paliativos".

Os cuidados paliativos se apresentam como uma forma inovadora de assistência. A abordagem, voltada para o ser humano em sua integralidade e a necessidade de intervenção em sintomas de natureza física, social, emocional e espiritual, transforma essa prática em um trabalho necessariamente de equipe, de caráter multiprofissional e interdisciplinar.

Para melhor compreensão, é necessário um breve contexto histórico acerca desse instituto:

> O Cuidado Paliativo se confunde historicamente com o termo *Hospice*. Esta palavra data dos primórdios da era cristã quando estas instituições fizeram parte da disseminação do cristianismo pela Europa. *Hospices* eram abrigos (hospedarias) destinados a receber e cuidar de peregrinos e viajantes [...] Várias instituições de caridade surgiram na Europa no século XVII abrigando pobres, órfãos e doentes. Esta prática se propagou com organizações religiosas católicas e protestantes, e no século XIX passaram a ter características de hospitais [...] O Movimento *Hospice* Moderno foi introduzido por uma inglesa com formação humanista e que se tornou médica, Dame Cicely Saunders. Em 1947 Cicely Saunders, formada recentemente como Assistente

## 1.4 | *O princípio da dignidade no fim da vida*
Paschoalini | Cohn |

> Social e em formação como enfermeira, conheceu um paciente judeu de 40 anos chamado David Tasma, proveniente do Gueto de Varsóvia. David recebera uma colostomia paliativa devido a um carcinoma retal inoperável. Cicely o visitou até sua morte, tendo com ele longas conversas. David Tasma deixou-lhe uma pequena quantia como herança, dizendo: "Eu serei uma janela na sua Casa". Este foi, segundo Cicely Saunders, o ponto de partida para o compromisso com uma nova forma de cuidar (SAUNDERS, 2004, p. 3-8). Em 1967 funda o "St. Christopher's *Hospice*", cuja estrutura não só permitiu a assistência aos doentes, mas o desenvolvimento de ensino e pesquisa, recebendo bolsistas de vários países. (MATSUMOTO, 2012)

Profissionais de outros países, principalmente dos Estados Unidos e do Canadá, após período de experiência no St. Christopher's Hospice, no Reino Unido, levaram a prática dos cuidados paliativos para seus respectivos países de origem. Acerca do assunto, Matsumoto (2012) acrescenta:

> "Na década de 1970, o encontro de Cicely Saunders com Elisabeth Klüber-Ross nos Estados Unidos fez com que o movimento *Hospice* crescesse naquele país.

Em 1982, o Comitê de Câncer da Organização Mundial de Saúde (OMS) criou um grupo de trabalho para definir políticas para o alívio da dor e cuidados do tipo *Hospice* para pacientes com câncer, e que fossem recomendados em todos os países. O termo Cuidados Paliativos, já utilizado no Canadá, passou a ser adotado pela OMS devido à dificuldade de tradução adequada do termo *Hospice* em alguns idiomas.

A OMS publicou sua primeira definição de Cuidados Paliativos em 1990: "Cuidado ativo e total para pacientes cuja doença não é responsiva a tratamento de cura. O controle da dor, de outros sintomas e de problemas psicossociais e espirituais é primordial. O objetivo do Cuidado Paliativo é proporcionar a melhor qualidade de vida possível para pacientes e familiares" (MATSUMOTO, 2012).

Essa última definição foi revisada em 2002 e substituída pela atual, conforme aqui explicitado, anteriormente.

Segundo Pessini (2005, pp. 107-112), os cuidados paliativos baseiam-se em conhecimentos inerentes às diversas especialidades, possibilidades de intervenção clínica e terapêutica nas diversas áreas de conhecimento da ciência médica e de conhecimentos específicos. Em 1986, a OMS publicou princípios que regem a atuação da equipe multiprofissional de cuidados paliativos. Esses princípios foram reafirmados na revisão de 2002:

1. Promover o alívio da dor e outros sintomas desagradáveis

**2. Afirmar a vida e considerar a morte como um processo normal da vida**

O Cuidado Paliativo resgata a possibilidade da morte como um evento natural e esperado na presença de doença ameaçadora da vida, colocando ênfase na vida que ainda pode ser vivida.

**3. Não acelerar nem adiar a morte**

**4. Integrar os aspectos psicológicos e espirituais no cuidado ao paciente**

A doença, principalmente aquela que ameaça a continuidade da vida, costuma trazer uma série de perdas, com as quais o paciente e família são obrigados a conviver, quase sempre sem estarem preparados para isto. As perdas da autonomia, da autoimagem, da segurança, da capacidade física, do respeito, sem falar das perdas concretas, materiais, como de emprego, de poder aquisitivo e consequentemente de *status* social, podem trazer angústia, depressão e desesperança, interferindo objetivamente na evolução da doença, na intensidade e frequência dos sintomas que podem apresentar maior dificuldade de controle. A abordagem desses aspectos sob a ótica da psicologia se faz fundamental. A novidade é a possibilidade de abordá-los também sob o ponto de vista da espiritualidade, que se confundem e se sobrepõem invariavelmente à questão religiosa.

**5. Oferecer um sistema de suporte que possibilite o paciente viver tão ativamente quanto possível, até o momento da sua morte**

**6. Oferecer sistema de suporte para auxiliar os familiares durante a doença do paciente e a enfrentar o luto**

## 1.4 | O princípio da dignidade no fim da vida

Nunca estamos completamente sós. A família, tanto a biológica como a adquirida (amigos, parceiros, etc.), pode e deve ser nossa parceira e colaboradora. Essas pessoas conhecem melhor do que nós o paciente, suas necessidades, suas peculiaridades, seus desejos e angústias, muitas vezes não verbalizados pelo próprio paciente. Da mesma forma, essas pessoas também sofrem e seu sofrimento deve ser acolhido e paliado.

**7. Abordagem multiprofissional para focar as necessidades dos pacientes e seus familiares, incluindo acompanhamento no luto**

A integração sugerida pelo Cuidado Paliativo é uma forma de observarmos o paciente sob todas as suas dimensões e a importância de todos estes aspectos na composição do seu perfil para elaborarmos uma proposta de abordagem. Ignorar qualquer dessas dimensões significará uma avaliação incompleta e consequentemente uma abordagem menos efetiva e eficaz dos sintomas. O sujeito da ação é sempre o paciente, respeitado na sua autonomia. Incluir a família no processo do cuidar compreende estender o cuidado no luto, que pode e deve ser realizado por toda a equipe e não somente pelo psicólogo

**8. Melhorar a qualidade de vida e influenciar positivamente o curso da doença**

**9. Deve ser iniciado o mais precocemente possível, juntamente com outras medidas de prolongamento da vida, como a quimioterapia e a radioterapia e incluir todas as investigações necessárias para melhor compreender e controlar situações clínicas estressantes.** (MATSUMOTO, 2012)

Conforme leciona Diniz (2001), o papel do médico é curar, quando possível, assistir sempre com paciência e amor, principalmente na circunstância em que não pode mais restabelecer a saúde. Parece-nos que o princípio da sacralidade e o da qualidade da vida não se opõem, mas se complementam. Uma extraordinária tentativa de preservação da vida pode contribuir ao desrespeito de determinados doentes terminais. Isso ocorre porque, em alguns casos, a moléstia destrói a integridade do corpo e a dor devasta a integridade global da pessoa.

Por isso, no momento de cuidar dos que estão no processo do morrer, todo profissional deveria aliviar os sofrimentos físicos e psíquicos desses pacientes. É na filosofia do *hospice* que se torna viável a medicina paliativa, honrando a dignidade e a integridade do ser humano.

Essa filosofia encara o "estar morrendo" como um processo normal e busca uma melhor qualidade de vida ao paciente, controlando sua dor. Procura atender as necessidades físicas, emocionais e sociais do doente, respeitando a integridade dele ao dar continuidade ao tratamento e ao permitir que os companheiros desse paciente sejam a imagem e a voz de entes queridos, e não tubos e ruídos monitores, tendo-se em vista, como observa Cicely Saunders, que o sofrimento de uma pessoa somente é intolerável quando não há ninguém para cuidar dela. Urge a busca pela valorização do cuidado do paciente terminal, dando-lhe o amor e o carinho dos familiares a fim de que possa morrer com dignidade (DINIZ, 2011, pp. 463-464).

Nesse contexto ainda prospectivo, faz-se importante registrar que ainda não há leis específicas sobre os cuidados paliativos no Brasil. Entretanto, diversos avanços nesse sentido ocorreram na última década. O CFM, órgão que regulamenta e fiscaliza a prática médica, publicou diferentes resoluções que estão relacionadas de maneira direta ao tema e que certamente promoverão reflexões e avanços importantes nessa área.

Vale a pena destacar, sobre a legitimidade da ortotanásia, a Resolução do CFM nº 1.805/2006; sobre o Código de Ética Médica no qual os cuidados paliativos são diretamente mencionados,a Resolução do CFM nº 2.217/2018); sobre a regra que define a Medicina Paliativa como especialidade médica, a Resolução do CFM nº 1.973/2012); sobre as Diretivas Antecipadas de Vontade e a Resolução nº 41/2018 do Ministério da Saúde, de 31 de outubro, a Resolução CFM nº 1.995/2012, que dispõe acerca das diretrizes para integrar os cuidados paliativos como política pública no âmbito do Sistema Único de Saúde (SUS). Destaca-se, ainda, a Portaria MS nº 1.083/2012, de 02 de outubro, que aprovou o Protocolo Clínico e Diretrizes Terapêuticas da Dor Crônica, pois estabelece medidas paliativas adequadas para o quadro de dores crônicas.

### 1.4.3. PRINCÍPIO DA DIGNIDADE E A MORTE DIGNA

Para a assimilação do que significa manter a dignidade do paciente até o momento de sua morte, é necessária uma explanação ampla sobre o princípio da dignidade humana.

A dignidade da pessoa humana é um dos princípios constitucionais fundamentais da República Federativa do Brasil, conforme disposição do artigo 1º, inciso III, da Constituição Federal de 1988.

Alexandre de Moraes, na obra *Constituição do Brasil Interpretada*, demonstra bem os valores extraídos da norma:

> A dignidade da pessoa humana é um valor espiritual e moral inerente a pessoa, que se manifesta singularmente na autodeterminação consciente e responsável da própria vida e que traz consigo a pretensão ao respeito por parte das demais pessoas, constituindo-se em um mínimo invulnerável que todo estatuto jurídico deve assegurar, de modo que apenas excepcionalmente possam ser feitas limitações ao exercício dos direitos fundamentais, mas sempre sem menosprezar a necessária estima que merecem todas as pessoas enquanto seres humanos. (MORAES, 2005, p. 129)

Para Kant, citado por Coutinho (2013, p. 318):

> A dignidade se revela através do poder de autodeterminação do indivíduo. Somente o ser humano é capaz de agir conforme sua racionalidade e é isso que lhe atribui a dignidade como característica nata, inerente. O indivíduo sendo livre e responsável por definir a trajetória de sua existência, estará agindo conforme suas íntimas convicções e determinando o sentido do que ele mesmo considera ser digno. (COUTINHO, 2013, p. 318)

Assim, ainda segundo Coutinho (2013, p. 318):

> O indivíduo só terá sua dignidade respeitada e protegida se a ele for assegurado o direito de reger-se conforme sua razão. A autonomia e liberdade são responsáveis por conferir dignidade ao ser e por destacá-lo como sujeito de direitos e deveres em meio à sociedade na qual está inserido. (COUTINHO, 2013, p. 318)

Em observância ao princípio da dignidade da pessoa humana, "o ser humano sempre deverá ser qualificado como um fim em si mesmo e nunca como meio. Isso significa que ele não pode ser empregado, como se coisa fosse, para obtenção de qualquer finalidade" (COUTINHO, 2013, p. 318).

A dignidade pode ser entendida como:

> Um atributo conferido a todo indivíduo pura e simplesmente em virtude de sua condição humana. O que importa dizer que, independentemente de qualquer conjuntura ou particularidade imputada a alguém, ainda sim a dignidade e os direitos dela decorrentes deverão ser reconhecidos e respeitados por toda a sociedade e pelo Estado. (COUTINHO, 2013, p. 318)

Nesse sentido, esclarece Ingo Sarlet (2001, p. 60):

> [...] temos por dignidade da pessoa humana a qualidade intrínseca e distintiva de cada ser humano que o faz merecedor do mesmo respeito e consideração por parte do Estado e da comunidade, implicando, neste sentido, um complexo de direitos e deveres fundamentais que assegurem a pessoa tanto contra todo e qualquer ato de cunho degradante e desumano, como venham a lhe garantir as condições existenciais mínimas para uma vida saudável, além de propiciar e promover sua participação ativa e corresponsável nos destinos da própria existência e da vida em comunhão com os demais seres humanos. (SARLET, 2001, p. 60)

Para Aith, citado por Ridolphi e Rangel (2017), por sua vez:

> O princípio da dignidade da pessoa humana possui um valor incerto e que aparentemente se volta como um princípio jurídico à proteção de todos, mesmo sobre aqueles que não possuem mais consciência de sua própria dignidade. Para o autor, merece uma discussão mais aprofundada no Brasil sobre essa relação da dignidade da pessoa humana e o seu possível direito a uma morte digna, pois é uma situação fundamental para se garantir o respeito à dignidade de uma pessoa doente em fim de vida. (RIDOLPHI, RANGEL, 2017)

**1.4** | *O princípio da dignidade no fim da vida*
Paschoalini | Cohn |

Em suma, o princípio da dignidade humana, uma vez tutelado até o momento final do indivíduo, proporciona a ele uma morte digna, pois respeita suas escolhas, crenças e ideais, tudo isso respaldado pelos princípios éticos dos cuidados paliativos.

## CONSIDERAÇÕES FINAIS

Partimos do pressuposto de que a extensão da vida de uma pessoa que tem a morte como algo iminente, desconsiderando a vontade, o poder de autodeterminação e a dignidade que possui, é um comportamento desaprovado pela ética médica e pelo ordenamento jurídico brasileiro. É nesse aspecto que a prática da ortotanásia se mostra aconselhável, porque, quando em consonância com o princípio da dignidade da pessoa humana, deixa de impor ao indivíduo tratamentos despropositados, que terminam por prolongar o sofrimento físico e psíquico que eventualmente já enfrente.A partir disso, o presente estudo buscou confirmar a compatibilidade que a prática da ortotanásia possui com o princípio da dignidade da pessoa humana [...] ao dedicar assistência médica ao paciente terminal para o alívio da dor física e psíquica que ele tenha, além de permitir que ele passe por esse estágio de maneira digna (COUTINHO, 2013, p. 321).

Em primeiro lugar, foi elencada a distinção entre os termos eutanásia, mistanásia, distanásia, suicídio assistido e o instituto da ortotanásia. Assim, com respaldo nas definições doutrinárias, pode-se entender essa última como a conduta médica humanizada, capaz de viabilizar que o paciente terminal passe pelo estágio final da vida da forma mais natural possível. A ortotanásia passa pelos cuidados paliativos, pela assistência psíquica (que, por sua vez, proporciona o convívio social e a proximidade com do paciente com o núcleo familiar); e pela aplicação de todo tratamento ordinário que possa trazer benefícios sem valer-se de qualquer método fútil que adie a morte, mas minimize a consideração do paciente enquanto pessoa. Com isso, tem-se que o indivíduo deve ser compreendido na plenitude, pois "não há propósito em manter sua existência física a qualquer custo, negligenciando sua dignidade e essência. Afinal, deve-se proteger e preservar sempre a vida concedida pela natureza ao indivíduo, e não a que se mantém artificialmente, à custa de prolongamento desnecessário do sofrimento.

Ao perquirir os cuidados paliativos como uma extensão da ortotanásia, concebe-se esta como uma sobreposição do naturalismo ao tecnicismo, tendo em vista que o médico dispensa o uso de meios artificiais para prolongar a vida, ministrando apenas cuidados paliativos mitigadores do sofrimento e viabilizadores de uma passagem natural por esse processo. Isso implica a adoção de uma posição humanitária e consiste basicamente em não se valer de meios terapêuticos extraordinários que tenham como objetivo prolongar a vida de pacientes acometidos de doenças graves e incuráveis. Conforme filosofia do *hospice*, que reconhece e cuida com respeito do ser humano em sua integralidade, vislumbra-se que seja resguardado aos indivíduos o direito de viver e morrer dignamente.

O Brasil ainda não possui uma estrutura pública de cuidados paliativos que seja compatível com a demanda existente. Persiste um enorme desconhecimento e preconceito relacionado aos cuidados paliativos, especialmente entre os médicos, profissionais de saúde, gestores hospitalares e Poder Judiciário, pois ainda há muita confusão entre atendimento paliativo e eutanásia.

A perspectiva, inclusive acenada pela Academia Nacional de Cuidados Paliativos (ANCP), é que esse cenário se transforme em um futuro próximo. A partir de uma demanda por serviços de cuidados paliativos e por profissionais especializados nessa prática, a expectativa é que haja a efetiva promulgação de leis regulamentadoras da questão. Segundo a ANCP, a regulamentação legal permitiria que os planos de saúde incluíssem os cuidados paliativos nas coberturas e nas apólices de seguro, por exemplo, ainda mais com as comprovações de que os cuidados paliativos diminuem os custos dos serviços de saúde e trazem enormes benefícios aos pacientes e aos familiares.

No Brasil, surgem algumas iniciativas no sentido de implementar a filosofia do cuidado, no entanto há muito a fazer para consolidar essa abordagem terapêutica. É imprescindível que os conceitos fundamentais dos cuidados paliativos e do *hospice* sejam compreendidos e difundidos e que se empreendam esforços para a implementação de iniciativas centradas no cuidar solidário nos serviços de saúde, públicos ou privados.

Ao mesmo tempo, reconhece-se que a peculiaridade do tema requer uma discussão multidisciplinar e com efetiva participação da sociedade. Trata-se de tema polêmico, estigmatizado, e envolvem diretamente os núcleos familiares ao propor e implicar mudanças de paradigmas e atitudes. Os cuidados paliativos são uma necessidade de saúde pública e uma necessidade humanitária.

## REFERÊNCIAS

ACADEMIA NACIONAL DE CUIDADOS PALIATIVOS (ANCP). Disponível em: <https://paliativo.org.br/>. Acesso em: 02 fev. 2021.

BRASIL. Decreto-Lei nº 2.848, de 07 de dezembro de 1940. *Código Penal.* Diário Oficial da União, Rio de Janeiro, 31 dez. 1940.

CABETTE, Eduardo Luiz Santos. *Eutanásia e ortotanásia: comentários à Resolução nº 1.805/06 CFM. Aspectos éticos e jurídicos.* Curitiba: Juruá, 2009.

CARDOSO, Juraciara Vieira. *Ortotanásia: uma análise comparativa da legislação brasileira projetada e em vigor. Revista Jus Navigandi*, ISSN 1518-4862, Teresina, ano 15, n. 2590, 4 ago. 2010. Disponível em: <https://jus.com.br/artigos/17110>. Acesso em: 01 set. 2020.

CONSELHO FEDERAL DE MEDICINA (CFM – Brasil). *Resolução nº 1.931, de 24 de setembro de 2009.* Aprova o Código de Ética Médica. Disponível em: < https://portal.cfm.org.br/index.php?option=com_content&id=20670:resolucao-cfm-no-19312009->. Acesso em: 03 set. 2020.

_____. *Resolução nº 2.217 de 1 de novembro de 2018.* Aprova o Código de Ética Médica. Disponível em: <https://sistemas.cfm.org.br/normas/visualizar/resolucoes/BR/2018/2217>. Acesso em: 21 set. 2020.

COUTINHO, Débora Barbosa. *Ortotanásia: exercício da autonomia privada fundamentado no princípio da dignidade da pessoa humana.* Percurso Acadêmico, Belo Horizonte, v. 3, n. 6, jul./dez. 2013, pp. 305-325.

DADALTO, Luciana; TUPINAMBAS, Unai; GRECO, Dirceu Bartolomeu. *Diretivas antecipadas de vontade: um modelo brasileiro.* Rev. Bioét., Brasília, v. 21, n. 3, p.

463-476, Dec. 2013. Disponível em: <http://www.scielo.br/scielo.php?script=sci_arttext&pid=S1983-80422013000300011&lng=en&nrm=iso>. Acesso em: 06 set. 2020

DINIZ, Maria Helena. *O estado atual do biodireito*. São Paulo: Saraiva, 2001.

FRANÇA, Genival Veloso de. *Direito Médico*. 8. ed. São Paulo: Fundo Editorial BYK, 2003. pp. 422-423

GOGLIANO, Daisy. *Pacientes terminais - morte encefálica*. Disponível em: < https://revistabioetica.cfm.org.br/index.php/revista_bioetica/article/view/493>. Acesso em: 01 set. 2020.

GOLDIM, José Roberto. *Bioética, Morte e Morrer*. Revista Jurídica Consulex, Brasília, Ano XIV, n.322, pp. 28-30, jun. 2010.

GUTIERREZ, Pilar. *O que é o paciente terminal?* Revista da Associação Médica Brasileira, São Paulo, v. 47, n. 2, abril/junho de 2001. Disponível em: <http://www.scielo.br/scielo.php?script=sci_arttext&pid=S0104-42302001000200010>. Acesso em: 02 set. 2020.

KANT, Immanuel. *Fundamentação da Metafísica dos Costumes*. Tradução de Paulo Quintela - Lisboa: Edições 70, 2007.

MACIEL, M. G. S. *Definições e princípios*. Cuidado paliativo, CREMESP, 2008; (1-I), pp. 18-21.

MATSUMOTO, Dalva Yukie. *Manual de Cuidados Paliativos (ANCP)* 2.ed. São Paulo: s. n., 2012.

MORAES, Alexandre de. *Constituição do Brasil Interpretada*. 5ª. Ed. São Paulo: Atlas, 2005, p. 129.

NAVES, Bruno Torquato de Oliveira. *Introdução ao Biodireito: da zetética à dogmática*. In: SÁ, Maria de Fátima Freire (Coord.). *Biodireito*. Belo Horizonte: Del Rey, 2002. Cap. 4, pp. 129-140.

_____. *Da relação jurídica médico-paciente: dignidade da pessoa humana e autonomia privada*. In: SÁ, Maria de Fátima Freire (Coord.). *Biodireito*. Belo Horizonte: Del Rey, 2002. Cap. 3, p. 101-127.

PESSINI, L. *Cuidados paliativos: alguns aspectos conceituais, biográficos e éticos*. Prática Hospitalar, 2005; (41), pp. 107-112.

PESSINI, Léo. *Distanásia: Até quando investir sem agredir?* Disponível em: <http://revistabioetica.cfm.org.br/index.php/revista_bioetica/article/view/394/357>. Acesso em: 31 ago. 2020.

_____. *Eutanásia: por que abreviar a vida?*. São Paulo: São Camilo, 2004.

RIDOLPHI, Alencar Cordeiro; RANGEL, Tauã Lima Verdan. *Morte digna à luz da dignidade da pessoa humana: o direito de morrer*. Revista Âmbito Jurídico, n. 164, Ano XX, Setembro/2017.

SÁ, Maria de Fátima Freire de. *A dignidade do ser humano e os direitos de personalidade: uma perspectiva civil-constitucional*. In: SÁ, Maria de Fátima Freire (Coord.). *Biodireito*. Belo Horizonte: Del Rey, 2002. Cap. 3, pp. 83-100.

**1.4** | *O princípio da dignidade no fim da vida*
Paschoalini | Cohn |

_____. *Direito de Morrer.* Belo Horizonte: Del Rey, 2001.

SANTORO, Luciano de Freitas. *Morte digna: o direito do paciente terminal.* Curitiba: Juruá, 2010.

SARLET, Ingo Wolfgang. *Dignidade da pessoa humana e direitos fundamentais.* Porto Alegre: Livraria do Advogado, 2001.

SAUNDERS, D. C. Introduction Sykes N., Edmonds P.,Wiles J. *Management of Advanced Disease*, 2004, pp. 3-8.

SOUZA, Cimon Hendrigo Burmann de. *Eutanásia, distanásia e suicídio assistido.* In: SÁ, Maria de Fátima Freire (Coord.). *Biodireito.* Belo Horizonte: Del Rey, 2002. Cap. 5, pp. 141-184.

VIEIRA, Mônica Silveira. *Eutanásia: humanizando a visão jurídica.* Curitiba: Juruá, 2009.

# 1.5

# Transgênero e o direito de ter filhos por técnicas de reprodução assistida no Brasil

*CAROL DE OLIVEIRA ABUD*
*LUCIANO PEREIRA DE SOUZA*
*MARCELO LAMY*

## INTRODUÇÃO

A PROCRIAÇÃO por meio de reprodução assistida se difere da forma natural de procriação. Nos casos de concepção ou procriação natural, teremos a reprodução ocorrida por meio de relações sexuais entre homem e mulher. A Medicina e a Ciência, contudo, evoluíram e possibilitaram a concepção da vida por meio de técnicas de reprodução humana assistida, sem a necessidade de relações sexuais, ou seja, a reprodução de forma "assexuada". Com isso, diversos casais ou até mesmo pessoas sozinhas, que não conseguiam gerar um filho pelas vias naturais, passaram a ter a chance de constituir família com uma prole biológica, ampliando, em consequência, o alcance das espécies de famílias existentes nos dias modernos.

A reprodução humana assistida possui diversas técnicas disponíveis aos pacientes, como a concepção artificial *in vitro,* a *Zibot Intra Fallopian Transfer* (ZIFT) ou ectogênese e as técnicas denominadas *Gametha Intra Fallopian Transfer* (GIFT) ou inseminações artificiais. (ALMEIDA JUNIOR, 2003). As técnicas existentes são analisadas pelo profissional de saúde e, dependendo da realidade de cada paciente, poderá ou não ser indicada. Apesar de diferentes, todas as técnicas de reprodução assistida visam ao mesmo objetivo: gerar um filho.

É importante posicionar que, ao longo dos anos, muitas mudanças e conquistas alteraram o papel da mulher na sociedade e, mais

**1.5** | *Transgênero e o direito de ter filhos por técnicas de reprodução assistida no Brasil*
Abud | Souza | Lamy |

especificamente, no âmbito familiar. Com efeito, em alguma medida e em que pesem os muitos desafios ainda existentes, houve uma ampliação da possibilidade de decisão quanto à liberdade de procriação de muitas mulheres (COUTO, 2007). Entre um dos exemplos dessa expansão, destaca-se o fim da exigência estrita de existir um casal que ampare esse novo núcleo familiar. Essa conquista, de certa forma libertária, influenciou projetos de concepção, já que não há mais a necessidade do relacionamento fundado apenas em bases patriarcais e heterocisnormativas para que se possa gerar um filho. Assim, a maternidade passa a poder ser exercida somente por mulheres e, igualmente a paternidade somente por homens (REGINO, 2016) e, ainda, em certos casos, por casais homossexuais de homens e de mulheres[1].

A esterilidade, a orientação sexual da pessoa ou a identidade de gênero são fatores que impedem ou dificultam uma gestação através das vias naturais. Ser estéril, homossexual ou transgênero[2], contudo, não implica a inexistência do desejo de conceber. Por essa razão, os métodos científicos de reprodução humana colaboram para a concretização disso. Inclusive, essa vontade passou a ser entendida como um direito, o que fez surgir no ordenamento jurídico pátrio a percepção do "direito de ter um filho", consanguíneo ou não. Importante lembrar que esse direito, irrestrito e fundamental, uma vez exercido, tem como corolário a responsabilidade pela criação, manutenção e educação do filho, concebido seja pelas vias naturais, seja por meio de técnicas de reprodução assistida. Trata-se do exercício da parentalidade responsável.

No direito brasileiro no âmbito público e privado da assistência à saúde, encontramos políticas de planejamento familiar que concretizam esse desejo/direito. O direito de ter um filho, também conhecido como direito de autonomia reprodutiva planejada, é amparado pela Constituição

---

1. Utilizaremos o termo "homossexuais" por ser um dos termos alternativos utilizados pelos Descritores em Ciências da Saúde para referirem-se às minorias sexuais e de gênero.
2. Utilizaremos o termo "transgênero" de forma abrangente, incluindo, aqui, o transexual pela mesma razão antes observada e sem desconsiderar as inúmeras discussões teóricas de gênero desenvolvidas no campo das Humanidades.

Federal no artigo 266, §7° e pode ser considerado um "braço" relevante do direito à saúde, mais especificamente do direito fundamental à saúde reprodutiva. A autonomia reprodutiva planejada é desdobramento do princípio da dignidade humana, reconhecido e estendido a todo cidadão.

A questão que nos envolve neste trabalho, contudo, não é a análise do conteúdo multifacetado desse direito, e sim se há a real possibilidade de todas as pessoas, independentemente do gênero ou da orientação sexual, contarem com a assistência à saúde que ampare a busca por essa autonomia reprodutiva.

Em recente campanha do Dia dos Pais de uma famosa empresa de cosméticos, Thammy Miranda apareceu como protagonista, comemorando a data como pai. Nesse sentido, Thammy (homem trans), juntamente com sua esposa, teve um filho a partir da técnica de inseminação artificial realizada nos Estados Unidos. A criança, cujo nome e dados não apresentaremos por respeito ao Estatuto da Criança e do Adolescente (ECA), recebeu, na certidão de nascimento, os nomes do pai e da mãe. O procedimento foi realizado no exterior, mas o nascimento e o registro civil concretizaram-se no Brasil. No caso de Thammy, a fecundação ocorreu no corpo de sua esposa (mulher cis). A situação levantou vários questionamentos sobre os direitos das pessoas transgênero, o que culminou no objetivo buscado neste estudo.

Thammy é um homem trans, pois foi identificado, ao nascer, como do sexo biológico feminino, tendo, *a priori*, capacidade física e biológica de gestar. Um homem trans, caso desejasse, poderia se submeter ao procedimento de reprodução assistida? Afinal, o transgênero tem o direito de ter filhos por reprodução assistida no Brasil?

O presente estudo teve por objetivo verificar se o direito de procriação com a reprodução assistida é reconhecido pelo nosso direito para a pessoa transgênero, tendo como base os regramentos de Biodireito e outras normas vigentes no país para todo cidadão.

**1.5** | *Transgênero e o direito de ter filhos por técnicas de reprodução assistida no Brasil*
Abud | Souza | Lamy |

A pesquisa desenvolvida teve natureza exploratória com viés descritivo, com coleta documental (normas jurídicas) e bibliográfica (livros e artigos científicos) para construir a presente revisão narrativa.

A normativa selecionada foi coletada nos sites de legislação do Planalto, do Ministério da Saúde (MS), do Conselho Federal de Medicina (CFM), da Organização Mundial da Saúde (OMS) e demais sites correlatos. A produção doutrinária selecionada foi extraída de portais dos portais de revistas científicas, tais como Scielo e Biblioteca Virtual da Saúde.

Para demonstrar os resultados obtidos no estudo, dividimos o relato em dois subgrupos: o primeiro demonstra os resultados e as discussões do direito constitucional e fundamental de ter filhos, e o segundo aborda diretamente os resultados obtidos na análise das regras de Bioética, Biodireito, Conselho Federal de Medicina e políticas públicas nacionais voltadas ao atendimento do transgênero na área da saúde.

## 1.5.1. O DIREITO FUNDAMENTAL DE TER FILHOS

A Constituição Federal de 1988, em atendimento ao princípio da dignidade humana, traça, no artigo 226, §7°, a possibilidade de exercício da paternidade/maternidade responsável por meio da livre decisão do planejamento familiar. A essa escolha de planejamento familiar sobre fecundidade e saúde reprodutiva, damos o nome de autonomia reprodutiva.

As transformações e os novos parâmetros nas relações de gênero e de gerações contribuíram de modo significativo para o surgimento de novos e variados arranjos familiares (SIMAS, 2009). Os novos e plurais arranjos familiares, como dois pais, duas mães, pai solo, mãe solo, pais ou mães transgênero, são possibilidades familiares que precisam e devem ser amparadas. Qualquer que seja o arranjo familiar, o planejamento familiar previsto constitucionalmente lhes é aplicável.

O planejamento familiar é de livre autonomia no Brasil, e a decisão de ter filhos compete à pessoa, sem interferência estatal. Cabe ao casal ou ao indivíduo escolher entre a prole biológica por vias naturais (se essa possibilidade lhes for real), entre a prole por adoção ou, em outros casos, a prole concebida por meio de reprodução assistida. Sobre o direito de autodeterminação na constituição familiar, não incide a fiscalização do Estado.

O planejamento familiar por autonomia reprodutiva, apesar de algumas posições ainda contrárias, alcançou *status* de direito fundamental e humano. Assim, devem ser protegidos e não violados (BARBOZA, 2012).

A Constituição brasileira garante a todos o direito fundamental à saúde sexual e reprodutiva, defendendo a dignidade humana, a livre convivência justa e solidária, a pluralidade familiar, a repulsa à discriminação em qualquer forma que se apresente (artigo 3º, I, e IV) e a igualdade entre os indivíduos (artigo 5º, caput). Estamos nos referindo às garantias fundamentais e aos direitos básicos de convivência, dirigidos igualmente aos indivíduos (homens ou mulheres). A Carta Magna, ao elencar esses direitos fundamentais, não difere ou excetua os indivíduos por suas orientações sexuais, identidades e expressões de gênero, condições físicas ou etnias.

Sendo um direito fundamental, decorre, portanto, que o Estado tem o dever de tratar os problemas advindos da capacidade reprodutiva como tema de saúde pública, mas não está apto a interferir no desejo dos indivíduos de terem filhos visto que isso já é de autonomia e vontade de cada um. Uma vez garantida a saúde reprodutiva, o Estado também precisa garantir o acesso igualitário ao tratamento por reprodução assistida (NUNES, 2013). Por igualitário e universal, enquadramos absolutamente todos os indivíduos.

O Biodireito, acompanhando a evolução da sociedade e respeitando a ordem constitucional, traz subsídios legais e hermenêuticos que garantem o atendimento universal das pessoas que buscam o direito de ter filhos por reprodução assistida, com aplicação e análise conjunta de técnicas científicas salvaguardadas pela Bioética e por seus princípios norteadores. A Bioética, sob a égide da autonomia da vontade, da beneficência, da não

**1.5** | *Transgênero e o direito de ter filhos por técnicas de reprodução assistida no Brasil*
Abud | Souza | Lamy |

maleficência e da justiça social, influencia a vida da nova ordem social na busca da dignidade humana.

Assim, é direito do indivíduo decidir livremente sobre a opção de ter ou não filhos, sobre a quantidade de filhos, sobre o tempo de intervalo entre os filhos e sobre o modo como isso ocorrerá: se por meio de adoção, por meio da reprodução natural ou por meio de técnica reprodutiva artificial[3]. É também direito de todos o acesso às informações e aos serviços de planejamento familiar das políticas públicas voltadas ao assunto.

O planejamento familiar, portanto, passou a ser visto como tema de cidadania e de saúde. No que tange à cidadania, devem ser garantidas a proteção e a liberdade individual de escolha, com o respeito à dignidade humana e com a preservação do direito de autodeterminação.

A definição de planejamento familiar está contida na Lei nº 9.263, de 12 de janeiro de 1996, no artigo 1º, enquanto um conjunto de ações de regulação da fecundidade que garanta direitos iguais de constituição, limitação ou aumento da prole pela mulher, pelo homem ou pelo casal[4]. A interpretação desse conceito inclui expressamente como titular desse direito todo ser humano, homem ou mulher, casal ou não.

A legislação foi seguida por Portarias do Ministério da Saúde (MS), de modo que o Estado, por meio do Sistema Único de Saúde (SUS), passou a atuar na matéria para promover, proteger e recuperar a saúde reprodutiva do cidadão, com ações voltadas ao atendimento global e integral.

Sob a óptica dos interesses e da proteção dos filhos nascidos, gerados por técnicas de reprodução assistida, numa família monoparental ou não, de pais do mesmo sexo ou não, o Código Civil não decepciona e acolhe os anseios dessa prole (como nos direitos alimentares e até mesmo

---

3. Quando essa é a via necessária para solucionar um problema concreto de reprodução humana, ela ocorrerá nos termos da Resolução nº 2.168/17, do CFM. Falaremos dela no transcorrer do estudo.
4. Homem ou mulher, conforme cita o texto legal, é qualquer pessoa que tenha nascido no gênero masculino ou feminino, respectivamente. Não importa ao texto a forma como a pessoa se identifica (identidade de gênero) ou qual é sua orientação sexual.

sucessórios), seguido pela Lei de Registros Públicos e pelo provimento do Conselho Nacional de Justiça (CNJ).[5]

Em consonância com o diploma civil, o ECA garante as benesses próprias do estatuto aos filhos gerados por reprodução assistida, enquanto menores civilmente, e não faz qualquer diferenciação às crianças e aos adolescentes nascidos por essas técnicas, assim como também não o faz em relação aos advindos de adoção.

Não se vislumbra, com isso, prejuízo aos filhos havidos pelas técnicas de reprodução assistida, sendo a eles estendida a mesma proteção legal, constitucional e familiar.

## 1.5.2. O TRANSGÊNERO: AS NORMAS E AS POLÍTICAS EXISTENTES SOBRE O DIREITO DE REPRODUÇÃO ASSISTIDA

O conceito de que apenas os relacionamentos entre pessoas de gêneros diferentes (os heterossexuais) são normais já não mais acompanha as dinâmicas da sociedade atual. A heterossexualidade enquanto norma ainda existe em razão das estruturas postas de gênero, mas as críticas a isso fazem com que ela não seja mais a regra absoluta de relacionamento permitido. Ainda em virtude desses enfrentamos, a realidade é que, hoje, os relacionamentos não seguem apenas o padrão binário (homem e mulher, macho e fêmea). (BORTOLETTO, 2019)

A determinação do sexo nas espécies dioicas em que os indivíduos se diferenciam pelo dimorfismo sexual é um fenômeno de ordem biológica, e não cultural. Portanto, já possui as próprias complexidades, determinantes (genéticas, cromossômicas, hormonais, fisiológicas, morfológicas interna e externa) e nuances (casos de intersexualidade, como ambiguidade genital, hermafroditismo etc.). Essas situações de diversidade sexual por si só geram minorias detentoras dos mesmos direitos familiares, reprodutivos,

---

5. O CNJ, através do Provimento nº 63/2017, instituiu modelos de certidão de nascimento dos registros dos filhos havidos por reprodução assistida.

além da saúde reprodutiva, os quais projetam eficácia tanto nas relações verticais (estado-particular), como nas horizontais (entre particulares).

A sociedade contemporânea conta com uma família plural, conta com a existência de diversidade sexual, conta com a diversidade de gênero. Essas questões exigem dos profissionais do direito uma atenção quanto à defesa dos direitos e das garantias fundamentais dessas famílias, em respeito à liberdade, igualdade, dignidade.

São essas inovações sociais que nos trouxeram a reflexão do caso colocado em questão: desperta-nos a indagação sobre a possibilidade legal de reprodução sem as vias sexuais típicas para as pessoas transgênero e para demais grupos da população (comunidade) LGBTQIA+[6], através da autonomia reprodutiva, utilizando-se das diversas técnicas de reprodução assistida disponibilizadas pela ciência.

O gênero é parte de uma construção social, é a forma como a pessoa se vê e se identifica, diferente do sexo biológico, que em geral acompanha fisicamente a pessoa desde o nascimento, observadas as situações de diversidade sexual acima mencionadas. Existem as pessoas que não se identificam com o gênero associado culturalmente ao seu sexo biológico, e estas são denominadas transgênero (JESUS, 2012). São denominadas cisgênero as pessoas que se identificam com o gênero associado culturalmente ao seu sexo biológico. Outras identidades de gênero também existem, mas é importante saber que orientação sexual não acompanha as variações de identidade de gênero. Dessa forma, podemos ter transgêneros hetero, bi ou homossexuais, por exemplo (CASTRO, 2016).

Logo, uma mulher transgênero é aquela que se entende como mulher, inobstante ter sido identificada biologicamente como homem, no nascimento. E homem transgênero, por sua vez, é aquele que se entende

---

6. Na luta pelo reconhecimento dos seus e no exercício de influente militância social, a comunidade LGBTQIA+ passou por diversas siglas diferenciadas, tais como: GLS, LGBT, GLBT etc. As "homossexualidades", termo por vezes utilizado pelo direito para se referir a toda sexualidade ou identidade de gênero. (SIMÕES; FACCHINI, 2009), ou as "diversidades sexuais" (termo que também pode ser usado, inclusive preferencialmente) são hoje compostas pelas seguintes letras: L (lésbicas), G (gays), B (bissexuais), T (transexuais, transgêneros e travestis), Q (*queer*), I (intersexo), A (agêneros e assexuais) e + (indicativo da abertura para novas possibilidades).

| *Temas Avançados de Direito da Saúde – Volume 2*

como homem, ainda que tenha sido identificado biologicamente nascido como mulher (é o caso de Thammy Miranda, por exemplo).

Paira, ainda, a ideia errônea de que a identidade de gênero está vinculada a uma doença. A luta por direitos e o reconhecimento dessas pessoas sempre foram polêmicas nesse sentido, porém têm contado, ainda que de maneira tímida, com algumas vitórias[7]. Essa luta ainda não está totalmente ganha, mas contou com a correção pela OMS em 2019, de um dilema constante da Classificação Estatística Internacional de Doenças e Problemas de Saúde (CID). Nesse sentido, a OMS alterou a categoria de Transtorno de Identidade de Gênero, enquadrada como Doenças Mentais (CID-10), e a reclassificou como Incongruência de Gênero, num capítulo destinado à Saúde Sexual (CID-11).

Apesar de reclassificadas no CID (e ainda elencadas na lista), as pessoas transgênero seguem submetidas a uma série de injustiças. Lutam por atendimento digno no convívio social, por melhoria no atendimento à saúde, por direitos de personalidade etc. Muitos são os problemas, e cada um pode render um estudo específico. Entretanto, o que nos interessa aqui é saber se os demais problemas jurídicos atrapalharão a efetivação dos direitos reprodutivos dessas pessoas por reprodução que não seja por vias biológicas típicas, pela utilização das técnicas de reprodução assistida.

É certo que o ordenamento pátrio assegura, do ponto de vista formal, os direitos reprodutivos a todos, sem ressalvas. Ao lermos com atenção o texto constitucional, não encontramos restrições impostas sobre a escolha da sexualidade ou do gênero da pessoa. A Constituição Federal garante o tratamento e a aplicação igualitária dos direitos, equilibrando as tratativas e os direitos entre homem e mulher, independentemente também de cor, raça, credo, sexualidade, identidade de gênero ou qualquer outra coisa e com proibição de qualquer tipo ou forma de discriminação, inclusive.

---

7. Existe um movimento de alcance mundial que luta pela despatologização das identidades trans (travesti, transexual e transgênero), o *Stop Trans Patologization*. Um dos objetivos do movimento é a retirada da transexualidade dos manuais de doenças mentais (DSM-TR-IV e CID-10), o que foi feito com o CID-11, que fez a transexualidade sair do tópico de Doenças Mentais para entrar no capítulo de Saúde Sexual.

**1.5** | *Transgênero e o direito de ter filhos por técnicas de reprodução assistida no Brasil*
Abud | Souza | Lamy |

Não há no ordenamento jurídico nacional dispositivo legal, quer civil, penal ou constitucional, que diferencie os direitos em razão do gênero, da sexualidade ou da expressão e identidade de gênero do indivíduo.

O que, de fato, resulta nessa diferença de tratamento são as ações humanas em sociedade, que, por convicções próprias, excluem ou restringem os direitos desses indivíduos por não concordarem com o comportamento social ou com o papel de gênero que essas pessoas exercem[8], considerando-as "não normais".

A legislação regente, por sua vez, não diferencia o alcance dos direitos pelo comportamento de gênero. Para demonstrar referida afirmação, sob o aspecto legal, no campo do Biodireito, analisaremos o tema sob duas vertentes: a) reprodução assistida na saúde privada, b) reprodução assistida por tratamento oferecido na saúde pública, pelo SUS.

Na reprodução assistida da saúde privada, a evolução médica comporta técnicas que geram várias possibilidades para todos os indivíduos, solteiros, casais (heterossexuais ou homossexuais), conforme orienta a Sociedade Brasileira de Reprodução Assistida (SBRA) e o CFM.

A medicina paga propicia ao casal transgênero uma ampla possibilidade de reprodução assistida e mais facilidade de acesso ao direito de procriação. Nela, a reprodução humana assistida é regida pelas normas de Biodireito e Biossegurança[9] e pelas orientações éticas e legais do CFM. Obviamente, além de seguir essas normativas, no caso de pessoas trans, deve o profissional médico atentar-se também às questões hormonais (os hormônios devem ser suspensos por um período), por exemplo, no caso do homem transgênero (que possui aparelho reprodutor com útero, ovários, óvulos), ele precisará voltar a produzir óvulos para que seja possível a gestação, seja em si mesmo, seja em outra pessoa, por meio da fecundação por reprodução assistida. Caso a mulher transgênero (que nasceu possui

---

8. Pessoas da comunidade LGBTQIA+, são mais vulneráveis em vários setores e fatores de alcance social. A diversidade sexual ou a identidade de gênero são comportamentos que se enquadram, do ponto de vista social, numa "minoria sexual", denominação não necessariamente vinculada ao número ou quantidade de pessoas.

9. As normas que envolvem segurança e fiscalização em Organismos Geneticamente Modificados (OGM) e seus derivados são regidas pela Lei nº 11.105/2005.

aparelho reprodutor com pênis, testículos etc.) pretenda engravidar sua parceira cis ou seu parceiro trans, igualmente deverá ser suspensa a aplicação de hormônio para que ela volte a produzir espermatozoides. Se o transgênero for homem solteiro, poderá fazer uso do banco de espermatozoide para ter uma prole com seu material genético em gestação na própria barriga ou em barriga solidária. Evidente que todas as técnicas existentes (cujo aprofundamento não é necessário para o presente estudo) precisarão ser apuradas pelo profissional médico, que deverá analisar de forma individualizada cada paciente.

Na área da saúde pública, a questão de reprodução assistida é regida pela Portaria nº 426/2005, do Ministério da Saúde, que instituiu a Política Nacional de Atenção Integral em Reprodução Humana Assistida no âmbito do SUS.

A portaria estrutura o atendimento em três níveis: atenção de baixa (básica), média e alta complexidades, mas não menciona quais pessoas poderiam ser beneficiadas com o acesso, apenas se refere a identificar o casal infértil, superando todos os demais fatores de risco que possam interferir no procedimento[10]. Dessa forma, não há nada no texto que exclua o atendimento a uma pessoa homossexual ou transgênero, o que, em outras palavras, significa que as técnicas existentes e disponíveis pelo SUS atendem à demanda de todos os indivíduos, cisgênero ou não, que física ou biologicamente possuam o aparelho reprodutor com útero, óvulos, ovários (no caso do homem transgênero) e estejam aptos a submeterem-se ao procedimento adequado de reprodução assistida.

Como já exposto antes, no campo constitucional, cujos princípios e direitos fundamentais são aplicáveis às pessoas independentemente do fato de elas fazerem uso da saúde privada ou pública, o mandamento igualitário de tratamento e as garantias constitucionais estendem-se a todos

---

10. No art. 3º, inciso I, a portaria menciona a análise de patologias que possam ser excludentes do tratamento, mas, por uma interpretação que tem amparo pela classificação do CID-11, pelo CFM e pela OMS, acreditamos que essas doenças são aquelas que causam riscos à gestante ou ao feto, como finaliza o próprio texto. A nosso ver, a incongruência de gênero não se enquadra em conceito de patologia e muito menos é, por si só, fator impeditivo por colocar em risco à saúde da gestante ou do feto.

**1.5** | *Transgênero e o direito de ter filhos por técnicas de reprodução assistida no Brasil*
Abud | Souza | Lamy |

cidadãos, inclusive a pessoa transgênero, portadora de direitos fundamentais igual a qualquer outro cidadão. A autonomia da vontade garante ao indivíduo transgênero a liberdade de conduzir a própria vida, buscando o alcance de dignidade. Esta é algo inerente à pessoa humana desde o nascimento, para além de qualquer outra característica (CASTRO, 2016). É, por certo, uma consequência direta dos direitos humanos o direito da pessoa transgênero em constituir uma família mediante a Lei de Planejamento Familiar, com assistência privada de saúde ou na rede pública.

O SUS, mantendo o compromisso de universalidade, integralidade e equidade, alcançou a saúde da comunidade LGBTQIA+ por meio da Política Nacional de Saúde Integral de Lésbicas, Gays, Bissexuais, Travestis e Transexuais (Portaria nº 2.836/2011 do Ministério da Saúde). Trata-se de uma política pública inovadora que busca conceder mais equidade a essas pessoas. De acordo com o manual, visa a garantir o atendimento à saúde como prerrogativa de todos os brasileiros, respeitando as especificidades de gênero, raça/etnia, geração, sexualidades, exercícios e práticas afetivas e sexuais. O lema dessa portaria é: "saúde sem preconceito e sem discriminação". A Política LGBT, como ficou então conhecida, pretende que sejam reconhecidos os efeitos advindos da discriminação e exclusão frente ao processo de saúde-doença dessa população. Por meio de ações efetivas, pretende, ainda, mudanças nos determinantes sociais da saúde desse grupo, em busca da redução das desigualdades sociais (relacionadas de maneira inegável a eles). As ações de saúde são voltadas à promoção, prevenção, recuperação e reabilitação da comunidade LGBTQIA+.

Em ação voltada especificamente às pessoas trans, o SUS, a partir do Ministério da Saúde, também inovou com a Portaria nº 2.803/2013, ao dispor sobre os critérios para realização do Processo Transexualizador (PrTr) para os que assim desejarem.[11] A portaria norteia os procedimentos e as técnicas que conferem ao transgênero o atendimento à sua saúde, a exemplo das cirurgias de designação de sexo (PrTr) desde 2008, com

---

11. Importante esclarecer que pessoas transgênero não precisam passar pela cirurgia de redesignação de sexo para serem assim definidos.

diagnóstico e acompanhamento adequados. Como políticas de saúde direcionadas a pessoas trans, temos, então, essas duas portarias, que, de modo geral, garantem pelo SUS o atendimento de Atenção Básica, Primária e Atenção Especializada desde 2011.

Outro avanço foi a inclusão do nome social (conquistado em 2006), o qual, desde 2013, passou a ser utilizado no cartão do SUS. Somada a essas vitórias, aplicam-se aos transgêneros também a política de Reprodução Humana Assistida através do SUS, enquanto critério de tratamento igualitário entre os indivíduos (universalidade, igualdade e equidade).

No campo da Bioética, o CFM, cujas orientações devem disciplinar as ações e condutas médicas a serem tomadas tanto nos serviços de saúde das redes pública e privada, publicou duas resoluções que merecem destaque: a resolução que traça as normas de assistência à saúde das pessoas transgênero ou com incongruência de gênero e a resolução que traça normas éticas quanto às técnicas de reprodução assistida.

Pretendendo dar melhor assistência em saúde às pessoas com incongruência de gênero, o CFM atualizou os parâmetros para o atendimento dessa população através da Resolução nº 2.265/2019. Com as novas regras, a atenção integral deve contemplar todas as necessidades da saúde do transgênero, com garantia de atendimento não discriminatório e disponibilização de todos os procedimentos e acompanhamentos especializados, além da análise da necessidade específica do atendimento de cada caso . Ainda no campo da ética do profissional da medicina, o CFM publicou, em 2017, a Resolução nº 2.168, com objetivo de atualizar as normas éticas para a utilização das técnicas de reprodução assistida. A resolução trata como possíveis pacientes destas todas as pessoas capazes que tenham solicitado o procedimento, desde que compatíveis com os limites estabelecidos pela própria resolução (dentre eles, a idade dos participantes, por exemplo) e com a apresentação da concordância mediante o termo de consentimento esclarecido e informado. Mantendo válidos alguns entendimentos da resolução que a antecedeu e ampliando outros, a resolução atual acolhe

**1.5** | *Transgênero e o direito de ter filhos por técnicas de reprodução assistida no Brasil*
Abud | Souza | Lamy |

os relacionamentos homossexuais e as pessoas solteiras[12], sem mencionar qualquer outra condição ou restrição em relação ao de gênero (inciso II, itens 1, 2 e 3). Como essas normas costumam ser revisadas a cada dois anos, é possível que o CFM trace, em breve, novas orientações éticas.

Superados os critérios éticos e legais, resta considerar o critério moral, área em que aparentemente mais repousa o conflito. Numa sociedade pluralista e multicultural, qualquer pessoa tem o direito de adotar e defender, inclusive em público, o padrão de moralidade que lhe pareça o mais adequado, sendo vedado o discurso de ódio, a incitação à hostilidade, à violência e à discriminação, o que inclui a própria discriminação em razão de orientação sexual ou de identidade de gênero, característicos de preconceito homotransfóbico (STF/ADO n° 26 e MI n° 4.733)[13]. Disso

---

12. Nesse ponto, a resolução levanta uma única ressalva ao permitir ao médico o direito de objeção de consciência. A autonomia decisória do médico, embora significativa, não configura uma infração ética, apenas limita o paciente na escolha do profissional.

13. A tese fixada pelo Supremo Tribunal Federal (STF) no julgamento dessas ações de controle de constitucionalidade foi a seguinte: "1. Até que sobrevenha lei emanada do Congresso Nacional destinada a implementar os mandados de criminalização definidos nos incisos XLI e XLII do art. 5° da Constituição da República, as condutas homofóbicas e transfóbicas, reais ou supostas, que envolvem aversão odiosa à orientação sexual ou à identidade de gênero de alguém, por traduzirem expressões de racismo, compreendido este em sua dimensão social, ajustam-se, por identidade de razão e mediante adequação típica, aos preceitos primários de incriminação definidos na Lei n° 7.716, de 08/01/1989, constituindo, também, na hipótese de homicídio doloso, circunstância que o qualifica, por configurar motivo torpe (Código Penal, art. 121, § 2°, I, "in fine"); 2. A repressão penal à prática da homotransfobia não alcança nem restringe ou limita o exercício da liberdade religiosa, qualquer que seja a denominação confessional professada, a cujos fiéis e ministros (sacerdotes, pastores, rabinos, mulás ou clérigos muçulmanos e líderes ou celebrantes das religiões afro-brasileiras, entre outros) é assegurado o direito de pregar e de divulgar, livremente, pela palavra, pela imagem ou por qualquer outro meio, o seu pensamento e de externar suas convicções de acordo com o que se contiver em seus livros e códigos sagrados, bem assim o de ensinar segundo sua orientação doutrinária e/ou teológica, podendo buscar e conquistar prosélitos e praticar os atos de culto e respectiva liturgia, independentemente do espaço, público ou privado, de sua atuação individual ou coletiva, desde que tais manifestações não configurem discurso de ódio, assim entendidas aquelas exteriorizações que incitem a discriminação, a hostilidade ou a violência contra pessoas em razão de sua orientação sexual ou de sua identidade de gênero; 3. O conceito de racismo, compreendido em sua dimensão social, projeta-se para além de aspectos estritamente biológicos ou fenotípicos, pois resulta, enquanto manifestação de poder, de uma construção de índole histórico-cultural motivada pelo objetivo de justificar a desigualdade e destinada ao controle ideológico, à dominação política, à subjugação social e à negação da alteridade, da dignidade e da humanidade daqueles que, por integrarem grupo vulnerável (LGBTI+) e por não pertencerem ao estamento que detém posição de hegemonia em uma dada estrutura social, são considerados estranhos e diferentes, degradados à condição

resulta que não se pode impor padrão oficial de moralidade ao qual todas as pessoas devam aderir, seja ele contra ou a favor da transgenia, . Ao mesmo tempo, um padrão de moralidade, em especial no caso de ser eventualmente contrário a uma orientação sexual homoafetiva ou identidade transgênero, não pode ser invocado para limitar ou suprimir qualquer direito fundamental.

Todos esses argumentos são resultados de um estudo. Ainda assim, não desconsideramos a possibilidade do conflito emocional que possa nascer na pessoa transgênero, até porque, como no caso por nós contextualizado, o homem transgênero é alguém que não se enxerga ou não se sente como mulher, portanto pode não desejar se submeter a um procedimento que implicará uma gestação no próprio corpo.

Nesse sentido, num relato público fornecido em entrevista ao canal G1-Campinas e Região e EPTV (ZUBEN; ROSA, 2019), um casal transgênero tentava inseminação artificial na mulher, porém todas as tentativas falharam. Era desejo do casal um filho biológico, por isso, estando a mulher impossibilitada de gerá-lo, o marido (homem transgênero) submeteu-se à inseminação artificial para gestar a criança (nesse caso, por razões financeiras, optaram por inseminação caseira). O marido relata as dificuldades e os impasses vivenciados para alcançar o sonho, desde mudanças físicas até a necessidade de apoio emocional. Desse modo, a autodeterminação deve imperar e caberá unicamente à pessoa a decisão de gerar um filho por meio da técnica de reprodução assistida.

## CONSIDERAÇÕES FINAIS

Não há dúvidas de que a identificação com um gênero diferente do designado ao nascer não interfere no desejo de exercer a paternidade ou a maternidade. O *status* transgênero ou a identidade de gênero, por si só, não são fatores impeditivos para a pessoa desejar ter filhos e para acessar, se

---

de marginais do ordenamento jurídico, expostos, em consequência de odiosa inferiorização e de perversa estigmatização, a uma injusta e lesiva situação de exclusão do sistema geral de proteção do direito, vencido o Ministro Marco Aurélio, que não subscreveu a tese proposta."

desejar ter filhos biológicos, os serviços de reprodução assistida, quer por meio de assistência privada, quer por meio de assistência pública à saúde.

Os fatores que poderiam desqualificar o transgênero às técnicas de reprodução assistida não repousam na ética ou na legislação, mas sim na própria saúde física da pessoa, como nos casos em que não haja mais capacidade de fertilidade no aparelho reprodutor ou se alguma patologia puder colocar sua saúde em risco, por exemplo. Há que se levar em consideração que esses mesmos fatores são também empecilhos para a reprodução assistida no cisgênero, o que reforça a afirmação de que é um dever legal tratar as pessoas igualmente, independente de sua identidade de gênero.

Para a efetivação desse desejo de ter filho, restou consolidado de fato que existem leis, portarias, resoluções e políticas públicas que se comprometem com os direitos dos transgêneros, mormente aos direitos reprodutivos, não importando a condição socioeconômica, o estado civil ou a orientação sexual.

Com isso, então, a pessoa transgênero tem o direito de ter filhos utilizando, inclusive, o planejamento familiar por meio das técnicas de reprodução assistida. Respondendo a questão que nos motivou: Thammy Miranda, se possuísse a capacidade reprodutiva preservada e caso tivesse optado pelo tratamento no Brasil, poderia ter gestado seu filho na própria barriga, com o devido respaldo legal, ético e científico e, mesmo assim, ser o pai da criança,matéria para um novo estudo.

## REFERÊNCIAS

ALMEIDA JÚNIOR, J.E. *Técnicas de reprodução assistida e biodireito*. Revista eletrônica do Instituto Brasileiro de Direito de Família (IBDFAM), 2003. Disponível em: https://ibdfam.org.br/artigos/110/T%C3%A9cnicas+de+reprodu%C3%A7%C3%A3o+assistida+e+biodireito. Acesso em: 27 set 2020.

BARBOZA, H.H. *Proteção da autonomia reprodutiva dos transexuais*. Revista de Estudos Feministas. Florianópolis, v.20, n.2, maio/ago. 2012. Disponível em: https://www.scielo.br/scielo.php. Acesso em: 28 set 2020.

BRASIL. Conselho Nacional de Justiça. *Provimento nº 63*, de 14 de novembro de 2017. Institui modelos de certidão de nascimento dos registros dos filhos havidos por reprodução assistida. Disponível em: https://atos.cnj.jus.br/atos/detalhar/2525. Acesso em: 29 set. 2020.

_____. Constituição (1988). *Constituição da República Federativa do Brasil*. Brasília, DF: Senado Federal; 1988.

_____. *Lei nº 9.263, de 12 de janeiro de 1996*. Dispõe sobre Planejamento Familiar. Disponível em: http://www.planalto.gov.br/ccivil_03/leis/l9263.htm. Acesso em: 29 set 2020.

_____. *Lei nº 11.105, de 24 de março de 2005*. Dispõe sobre Organismos Geneticamente Modificados (OGM) e seus derivados. Disponível em: http://www.planalto.gov.br/ccivil_03/_ato2004-2006/2005/lei/l11105.htm#:~:text=1%C2%BA%20Esta%20Lei%20estabelece%20normas,o%20descarte%20de%20organismos%20geneticamente. Acesso em: 22 set. 2020.

_____. Ministério da Saúde. *Portaria nº 426, de 22 de março de 2005*. Dispõe sobre a Política Nacional de Atenção Integral em Reprodução Humana Assistida no âmbito do SUS. Disponível em: https://bvsms.saude.gov.br/bvs/publicacoes/portaria_426_ac.htm. Acesso em: 29 set. 2020.

_____. Ministério da Saúde. *Portaria nº 2.803, de 19 de novembro de 2013*. Redefine e amplia o Processo Transexualizador no Sistema Único de Saúde (SUS). Disponível em: http://bvsms.saude.gov.br/bvs/saudelegis/gm/2013/prt2803_19_11_2013.html. Acesso em: 28 set. 2020.

_____. Ministério da Saúde. *Portaria nº 2.836, de 1º de dezembro de 2011*. Dispõe sobre a Política Nacional de Saúde Integral de Lésbicas, Gays, Bissexuais, Travestis e Transexuais. Disponível em: https://bvsms.saude.gov.br/bvs/saudelegis/gm/2011/prt2836_01_12_2011.html. Acesso em: 28 set. 2020.

_____. Ministério dos Direitos Humanos. *OMS retira transexualidade da lista de doenças e distúrbios mentais*. Disponível em: https://www.gov.br/mdh/pt-br/assuntos/noticias/2018/junho/organizacao-mundial-da-saude-retira-a-transexualidade-da-lista-de-doencas-e-disturbios-mentais. Acesso em: 28 set. 2020.

_____. Supremo Tribunal Federal. *ADO nº 26*, rel. Min. Celso de Mello, j. 13.6.2019. Disponível em: http://www.stf.jus.br/arquivo/. Acesso em: 27 set. 2020.

_____. Supremo Tribunal Federal. *MI nº 4733*, rel. Min. Edson Fachin, j. 13.6.2019. Disponível em: http://www.stf.jus.br/. Acesso em: 27 set. 2020.

BORTOLETTO, Guilherme Engelman. *LGBTQIA+: identidade e alteridade na comunidade*. Trabalho de conclusão de Especialista em Gestão de Produção Cultural – Universidade de São Paulo (USP), São Paulo. 2019. Disponível em: https://paineira.usp.br/celacc/sites/default/files/media/tcc/guilherme_engelman_bortoletto.pdf. Acesso em 20 nov. 2020.

CASTRO, C.V. *As garantias constitucionais das pessoas transexuais*. São Paulo: Boreal, 2016.

**1.5** | *Transgênero e o direito de ter filhos por técnicas de reprodução assistida no Brasil*
Abud | Souza | Lamy |

CIDRIM, K. *Acesso a cuidados médicos é desafio para a população transexual.* Carta Capital 2019 out. Disponível em: https://www.cartacapital.com.br/blogs/saudelgbt/acesso-a-cuidados-medicos-e-desafio-para-a-populacao-transexual/.Acesso em: 27 set. 2020.

CONSELHO FEDERAL DE MEDICINA (Brasil). *Resolução nº 2.168, de 10 de novembro de 2017.* Dispõe sobre normas éticas para a utilização das técnicas de reprodução assistida. Disponível em: https://sistemas.cfm.org.br/normas/visualizar/resolucoes/BR/2017/2168. Acesso em: 30 set. 2020.

CONSELHO FEDERAL DE MEDICINA (Brasil*). Resolução nº 2.265, de 20 de setembro de 2019, dispõe sobre cuidado específico à pessoa com incongruência de gênero ou transgênero.* Disponível em: https://sistemas.cfm.org.br/normas/visualizar/resolucoes/BR/2019/2265. Acesso em: 30 set. 2020.

COUTO, M.C.A. *Existe um direito de ter filhos?* Dissertação de Mestrado – Universidade Federal da Bahia, Bahia, 2007. Disponível em: http://www.repositorio.ufba.br/ri/handle/ri/8971. Acesso em: 28 set. 2020.

GRADE, C., GROSS, C.B. *et al. Patologização da transexualidade a partir de uma revisão integrativa.* Psicologia, Saúde & Doenças. Lisboa, v.20, n.2, ago. 2019. Disponível em: http://dx.doi.org/10.15309/19psd200213. Acesso em: 16 nov. 2020.

GIMENEZ, I. *Andressa Miranda fala sobre processo de fertilização e conta: "Thammy sempre sonhou em ser pai".* Pais e Filhos. 2019. Disponível em: https://paisefilhos.uol.com.br/gravidez/andressa-miranda-fala-sobre-processo-de-fertilizacao-e-conta-thammy-sempre-sonhou-em-ser-pai/. Acesso em: 27 set. 2020.

JESUS, J.G. *Orientações sobre identidade de gênero: conceitos e termos.* 2. ed. Brasília: Autor, 2012.

LAMY, Marcelo. *Metodologia da Pesquisa: técnicas de investigação, argumentação e redação.* 2ª ed. rev. atual. e ampl. São Paulo: Matrioska Editora, 2020.

LEITE, T.H. *Análise crítica sobre a evolução das normas éticas para a utilização das técnicas de reprodução assistida no Brasil.* Ciência & Saúde Coletiva. Rio de Janeiro, v.24, n.3, mar. 2019. Disponível em: http://dx.doi.org/10.1590/1413-81232018243.30522016. Acesso em: 16 nov. 2020.

MALDINI, G. *Pessoas transgênero enfrentam barreiras para acolhimento em saúde.* Medicina UFMG. Minas Gerais, jun. 2020. Disponível em: https://www.medicina.ufmg.br/pessoas-transgenero-ainda-enfrentam-barreiras-nos-servicos-de-saude. Acesso em: 27 set. 2020.

MONTEIRO, S.M BRIGEIRO, M. *et al. Saúde e direitos da população trans.* Cadernos de Saúde Pública. Rio de Janeiro, v.35, n.4, abr. 2019. Disponível em: https://doi.org/10.1590/0102-311x00047119. Acesso em: 28 set. 2020.

NUNES, G.F.M. *Ser ou não ser mãe: eis a questão de direitos humanos das mulheres.* Direito Internacional dos Direitos Humanos I: XXIII Encontro Nacional do

CONPEDI, 2013, Florianópolis. Disponível em: http://www.publicadireito.com.br/artigos/?cod=efee1278c6172f73. Acesso em: 15 nov. 2020.

ORGANIZAÇÃO PAN-AMERICANA DA SAÚDE. (OPAS). *Biblioteca Virtual em Saúde*. Disponível em: https://decs.bvsalud.org. Acesso em: 26 set. 2020.

ORGANIZAÇÃO PAN-AMERICANA DA SAÚDE. (OPAS). *OMS divulga nova Classificação Internacional de Doenças (CID 11)*. Disponível em: https://www.paho.org/bra/index.php?option=com_content&view=article&id=5702:oms-divulga-nova-classificacao-internacional-de-doencas-cid-11&Itemid=875. Acesso em: 29 set. 2020.

REGINO, F.A. *O desejo de ter filhos e a construção de gênero nas políticas de saúde: análise da Política Nacional de Atenção Integral em Reprodução Humana Assistida*. Tese de Doutorado em Saúde Pública – Instituto Aggeu Magalhães, Fundação Oswaldo Cruz, Recife, 2016. Disponível em: https://www.arca.fiocruz.br/handle/icict/18278. Acesso em: 27 set. 2020.

SANTOS, M.A., SOUZA, R.S. et al. *Transexualidade, ordem médica e política de saúde: controle normativo do processo transexualizador no Brasil*. Estudos Interdisciplinares em Psicologia. Londrina, v.10, n.1, jan./abr. 2019. Disponível em: http://pepsic.bvsalud.org/scielo. Acesso em: 26 set. 2020.

SIMAS, S. *Família no plural: o grande desafio das políticas sociais na contemporaneidade*. Revista Estudos Feministas. Florianópolis. v.17, n.1, jan./abr. 2009. Disponível em: https://doi.org/10.1590/S0104-026X2009000100018. Acesso em: 19 nov. 2020.

SIMÕES, J.A.; FACCHINI, R. *Na trilha do arco-íris: do movimento homossexual ao LGBT*. São Paulo, SP: Fundação Perseu Abramo, 2009.

SOCIEDADE BRASILEIRA DE REPRODUÇÃO ASSISTIDA (SBRA). *Legislação e Dados*. Disponível em: https://sbra.com.br/legislacao-e-dados/. Acesso em: 25 set. 2020.

WORLD HEALTH ORGANIZATION (WHO). *International Classification of Diseases 11h Revision (ICD-11)*. Disponível em: https://icd.who.int/en. Acesso em: 28 set. 2020.

ZACHARIAS, I. *Thammy Miranda esclarece se será registrado como pai ou mãe na certidão de nascimento do filho*. Pais e Filhos. 2019. Disponível em: https://paisefilhos.uol.com.br/familia/thammy-miranda-esclarece-se-sera-registrado-como-pai-ou-mae-na-certidao-de-nascimento-do-filho/. Acesso em: 27 set. 2020.

ZUBEN, M.; ROSA, H. *Homem trans engravida para realizar sonho do casal de ter filhos: 'Demonstração de amor'*. 2019. Disponível em: https://g1.globo.com/sp/campinas-regiao/noticia/2019/08/09/homem-trans-engravida-para-realizar-sonho-do-casal-de-ter-filhos-demonstracao-de-amor.ghtml . Acesso em: 14 nov. 2020.

# 1.6

# Testemunhas de Jeová e a recusa a transfusões de sangue

*ÉRIKA PUCCI DA COSTA LEAL*

## INTRODUÇÃO

Os adeptos da religião cristã "Testemunha de Jeová" realizam uma interpretação própria da Bíblia e, com base nela, fundamentam sua recusa à submissão a tratamentos médicos que possam implicar a realização de transfusões de sangue ou o recebimento de hemoderivados.

Sendo o Brasil um Estado laico e definida a liberdade religiosa como um direito fundamental, a questão que se coloca em pauta é a da validade jurídica da recusa ao tratamento por parte de pacientes maiores e capazes, mesmo quando há risco iminente de morte. Fixada positivamente essa premissa, a questão seguinte envolve a discussão quanto à legitimidade de impor ao Estado o custeio de tratamentos alternativos não abrangidos por sua rede de atendimento.

A hipótese será revelada a partir da análise do direito à liberdade religiosa, passando-se de forma concisa sobre os fundamentos que justificam a negativa ao recebimento de transfusão de sangue por parte das Testemunhas de Jeová. Em seguida, serão apontados os fundamentos que embasaram a Arguição de Descumprimento de Preceito Fundamental (ADPF) nº 618/2019 (PGR 19), que tem por objetivo a supressão ou adequação de regramentos técnicos e legais que violariam a autonomia do paciente maior e capaz, bem como dos fundamentos que levaram ao reconhecimento pelo Supremo Tribunal Federal (STF) da repercussão geral no

**1.6** | *Testemunhas de Jeová e a recusa a transfusões de sangue*
Leal |

Recurso Extraordinário n° 979.742/AM (tema 952), que teve Luís Roberto Barroso como relator (BRASIL, 2019c).

O objetivo do trabalho é demonstrar que, não obstante atualmente se reconheça maior autonomia do paciente e poder de decisão em relação aos tratamentos que lhe são propostos, há necessidade de fixação de critérios que eliminem a insegurança jurídica que paira sobre o tema, com respaldo no respeito à liberdade religiosa e na dignidade da pessoa humana. Ainda, reconhecido o dever de respeito a essa opção, questiona-se se seria legítimo impor ao Estado o custeio de tratamentos alternativos não abrangidos pelo sistema público de saúde, ainda mais quando se considera a realidade de escassez de recursos que permeia a elaboração de políticas públicas.

### 1.6.1. DA LIBERDADE RELIGIOSA

A ideia de soberania absoluta do Estado com a submissão do ser humano à sua tutela produziu efeito nefasto na concepção de sistemas de proteção dos direitos humanos, concepção que foi suplantada pela "emergência do positivismo jurídico, que personificou o Estado, dotando-o de 'vontade própria', reduzindo os direitos humanos aos que o Estado a estes concedia" (CANÇADO TRINDADE, 2002, p. 4).

Como consequência da falta de responsabilização dos Estados, seres humanos chegaram a ser tratados como objeto de descarte, com destruição em massa de alguns grupos, a exemplo do que ocorreu durante o Holocausto. Como resposta a essas atrocidades, no período do pós-Segunda Guerra Mundial, desenvolveu-se dinâmico movimento para a proteção dos direitos humanos, que se tornaram uma preocupação mundial.

No âmbito interno, a atual Constituição Federal (CF) de 1988 (BRASIL, 1988) rompeu com o modelo intervencionista, dando ênfase às liberdades pessoais e erigindo a dignidade da pessoa humana como um dos fundamentos da República (artigo 1°, III, CF/1988). E mais: definido o Brasil como um Estado Democrático de Direito (artigo 1° CF/1988), ele se caracteriza pela primazia dos direitos fundamentais e da dignidade humana, cabendo ao Poder Público agir na salvaguarda e na implementação de direitos, com foco no alcance da igualdade em seu aspecto material.

Como a denominação indica, no Estado Democrático de Direito, há vinculação do Poder Público à Constituição e às leis, "o que impede a arbitrariedade em decisões administrativas. Apenas o legislador, e não a Administração, é convocado a decidir quando e em que condições podem ocorrer intervenções gravosas que limitem direitos fundamentais, principalmente o da liberdade individual" (NERY JUNIOR, 2009, p. 7).

Segundo Piovesan (2012, p. 83), a dignidade humana simboliza verdadeiro superprincípio constitucional e, "nesse sentido, o valor da dignidade da pessoa humana impõe-se como núcleo básico e informador de todo o ordenamento jurídico, como critério e parâmetro de valoração a orientar a interpretação e compreensão do sistema constitucional".

A dignidade humana possui duas vertentes que se complementam: uma que diz respeito à autonomia e se relaciona à capacidade de o indivíduo se autodeterminar e, em consequência, responsabilizar-se por suas escolhas, em especial as de caráter existencial. Trata-se da dignidade como autonomia. A outra é externa ao indivíduo e envolve limitações decorrentes de padrões sociais e, com o fim de proteção, objetiva bens juridicamente tutelados. É o caso da dignidade como heteronomia (BARROSO, 2010).

A liberdade tem caráter histórico, e seu conteúdo se amplia e fortalece conforme a evolução da humanidade (SILVA, 2016, p. 234). O conceito deve ser analisado em um duplo aspecto: 1) como liberdade interna, subjetiva, psicológica, moral ou de indiferença, que seria o livre arbítrio e manifestação de vontade no mundo interior do indivíduo; e 2) como liberdade externa, que se refere ao querer individual e "implica no afastamento de obstáculos ou de coações, de modo que o homem possa agir livremente" (SILVA, 2016, p. 233).

Quanto à religião, sua definição também não é tarefa das mais fáceis. Para Jolivet (apud SCHERKERKEWITZ, [2011?]), a análise deve recair sobre dois aspectos: o subjetivo, segundo o qual religião é a "homenagem

**1.6** | *Testemunhas de Jeová e a recusa a transfusões de sangue*
Leal |

interior de adoração, de confiança e de amor que, com todas as suas faculdades, intelectuais e afetivas, o homem vê-se obrigado a prestar a Deus, seu princípio e seu fim", e o objetivo, que define religião como "o conjunto de atos externos pelos quais se expressa e se manifesta a religião (=oração, sacrifícios, sacramentos, liturgia, ascise, prescrições morais)" (JOLIVET, 1975, apud SCHERKERKEWITZ, [2011?], não paginado).

Sob o prisma da análise sociológica e os ensinamentos de Émile Durkheim (apud SILVA JUNIOR, 2003):

> [...] uma religião é um sistema solidário de crenças e de práticas relativas a coisas sagradas, isto é, separadas, proibidas, crenças e práticas que reúnem numa mesma comunidade moral, chamada igreja, todos aqueles que a elas aderem. O segundo elemento que participa assim da nossa definição não é menos essencial que o primeiro, pois, ao mostrar que a ideia de religião é inseparável da ideia de igreja, ele faz pressentir que a religião deve ser uma coisa eminentemente coletiva. (SILVA JUNIOR, 2003)

A liberdade religiosa constitui uma das primeiras e mais fortes reivindicações do indivíduo É uma das mais antigas liberdades asseguradas nas declarações de direitos (SARLET; MARINONI; MITIDIERO, 2019) e vem positivada em diversos documentos internacionais, como a Declaração Universal dos Direitos Humanos (ORGANIZAÇÃO..., 2009), que, no artigo 18, prevê a liberdade religiosa como um direito associado à liberdade de pensamento e de consciência, dos quais é manifestação particular. Sua origem decorre da busca pela tolerância religiosa e pela ausência de vínculo do Estado com qualquer religião. Para sua compreensão, faz-se necessária uma abordagem multidisciplinar, a qual, por sua vez,tem como desafio permitir a convivência com respeito à pluralidade, com constante e dinâmica interação com as mudanças sociais.

A liberdade religiosa compreende a liberdade de crença (liberdade de escolha, adesão e mudança de religião, bem como a liberdade de não aderir a qualquer uma delas e mesmo ser descrente); a liberdade de culto (liberdade de exteriorização dos atos de fé, em ambiente particular ou público, que devem também ser protegidos); e a liberdade de organização religiosa (liberdade de estabelecer e organizar igrejas e cuidar de suas relações com o Estado) (SILVA, 2016, pp. 250-253). A garantia da liberdade religiosa, assim, só se efetiva quando consagradas essas três vertentes.

> A liberdade de religião é um direito fundamental e de personalidade, objetiva o desenvolvimento máximo das potencialidades humanas, tendo como essência o homem-indivíduo. É um direito oponível pelo cidadão em face do Estado e também pelo cidadão em face do particular, pois poderá opor-se a qualquer intervenção do Estado em relação à religião, quando isso fira o princípio da igualdade entre as confissões religiosas por um tratamento diferenciado do Estado e não justificável; e poderá pleitear tutela estatal em face do particular quando este desrespeite sua liberdade religiosa. (OLIVEIRA, 2010, p. 49)

Assim como outras liberdades e direitos fundamentais, a liberdade religiosa não é absoluta e pode sofrer limitação caso se contraponha a valores constitucionalmente reconhecidos ou a outros direitos fundamentais, bem como caso embarace, prejudique ou impeça o exercício de qualquer outra crença ou religião.

A liberdade religiosa extrapola os conceitos jurídicos, e a compreensão dela depende de uma abordagem multidisciplinar, a qual, por sua vez, tem como desafio permitir a convivência com respeito à pluralidade. Na Constituição Federal, a liberdade religiosa vem disciplinada em três dispositivos constantes do título "Dos direitos e garantias fundamentais": artigo 5º, incisos VI, VII e VIII. Eles dispõem, respectivamente, sobre a inviolabilidade da liberdade de consciência e de crença (que se refere à proteção no âmbito interno, caso da liberdade de crença, e à proteção no âmbito externo, caso da garantia do livre exercício dos cultos, liturgias e seus locais de exercício); a prestação de assistência religiosa nas entidades civis e militares de internação coletiva; e a garantia de não privação de direitos por motivo de crença religiosa. Ainda, é tratada em outros dispositivos ao longo do texto constitucional, a exemplo do artigo 19, inciso I, que veda o estabelecimento de cultos religiosos por parte de todos os entes federativos, bem como o estabelecimento de alianças que não visem à colaboração de interesse público.

As disposições trazidas pelo texto constitucional definem o Brasil como um Estado laico e, como consequência, a crença de seus governantes não pode dirigir a formulação de políticas públicas – entendida como a completa separação de Estado e Igreja –, tampouco pode o Estado influenciar nas crenças de seus cidadãos ou desrespeitar o exercício (ou a ausência) de qualquer religião. Assim, a laicidade não inibe, ao contrário, obriga que se defenda o pluralismo religioso, protegendo e garantindo o livre exercício de todas as religiões.

A Constituição Federal não faz diferença entre seitas religiosas e religiões e protege todas aquelas cujos objetivos caibam nas definições acima lançadas e que tenham foco na evolução do indivíduo, tanto considerado em si próprio, quanto para fins de sua atuação em prol da sociedade (SCHERKERKEWITZ, [2011?]).

> [...] a liberdade religiosa é um direito fundamental, que integra o universo de escolhas existenciais básicas de uma pessoa, funcionando como expressão nuclear da dignidade humana. O Poder Público, como consequência, não pode impor uma religião nem impedir o exercício de qualquer delas, salvo para proteger valores da comunidade e os direitos fundamentais das demais pessoas. (BARROSO, 2010, p. 27)

## 1.6.2. AS TESTEMUNHAS DE JEOVÁ

*Os adeptos da religião cristã "Testemunhas de Jeová"* constituem um grupo de milhões de membros, agrupados em congregações coordenadas por uma estrutura mundial. Entre os anos de 2016 e 2017, quando a população do Brasil era estimada em 208.888.781 habitantes, foram contabilizados 869.537 evangelizadores, ou seja, uma Testemunha de Jeová para cada 240 habitantes (JW.ORG, [2019?]).

As Testemunhas de Jeová seguem Jesus Cristo e têm apego a valores que extraem da interpretação peculiar que dão à Bíblia, exteriorizando-a por meio de posições como as relacionadas à neutralidade política, à moralidade sexual e à recusa a transfusões de sangue, temas que têm sido objeto de vários casos submetidos a Supremos Tribunais em todo o mundo.

A recusa em receber transfusão de sangue está relacionada a questões religiosas, e não médicas, e vem fundamentada no entendimento de que o sangue representa a vida, portanto é algo sagrado para Deus, de acordo com a Bíblia (Levítico 17:14). A proibição deriva da interpretação de versículos bíblicos, como Gênesis 9:4; Levítico 17:10,11; Deuteronômio 12:23; Atos 15:20, 28, 29; e Colossenses 1:20 (O QUE A BÍBLIA... [2019?]).

O recebimento de sangue ou hemoderivados por parte das Testemunhas de Jeová traz consequências seríssimas diretamente relacionadas ao conceito de dignidade da pessoa humana, uma vez que a transfusão é tida como um pecado que corrompe a pureza da pessoa. O julgamento, então, recai não apenas no âmbito da moral individual, mas também na própria coletividade da qual o indivíduo faz parte.

A recusa não implica a ampla negativa de recebimento de atendimento médico, mas busca que este respeite as crenças religiosas do paciente. Para tanto, as Testemunhas de Jeová, além de incentivar isso, colaboram com o desenvolvimento de técnicas médicas que privilegiem estratégias capazes de controlar a perda de sangue e aumentar a tolerância à anemia.

### 1.6.3. TÉCNICAS MÉDICAS ALTERNATIVAS

A transfusão de sangue consiste no transplante de células alogênicas mediante infusão de grandes quantidades de antígenos estranhos na circulação do receptor e é uma das principais causas de resultados adversos na prática médica, em virtude das diversas reações imunológicas e inflamatórias que pode gerar (SANTOS et al, 2014).

Ao longo do tempo, avanços tecnológicos dos bancos de sangue e na qualidade dos serviços hospitalares têm trazido mais segurança no

**1.6** | *Testemunhas de Jeová e a recusa a transfusões de sangue*
Leal |

processo de transfusão de sangue, com reduções das infecções e riscos menores de erro no sistema ABO (sistema de identificação dos tipos de sangue por meio do qual são identificadas as aglutininas que reagem como anticorpos aos aglutinogênios ao considerar estes como antígenos estranhos), sem, contudo, eliminar os riscos e a possibilidade de complicações relacionadas ao procedimento. Não obstante, as elevadas taxas de transfusão de sangue indicam a ausência de análise desses riscos, o que faz pressupor que muitas delas poderiam ser evitadas caso a avaliação das condições dos pacientes e dos riscos da transfusão fosse realizada de forma individualizada, ponderando-se os riscos e os benefícios da prática (HAJJAR, 2017).

Por algum tempo, questionamentos quanto à técnica deixaram de ser formulados, até que, a partir da década de 1980, estudos voltaram a avaliar a segurança das transfusões:

> De início, verificou-se a correlação entre a transfusão de hemocomponentes em CRM e complicações clínicas como insuficiência renal (IR), processos infecciosos, tempo de ventilação prolongado, danos neurológicos. Mais recentemente, ficou evidente que a transfusão de sangue alogênico em cirurgia cardíaca é uma terapia com outros graves efeitos adversos tais como fibrilação atrial (FA), acidente vascular cerebral (AVC), infecções respiratórias, sepse, infarto do miocárdio (IM), incluindo risco de morte. (SANTOS et al, 2014, não paginado)

Ainda, estudos apontaram um aumento de 70% na mortalidade pós-operatória de cirurgia cardíaca quando os pacientes foram submetidos a hemotransfusões (SANTOS et al, 2014).

Diversas são as alternativas que permitem reduzir a quantidade de transfusões de sangue alogênico (BLOODLESS, [2017?]):

a) Identificação do grau de tolerância à anemia de cada paciente, prática que não é utilizada, o que faz com que se realizem transfusões de sangue precocemente.

b) Uso de medicamentos para tratar anemia, como sulfato ferroso, ácido fólico, vitamina B12, eritropoietina, darbepoietina e *continuous erythropoietin receptor activator* (CERA).

c) Uso de medicamentos de uso sistêmico (endovenoso) para conter sangramento e evitar transfusão de sangue, a exemplo de ácido tranexâmico, vasopressina e estrogênios conjugados.

d) Uso de medicamentos de uso tópico para conter sangramento e evitar a transfusão de sangue, como hemostato de celulose oxidada para compressão da ferida; adesivos para tecidos/cola de fibrina/selantes; gel de fibrina ou de plaquetas e colágeno hemostático.

e) Uso de equipamentos/máquinas que evitam transfusão de sangue e são capazes de recuperar o sangue que seria perdido pelo paciente durante a cirurgia, técnica que apresenta como benefícios: a redução de mortes; a disponibilização imediata de sangue fresco; a redução dos números de dias de internação e das infecções associadas a ela; a diminuição das complicações pós-operatórias; e a diminuição da demanda de sangue homólogo (bolsas).

f) Uso de hemodiluição normovolêmica aguda, que consiste na retirada de bolsas de sangue do paciente no início da cirurgia para utilização quando necessário durante o procedimento, sendo o sangue substituído por soluções cristaloides e/ou coloides as quais atuam como expansoras do volume do plasma e implicam menos perda de sangue, uma vez que este já foi diluído. Essa técnica elimina os riscos de reações imunológicas, pois o sangue armazenado tem o mesmo DNA do paciente.

g) Uso de técnicas cirúrgicas apuradas para conter sangramentos (hemostasia meticulosa) e de anestesia hipotensiva, que permite baixar o nível de pressão do paciente ao menor nível tolerável, procedimento que resulta em menor pressão e, consequentemente, em menos perda de sangue. Ainda, há o uso de anestesia com hipotermia moderada, com resfriamento do paciente durante a cirurgia.

h) Não prática de coletas excessivas de sangue do mesmo paciente apenas para seguir protocolo de Unidade de Terapia Intensiva (UTI) sem

1.6 | *Testemunhas de Jeová e a recusa a transfusões de sangue*
Leal |

a demonstração de que o resultado alterará a conduta médica. Trata-se de excesso que deve ser evitado, pois pode acarretar uma anemia iatrogênica e a consequente necessidade de transfusão de sangue.

i) Não prática de retirada desnecessária de sangue, mediante a utilização de tubos pediátricos para a coleta do mínimo de sangue para a realização dos exames laboratoriais indispensáveis, pois, quanto mais sangue se retira de um paciente hospitalizado, mais danos poderão ser causados a seu quadro de saúde.

j) Utilização de oxigenoterapia precoce/oxigênio suplementar, que ventilam o paciente com uma alta fração inspirada de oxigênio (FiO2), procedimento que aumenta a tolerância à anemia.

A conjugação, mediante planejamento multidisciplinar, de algumas dessas técnicas, tanto durante o procedimento cirúrgico quanto nas fases pré e pós-operatórias, tem evitado *a realização de transfusões de sangue* mesmo em casos de extrema complexidade clínica, a exemplo da cirurgia de retransplante cardíaco em uma criança de seis anos que apresentava miocardiopatia dilatada grave, decorrente de rejeição do enxerto, e era refratária ao tratamento clínico (SANTOS et al, 2012).

Dessa forma, consistindo a transfusão de sangue em um procedimento que comporta riscos, a evolução de técnicas que permitam a sua não realização trará benefícios não apenas para aquelas pessoas que a ela se opõem em decorrência de suas convicções religiosas, mas também para os pacientes de um modo geral.

## 1.6.4. AUTONOMIA DO PACIENTE E ADPF Nº 618/2019

Ao longo do tempo, o paradigma do paternalismo médico foi sendo superado, e a relação médico-paciente passou a privilegiar a autonomia desse último no que tange às decisões que dizem respeito a sua integridade física e moral, inibindo-se a imposição da vontade do médico, que antes atuava como um protetor do paciente e tratava-o como um objeto da prática médica (BARROSO, 2010).

A recusa ao recebimento de tratamento médico fundada na liberdade religiosa apresenta nuances específicas, tais como a urgência médica, a possibilidade de válida manifestação de vontade (genuína, livre e informada) e a proteção da criança, do adolescente e do nascituro.

Diante da insegurança jurídica que paira sobre tema, a Procuradoria-Geral da República (PGR) ajuizou a ADPF nº 618/2019 (PGR, 2019), que objetiva o reconhecimento da impossibilidade de realização de transfusão de sangue contra a vontade dos pacientes maiores e capazes, mesmo em caso de risco iminente de morte, a fim de lhes garantir o direito a uma vida digna, com respeito ao direito à liberdade de consciência e de crença. Para tanto, a ação ataca, em especial, o estabelecimento da violação de vontade como dever do médico nessas hipóteses, a exemplo do que é proposto pela Resolução nº 1.021/1980, do Conselho Federal de Medicina (CFM) (CONSELHO..., 1980). A ADPF em questão foi distribuída sob o nº 7000609-08.2019.1.00.0000/DF, tem como relator o ministro Celso de Mello e com ele estão os autos conclusos desde 25 de setembro de 2019.

A ação (PGR, 2019) busca resguardar o respeito à manifestação de vontade prévia ou atual de pacientes maiores e capazes que validamente expressem a recusa de passar por procedimentos que possam implicar transfusões de sangue, sustentando a prevalência do respeito à dignidade da pessoa humana (artigo 1º, III da CF/1988), à vida (artigo 5º, *caput*, da CF/1988) e à liberdade de consciência e de crença (artigo 5º, VI a VIII, da CF/1988), impedindo que referida manifestação de vontade e a autodeterminação dos pacientes sejam violadas, quer por meio de decisões judiciais, quer por atos dos Conselhos de Medicina ou instituições de saúde.

A Procuradoria-Geral da República formulou pleito cautelar de suspensão de toda interpretação a leis e regramentos que permitam aos médicos a realização de transfusões de sangue contra a vontade do paciente maior e capaz mesmo diante de negativa decorrente de firme convicção religiosa. Essa ideia de primazia da vontade do médico vem sendo baseada nos fundamentos originais de que a medicina deveria cuidar da saúde sem preocupações religiosas e de que a recusa à transfusão de sangue poderia ser encarada como suicídio, aplicando-se à hipótese, então, as excludentes de ilicitude em relação à conduta médica que viole a vontade do paciente

A ação também tem por objeto a declaração de não recepção parcial, sem redução de texto: a) do artigo 146, § 3º, I do Código Penal (CP) (BRASIL, 1940), artigo que exclui a adequação típica de condutas ao delito de constrangimento ilegal quando a intervenção médica ou cirúrgica se faça sem o consentimento, nos casos que envolvam iminente perigo de vida; b) do item 2 do parecer do CFM nº 21/1980, adotado como anexo da Resolução CFM 1.021/1980 (CFM, 1980), que impõe como dever do médico em casos de iminente perigo de vida a prática da transfusão de sangue, mesmo diante da recusa do paciente ou de seus familiares. Além disso, a ADPF em questão também visa à declaração de inconstitucionalidade, sem redução de texto: a) dos artigos 22 e 31 da Resolução CFM nº 2.217/2018 – Código de Ética Médica de 2018 (CFM, 2018), que permitem ao médico deixar de obter consentimento do paciente ou representantes legais, ou mesmo violar a recusa em caso de risco iminente de morte; e b) do artigo 3º da Resolução do Conselho Regional de Medicina do Estado do Rio de Janeiro (CREMERJ) nº 136/1999 (CREMERJ, 1999), que impõe ao médico o dever de utilização dos meios necessários para garantia da saúde do paciente, mesmo que contrariem o desejo deste ou de seus familiares, inclusive transfusão de sangue e uso de hemoderivados, quando o caso envolver risco de vida.

Argumenta a PGR que a Resolução do CFM nº 1.021/1980 parte de premissas equivocadas. Isso porque: 1) o paciente busca tratamento e o fato de não aceitar os que impliquem em transfusão de sangue não caracteriza tentativa de suicídio, e, portanto, a conduta médica violadora da vontade não estaria acobertada pela excludente prevista no inciso II, parágrafo 3º, do artigo 146 do CP; e 2) a excludente prevista no inciso I do mesmo artigo e parágrafo se aplica apenas aos casos em que haja iminente perigo de vida e não seja possível de alguma forma obter o consentimento prévio e informado do paciente; ou seja, não se refere aos casos em que haja expressa manifestação de vontade contrária (recusa) à realização do procedimento. Dessa forma, a interpretação que a Resolução do CFM nº 1.021/1980 dá ao § 3º do art. 146 do Código Penal não teria sido recepcionada pela CF de 1988.

Sobre o tema, é oportuno trazer à colação os ensinamentos de Nery Junior (2015, p. 23):

> Sobre a excludente de ilicitude prevista no art. 146, § 3.º, I, do CP, importante ressaltar que inexiste o constrangimento ilegal quando o médico, por motivo de iminente perigo de vida, realiza intervenção cirúrgica *sem* o consentimento do paciente. Isto não quer significar, todavia, que o médico possa realizar a intervenção *contra* o consentimento do paciente – emitida declaração de vontade válida e prévia à situação de iminente perigo, expressando sua recusa em receber transfusão de sangue, não poderá o médico constrangê-lo a receber a transfusão contra a sua vontade. (NERY JUNIOR, 2015, p. 23)

Vai mais além a PGR ao aduzir que, além da violação do princípio da dignidade da pessoa humana e dos direitos à vida digna e à liberdade de consciência e de crença, a Resolução nº 1.021/1980 pode representar ato de preconceito contra uma minoria religiosa, uma vez que outras hipóteses de recusa do paciente à submissão a tratamentos, mesmo se a recusa implicar risco de morte, são aceitas sem qualquer contestação ou celeuma. Como exemplo, tem-se a recusa do paciente com câncer a submeter-se a tratamento quimioterápico, do paciente que se recusa a passar pelo transplante de órgão ou pelo recebimento de enxerto – artigo 10, *caput* da Lei nº 9.434/1997 (BRASIL, 1997) – e o caso dos idosos, aos quais é garantido o direito de opção pelo tratamento que entenderem mais favorável, conforme dispõe o artigo 17, *caput* do Estatuto do Idoso – Lei nº 10.741/2003 (BRASIL, 2003).

Nesse sentido, Barroso (2010) traz:

> Veja-se que não cabe ao Estado avaliar o mérito da convicção religiosa, bastando constatar a sua seriedade. Em outras palavras, o que interessa aqui não é o acerto ou desacerto do dogma sustentado pelas testemunhas de Jeová, mas sim o direito, ostentado por cada um de seus membros, de orientar sua

## 1.6 | Testemunhas de Jeová e a recusa a transfusões de sangue
### Leal

> própria vida segundo esse padrão ético ou abandoná-lo a qualquer momento, segundo sua própria convicção. A proteção seletiva a determinados dogmas religiosos equivaleria à negação da liberdade de religião e do pluralismo, violando a exigência de que os diferentes grupos sociais sejam tratados com igual consideração e respeito. A única avaliação legítima de que se pode cogitar diz respeito à seriedade do fundamento religioso ou do que pode ser razoavelmente qualificado como religião. (BARROSO, 2010, p. 29)

A ADPF n° 618/2019 aponta a evolução moral, ética, jurídica e cientifica havidas nas últimas décadas e decorrentes dos avanços da medicina e do desenvolvimento social da humanidade, o que implicou mais prestígio do consentimento e da autodeterminação do paciente e impôs ao médico o dever de respeito a essa manifestação de vontade. Como exemplo disso, tem-se o previsto no artigo 24 do atual Código de Ética Médica, aprovado pela Resolução do CFM n° 2.217/2018 (CFM, 2018); no enunciado 403 da V Jornada de Direito Civil do Conselho da Justiça Federal (CJF, 2011), que determina o respeito ao direito de consciência e de crença quando houver recusa a tratamento médico (inclusive a transfusão de sangue), desde que a oposição diga respeito exclusivamente ao próprio paciente; no Parecer do CFM n° 12/2014 (CFM, 2014), que sugere a publicação de resolução sobre transfusão de sangue e a revogação da Resolução CFM n° 1.021/1980 (CFM, 1980); e na Recomendação do CFM n° 1/2016 (CFM, 2016), que trata da obtenção do Consentimento Livre e Esclarecido e ressalta a necessidade de respeitar a autonomia do paciente maior e capaz que recuse a transfusão de sangue.

A propósito, é necessário registrar que o Código de Ética Médica (CFM, 2018) traz como diretriz o respeito à dignidade do paciente, com garantia da autonomia de sua vontade, ao mesmo tempo que garante ao médico o direito de indicar o tratamento que lhe pareça mais adequado. Esse direito do médico, no entanto, não implica a possibilidade de impor essa opção ao paciente, que tem o direito de decidir de forma livre quanto ao próprio bem-estar. De igual forma, a obrigação que tem o médico de empregar todos os recursos disponíveis no tratamento deve ser conjugada com o respeito ao consentimento do paciente.

A PGR aponta que, apesar da evolução nos citados e em outros diversos regramentos em relação ao respeito à vontade e à autonomia do paciente, a Resolução nº 1.021/1980 continua sendo aplicada mesmo quando ausentes as hipóteses que autorizariam a violação dessa autonomia (casos que envolvam menores ou incapazes, risco à saúde pública ou danos a terceiros), a ponto de utilizar força física para a realização de procedimentos que impliquem transfusão de sangue e tenham sido recusados pelos pacientes com base em suas crenças religiosas.

Sobre esse aspecto, é oportuno lembrar que a Resolução do CFM nº 1.021/1980 também contraria o artigo 7º, incisos III e V, da Lei nº 8.080/1990 (BRASIL, 1990), a qual prevê que as ações e serviços de saúde – públicos ou privados, contratados ou conveniados – integrantes do Sistema Único de Saúde (SUS) devem respeitar o direito à informação dos pacientes, bem como autonomia deles no que tange a decisões quanto à integridade física e moral de si mesmo.

Ainda, argumenta-se, na ADPF, que o direito à vida não é absoluto e encontra, então, limitações constitucionais e legais, como no caso da previsão de pena de morte em caso de guerra declarada – artigo 5º, inciso XLVII, da CF/1988 (BRASIL, 1988) – e na permissão da prática de aborto em situações excepcionais – artigo 128, incisos I e II do CP (BRASIL, 1940). Argumenta também que o direito à vida digna implica o respeito às próprias escolhas de como viver, desde que elas não prejudiquem terceiros ou coloquem a sociedade em risco.

Conforme ensina Barroso (2010), situações de risco que nem sequer envolvem escolhas existenciais e que mesmo assim são admitidas pela ordem jurídica, a exemplo da prática de esportes como o alpinismo e o paraquedismo, ou da atuação humanitária em áreas de conflito, demonstram que o direito à vida não é absoluto.

A ação pretende que o STF reconheça a validade jurídica da recusa a tratamento com base em convicções religiosas, quando a manifestação

1.6 | *Testemunhas de Jeová e a recusa a transfusões de sangue*
Leal |

de vontade vier também externada de forma válida e inequívoca em documento elaborado previamente, ainda que em período transitório de capacidade plena. Esse documento não estaria vinculado a qualquer forma. Aponta também que é aceito pela comunidade médica o reconhecimento dessas diretrizes antecipadas de vontade, a exemplo do artigo 2º do Código de Ética da Sociedade Internacional de Transfusão de Sangue (*International Society of Blood Transfusion*) (ISBT, 1981), adotado pela Organização Mundial da Saúde (OMS); e do enunciado 528 da V Jornada de Direito Civil do Conselho da Justiça Federal (CJF, 2012), que dispõe ser:

> [...] válida a declaração de vontade expressa em documento autêntico, também chamado "testamento vital" em que a pessoa estabelece disposições sobre o tipo de tratamento de saúde, ou não tratamento, que deseja no caso de se encontrar sem condições de manifestar a sua vontade. (CJF, 2012, não paginado)

Regulamentam também a matéria os artigos 1º e 2º da Resolução do CFM nº 1.995/2012 (CFM, 2012), os quais definem as diretrizes antecipadas de vontade como "o conjunto de desejos, prévia e expressamente manifestados pelo paciente, sobre cuidados e tratamentos que quer, ou não, receber no momento em que estiver incapacitado de expressar, livre e autonomamente, sua vontade", e impõem aos médicos o dever de considerar essas diretrizes e de levar em consideração as informações apresentadas por representante que tenha sido designado para tal fim quando o paciente estiver incapacitado de se comunicar ou de manifestar de forma válida a própria vontade.

Nesse passo, acrescenta-se que a Portaria do Ministério da Saúde nº 1.820/2009 prevê, no artigo 5º, inciso VII:

> Art. 5º Toda pessoa deve ter seus valores, cultura e direitos respeitados na relação com os serviços de saúde, garantindo-lhe:
>
> VII – a indicação de sua livre escolha, a quem confiará a tomada de decisões para a eventualidade de tornar-se incapaz de exercer sua autonomia.
>
> (BRASIL, 2009a, não paginado)

É necessário frisar que, quanto ao consentimento do sujeito, aspectos relacionados à liberdade de escolha e à informação devem ser analisados a fim de que a manifestação de vontade seja válida e adequada e consubstancie-se em consentimento genuíno, análise que demanda especial atenção quando o caso envolve a disposição de um direito que traga risco de morte. Assim, para que seja genuíno, o consentimento deverá resultar da conjugação dos seguintes fatores: a) ser oriundo de manifestação válida e inequívoca de seu titular, o qual, além de ser civilmente capaz, deve estar em condições de discernimento de expressar a própria vontade; b) ser personalíssimo, inequívoco e expresso – não se admitindo a presunção –, atual e revogável; c) ser livre, fruto de uma escolha do titular, sem interferências ou pressões externas indevidas; d) ser informado, com conhecimento e compreensão da real situação, mediante acesso às informações, as quais devem ser transmitidas em linguagem acessível (BARROSO, 2010).

> Nesses termos, o Testemunha de Jeová pode precaver-se contra uma situação em que possa vir a encontrar-se impossibilitado de manifestar sua vontade, externando, prévia e documentalmente, seus desejos, elaborando os denominados testamentos em vida [*living will*] ou nomeando procurador de cuidados de saúde [*durable power of attorney for health care*], constituindo ambos expressão da proteção da liberdade e da autonomia privada. (NERY JUNIOR, 2015, p. 33)

Dos ensinamentos, extrai-se que as diretrizes antecipadas podem se materializar na forma de testamentos em vida, nos quais são estipulados os desejos e as restrições do paciente quanto a procedimentos médicos que poderiam ser utilizados para mantê-lo vivo em situações específicas; além disso, podem se dar mediante a nomeação de um procurador para a tomada de decisões em nome do outorgante (inclusive as que possam ser questões de vida ou morte), quando ele não estiver mais em condições de tomá-las.

As diretrizes antecipadas, consubstanciadas em qualquer uma de suas duas formas, possuem duplo efeito jurídico: 1) vinculante em relação aos

**1.6** | *Testemunhas de Jeová e a recusa a transfusões de sangue*
Leal |

profissionais de saúde, que são obrigados a respeitá-las; 2) eximidor da responsabilidade do médico, responsabilizando-se o paciente pelas consequências de seu ato, conforme inclusive preceitua o artigo 6º, inciso V, da Portaria do Ministério da Saúde nº 1.820/2009, conforme BRASIL (2009a) (NERY JUNIOR, 2009).

Ressalta a PGR o entendimento de que, no caso de ausência do documento que conteria as diretrizes antecipadas e na impossibilidade atual de manifestação da vontade do paciente, deve-se privilegiar o direito à vida, vez que não se poderia decidir contra ela por presunção. Ainda, afirma que idêntica posição deve ser adotada quando se trata de menores, mesmo que diante de oposição expressa de seus responsáveis, pois a estes não seria dado o direito de ponderar sobre direitos fundamentais alheios, ainda mais quando uma das opções puder acarretar uma morte evitável.

Não obstante o entendimento trazido pela PGR, é oportuno trazer à baila a posição de Nery Junior, que afirma a necessidade de ser considerada também a manifestação de vontade do relativamente capaz, a quem refere como menor esclarecido, especialmente quando assistido por seus representantes (NERY JUNIOR, 2015).

A ação deixa clara a defesa da autodeterminação e da manifestação de vontade do paciente quando se trata de maior e capaz nos casos em que essa escolha não implique ato ilícito e não acarrete prejuízo a terceiros ou risco à sociedade. Presentes essas hipóteses e não havendo a possibilidade de utilização de métodos alternativos segundo técnicas disponíveis, legítima será a intervenção do Estado, que deverá ser detalhadamente fundamentada.

A PGR ressalta ainda que, mesmo diante da recusa à transfusão de sangue, o médico deve se valer de todos os recursos à sua disposição para preservar a vida e a saúde do paciente, posição também defendida por Nery Junior (2015):

> Desse modo, a conduta de certos estabelecimentos hospitalares, recusando-se a encaminhar o paciente ao atendimento médico tão somente porque

não assinou o termo de internação hospitalar ou o alterou parcialmente, ou seja, recusando-lhe atendimento médico-hospitalar simplesmente porque ele recusou determinado tratamento é abusiva e passível de responsabilização cível ou até mesmo criminal. (NERY JUNIOR, 2015)

O parecer nº 28.019/2018 do Conselho Regional de Medicina do Estado de São Paulo (CREMESP) assim dispõe:

> Em casos de cirurgias eletivas em pacientes Testemunhas de Jeová em hospitais de pequeno porte, envolvendo pacientes estáveis, não há infração ética na admissão pura e simples de tais pacientes. Uma vez admitidos, a instituição, em parceria com a equipe médica devem diligenciar em busca do melhor atendimento para o paciente, o que pode incluir a obtenção de segunda opinião médica, transferência entre equipes e até mesmo transferência para outra instituição. Para o uso de técnicas cirúrgicas que evitam transfusões de sangue, é recomendável que tanto cirurgião e anestesiologista estejam de acordo entre si com a estratégia a ser utilizada e cabe à administração hospitalar facilitar ou intermediar o encontro de ambos os profissionais, ainda que sejam de outras instituições e/ou indicados pelo paciente. É dever do médico esgotar todas as opções terapêuticas em benefício do paciente, recomendando-se que o profissional documente devidamente a conduta a ser adotada, bem como a opção do paciente em um Termo de Consentimento específico e, se o paciente possuir, a juntada de um documento de diretivas antecipadas. Com relação à privacidade do paciente, o médico não cometerá ilícito ou falta ética ao solicitar diálogo sobre as opções terapêuticas única e exclusivamente com o(a) paciente maior, lúcido(a), orientado(a) e autônomo(a), em local reservado e sem a presença ou acesso de outras pessoas, de forma a resguardar sua privacidade e o sigilo profissional. Na possibilidade do(a) paciente manter a não aceitação da proposta terapêutica, cabe ao médico acatar a decisão do paciente considerado autônomo e capaz. No caso de aceitar a proposta terapêutica apresentada pelo médico, isso deve ser registrado de forma a salvaguardar a atuação profissional, mas também ser mantido em mais absoluto sigilo. Por fim, é recomendado o acesso a profissionais e equipes médicas que atuam com opções terapêuticas às transfusões através do Departamento de Informações Sobre Hospitais (HID) das Testemunhas de Jeová através do telefone de plantão do HID – (15) 98125-8625 disponibilizado. (CREMESP, 2018, não paginado)

## 1.6.5. A PONDERAÇÃO DE DIREITOS FUNDAMENTAIS EM CONFLITO COMO FUNDAMENTO DAS DECISÕES JUDICIAIS QUE VIOLAM A RECUSA DE PACIENTES FUNDADA EM CRENÇA RELIGIOSA

Conforme acima aduzido, o Brasil é definido com um Estado Democrático de Direito e, assim, há vinculação do Poder Público à Constituição e às leis. Disso decorre que o princípio da legalidade implica que a imposição de determinada conduta somente pode ocorrer quando essa possibilidade vier definida por lei (artigo 5º, inciso II da CF/1988).

A CF/1988 traz um imenso rol de direitos e garantias fundamentais que, em muitos casos, podem se contrapor e se limitar. Assim, tal como outras liberdades e direitos, a liberdade religiosa não é absoluta e poderá sofrer limitação quando se contrapõe a valores constitucionalmente reconhecidos ou a outros direitos fundamentais, bem como quando embaraça, prejudica ou impede o exercício de qualquer outra crença ou religião.

Segundo Alexy (2011, p. 57), o fenômeno da colisão pode ser interpretado em sentido estreito ou amplo:

> Colisão de direitos fundamentais em sentido estrito nascem, sempre então, quando o exercício ou a realização do direito fundamental de um titular de direitos fundamentais tem repercussões negativas sobre direitos fundamentais de outros titulares de direitos fundamentais. Nos direitos fundamentais colidentes pode tratar-se ou dos mesmos ou de distintos direitos fundamentais. (ALEXY, 2011, p. 57)

Em sentido amplo, a colisão ocorreria entre direitos fundamentais e normas ou princípios que têm como objeto bens coletivos (ALEXY, 2011, pp. 67-68).

Quando justificada uma intervenção em direitos fundamentais, a resposta deve vir pela ponderação:

> O princípio da proporcionalidade em sentido restrito deixa formular-se como uma lei de ponderação, cuja forma mais simples relacionada a direitos fundamentais diz:
>
> Quanto mais intensiva é uma intervenção em um direito fundamental, tão mais graves devem pesar os fundamentos que a justificam.
>
> Segundo a lei da ponderação, a ponderação deve realizar-se em três graus. No primeiro grau deve ser determinada a intensidade da intervenção. No segundo grau, trata-se então, da importância dos fundamentos que justificam a intervenção. Somente no terceiro grau realiza-se, então, a ponderação no sentido restrito e verdadeiro. (ALEXY, 2011, p. 67-68)

Nery Junior sustenta que, partindo dos conceitos elaborados por Alexy, baseiam-se em falsas premissas as decisões judiciais que contrariam a vontade de pacientes maiores e capazes no que tange à recusa a tratamentos médicos. Isso porque, em regra, a análise envolve a ponderação entre direitos e liberdades inerentes a um único titular e sem qualquer reflexo ou repercussão negativa na coletividade ou em direito fundamental alheio. Nesses casos, então, ausentes estariam as hipóteses de colisão, seja em sentido restrito, seja em sentido amplo. Dessa forma, quando a recusa implicar consequências exclusivas na esfera do próprio titular do direito, torna-se inaplicável a ponderação como técnica de solução do aparente conflito (NERY JUNIOR, 2015).

> Destarte, não temos receio em afirmar ser ilegítima e inaplicável a invocação da teoria da ponderação de interesses para pretender respaldar decisões judiciais que obrigam praticantes de determinada religião a realizarem a transfusão de sangue. Nesse quadro, a suposta ponderação de interesses entre a vida e a liberdade religiosa apresenta-se como um falso problema. (NERY JUNIOR, 2015)

## 1.6.6. TEMA DE REPERCUSSÃO GERAL 952 – STF

Os direitos de liberdade e os direitos sociais são dependentes e dimensões indissociáveis da dignidade da pessoa humana, e vêm

**1.6** | *Testemunhas de Jeová e a recusa a transfusões de sangue*
Leal |

positivados na CF/1988 em comandos imperativos. Não obstante essa imperatividade, as limitações de recursos impedem a plena efetivação de todos os direitos sociais quando exigem prestações materiais e positivas por parte do Estado.

A necessidade de planejamento orçamentário e o quadro de escassez de recursos implicam a eleição de políticas públicas prioritárias que tenham foco em um atendimento que assegure o mínimo para uma existência digna, delimitando o grau de efetivação dos direitos sociais. Na escolha, deve ser eleito o meio necessário e adequado, além de menos gravoso, para a restrição a determinado direito, de modo que o benefício gerado com a proteção do núcleo essencial de um direito fundamental social seja maior do que o sacrifício pela restrição do outro (proporcionalidade em sentido estrito) (BARROSO, 2016).

A saúde vem definida de forma ampla no preâmbulo da Constituição da Organização Mundial de Saúde – OMS/WHO (1946) – (CONSTITUIÇÃO, [2019?], não paginado) como "estado de completo bem-estar físico, mental e social e não apenas a ausência de doença". É também prevista no artigo 6º da CF de 1988 como direito fundamental social e tem a si dedicada toda uma seção partir do artigo 196, o qual prevê:

> A saúde é direito de todos e dever do Estado, garantido mediante políticas sociais e econômicas que visem à redução do risco de doença e de outros agravos e ao acesso universal e igualitário às ações e serviços para sua promoção, proteção e recuperação. (BRASIL, 1988, não paginado)

A saúde se relaciona de modo intrínseco com outros bens e direitos fundamentais, como o direito à vida e o princípio da dignidade da pessoa humana, além de e atingir aproximadamente 10% da renda nacional. Nos últimos anos, cresceu de forma exponencial, tanto em volume quanto em custos, e a disputa por recursos gera conflitos políticos e o aumento exponencial das demandas judiciais.

Nesse contexto, o STF reconheceu, por unanimidade, a repercussão geral no Recurso Extraordinário nº 979.742/AM (BARROSO, 2017), sendo o ponto central da discussão a decisão sobre se o exercício da liberdade de crença poderia impor ao Estado o custeio de tratamento médico que não esteja disponível na rede pública. O contraponto que se faz é justamente entre o direito a uma vida digna (nesse aspecto, o direito à saúde abrange mais do que questões sanitárias e deve garantir a sobrevivência qualificada mediante condições que a assegurem de forma digna) e a realidade de escassez de recursos.

O pedido formulado na ação que originou o Recurso Exatrordinário consistiu na condenação dos entes públicos ao custeio de cirurgia de artroplastia total primária cerâmica com técnica que não utilizasse a transfusão de sangue, na modalidade Tratamento Fora do Domicílio (TFD), uma vez que o serviço não era disponibilizado pelo estado. O pedido foi acolhido em primeiro grau de jurisdição e, em grau de recurso, município, estado e União foram condenados a realizar a cirurgia em hospital público ou a custeá-la na rede privada, arcando com os custos gerais, que incluíam gastos com transporte, traslados, hospedagem e alimentação do paciente e de um acompanhante até a finalização do tratamento. O acórdão se baseou na premissa de que o Poder Público deve garantir não apenas a vida, mas o direito a uma existência digna, com respeito às crenças religiosas do cidadão.

O relator do Recurso Extraordinário, ministro Luís Roberto Barroso, entendeu que a questão constitucional implica a identificação de uma solução para o potencial conflito entre a liberdade religiosa e o dever de o Estado assegurar prestações na área da saúde de forma universal e igualitária, decisão que tem impacto na delimitação da extensão das liberdades individuais, com imposição de ônus ao Estado de custeio de tratamentos não disponíveis na rede pública de saúde. Segundo o ministro, a matéria "é de evidente repercussão geral, sob todos os pontos de vista (econômico, político, social e jurídico), em razão da relevância e transcendência dos direitos envolvidos" (BARROSO, 2017, não paginado).

O ministro observou que, caso as políticas públicas de saúde desconsiderassem as concepções religiosas e filosóficas de minorias, o acesso delas aos serviços poderia ser considerado meramente formal e, assim, implicar a restrição das liberdades individuais, no caso específico, da liberdade religiosa. Assim, a elaboração de políticas públicas de saúde visando apenas ao atendimento de uma concepção sanitária majoritária poderia levar à discriminação das minorias (BARROSO, 2017, não paginado).

Por outro lado, argumentou que outros princípios constitucionais podem vir a ser violados caso se admita que o exercício de convicção autorize a alocação de recursos escassos, exigindo que se pondere entre o direito à vida e à saúde de uns contra os de outros:

> Não se pode afastar que a demanda judicial por prestação de saúde não incorporada ao sistema público impõe a difícil ponderação do direito à vida e à saúde de uns contra o direito à vida e à saúde de outros. Nessa linha, exigir que o sistema de saúde absorva toda e qualquer pretensão individual, como se houvesse na Constituição o direito a um trunfo ilimitado, leva à ruína qualquer tentativa de estruturação de serviços públicos universais e igualitários. Dessa forma, deve-se ponderar não apenas qual bem constitucional deve preponderar no caso concreto, mas também em que medida ou intensidade ele deve preponderar. (BARROSO, 2017, não paginado)

A repercussão geral foi reconhecida por unanimidade pelo Plenário Virtual do Supremo, e a última movimentação havida nos autos data de 3 de abril de 2019, quando foram conclusos ao relator. Não há data para a submissão do recurso a julgamento.

### 1.6.7. STF E A LIBERDADE RELIGIOSA

Além do Tema 952 (BRASIL, 2019c), outros recursos que versam sobre a liberdade religiosa e que tiveram a repercussão geral reconhecida estão no aguardo de julgamento pelo STF.

O Tema 953 (BRASIL, 2017a) derivou da repercussão geral reconhecida unanimemente ao Recurso Extraordinário (RE) n° 859.376/PR, no qual se discute, à luz do artigo 5°, inciso VIII, da CF/1988, a possibilidade de o direito à liberdade religiosa, assegurado pelo inciso VI do artigo 5º da CF/1988, sofrer limitações por obrigação legal, relacionada à identificação civil e imposta a toda a sociedade. No caso, a limitação se relaciona aos requisitos para fotografia em documentos de identificação civil no que concerne à utilização de vestuário ou acessório que cubra a cabeça ou parte do rosto, a exemplo de bonés, gorros e óculos. O recurso foi interposto pela União em face de decisão proferida pelo Tribunal Regional Federal (TRF) da 4ª região, que reconheceu o direito ao uso de hábito religioso em foto para a Carteira Nacional de Habilitação (CNH) e afastou a aplicação de dispositivo da resolução nº 192/2006 do Conselho Nacional de Trânsito (Contran) (Resolução revogada pela outra Resolução, nº 598/2016, a qual, no anexo IV, item 1, "e", manteve a mesma diretriz) (CONTRAN, 2016). Essa decisão foi fundamentada no inciso VI do artigo 5º da CF/1988, que trata da inviolabilidade de consciência e de crença e aponta que o uso do hábito pelas religiosas não impede o reconhecimento fisionômico do titular do documento, justamente o objetivo da norma do Contran.

A ação original é uma Ação Civil Pública (ACP) ajuizada pelo Ministério Público Federal (MPF) diante da representação de uma freira da Congregação das Irmãs de Santa Marcelina impedida de utilizar o hábito religioso na fotografia que seria utilizada na renovação da CNH. Além de abordar a questão da afronta à liberdade religiosa, a ACP apontou que o hábito é parte integrante da identidade das Irmãs, e não mero "acessório estético", bem como que a determinação de retirada feriria a autodeterminação das pessoas.

No recurso, a União pugna pelo abrandamento da liberdade religiosa sob o argumento de que esta não pode se sobrepor a uma obrigação imposta a todos pelo dispositivo infralegal. A questão constitucional a ser discutida se refere à definição da possibilidade de uma obrigação relacionada à identificação civil ser ou não excepcionada pela liberdade religiosa delineada no artigo 5º, inciso VI, da CF/1988.

A manifestação do ministro Barroso apontou que deve ser sopesado que o procedimento para a emissão de documentos de identidade tem por

## 1.6 | *Testemunhas de Jeová e a recusa a transfusões de sangue*
Leal |

foco impedir as fraudes na área da segurança pública, mas que também encontra limites nos direitos e liberdades individuais. Ponderou quanto à necessidade de avaliarem-se dois aspectos: se há interesse comunitário no cumprimento das restrições pelos religiosos e se o descumprimento dessas restrições importa risco. Ainda, alegou que a Corte Europeia de Direitos Humanos decidiu em desfavor de uma mulher francesa muçulmana que questionou lei francesa que impedia o uso de roupas que escondam o rosto, sob o fundamento de que a liberdade individual poderia ser restringida em respeito aos requisitos da vida em sociedade e proteção dos direitos e liberdades de terceiros.

Ponderou o ministro que:

> Os limites que podem ser razoavelmente impostos às liberdades individuais em nome da preservação do valor comunitário dependem do contexto de cada comunidade e, sobretudo, do exame concreto da repercussão política, social, jurídica e econômica da solução encontrada para aquela coletividade. (BARROSO, 2017, não paginado)

Pendente de julgamento também está o Tema 1021, originado pelo reconhecimento da repercussão geral, de forma unânime, ao Recurso Extraordinário com Agravo (ARE) n° 1099.099, no qual se examina se a objeção de consciência por motivos religiosos gera ou não o dever do administrador de disponibilizar obrigação alternativa para servidores em estágio probatório cumprirem seus deveres funcionais, à luz dos artigos 5°, incisos VI e VIII, e 41 da CF/1988, além do artigo 18 do Pacto Sobre Direitos Civis e Políticos e do artigo 12 do Pacto de São José da Costa Rica.

O recurso extraordinário busca a anulação da exoneração de servidor público em estágio probatório em virtude de não trabalhar às sextas-feiras no horário noturno em decorrência de suas convicções religiosas, mesmo tendo ele se prontificado a cumprir a jornada em horários alternativos. (BRASIL, 2019d).

O tema 386, oriundo do reconhecimento da repercussão geral ao RE n° 611.874/DF, do relator ministro Dias Toffoli, discute, à luz do art. 5°, VIII, da CF/1988, e do princípio da igualdade, a possibilidade de o candidato realizar, por motivos de crença religiosa, etapas de concurso público em datas e horários distintos dos previstos em edital. O feito foi autuado em 2010, o reconhecimento de repercussão geral ocorreu em 2011 e, até o momento, não há data prevista para julgamento. (BRASIL, 2019b).

Decisão que não poderia deixar de ser mencionada é a referente ao julgamento do RE n° 494.601/RS, no qual se discutiu a constitucionalidade da Lei Estadual n° 12.131/2004, RS (RIO GRANDE DO SUL, 2003), que acrescentou o parágrafo único ao artigo 2° da Lei n° 11.915/2003 – Código Estadual de Proteção aos Animais (RIO GRANDE DO SUL, 2003), que permite o sacrifício de animais em cultos de matriz africana.

Na decisão, os ministros concluíram pela constitucionalidade da lei em questão, nos aspectos formal e material. Ao contrário de outros julgamentos, nos quais se decidiu pela inconstitucionalidade de práticas contra animais conhecidas como farra do boi, rinha de galo e vaquejada – ponderação entre a proteção dos animais em face de manifestações culturais e desportivas de determinados segmentos da população –, no caso em questão, o diferencial foi a contraposição em face da garantia da liberdade religiosa, assegurada pelo artigo 5°, inciso VI, da CF/1988.

A decisão considerou o elemento étnico-racial, o dever de laicidade do Estado e o princípio geral de igualdade com tratamento paritário de todas as religiões. Foi ponderada a proteção da liberdade religiosa em contraponto ao dever de proteção à fauna e de inibição da crueldade contra animais. Isso levou à conclusão, pelos ministros, de que a proibição afetaria de maneira desproporcional a liberdade religiosa quando a utilização do animal é a parte central do rito e da tradição religiosa.

> Direito Constitucional. Recurso Extraordinário com Repercussão Geral. Proteção ao meio ambiente. Liberdade religiosa. Lei 11.915/2003 do estado do Rio Grande do Sul. Norma que dispõe sobre o sacrifício ritual em cultos e liturgias das religiões de matriz africana. Competência concorrente dos estados para legislar sobre florestas, caça, pesca, fauna, conservação da natureza, defesa do solo e dos recursos naturais, proteção do meio ambiente

e controle da poluição. Sacrifício de animais de acordo com preceitos religiosos. Constitucionalidade.

1. Norma estadual que institui Código de Proteção aos Animais sem dispor sobre hipóteses de exclusão de crime amoldam-se à competência concorrente dos Estados para legislar sobre florestas, caça, pesca, fauna, conservação da natureza, defesa do solo e dos recursos naturais, proteção do meio ambiente e controle da poluição (art. 24, VI, da CRFB).

2. A prática e os rituais relacionados ao sacrifício animal são patrimônio cultural imaterial e constituem os modos de criar, fazer e viver de diversas comunidades religiosas, particularmente das que vivenciam a liberdade religiosa a partir de práticas não institucionais.

3. A dimensão comunitária da liberdade religiosa é digna de proteção constitucional e não atenta contra o princípio da laicidade.

4. O sentido de laicidade empregado no texto constitucional destina-se a afastar a invocação de motivos religiosos no espaço público como justificativa para a imposição de obrigações. A validade de justificações públicas não é compatível com dogmas religiosos.

5. A proteção específica dos cultos de religiões de matriz africana é compatível com o princípio da igualdade, uma vez que sua estigmatização, fruto de um preconceito estrutural, está a merecer especial atenção do Estado.

6. Tese fixada: É constitucional a lei de proteção animal que, a fim de resguardar a liberdade religiosa, permite o sacrifício ritual de animais em cultos de religiões de matriz africana.

7. Recurso extraordinário a que se nega provimento.

(BRASIL, 2019a, p. 2)

A análise dessa e de outras decisões permite inferir que o STF decide com base na ponderação acerca da laicidade do Estado, da liberdade religiosa e de outro direito fundamental que a ela se contraponha, sempre com relação ao caso concreto.

## CONSIDERAÇÕES FINAIS

A liberdade religiosa é um direito associado à liberdade de pensamento e de consciência, dos quais é manifestação particular e constitui uma das primeiras e mais fortes reivindicações do indivíduo. Sua origem decorre da busca pela tolerância religiosa e pela ausência de vínculo do Estado com qualquer religião. Vem disciplinada na Constituição Federal em três artigos constantes do título "Dos direitos e garantias fundamentais"; artigo 5º, incisos VI, VII e VIII, e em outros dispositivos, a exemplo do artigo 19, inciso I, que veda qualquer vínculo do Estado com religiões, à exceção de alianças que visem à colaboração de interesse público.

Sendo o Brasil um Estado laico, conforme dispõe o texto constitucional, e definida a liberdade religiosa como um direito fundamental, a questão que se coloca em pauta é a da validade jurídica da recusa à submissão a procedimentos médicos fundada na liberdade de crença por parte de pacientes maiores e capazes, mesmo quando há risco iminente de morte. A hipótese frequentemente ocorre quando adeptos da religião cristã Testemunhas de Jeová se recusam a participar de procedimentos médicos que possam acarretar o recebimento de transfusões de sangue ou de hemoderivados.

A recusa à transfusão de sangue não implica a ampla negativa de recebimento de atendimento médico e está relacionada a questões religiosas. Vem fundamentada no entendimento de que o sangue representa a vida e que, portanto, é algo sagrado para Deus, de acordo com a Bíblia.

Ao longo do tempo, o paradigma do paternalismo médico foi sendo superado, e a relação médico-paciente passou a privilegiar a autonomia desse último no que tange às decisões que dizem respeito à própria integridade física e moral. Não obstante, inúmeros ainda são os casos que envolvem a violação da vontade de pacientes, quando a negativa à submissão a uma intervenção médica vem pautada na liberdade de crença.

Visando a resguardar o respeito à manifestação de vontade prévia ou atual de pacientes maiores e capazes que expressem de maneira válida a recusa à submissão a procedimentos que possam gerar a necessidade de transfusões de sangue, a PGR ajuizou a ADPD nº 618/2019, a qual, em poucas palavras, visa à supressão ou à adequação de regramentos técnicos e legais que violariam essa autonomia. O fundamento é a prevalência do respeito à dignidade da pessoa humana (artigo 1º, III, da CF/1988); e do direito à vida (artigo 5º, *caput*, da CF/1988) e à liberdade de consciência e de crença (artigo 5º, VI a VIII, da CF/1988).

O assunto, no entanto, não se esgota nessas considerações. Reconhecida a premissa anterior, a questão seguinte que se coloca é saber se o exercício da liberdade de crença poderia impor ao Estado o custeio de tratamento médico que não esteja disponível na rede pública. O cerne do problema não está no reconhecimento do direito a uma vida digna, mas na análise quanto à legitimidade ou não de, em uma realidade de escassez de recursos, a alocação destes ser imposta para atendimento ilimitado a todas as pretensões pautadas em direitos fundamentais que se apresentem. Essa foi justamente a motivação do reconhecimento da repercussão geral no Recurso Extraordinário nº 979.742/AM (BRASIL, 2019b).

Pelo que se extrai de decisões do STF, a ponderação acerca da laicidade do Estado, da liberdade religiosa e de outro direito fundamental que a ela se contraponha sempre é a fórmula empregada na análise de casos concretos.

Dessa forma, as ações que se apresentam para julgamento no STF permitirão que os ministros ponderem sobre quais bens devem prevalecer e em que medida isso acontecerá, ao fixar paradigmas para o enfrentamento da questão na busca da necessária segurança jurídica.

## REFERÊNCIAS

ALEXY, Robert. *Constitucionalismo discursivo*. 3. ed. Porto Alegre: Livraria do Advogado, 2011.

BARROSO, Luís Roberto. *Curso de Direito Constitucional Contemporâneo: os conceitos fundamentais e a construção do novo modelo*. 5. ed. São Paulo: Saraiva, 2016.

_____. *Legitimidade da recusa de transfusão de sangue por testemunhas de Jeová: dignidade humana, liberdade religiosa e escolhas existenciais*. Rio de Janeiro: Procuradoria Geral do Rio de Janeiro, 2010. Disponível em: <https://www.conjur.com.br/dl/testemunhas-jeova-sangue.pdf>. Acesso em: 2 dez. 2019.

BLOODLESS. *Opções/Alternativas às Transfusões de Sangue*. [S. l], [2017?]. Disponível em: <http://bloodless.com.br/opcoesalternativas-transfusoes-de-sangue/>. Acesso em: 4 dez 2019.

BRASIL. Ministério da Saúde. *Portaria nº 1.820, de 13 de agosto de 2009*. Diário Oficial da União, Brasília, DF, n. 155, seção 1, p. 80, 14 ago. 2009a. Disponível em: <https://conselho.saude.gov.br/ultimas_noticias/2009/01_set_carta.pdf>. Acesso em: 3 dez. 2019.

_____. Presidência da República. *Constituição da República Federativa do Brasil de 1988*. Brasília, DF, 1988. Disponível em: <http://www.planalto.gov.br/ccivil_03/constituicao/constituicao.htm>. Acesso em: 2 dez. 2019.

_____. Presidência da República. *Decreto-lei nº 2.848, de 7 de dezembro de 1940*. Diário Oficial da União, Rio de Janeiro, 31 dez. 1940. Institui o Código Penal. Disponível em: <http://www.planalto.gov.br/ccivil_03/decreto-lei/del2848compilado.htm>. Acesso em: 2 dez. 2019.

_____. Presidência da República. *Lei nº 8.080, de 19 de setembro de 1990*. Diário Oficial da União, Brasília, DF, 20 set. 1990. Disponível em: <http://www.planalto.gov.br/ccivil_03/leis/l8080.htm>. Acesso em: 2 dez. 2019

_____. Presidência da República. *Lei nº 9.434, de 4 de fevereiro de 1997*. Diário Oficial da União, Brasília, DF, 2 fev. 1997. Dispõe sobre a remoção de órgãos, tecidos e partes do corpo humano para fins de transplante e tratamento e dá outras providências (Lei de Transplantes). Disponível em: <http://www.planalto.gov.br/ccivil_03/leis/l9434.htm>. Acesso em: 2 dez. 2019.

_____. Presidência da República. *Lei nº 10.741, de 1º de outubro de 2003*. Diário Oficial da União, Brasília, DF, 3 out. 2003. Institui o Estatuto do Idoso. Disponível em: <http://www.planalto.gov.br/ccivil_03/leis/2003/l10.741.htm>. Acesso em: 2 dez. 2019.

_____. Supremo Tribunal Federal. *Recurso Extraordinário nº 494.601 Rio Grande do Sul*. Brasília, DF, 28 mar. 2019a. Disponível em: <http://redir.stf.jus.br/paginadorpub/paginador.jsp?docTP=TP&docID=751390246>. Acesso em: 11 dez. 2019.

_____. Supremo Tribunal Federal. Repercussão Geral no Recurso Extraordinário nº 859.376 Paraná. Brasília, DF, 29 jun. 2017a. Tema de Repercussão Geral 953. Disponível em: <http://redir.stf.jus.br/paginadorpub/paginador.jsp?docTP=TP&docID=13133232>. Acesso em: 11 dez. 2019.

_____. Supremo Tribunal Federal. *Tema 95: Possibilidade de, em nome da liberdade religiosa, excepcionar obrigação imposta a todos relativa à identificação civil*. Brasília, DF, 2017b. Disponível em: <http://www.stf.jus.br/portal/jurisprudenciaRepercussao/verAndamentoProcesso.asp?incidente=4690513&numeroProcesso=859376&classeProcesso=RE&numeroTema=953>. Acesso em: 2 dez. 2019.

_____. Supremo Tribunal Federal. *Tema 386: Realização de etapas de concurso público em datas e locais diferentes dos previstos em edital por motivos de crença religiosa do candidato.* Brasília, DF, 2019b. Disponível em: <http://www.stf.jus.br/portal/jurisprudenciaRepercussao/verAndamentoProcesso.asp?incidente=3861938&numeroProcesso=611874&classeProcesso=RE&numeroTema=386>. Acesso em: 4 dez. 2019.

_____. Supremo Tribunal Federal. *Tema 952: Conflito entre a liberdade religiosa e o dever do Estado de assegurar prestações de saúde universais e igualitárias.* Brasília, DF, 2019c. Disponível em: <http://www.stf.jus.br/portal/jurisprudenciaRepercussao/verAndamentoProcesso.asp?incidente=5006128>. Acesso em: 2 nov. 2020.

_____. Supremo Tribunal Federal. *Tema 1021: Dever do administrador público de disponibilizar obrigação alternativa para servidor em estágio probatório cumprir deveres funcionais a que está impossibilitado em virtude de sua crença religiosa.* Brasília, DF, 2019d. Disponível em: <http://www.stf.jus.br/portal/jurisprudenciaRepercussao/verAndamentoProcesso.asp?incidente=5326615&numeroProcesso=1099099&classeProcesso=ARE&numeroTema=1021>. Acesso em: 9 dez. 2019.

CANÇADO TRINDADE, Antonio Augusto. *A personalidade e capacidade jurídicas do indivíduo como sujeito do direito internacional.* In: ANNONI, Danielle. *Os novos conceitos do novo Direito Internacional: cidadania, democracia e direitos humanos.* Rio de Janeiro: América Jurídica, 2002. p. 2-23.

CONSELHO DE JUSTIÇA FEDERAL. *[Enunciado 528].* Brasília, DF, [2012]. Disponível em: <https://www.cjf.jus.br/enunciados/enunciado/597>. Acesso em 9 dez. 2019.

CONSELHO FEDERAL DE MEDICINA. *Parecer CFM nº 12/2014.* Brasília, DF, 26 set. 2014. Disponível em: <https://sistemas.cfm.org.br/normas/visualizar/pareceres/BR/2014/12>. Acesso em: 2 dez. 2019.

CONSELHO FEDERAL DE MEDICINA. *Recomendação nº 1/2016.* Brasília, 21 jan. 2016. Disponível em: <https://sistemas.cfm.org.br/normas/visualizar/recomendacoes/BR/2016/1>. Acesso em: 2 dez. 2019.

CONSELHO FEDERAL DE MEDICINA. *Resolução CFM nº 1.021/1980.* Diário Oficial da União, Brasília, DF, seção I, parte III, 1980. Resolução revogada e substituída pela nº 2.232/2019. Disponível em: <https://sistemas.cfm.org.br/normas/visualizar/resolucoes/BR/1980/1021>. Acesso em: 2 dez. 2019.

CONSELHO FEDERAL DE MEDICINA. *Resolução CFM nº 1.995/2012. Diário Oficial da União,* Brasília, DF, seção I, p. 269-270, 31 ago. 2012. Disponível em: <https://sistemas.cfm.org.br/normas/visualizar/resolucoes/BR/2012/1995>. Acesso em: 2 dez. 2019.

_____. *Resolução CFM nº 2.217/2018.* Diário Oficial da União, Brasília, DF, seção I, p. 79, 1º nov. 2018. Aprova o Código de Ética Médica. Disponível: <https://sistemas.cfm.org.br/normas/visualizar/resolucoes/BR/2018/2217>. Acesso em: 2 dez. 2019.

CONSELHO NACIONAL DE TRÂNSITO. *Resolução nº 598 de 24 de maio 2016.* Brasília, DF, 2016. Disponível em: <https://infraestrutura.gov.br/images/Resolucoes/Resolucao59820162.pdf>. Acesso em: 2 dez. 2019.

CONSELHO REGIONAL DE MEDICINA DO ESTADO DE SÃO PAULO. *[Parecer número 28019]*. São Paulo, 2018. Disponível em: <https://www.cremesp.org.br/?siteAcao=Pareceres&dif=a&ficha=1&id=14941&tipo=PARECER&orgao=Conselho%20Regional%20de%20Medicina%20do%20Estado%20de%20S%E3o%20Paulo&numero=28019&situacao=&data=31-01-2018>. Acesso em: 2 dez. 2019.

CONSELHO REGIONAL DE MEDICINA DO ESTADO DO RIO DE JANEIRO. *Resolução CREMERJ nº 136/99*. Diário Oficial do Estado do Rio de Janeiro, Rio de Janeiro, Parte V, 19 fev. 1999. Disponível em: <https://www.cremerj.org.br/resolucoes/exibe/resolucao/1225>. Acesso em: 2 dez. 2019.

CONSTITUIÇÃO da Organização Mundial da Saúde (OMS/WHO) – 1946. São Paulo, *Biblioteca Virtual de Direitos Humanos*, [2019?]. Disponível em: <http://www.direitoshumanos.usp.br/index.php/OMS-Organiza%C3%A7%C3%A3o-Mundial-da-Sa%C3%BAde/constituicao-da-organizacao-mundial-da-saude-omswho.html>. Acesso em: 2 dez. 2019

HAJJAR, Ludhmila Abrahão. *Transfusão de sangue: riscos e benefícios*. Veja, São Paulo, Saúde, 2017. Disponível em: <https://veja.abril.com.br/blog/letra-de-medico/transfusao-de-sangue-riscos-e-beneficios/>. Acesso em: 3 dez. 2019.

INTERNATIONAL SOCIETY OF BLOOD TRANSFUSION. *A code of ethics for blood donation and transfusion*. Amsterdam [1981]. Disponível em: <https://www.isbtweb.org/fileadmin/user_upload/ISBT_Code_of_Ethics/Code_of_ethics_new_logo_-_feb_2011.pdf>. Acesso em: 3 dez. 2019.

JW.ORG. *Dados interessantes: Brasil*. [S. l.], [2019?]. Disponível em: <https://www.jw.org/pt/testemunhas-de-jeova/worldwide/BR/>. Acesso em: 2 dez. 2019.

NERY JUNIOR, Nelson. *Direito de liberdade e a recusa de tratamento por motivo religioso*. Revista dos Tribunais Online, [S. l.], v. 8, p. 903-963, ago. 2015.

O QUE A BÍBLIA diz sobre transfusões de sangue? Cesário Lange: Testemunhas de Jeová, [2019?]. Disponível em: <https://www.jw.org/pt/ensinos-biblicos/perguntas/biblia-transfusoes-de-sangue/>. Acesso em: 3 dez. 2019.

OLIVEIRA, Patricia Elias Cozzolino de. *A proteção constitucional e internacional do direito à liberdade de religião*. São Paulo: Verbatim, 2010.

ORGANIZAÇÃO DAS NAÇÕES UNIDAS. *Declaração Universal dos Direitos Humanos*. Rio de Janeiro, 2009. Disponível em: <https://nacoesunidas.org/wp-content/uploads/2018/10/DUDH.pdf>. Acesso em: 4 dez. 2019.

PIOVESAN, Flávia. *Direitos humanos e o Direito Constitucional Internacional*. 13. ed. São Paulo: Saraiva, 2012.

PROCURADORIA-GERAL DA REPÚBLICA (PGR). *[Arguição de Descumprimento de Preceito Fundamental (ADPF) 618/2019]*. Brasília, DF, 2019. Disponível em: <http://www.mpf.mp.br/pgr/documentos/Inicial_ADPFTestemuJeovarevENVSFCONST1.pdf>. Acesso em: 2 nov. 2020.

**1.6** | *Testemunhas de Jeová e a recusa a transfusões de sangue*
Leal |

RIO GRANDE DO SUL. Gabinete de Consultoria Legislativa. *Lei nº 11.915, de 21 de maio de 2003*. Porto Alegre, 2003. Institui o Código Estadual de Proteção aos Animais, no âmbito do Estado do Rio Grande do Sul. Disponível em: <http://www.al.rs.gov.br/legis/M010/M0100099.ASP?Hid_Tipo=TEXTO&Hid_TodasNormas=46370&hTexto=&Hid_IDNorma=46370>. Acesso em: 2 dez. 2019.

RIO GRANDE DO SUL. Gabinete de Consultoria Legislativa. *Lei nº 12.131, de 22 de julho de 2004*. Porto Alegre, 2004. Disponível em: <http://www.al.rs.gov.br/filerepository/replegis/arquivos/12.131.pdf>. Acesso em: 2 dez. 2019.

SANTOS, Antônio Alceu dos et al. *Opções terapêuticas para minimizar transfusões de sangue alogênico e seus efeitos adversos em cirurgia cardíaca: revisão sistemática*. Revista Brasileira de Cirurgia Cardiovascular, São José do Rio Preto, v. 29, n. 4, out./dez. 2014. Disponível em: <http://www.scielo.br/scielo.php?script=sci_arttext&pid=S0102-76382014000400020>. Acesso em: 4 dez. 2019.

SANTOS, Antônio Alceu dos et al. *Retransplante cardíaco em criança sem o uso de hemo-derivados*. Revista Brasileira de Cirurgia Cardiovascular, São José do Rio Preto, v. 27, n. 2, p. 327-330, 2012. Disponível em: <http://www.scielo.br/pdf/rbccv/v27n2/v27n2a23.pdf>. Acesso em: 4 dez. 2019.

SARLET, I. W.; MARINONI, L. G.; MITIDIERO, D. *Curso de direito constitucional*. 8. ed. São Paulo: Saraiva, 2019.

SCHERKERKEWITZ, Iso Chaitz. *O direito de religião no Brasil*. São Paulo: Procuradoria Geral do Estado de São Paulo, [2011?]. Disponível em: <http://www.pge.sp.gov.br/centrodeestudos/revistaspge/revista2/artigo5.htm>. Acesso em: 3 dez. 2019.

SILVA, José Afonso da. *Curso de Direito Constitucional Positivo*. 40. Ed. São Paulo: Malheiros, 2016.

SILVA JÚNIOR, Hedio. *A liberdade de crença como limite à regulação do ensino religioso*. 2003. Tese (Doutorado em Direito) – Pontifícia Universidade Católica de São Paulo, São Paulo, 2003.

# 1.7

# A análise do comportamento aplicada como ciência ao transtorno do espectro autista

*HENRIQUE BRANDÃO ACCIOLY DE GUSMÃO*
*RENATA FAVONI BIUDES*
*ROSA MARIA FERREIRO PINTO*

## INTRODUÇÃO

O AUTISMO ou Transtorno do Espectro do Autismo (TEA) refere-se a uma condição de saúde que tem como característica a prevalência de um déficit de comportamento cognitivo e comunicação social, materializando-se em uma dificuldade de socialização.

O comportamento disfuncional consubstancia-se, muitas vezes, através de movimentos repetitivos e interesses restritos pelas mesmas preferências, constituindo uma problemática a ser trabalhada na modulação comportamental. Hoje, existem vários subtipos do transtorno, sendo a denominação espectro justamente devido a essa variedade de níveis de comprometimento.

A maioria dos casos de autismo é de natureza genética e, segundo um estudo realizado nos EUA, em 81% dos casos advêm da hereditariedade (BAI et al., 2019). Os fatores ambientais, na proporção de 1% a 3% (NG et al., 2017), ainda são controversos e podem estar ligados, na verdade, à idade paterna avançada, bem como o uso de Ácido Valprópico na gravidez.

A Associação Americana de Psiquiatria reporta que o tratamento com mais evidência de eficácia é a terapia de intervenção comportamental aplicada por multiprofissionais que a ciência denomina pelo nome ABA, desdobramento da sigla em inglês para *"Applied Behavior Analysis"*, ou

**1.7** | *A análise do comportamento aplicada como ciência ao transtorno do espectro autista*
Gusmão | Biudes | Pinto |

seja, a análise do comportamento aplicada. O tratamento dos indivíduos com autismo é personalizado e interdisciplinar, além de realizado por psicólogos, fonoaudiólogos, terapeutas ocupacionais, entre outros profissionais, dependendo da demanda particular da pessoa com autismo (ARLINGTON et al., 2016).

A metodologia ABA possui critérios científicos dentro de uma produção de aprendizado que facilita atitudes instigadoras do comportamento social de forma natural.

Nesse contexto, o presente texto tem como objetivo analisar revisões e meta-análises dos estudos científicos referentes à ciência ABA aplicada a comportamentos disfuncionais dos indivíduos do espectro autista.

## 1.7.1. A ANÁLISE HISTÓRICA DA CIÊNCIA ABA

A Análise do Comportamento Aplicada (ABA) teve origem nos Estados Unidos da América, mais precisamente na década de 1930, quando o pesquisador Skinner desenvolveu pesquisas que tinham como base o processo de aprendizagem (RINGDAHL et al., 2009).

A partir da década de 1960 até a de 1970, foram conduzidos estudos especificamente relacionados às pessoas com autismo. Um dos responsáveis por essa evolução foi Ivar Lovaas, que relacionou as pesquisas da análise do comportamento com o envolvimento de diferentes áreas profissionais (psicólogos, fonoaudiólogos e terapeutas comportamentais) de maneira concomitante, ao contrário da aplicabilidade em áreas específicas comportamentais propostas até então (MATSON; NEAL, 2009).

Com isso, o estudo de Lovaas revolucionou a diversificação dos serviços profissionais na aplicabilidade da análise do comportamento ao relacionar diversos segmentos profissionais na evolução das pessoas com desenvolvimento atípico[1], em especial as que apresentam Transtorno do Espectro Autista.

---

1. São consideradas pessoas com desenvolvimento atípico as que podem apresentar sintomas de várias condições, inclusive comportamento destrutivo grave, distúrbios alimentares, lesão

As próximas décadas foram extremamente importantes para delimitar uma categoria de profissionais com aptidão para a aplicação da Análise Comportamental Aplicada, com a criação de cursos e programas de graduação, bem como de pós-graduações com o treinamento de profissionais para a aplicação dessa ciência.

Nas últimas décadas, com a evolução da Análise Comportamental Aplicada, evidenciada por estudos científicos que comprovam a efetividade desse tratamento na evolução cognitiva, motora, de linguagem, de integração social e comportamental em diferentes populações, a ABA tornou-se uma referência, ainda mais no caso específico do tratamento do autismo.

Assim, concretizou-se a aplicabilidade da ciência ABA na forma de lidar com esse transtorno, especialmente com as seguintes frentes: a) manipulação do comportamento em situações controladas (IWATA et al., 1994); b) observação comportamental em ambientes naturais, sem manipulação dos comportamentos; c) outras formas de avaliação que não incluem as anteriores, como uso de questionários, perguntas e checklists. Essa última modalidade de intervenção é chamada de avaliação indireta.

### 1.7.2. A CIÊNCIA ABA

O tratamento terapêutico e educacional dos indivíduos com espectro autista deve envolver as práticas em uma ciência dos processos repetitivos e cognitivo-sociais e do comportamento, com resultados científicos comprovados na melhoria comportamental.

Nesse contexto, inclui-se a metodologia ABA, que utiliza métodos derivados de princípios de comportamento cientificamente comprovados (BAER; WOLF; RISLEY, 1968).

Propostas de intervenção baseadas na ABA têm sido aplicadas, com sucesso e com a comprovação científica como base para modulação de

---

cerebral entre outros, especialmente para aqueles com diagnóstico ou características de déficits comportamentais do Transtorno de Espectro Autista (TEA).

**1.7** | *A análise do comportamento aplicada como ciência ao transtorno do espectro autista*
Gusmão | Biudes | Pinto |

comportamentos inadequados, na educação escolar e na evolução dos comportamentos sociais das pessoas com autismo.

A metodologia de intervenção, em geral, resulta de procedimentos para a melhoria nas áreas relacionadas às habilidades verbais, dos comportamentos sociais e das habilidades cognitivas (VISMARA; ROGERS, 2010).

Nos últimos anos, tem-se evidenciado, com diversos estudos científicos, que a intervenção precoce intensiva, por meio da ciência ABA, resultou em melhorias evidentes na cognição intelectual e no comportamento em crianças com autismo (LOVASS, 1987). Resultados ainda mais promissores ficaram evidenciados em crianças com menos de três anos de idade (SALLOWS; GRAUPNER, 2005).

### 1.7.3. A COMPROVAÇÃO DA CIÊNCIA ABA

Na análise do comportamento aplicado, diversos estudos demonstraram a eficácia da ciência ABA por meio da redução de comportamentos repetitivos, desafiadores e inadequados das em crianças com autismo.

Verifica-se a eficácia desse instituto a partir de várias espécies de comportamento, a exemplo da intervenção precoce intensiva comportamental e das capacidades cognitivas, de comunicação, motoras físicas, adaptativas e sociais.

Na verdade, a eficácia advém dos ensinamentos por meio de tarefas, cuja realização é explorada e incentivada para crianças atípicas com o recebimento de recompensas, por exemplo, que encorajam comportamentos corretos.

#### 1.7.3.1. As revisões e meta-análises dos estudos nas intervenções precoces em ABA

Pesquisadores agregaram diversos estudos sobre o tratamento precoce comportamental em crianças atípicas e demonstraram resultados excelentes, de acordo com a literatura. Um dos estudos, de Eldevik, Hastings, Hughes, Jahr, Eikeseth e Cross (2009), relata os efeitos das intervenções precoces comportamentais intensivos identificados em 34 estudos. Concluiu-se uma meta-análise que produziu efeito de diferença em duas medidas de resultados disponíveis: alteração na inteligência em escala real e/ou adequação do comportamento opositor. Em geral, esses efeitos são considerados grandes e moderados, respectivamente. Os resultados apoiam a implicação clínica de que hoje, juntamente com a ausência de outras intervenções com eficácia estabelecida, a intervenção precoce intensiva comportamental deve ser uma intervenção de escolha para crianças com autismo.

Além disso, outros estudos ressaltam a aplicabilidade da ABA como intervenção precoce. Em Peters-Scheffer, N., Didden, R., Korzilius, H., & Sturmey, P. (2011), por exemplo, foram realizados onze estudos com 344 crianças que tinham TEA. Houve um ensaio controlado aleatorizado (n = 28 pacientes); os outros ensaios foram desenhos controlados pré-teste/pós-teste. Foram relatadas diferenças estatísticas significativas a favor de um QI completo (dez estudos), QI não verbal (cinco estudos), linguagem expressiva (cinco estudos), linguagem receptiva (cinco estudos), comportamento adaptativo (sete estudos). As assinaturas de comportamento adaptativo foram comunicação (sete estudos), habilidades de vida diária (sete estudos) e socialização (sete estudos). O único ensaio controlado (n=28) mostrou diferenças estatísticas significativas a favor dos que receberam intervenção precoce comportamental intensiva para QI em escala real e QI não verbal.

Em outro estudo, Reichow (2011) relata que se analisaram quatro das cinco meta-análises relatadas e concluiu-se que a ABA era um tratamento eficaz para o autismo. Os tamanhos médios ponderados dos efeitos para melhorias no QI e as capacidades adaptativas nas meta-análises examinadas constataram a melhora. A quinta meta-análise (SPRECKLEY & BOYD, 2009) não concluiu que a ABA era um tratamento eficaz, contudo Reichow (2011) indicou que isso se devia a uma má interpretação de um dos estudos incluídos nessa análise (SALLOWS & GRAUPNER, 2005), o que invalidou os cálculos do tamanho do efeito na pesquisa efetivada pelos investigadores.

Importante salientar que Lovaas (1987) descobriu que 47% das crianças com autismo que receberam terapia ABA em longo prazo atingiram níveis de funcionamento intelectual e educacional normais, em comparação com apenas 2% das crianças com autismo em um grupo de controle.

## 1.7.3.2. As revisões literárias dos estudos nas capacidades cognitivas com ABA

Estudos revelam, também, uma associação positiva entre o funcionamento cognitivo de uma pessoa com autismo e o tratamento ABA.

Harris e Handleman (2000) avaliaram resultados na capacidade cognitiva do pré-tratamento até quatro e seis anos após o tratamento. Demonstraram um ganho cognitivo aqueles que estavam em uma turma de ensino regular (média = 78), ao contrário dos que estavam em uma sala de ensino especial, QI mais baixo (média = 46), só para autistas.

Corroborando os mesmos resultados, BEN-ITZCHAK & ZACHOR (2007) produziram um estudo cujo resultado mostrava que, com as metodologias ABA, as crianças autistas demonstraram um QI mais elevado, bem como uma melhor aquisição de linguagem e habilidades lúdicas.

## 1.7.3.3. As revisões literárias dos estudos nas capacidades de comunicação com ABA

A análise da terapia com a ciência ABA resulta também na aplicabilidade da ampliação dos ensinamentos linguísticos, resultando em um progresso na parte da comunicação social, bem como na terapia em geral. Isso ficou demonstrado nos estudos de Stahmer, Schreibman, & Cunningham (2011) e Trembath & Vivanti (2014).

Szatmari, Bryson, Boyle e Streiner (2003), por sua vez, demonstraram que a melhora da capacidade na linguagem, após as medidas de comportamento adaptativo da ABA, no intervalo de dois a quatro anos, resultaram em uma melhoria também da competência linguística.

### 1.7.3.4. As revisões literárias dos estudos das horas direcionadas à terapia ABA

Os estudos de Granpeesheh, Dixon, Tarbox, Kaplan e Wilke (2009) direcionaram-se para as horas de intervenção com a terapia ABA, visto como fator preponderante no resultado positivo do tratamento. Na verdade, um tratamento mais intensivo (mais horas por semana) relaciona-se com um aumento na aquisição de competências no decurso da terapia ABA.

### 1.7.3.5. As revisões literárias dos estudos de outros preditores com a terapia ABA

Outras peculiaridades resultantes na terapia com ABA têm sido menos investigadas. É o caso das características de cada criança em relação a um tratamento específico da ciência ABA.

Não encontramos estudos literários associados à ciência da Análise do Comportamento Aplicada e à resposta ao tratamento que considerassem as características de cada indivíduo atípico individualizado.

### 1.7.3.6. Outras revisões sistemáticas na literatura dos estudos com a terapia ABA

Um dos principais estudos de revisão literário foi realizado nos Estados Unidos pelo National Autism Center (NAC) [em português: "Centro Nacional de Autismo"), associação estadunidense sem fins lucrativos, com o escopo de disseminar as melhores práticas sobre o tratamento dos autistas para as famílias e profissionais.

O NAC, no estudo *"Findings and Conclusions: National Standards Project, Phase 2"* (2015) [em português: Pesquisas e conclusões: projeto de padronização nacional. Fase 2], revisou os estudos científicos com a

**1.7** | *A análise do comportamento aplicada como ciência ao transtorno do espectro autista*
Gusmão | Biudes | Pinto |

ciência ABA aplicada nos comportamentos inadequados dos indivíduos com autismo, a partir de pesquisas de campo realizadas de 2007 a 2012. A revisão literária forneceu uma atualização sobre tratamento empírico (conforme publicado no Relatório Nacional de Normas em 2009) e incluiu estudos de avaliação de tratamentos para adultos, maiores de 22 anos, que nunca foram avaliados sistematicamente.

Foram utilizados 27 profissionais dos Estados Unidos para uma extensa revisão sistemática da literatura de intervenção comportamental e educacional envolvendo indivíduos com autismo.

A seleção adotou as palavras-chave: autismo; transtorno do espectro do autismo; síndrome de Asperger; distúrbios no desenvolvimento; crianças/adolescentes/adultos; intervenção. Foram colocadas na base de dados das revistas científicas estrangeiras "Psych Articles, Psych Info, Academic Search Premier, Education Resources Information Center (ERIC), Psychology & Behavioral Science Collection", resultando na seleção de 389 estudos e 378 artigos científicos.

Com base nos princípios da análise do comportamento aplicado (ABA), os referidos estudos selecionados foram divididos conforme o comportamento inadequado apresentado pelos indivíduos com o transtorno do espectro autista. Alguns dos exemplos da análise do comportamento foram reproduzidos nos quadros 1, 2 e 3 a seguir.

## Quadro 1 - Tratamento Comportamental para Crianças Pequenas

| | |
|---|---|
| Conceito da intervenção | São intervenções comportamentais intensivas precoces que visam a uma gama de habilidades essenciais das crianças autistas (por exemplo, comunicação, habilidades sociais e pré-acadêmicas/acadêmicas etc.) |
| Revisão Literária | Número de artigos revisados: 20<br>**Faixa etária dos participantes:** Crianças de 0 a 9 anos<br>As habilidades que aumentaram: jogos - prontidão acadêmica e de aprendizagem - comunicação, funções cognitivas superiores, responsabilidade interpessoal e pessoal - habilidades motoras<br>**Os comportamentos que diminuíram:** sintomas gerais - comportamentos problemáticos |
| Detalhes da Intervenção | Prestação de serviços intensivos (normalmente, 25-40 horas por semana durante 2-3 anos) com base nos princípios de análise de comportamento aplicado (ABA) |
| Artigos recomendados | LEAF, R., & MCEACHIN, J. (1999). *A work in progress: Behavior management strategies and a curriculum for intensive behavioral treatment of autism.* New York, NY: DRL Books, Inc.<br>LOVAAS, O. I. (2002). *Teaching individuals with developmental delays: Basic intervention techniques.* Austin, TX: PRO-ED, Inc.<br>MAURICE, C., GREEN, G., & FOXX, R. M. (2001). *Making a difference: Behavioral intervention for autism.* Austin, TX: PRO-ED, Inc.<br>MAURICE, C., GREEN, G., & LUCE, S. (Eds.) (1996). *Behavioral intervention for young children with autism: A manual for parents and professionals.* Austin, TX: PRO-ED, Inc |

Fonte: Síntese do estudo realizado pelo National Autism Center (2015).

## Quadro 2 - Intervenções Comportamentais

| | |
|---|---|
| Conceito da intervenção | A categoria Intervenção Comportamental é composta de intervenções tipicamente descritas como intervenções antecedentes e intervenções consequentes. As primeiras envolvem a modificação de eventos situacionais que tipicamente precedem a ocorrência de um comportamento alvo. |
| Revisão Literária | Número de artigos revisados: 155<br>Faixa etária dos participantes: Crianças, adolescentes e jovens adultos de 3 a 21 anos<br>**As habilidades aumentaram:** funções cognitivas mais elevadas - habilidades motoras - acadêmica, comunicação, interpessoal, prontidão de aprendizado, responsabilidade pessoal, jogo e autorregulamentação<br>**Comportamentos diminuídos:** - regulação sensorial ou emocional - comportamentos problemáticos - padrões de comportamento, interesses ou atividades restritos, repetitivos e não funcionais |
| Detalhes da Intervenção | Alterações ambientais são feitas para aumentar a probabilidade de sucesso ou reduzir a probabilidade de ocorrência de problemas. As intervenções consequentes envolvem a realização de mudanças no ambiente após a ocorrência de um comportamento direcionado. Muitas das intervenções consequentes são projetadas para reduzir o comportamento problemático e ensinar comportamentos ou habilidades alternativas funcionais através da aplicação de princípios básicos de mudança de comportamento. |
| Artigos recomendados | GERHARDT, P. F., & CRIMMINS, D. (Eds.) (2013). *Social skills and adaptive behaviors in learners with autism spectrum disorders.* Baltimore, MD: Paul H. Brookes Publishing Co., Inc.<br>LUISELLI, J. K. (Ed.) (2014). *Children and youth with autism spectrum disorder (ASD): Recent advances and innovations in assessment, education, and intervention.* New York, NY: Oxford University Press.<br>LUISELLI, J. K., & CAMERON, M. J. (1998). *Antecedent control: Innovative approaches to behavioral support.* Baltimore, MD: Paul H. Brookes Publishing Co., Inc.<br>MATSON, J. L. (Ed.) (2009). *Applied behavior analysis for children with autism spectrum disorders.* New York, NY: Springer. |

Fonte: Síntese do estudo realizado pelo National Autism Center (2015).

**1.7** | *A análise do comportamento aplicada como ciência ao transtorno do espectro autista*
Gusmão | Biudes | Pinto |

**Quadro 3** - Tratamento da linguagem

| Conceito da intervenção | Objetiva aumentar a capacidade do indivíduo com TEA de emitir uma comunicação verbal (ou seja, uso funcional de palavras faladas) |
|---|---|
| Revisão Literária | Número de artigos revisados: 2<br>Faixa etária dos participantes: Crianças de 3 a 9 anos<br>**As habilidades aumentaram:** - interpessoal e jogo, - comunicação. |
| Detalhes da Intervenção | Uso de várias estratégias para obter comunicação verbal de indivíduos com autismo. Exemplos de estratégias: vários procedimentos de solicitação, inclusive solicitações verbais, visuais e gestuais; utilização da música como parte do treinamento de idiomas; reforço para exibição de resposta verbal direcionada. |
| Artigos recomendados | PRELOCK, P., MCCAULEY, R. J., FEY, M., & KAMHI, A. (Eds.) (2012). *Treatment of autism spectrum disorders: Evidence-based intervention strategies for communication and social interactions*. Baltimore, MD: Paul H. Brookes Publishing Co., Inc. |

Fonte: Síntese do estudo realizado pelo National Autism Center (2015).

## 1.7.4. OUTROS TRATAMENTOS

Outros tratamentos da ciência ABA, diante de uma profunda revisão da literatura, não mostraram resultados tão eficazes.

O Departamento de Saúde do Estado de Nova York (1999) adotou diretrizes rígidas e rigorosas para a aplicabilidade de estudos em crianças autistas. Assim, de uma revisão da literatura a partir de estudos selecionados, inclusive de informações com mais de dez métodos de intervenção, tais como: terapia de integração auditiva, comunicação facilitada, tempo de piso, terapia de integração sensorial, terapia de toque, terapia musical, hormônios (corticotropina), terapias vitamínicas e dietas especiais. A terapia ABA foi a única indicada no tratamento.

Outros estudos (GREEN, 1996) evidenciaram que demais alternativas de tratamento, como terapias individuais, aulas de educação comportamental não especial, intervenções biológicas, exceto medicamentos antipsicotrópicos, não são eficazes para o tratamento de crianças com autismo. Além disso, relata que alguns tratamentos, a exemplo da psicanálise, são bem prejudiciais e devem ser evitados.

## 1.7.5. CRÍTICAS EM RELAÇÃO À CIÊNCIA ABA

As críticas à metodologia de intervenção da ciência ABA são comuns, mas não se fundam em estudos científicos e revisões bibliográficas, pois reforçam o contrário, isto é, a efetividade da intervenção.

As agências reguladoras educacionais e governamentais não desejam o aumento do custo do tratamento individualizado para as pessoas com autismo. Talvez esse seja o motivo que explique as críticas desarrazoadas. Parecem-nos não merecer crédito profissionais não familiarizados como o modelo ABA de intervenção ou críticas que envolvem a mera divulgação de outras ciências concorrentes (METZ; MULICK; BUTTER, 2005).

## CONSIDERAÇÕES FINAIS

Tendo em vista os aspectos observados, é possível entender que, nas revisões e meta-análise dos estudos nas intervenções precoces com resultados ABA, apoia-se a implicação clínica de que atualmente, na ausência de outras intervenções com eficácia estabelecida, a intervenção precoce intensiva comportamental deve ser a escolhida para crianças com autismo.

As revisões e as meta-análises dos estudos efetuados nas capacidades de comunicação com a análise da terapia com a ciência ABA apontam também, a ampliação dos ensinamentos linguísticos, um progresso na parte da comunicação social e uma melhoria na capacidade na linguagem após as medidas de comportamento adaptativo da ABA durante dois a anos. Além disso, as revisões e as meta-análises dos estudos das horas direcionadas à terapia ABA demonstraram que as horas de intervenção com a terapia ABA são fator preponderante no resultado positivo do tratamento. Um tratamento mais intensivo (mais horas por semana) relaciona-se ao aumento na aquisição de competências no decurso da terapia ABA. Por fim, nenhum outro tratamento diverso da ciência ABA se mostrou tão eficaz nos estudos abordados.

**1.7** | *A análise do comportamento aplicada como ciência ao transtorno do espectro autista*
Gusmão | Biudes | Pinto |

# REFERÊNCIAS

ARLINGTON, Va. *Children Diagnosed with Autism at Earlier Age More Likely to Receive Evidence-Based Treatments.* Disponível em: https://www.psychiatry.org/newsroom/news-releases/children-diagnosed-with-autism-at-earlier-age-more-likely-to-receive-evidence-based-treatments. Acesso em: 04 set. 2020.

BAER, DM; WOLF, MM; RISLEY TR. *Some current dimensions of applied behavior analysis.* J Appl Behav Anal 1968; 1:91–7.

BAI D et al. *Association of genetic and environmental factors with autism in a 5-country cohort.* JAMA Psychiatry 2019 Jul 17; [e-pub]. Disponível em: https://doi.org/10.1001/jamapsychiatry.2019.1411. Acesso em: 05 fev. 2021.

BEN-ITZCHAK, E., & ZACHOR, D. A. (2007). *The effects of intellectual functioning and autism severity on outcome of early behavioral intervention for children with autism.* Research in Developmental Disabilities, 28, 287–303.

ELDEVIK, S., HASTINGS, R. P., HUGHES, J. C., Jahr, E., Eikeseth, S., & CROSS, S. (2009). *Meta-analysis of early intensive behavioral intervention for children with autism.* Journal of Clinical Child & Adolescent Psychology, 38, 439–450.

GRANPEESHEH, D., DIXON, D. R., TARBOX, J., KAPLAN, A. M., & WILKE, A. E. (2009). *The effects of age and treatment intensity on behavioral intervention outcomes for children with autism spectrum disorders.* Research in Autism Spectrum Disorders, 3, 1014–1022.

GREEN G. *Early behavioral intervention for autism: what does research tell us?* In: MAURICE C, GREEN G, LUCE SC, editors. *Behavioral intervention for young children with autism: a manual for parents and professionals.* Austin (TX): Pro-Ed; 1996. p. 29–44.

HARRIS, S. L., & HANDLEMAN, J. S. (2000). *Age and IQ at intake as predictors of placement for young children with autism: A four- to six-year follow-up.* Journal of Autism and Developmental Disorders, 30, 137–142.

IWATA, B. A., DORSEY, M. F., SLIFER, K. J., BAUMAN, K. E., & RICHMAN, G. S. (1994). *Toward a functional analysis of self-injury.* Journal of Applied Behavior Analysis, 27(2), 197-209. http://doi.org/10.1901/jaba.1994.27-197

LOVAAS, I. (1987). *Behavioral treatment and normal educational and intellectual functioning in young autistic children.* Journal of Consulting and Clinical Psychology, 55, 3–9.

MATSON, J. L., NEAL, D. (2009). *History and overview.* In J. L. MATSON (Ed.), *Applied behavior analysis for children with autism spectrum disorders* (pp. 1-13). New York: Springer. Disponível em: http://doi.org/10.1007/978-1-4419- 0088-3. Acesso em: 05 fev. 2021.

METZ B, MULICK JA, BUTTER EM. *Autism: a late 20th century fad magnet.* In: Jacobson JW, FOXX RM, MULICK JA, editores. *Controversial therapies for developmental disabilities: fads, fashion, and science in professional practice.* Mahwah (NJ): Lawrence Erlbaum; 2005. p. 237–264.

NATIONAL AUTISM CENTER (2015). *Findings and Conclusions: National Standards Project, Phase 2*. Randolph, MA.

NEW YORK STATE DEPARTMENT OF HEALTH. (1999). *Early Intervention Program. Clinical practice eguide- lines; autism/pervasive developmental disorders, assessment, and intervention for young children (age 0–3 years)*. Albany (NY). Disponível em: https://www.health.ny.gov/community/infants_children/early_intervention/disorders/autism/ Acesso em: 04 set. 2020.

NG M., DE MONTIGNY J.G., OFNER M., DO M.T. 2017. *"Environmental factors associated with autism spectrum disorder: a scoping review for the years 2003–2013"* Health Promotion and Chronic Disease Prevention in Canada 37(1): 1–23, 2017.

PETERS-SCHEFFER, N., DIDDEN, R., KORZILIUS, H., & STURMEY, P. (2011). *A meta-analytic study on the effectiveness of comprehensive ABA-based early intervention programs for children with Autism Spectrum Disorders*. Research in Autism Spectrum Disorders, 5, 60–69.

RINGDAHL, J. E., KOPELMAN, T., & FALCOMATA, T. S. *Applied behavior analysis and its application to autism and autism related disorders (2009)*. IN J. L. MATSON (Ed.), *Applied behavior analysis for children with autism spectrum disorders* (pp. 1-13). New York: Springer. http://doi.org/10.1007/978-1-4419-0088-3

REICHOW, B. (2011). *Overview of meta-analyses on early intensive behavioral intervention for young children with autism spectrum disorders*. Journal of Autism and Developmental Disorders, 42, 512–520.

SALLOWS GO, GRAUPNER TD. (2005*). Intensive behavioral treatment of children with autism: four- year outcome and predictors*. Am J Ment Retard, 110(6):417–38.

STAHMER, A. C., SCHREIBMAN, L., & CUNNINGHAM, A. B. (2011). *Toward a technology of treatment individualization for young children with autism spectrum disorders*. Brain Research, 1380, 229–239.

SZATMARI, P., BRYSON, S. E., BOYLE, & STREINER, D. L. (2003). *Predictors of outcome among high functioning children with autism and Asperger syndrome*. Journal of Child Psychology and Psychiatry, 44, 520–528.

TREMBATH, D., & VIVANTI, G. (2014). *Problematic but predictive: Individual differences in children with autism spectrum disorders*. International Journal of Speech- Language Pathology, 16(1), 57–60.

VISMARA LA, ROGERS S. (2010). *Behavioral treatments in Autism Spectrum Disorder: what do we know?* Annu Rev Clin Psychol. 6:447-68. Disponível em: http://doi: 10.1146/annurev.clinpsy.121208.131151. Acesso em: 05 fev. 2021.

# 1.8

## Importação, fabricação e plantio do canabidiol para fins de tratamento do transtorno do espectro autista

*MARINA STEFANIA MENDES PEREIRA GARCIA*
*ROSA MARIA FERREIRO PINTO*

### INTRODUÇÃO

ENTRE as moléstias e transtornos mentais, o autismo, ou o Transtorno do Espectro Autista (TEA) e todas as suas variantes, é notadamente uma realidade que se impõe a uma parcela crescente da sociedade.

Em termos gerais, o autismo caracteriza-se por dificuldades, muitas vezes severas, de socialização e de comunicação, o que demanda terapia multi e interdisciplinar, além do acesso a medicamentos que possam garantir dignidade ao paciente.

Em meio aos diversos recursos terapêuticos disponíveis ao tratamento do autismo, destaca-se, por resultados satisfatórios em ganhos na capacidade de relacionamento e desenvolvimento, o canabidiol, substância extraída da maconha que alivia múltiplos sintomas da síndrome.

O canabidiol é parcialmente liberado no Brasil, pela Agência Nacional de Vigilância Sanitária (Anvisa). Pela RDC n° 327/2019, é permitida sua produção nacional (a partir do extrato importado) e, pela RDC n° 335/2020, é permitida a importação do medicamento. Ambas as medidas, porém, não resolveram a questão do custo elevado do recurso e, por consequência, não viabilizaram a disponibilidade dele no SUS.

Necessário se faz discutir o acesso ao tratamento do TEA com o Canabidiol sem que haja necessidade de ecorrer ao sistema judiciário,

**1.8** | *Importação, fabricação e plantio do canabidiol*
Garcia | Pinto |

em que ainda se enfrentam decisões arbitrárias (pois infundadas) contra a disponibilização desse medicamento.

Nossa pesquisa buscou avaliar o que ainda é preciso modificar na legislação brasileira para que seja mais adequado o enfrentamento dessa síndrome que afeta inúmeras famílias. Afinal, estas almejam disponibilizar aos entes mais do que um remédio derivado da *Cannabis* simplesmente: desejam ter a esperança de garantir qualidade de vida e dignidade na superação das limitações advindas desse transtorno e viabilizar o desenvolvimento cognitivo e comportamental do paciente.

Como,no momento, a melhor alternativa parece ser esse medicamento, a pergunta que persiste é: o que ainda é preciso modificar?

## 1.8.1. TRATAMENTOS COM CANABIDIOL (CDB)

A *Cannabis Sativa* é composta, entre outros elementos, de Delta-9-tetrahidrocanabinol (Δ9-THC), que possui efeitos alucinógenos, e de Canabidiol (CBD), que possui propriedades terapêuticas, cientificamente comprovadas (NASCIMENTO; DALCIN, 2019).

O emprego de Δ9-THC no tratamento de doentes mentais deve ser acompanhado de muita cautela, pelos efeitos hipnóticos e sedativos que a substância pode ter além dos potenciais efeitos psicotrópicos, do potencial de dependência, da possibilidade de ações bifásicas (efeitos diferentes dependendo da dose), bidirecionais (efeitos opostos em diferentes indivíduos) e, por fim, da probabilidade de exacerbação dos sintomas (BUARQUE, 2014).

Já a substância Canabidiol é utilizada para tratar casos de ansieda-de, epilepsia, convulsão, distúrbios do sono. Além de ter características anticonvulsionantes que viabilizam esse tratamento, também contém pro-priedades anti-inflamatórias. Nos últimos tempos, vem sendo largamente utilizado, ainda, para o tratamento do câncer devido às propriedades antiproliferativas, pró-apoptóticas e inibidoras da migração de células que possui. O Canabidiol representa quarenta por cento do extrato da planta *Cannabis Sativa* (PERNONCINI; OLIVEIRA, 2014).

Por meio do sistema endocanabinoides, realizou-se estudo sobre o uso do CBD no tratamento de diversas condições neuropsiquiátricas e dele se obtiveram resultados favoráveis nas dores neuropáticas, na doença de parkinson, na esclerose múltipla, na epilepsia e no autismo (NASCIMENTO; DALCIN, 2019).

Entende-se por sistema endocanabinoide a comunicação fisiológica natural, responsável pelo cumprimento a muitos processos de funções mecânicas, químicas e bioquímicas dos seres vivos. Esse sistema atua na memória, no metabolismo, no apetite, na função gastrointestinal, na imunidade, na inflamação e no movimento. São receptores que possuem dois subtipos: o CB1 e CB2 (NASCIMENTO; DALCIN, 2019).

O CB1 tem funções conectadas ao sistema nervoso central (SNC), aos tecidos dos músculos esqueléticos e do fígado, à parte gastrointestinal, e aos adipócitos, além de ter capacidade psicoativa. Por outro lado, o CB2 possui funções nomeadamente no sistema imunológico (medula óssea, amígdalas, baço e timo) e no sistema nervoso entérico (intestinal) (NASCIMENTO; DALCIN, 2019).

Sendo o TEA uma condição complexa que por vezes compromete a comunicação e interação social, além de produzir hábitos repetitivos e alterações nas percepções sensoriais, há vários problemas de saúde que podem acometer a pessoa com autismo, a exemplo de algum nível de dificuldade intelectual, crises convulsivas e dificuldades no sono. Experiências clínicas com o CBD demonstram um aperfeiçoamento nas interações sociais e na comunicação interpessoal. Possivelmente, esses efeitos estão ligados à ativação dos receptores CB1 (NASCIMENTO; DALCIN, 2019).

O tratamento inovador e que tem causado excelentes resultados para a melhora do quadro do TEA é o componente Canabidiol (CBD), elemento não psicoativo da *Cannabis Sativa*. Conhecido pelo efeito ansiolítico, pela ação anticonvulsivante e antitumoral, é alvo de diversos estudos e de muitas aplicações médicas ao TEA, tendo resultado em melhoria da qualidade de vida de milhares de pacientes no Brasil e no mundo. Além disso, por meio de pesquisas, verificou-se que o uso terapêutico do CBD é muito eficaz e tem grande potencialidade de sucesso, o que tem trazido esperanças a pacientes e as famílias desses pacientes, que sofrem todos com enfermidades derivadas de outras farmacoterapias. Em compensação, a segurança e estabilidade da substância ainda precisam de mais estudos (NASCIMENTO; DALCIN, 2019).

Um dos avanços constatados na pesquisa tem sido o tratamento da epilepsia com o CBD, que tem proporcionado a redução expressiva das crises convulsivas de pacientes epilépticos resistentes aos fármacos tradicionais. No Brasil, um estudo clínico duplo-cego ressaltou que, entre os pacientes que foram testados e manifestavam antes ao menos uma crise convulsiva por semana, metade deles não relatou episódio convulsivo depois da pesquisa com o CBD. A investigação durou cerca de quatro meses, e a maioria dos pacientes foi beneficiada com, no mínimo, redução expressiva dos episódios de convulsão (NASCIMENTO; DALCIN, 2019).

Tanto o termo autismo quanto a epilepsia são vistos para delinear transtornos, sintomas ou síndromes, dependendo do caso. Como se pode observar, ambas as denominações se referem a um conjunto de sintomas, etiologias muito variáveis, aspectos patofisiológicos e que muitas vezes ocorrem concomitantemente (NASCIMENTO; DALCIN, 2019). Não há medicamentos que diminuam os principais sintomas, e a farmacoterapia que trata do TEA é defasada e por vezes se vale, como prática comum, da polifarmácia, isto é, do uso de diversos medicamentos ao mesmo tempo. Os estudos demonstraram que metade das crianças com autismo que utilizam os medicamentos tradicionais não têm amenizados sintomas como agressividade, irritabilidade, ansiedade e hiperatividade (NASCIMENTO; DALCIN, 2019).

Para tratar o TEA, a *Food and Drug Administration* (FDA), agência federal do Departamento de Saúde e Serviços Humanos dos Estados Unidos aprova a terapiacom os antipsicóticos aripiprazol e risperidona. O tratamento também é utilizado no Brasil, porém não produz melhora na irritabilidade e pode ter efeitos colaterais. Com a recidiva do CBD e a descoberta do sistema endocanabinoides, muitas associações de pacientes autistas e mães de autistas recorreram à legalização, até mesmo judicial, da maconha para o uso terapêutico do TEA como condição de qualificação (NASCIMENTO; DALCIN, 2019).

Os estudos em voluntários saudáveis não obtiveram resultado adverso como consequência da administração aguda ou crônica de canabidiol. Portanto, corroborado por estudos prévios em animais, o fármaco demonstrou ser um produto seguro para a administração em seres humanos em ampla faixa de dosagem. Destarte, vez que atua por mecanismo diverso, representa uma alternativa real.

A implicação ansiolítica do canabidiol foi investigada em voluntários saudáveis, os quais foram submetidos a um procedimento chamado Simulação do Falar em Público (SFP) (BUARQUE, 2014). Nesse teste, o sujeito deve falar em frente a uma câmera de vídeo durante alguns minutos, registrando sua ansiedade. Esta éanalisada subjetivamente por meio de escalas de autoavaliação, bem como pela própria repercussão fisiológica desse quadro, que se manifesta por alterações (mensuráveis) da pressão arterial, da condutância da pele e da frequência cardíaca. Os efeitos do canabidiol sobre a SFP foram confrontados com os dados do placebo e dos dois ansiolíticos, o diazepam e a ipsapirona, num procedimento duplo-cego. Os resultados demostraram que tanto o canabidiol como os ansiolíticos testados amortizaram a ansiedade causada pela SFP (BUARQUE, 2014).

Outro teste foi realizado por pesquisadores da Faculdade de Medicina de Ribeirão Preto da Universidade de São Paulo (FMRP-USP) quanto aos efeitos do Canabidiol no transtorno de ansiedade social. Aqueles que receberam o CDB, quando comparados aos que receberam placebo, apresentaram menores níveis de ansiedade no exame, além de menos sinais somáticos (corporais) e menos autoavaliação negativa, exatamente o contrário do ocorrido com os que receberam apenas placebo (BUARQUE, 2014).

**1.8** | *Importação, fabricação e plantio do canabidiol*
Garcia | Pinto |

Em função dos resultados, o CDB foi o canabinoide que despertou o maior interesse dos psiquiatras, tendo em vista a boa tolerabilidade, a ausência de efeitos psicoativos e a segurança do uso. A literatura médica traz a comprovação dos efeitos antipsicótico e ansiolítico do fármaco. Porém, ainda resta definir a duração dos tratamentos, as faixas de dosagem, a frequência de administração etc. Assim, há um longo caminho a percorrerrantes que esse fármaco seja incorporado definitivamente à farmácia psiquiátrica e esteja em posição de igualdade com outras drogas mais tradicionais (BUARQUE, 2014).

Em 14 de dezembro de 2017, a Organização Mundial da Saúde (OMS), em publicação no site oficial denominado Canabidiol (composto de *Cannabis*), recomendou expressamente que o composto de *Cannabis* Canabidiol (CBD) não fosse agendado como substância controlada no meio internacional, o que se trata de um importante passo para a regulação ante o histórico de preconceito que a instituição já teve com o assunto. A OMS trouxe ainda a informação de que o canabidiolé um dos vários compostos existentes da planta de *Cannabis* entre os 200 já conhecidos. Em reunião realizada em novembro de 2017, o Comitê de Especialistas em Dependência de Drogas (ECDD) não justifica a programação da substância e concluiu que, em estado puro, o CBD não tem o potencial de ter um uso abusivo ou de causar danos. Não programar uma substância quer dizer que não deve haver controle internacional estrito, inclusive para a produção e para o fornecimento a fim de que cada país decida conforme a própria legislação. Alguns países já facilitaram essa regulamentação como produto médico: o Canadá, a Austrália, a Suíça, os Estados Unidos da América e o Reino Unido são alguns exemplos (OMS, 2017).

Além disso, no mesmo estudo e fonte de publicação, a OMS afirma que não há evidências de que o canabidiol possa se tornar viciante em seres humanos e animais, bem como de que não há casos relatados de abuso ou dependência. Portanto, a substância não representaria perigo para a saúde pública. A instituição também assevera que o CDB não possui características para gerar efeitos psicoativos, o que oferece novas possibilidades para que a medicação seja usada em outros tipos de estudos e pesquisas, sendo que é na epilepsia a área na qual mais se têm verificado avanços do potencial terapêutico (OMS 2017).

Dessa forma, nota-se que a *Cannabis Sativa*, apesar de ainda sofrer forte carga de estigma, está paulatinamente ganhando espaço e relevância em pesquisas e estudos por dedução de suas propriedades terapêuticas. Destarte, doenças como a esclerose múltipla, a dor neuropática, a epilepsia, o autismo e a doença de Parkinson, entre outras, ganharam uma opção a mais de tratamento (NASCIMENTO; DALCIN, 2019).

O uso do CDB traz diversos alívios dos principais sintomas das doenças elencadas, em especial quando a farmacoterapia convencional não é satisfatória. O CDB tem se tornado relevante a partir de estudos e comprovações científicas dos benefícios dele acerca do aumento da expectativa de uma vida com mais qualidade tanto para a pessoa com autismo quanto, por consequência, para a família desses indivíduos.

Crippa (2012) destacou que as pesquisas comprovaram a eficácia do CBD no tratamento de doenças crônicas, tais como distúrbios do sono, ansiedade, Parkinson, esquizofrenia, efeito anticonvulsivante e até mesmo dependência de drogas, corroborando com a ideia de que os canabinoides têm forte potencial terapêutico. Inclusive, em 1º de janeiro de 2008, o Brasil estava entre um dos líderes nas pesquisas relacionadas à substância, segundo dados do Ministério da Justiça (SILVA, 2019).

O Conselho Federal de Medicina (CFM)[1], em 2014, instigado pelos impactos dessas pesquisas e avanços, aprovou a resolução nº 2.113/2014, a qual dispõe sobre o uso compassivo do canabidiol, em situações nas quais os métodos já conhecidos não apresentam resultados satisfatórios para crianças e adolescentes com epilepsia refratária. Entre as considerações, o CFM afirmou que o canabidiol pode ser isolado ou sintetizado de forma segura e confiável por métodos laboratoriais (SILVA, 2019).

---

1. Os conselhos profissionais podem produzir normas que limitem e coordenem a prática médica e ao mesmo tempo delimitem para o usuário seus direitos em pontos específicos. Podem, então, produzir normas, e estas, por sua vez, que podem ser usadas na restauração dos direitos desrespeitados nos casos de dano. (PITELLI, 2002)

## 1.8.2. A LEGISLAÇÃO ATUAL E SEUS LIMITES

No dia 10 de março de 2020, entrou em vigor a Resolução da Diretoria Colegiada (RDC) n° 327/2019, da Anvisa, que dispõe sobre os procedimentos para a concessão da autorização sanitária para a fabricação e a importação de produtos de *Cannabis* para fins medicinais e estabelece requisitos para a comercialização, a prescrição, a dispensação, o monitoramento e a fiscalização dessas mercadorias (ANVISA, RDC n° 327/2019).

Outra nova e importante Resolução da Anvisa, a RDC n° 335/2020, de 24 de janeiro de 2020, definiu os critérios e os procedimentos para a importação de produto derivado de *Cannabis* por pessoa física para tratamento de saúde e uso próprio, mediante prescrição de profissional legalmente habilitado (ANVISA, RDC n° 335/2020). Essa norma entrou em vigor após noventa dias de sua publicação e possui validade temporária de três anos.Ao final desse prazo, a eficácia e a segurança do procedimento devem ser testadas para que uma nova edição da resolução seja realizada (ANVISA, RDC n° 335/2020).

João Paulo Silvério Perfeito, gerente de medicamentos específicos da Anvisa, aponta: só poderá haver a compra do produto com receita médica de controle especial (tipo B). Alysson Muotri, cofundador da Tismoo, possui uma posição mais conservadora e contrária aos estudos já citados, entendendo que a Anvisa foi precoce na ação. Para ele, o que foi aprovado contém o tetraidrocanabinol (THC), substância pouco estudada no cérebro em desenvolvimento (TISMOO, 2020).

Em 2017, o medicamento Mevatyl® (THC, 27 mg/ml + CBD, 25 mg/ml) foi o primeiro medicamento à base de *Cannabis Sativa,* na forma farmacêutica spray, solução oral, cuja importação a Anvisa autorizou, de acordo com seu site oficial de notícias (ANVISA, 2018). Esse remédio é indicado para pacientes adultos que apresentam espasmos de moderados a graves em decorrência da esclerose múltipla. Essa alternativa de importação, porém, não reduz o custoainda altíssimo (mais de dois mil reais, em junho de 2020) do tratamento, conforme se pode observar em pesquisa simples realizada em junho de 2020 no site de busca Google.

De qualquer forma, com as resoluções citadas, foi aprovada a regulamentação de produtos à base de *Cannabis*, os quais podem ser vendidos em farmácias desde que a venda seja realizada sob prescrição médica, estando sujeita à fiscalização pela agência.

Entretanto, o projeto inicial, que previa o cultivo da planta, foi rejeitado. A Anvisa, então, elaborou um caderno de perguntas e respostas com normas relacionadas ao final e referências sobre o tema. Esse material teve a primeira edição publicada em 09 de março de 2020 (ANVISA, Perguntas & Respostas, Produtos de *Cannabis*, 2020).

Antes, o paciente com indicação médica precisava conseguir a receita e realizar a importação do produto, por conta própria, de maneira direta, ou por intermédio de alguma associação, pois as farmácias não podiam vender, nem que fossem produzidos pela indústria internacional. O responsável pelo paciente precisava preencher um formulário no site da Anvisa, documento disponível no portalda agência, juntamente com o relatório médico e a receita para importar o medicamento. Todo esse procedimento tinha custo elevado.

O novo regulamento exige que as empresas fabricantes tenham o Certificado de Boas Práticas de Fabricação, emitido pela Anvisa como uma autorização especial para o funcionamento delas, mediante o conhecimento da concentração da fórmula com os principais canabinoides presentes, a documentação técnica da qualidade do produto, o controle de qualidade dos produtos com condições operacionais e a análise de controle (ANVISA, RDC nº 327/2019).

Com isso, empresas brasileiras receberam autorização para produzir mediante a importação do substrato da *Cannabis* para a fabricação do produto. Não podem, porém, comprar a planta ou parte dela: apenas é permitida a matéria-prima estrangeira semielaborada (ANVISA, RDC nº 301/2019).

A importação do produto está submetida a regras de controle de entrada e saída, assim como qualquer outro entorpecente, psicotrópico ou precursor, independentemente de se tratar de matéria-prima ou produto

**1.8** | *Importação, fabricação e plantio do canabidiol*
Garcia | Pinto |

finalizado. Com o intuito de viabilizar o total monitoramento, foram limitados os pontos de entrada em território nacional dos lotes de produtos e medicamentos à base de *Cannabis* importados (ANVISA, RDC n° 201/2020).

A Resolução n° 327/2019 cria uma nova classe de produto sujeito à vigilância sanitária, o "produto à base de *Cannabis*". Dessa forma, durante os três anos de validade da resolução n° 335/2020, os produtos ainda não serão classificados como medicamentos (ANVISA, RDC n° 327/2019).

Remédios são todos os recursos utilizados para curar ou aliviar a dor, o desconforto ou a enfermidade. Um preparado caseiro com plantas medicinais pode ser um remédio, mas ainda não é um medicamento. Os medicamentos são substâncias ou preparações que se utilizam como remédio, elaborados em farmácias ou indústrias farmacêuticas e atendendo a especificações técnicas e legais (Diretoria Geral de Assistência Farmacêutica, 2015).

Isso em nada altera a eficácia da RDC n° 130/2016 e a nota técnica n° 1/2017 da GMESP/GGMED/Anvisa, em relação ao termo de consentimento para a dispensa do Mevatyl (considerado medicamento), já mencionado (ANVISA, Perguntas & Respostas, Produtos de *Cannabis*, 2020, p. 13).

Quanto ao THC, este somente poderá conter teor acima de 0,2% se for destinado a cuidado paliativo, apenas quando não houver outra alternativa terapêutica e em situações clínicas terminais ou irreversíveis (ANVISA, Perguntas & Respostas, Produtos de *Cannabis*, 2020. p. 18).

Embora a produção no país a partir do extrato seja um avanço, ela ainda é ineficaz. A matéria-prima ainda precisa ser importada. Assim, o valor final do produto continua inacessível. Além disso, ainda é difícil importar o medicamento e ainda é alto o valor do medicamento (SILVA, 2019).

Portanto, necessário se faz acelerar as pesquisas e avançar mais rápido na legislação, como ocorreu com a endemia da Síndrome da Imunodeficiência Adquirida (Aids), na década de 1980. Nesse sentido, urge a criação de novas leis, com respectiva regulamentação e controle pela Anvisa, para que possa haver o plantio nacional da maconha especificamente para fins medicinais, meio principal de efetivamente o valor do produto diminuir. Com a produção e a comercialização interna de valor acessível, por consequência, será viabilizada também a disponibilidade dele pelo SUS.

### 1.8.3. RETRATO FÁTICO

Consta de um artigo de 2019, intitulado "Dos estudos sobre o canabidiol e as políticas públicas de saúde voltadas aos portadores de epilepsia", a informação, obtida pela resposta da Anvisa a uma consulta (protocolo nº 2019132714), de que, entre 2016 a 2018, quadruplicaram os pedidos de medicações à base de canabidiol. Do mesmo relato, constam também as principais patologias envolvidas nas requisições (MACHADO, 2019).

Para a atualização dos dados e a obtenção de recentes e relevantes acerca da quantidade de pedidos para importação do Canabidiol, realizou-se novo pedido junto à Anvisa, com o protocolo nº 2020159862. Em 08 de maio de 2020, o órgão deu nova resposta por e-mail, os dados, juntamente com os anteriores, estão compilados a seguir (Quadro 1).

**Quadro 1**: Patologias envolvidas nas requisições de canabidiol

| Rótulos de linha | 2016 | 2017 | 2018 | 2019 |
|---|---|---|---|---|
| Epilepsia | 684 | 1106 | 1422 | 1574 |
| Autismo | 19 | 185 | 523 | 914 |
| Dor Crônica | 26 | 82 | 176 | 353 |
| Transt. Tecidos moles | 1 | 1 | 173 | 360 |
| Parkinson | 30 | 115 | 153 | 335 |
| Neoplasia Maligna | 39 | 114 | 128 | 164 |
| Transt. Ansiedade | 4 | 61 | 113 | 542 |
| Paralisia Cerebral | 10 | 29 | 57 | 87 |
| Esclerose Múltipla | 5 | 28 | 51 | 60 |
| Transt. Depressivo | 3 | 30 | 48 | 213 |

**Fonte:** Elaboração própria.
**Legenda:** Os dados foram extraídos das respostas às consultas formuladas – protocolos 2019132714 e 2020159862.

A necessidade de liberação do canabidiol para pessoas com o espectro do autismo fica em segundo lugar entre as doenças crônicas que mais geram a solicitação da substância. Os pedidos de canabidiol estão aumentando substancialmente. Do ano de 2016, foram 19 solicitações. No ano de 2019, esse número subiu para incríveis 914.

Imagina-se que o número de pessoas que de fato necessitam dessa medicação seja exponencialmente maior, afinal a solicitação acaba ficando restrita em especial às pessoas e às famílias com melhores condições econômicas, tendo em vista o alto custo da medicação.

## 1.8.4. O PROBLEMA DO PLANTIO

Desde 2015, a Anvisa vem regulamentando, gradativamente, o uso do CBD, entendendo que ela é opção viável para o tratamento de doenças crônicas não tratáveis com a farmacologia brasileira e inserindo-a na lista de substâncias proscritas (controladas) (SILVA, 2019). Hoje, pode-se obter a liberação da importação do medicamento em procedimento eletrônico da Anvisa, para uso próprio, desde que com prescrição por profissional habilitado (nos termos da RDC Anvisa n° 335/2020). Também é possível obter autorização para a produção no Brasil a partir do extrato importado (nos termos da RDC Anvisa n° 327/2019).

No Brasil, o cultivo da *Cannabis* tem proibição indireta da Constituição (artigo 243) e direta pela lei de drogas (Lei n° 11.343/2006, no artigo 2°). As mencionadas disposições normativas trariam um conflito entre a segurança pública e o direito social à saúde. Isso porque, em termos de saúde pública, as substâncias extraídas dessa planta causam benefícios que em nada prejudicam o bem jurídico protegido (segurança pública). Porém, no artigo 2°, tanto no *caput* quanto no parágrafo único, a legislação preleciona que a União pode autorizar o plantio para fins religiosos, medicinais e científicos.

Ocorre que não há normatização específica sobre o plantio e a consequente fabricação e comercialização da substância no país. Parece-nos que essa medida é o que tornaria viável e acessível o uso medicinal do canabidiol, de diversas formas (spray, fumo, cápsula, por exemplo), por todos os que precisam. Isso atribuiria economia e celeridade à questão, não prolongando o sofrimento dos pacientes.

Seria conveniente uma normativa específica para o plantio de fins medicinais (já autorizada na Lei nº 11.343/2006), com a estruturação da devida fiscalização e a fixação de condições técnicas e operacionais específicas.

## CONSIDERAÇÕES FINAIS

Os pacientes e as famílias destes enfrentam diversas limitações para a obtenção de um medicamento que assegure efetiva melhoria na qualidade de vida da pessoa com TEA. A descoberta da medicação com base no CBD, além de oferecer uma alternativa nesse sentido, também estimulou o estudo dos pesquisadores. Desde o início, porém, as pesquisas enfrentaram muitas dificuldades de acesso à matéria-prima destinada às análises, em razão dos altos custos de importação, bem como da proibição de seu plantio.

Em 17 de novembro de 2015, a Anvisa publicou resolução liberando a importação do CBD para pessoa física, desde que prescrito por profissional habilitado. Hoje, esse procedimento é regulado pela RDC nº 335/2020.

Houve importantes e recentes inovações na matéria, em especial a que permitiu a venda do produto em farmácias e a que autorizou a produção do fármaco por empresas brasileiras (a partir da matéria-prima semielaborada). A agência também retirou os medicamentos à base de canabidiol da lista de substâncias proibidas.

Mais do que a importação, entretanto, as famílias ainda clamam pela liberação do cultivo, que já tem sido liberados pontualmente, mediante alguns habeas corpus. A autonomia para a administração e a diminuição do custo são justificativas para realizar o plantio.

Para o remédio mais utilizado, a importação chega a dez mil reais por mês. Ainda é exorbitante o preço da nova medicação fabricada no Brasil. O valor da solução disponibilizada pela farmacêutica paranaense é de no máximodois mil reais.

São necessárias leis que regulamentem o plantio nacional especificamente para fins medicinais. Isso permitirá a real diminuição do custo (e valor final) do produto e, por consequência, viabilizará a comercialização em preços acessíveis e a inserção do medicamento no SUS.

## REFERÊNCIAS

ABRACE. *Seminário sobre autismo com tratamento com Cannabis.* 24 de julho de 2018. Disponível em: <https://abraceesperanca.org.br/home/seminario-sobre-autismo-com-tratamento-com-cannabis/>. Acesso em: 01 mai. 2020.

ANVISA. AGÊNCIA NACIONAL DE VIGILÂNCIA SANITÁRIA. *Registrado primeiro medicamento à base de Cannabis Sativa.* Última modificação: 12 de dezembro de 2018. Disponível em: <http://portal.anvisa.gov.br/noticias/-/asset_publisher/FXrpx9qY7FbU/content/agencia-aprova-primeiro-remedio-a-base-de-cannabis--sativa/219201>. Acesso em: 01 mai. 2020.

_____. Perguntas & Respostas. *Assunto: Autorização sanitária de produtos de Cannabis.* 1ª edição, Brasília, de 09 de março de 2020. Disponível em:<http://portal.anvisa.gov.br/documents/33836/2501251/Perguntas+e+Respostas+-+Produtos+de+cannabis+-+1%C2%AA+edi%C3%A7%C3%A3o/b6ea8e5b-240a-48fe-ba1c-7116ee4cf095>. Acesso em: 04 jun. 2020.

_____. *RDC – Resolução da Diretoria Colegiada, nº 201, de 18/07/2002.* Determinar que os pontos de entrada e saída, no país, de mercadorias à base de substâncias entorpecentes, psicotrópicos e precursores, passam a ser a partir da data de publicação desta Resolução.

_____. *RDC – Resolução da Diretoria Colegiada, nº 301, de 21/08/2019.* Dispõe sobre as Diretrizes Gerais de Boas Práticas de Fabricação de Medicamentos.

_____. *RDC – Resolução da Diretoria Colegiada, nº 327, de 09/12/2019.* Dispõe sobre os procedimentos para a concessão da Autorização Sanitária para a fabricação e a importação, bem como estabelece requisitos para a comercialização, prescrição, a dispensação, o monitoramento e a fiscalização de produtos de *Cannabis* para fins medicinais, e dá outras providências.

_____. *RDC – Resolução da Diretoria Colegiada, nº 335, de 24/01/2020.* Define os critérios e os procedimentos para a importação de Produto derivado de *Cannabis*, por pessoa física, para uso próprio, mediante prescrição de profissional legalmente habilitado, para tratamento de saúde.

BARROSO, L. R. *Da falta de efetividade à judicialização excessiva: direito à saúde, fornecimento gratuito de medicamentos e parâmetros para a atuação judicial*. Disponível em: <https://www.conjur.com.br/dl/estudobarroso.pdf>. Acesso em: 20 mai. 2019.

BUARQUE, Senador Cristóvão. *Sumário executivo acerca da regulamentação dos usos recreativo, medicinal e industrial da maconha*. SENADO FEDERAL. Consultoria Legislativa Senado Federal - Brasília. ESTUDO Nº 765, DE 2014. Referente à STC nº 2014-00720, disponível em<https://www12.senado.leg.br/noticias/arquivos/2014/05/27/estudo-no-765-de-2014>. Acesso em: 17 mai. 2020.

BRASIL. Lei nº 11.343, de 23 de agosto de 2006 - *Institui o Sistema Nacional de Políticas Públicas sobre Drogas – Sisnad*. Disponível em <http://www.planalto.gov.br/ccivil_03/_ato2004-2006/2006/lei/l11343.htm#view>. Acesso em: 27 mai. 2020.

CRIPPA, José Alexandre S.; ZUARDI, Antonio Waldo; HALLAK, Jaime EC. *Uso terapêutico dos canabinoides em psiquiatria*. Rev. Bras. Psiquiatr., São Paulo, v. 32, supl. 1, p. 556-566, maio de 2010. Disponível em <http://www.scielo.br/scielo.php?script=sci_arttext&pid=S1516-44462010000500009&lng=en&nrm=iso>. Acesso em: 01 mai. 2020.

DEFENSORIA PÚBLICA DO ESTADO DE SÃO PAULO. *Cartilha Direito das Pessoas com Autismo*. Março 2011. Disponível em: <http://www.autismo.org.br/site/images/Downloads/direitospessoasautismo_leitura.pdf>. Acesso em: maio 2019.

DIRETORIA GERAL DE ASSISTÊNCIA FARMACÊUTICA. *Você sabe a diferença entre remédio e medicamento?* 1 de julho de 2015. Disponível em< http://www.farmacia.pe.gov.br/noticia/voce-sabe-diferenca-entre-remedio-e-medicamento>. Acesso em: 01 mai 2020.

FAPERJ - Fundação Carlos Chagas Filho de Amparo à Pesquisa do Estado do Rio de Janeiro. Juliana Passos. *Mobilização pelo uso de remédios à base de Canabidiol provoca mudanças na legislação*. 19 de junho de 2019. Disponível em: <http://www.faperj.br/?id=3779.2.9>. Acesso em: 07 jun 2020.

MACHADO, K.A.L.. *Dos Estudos Sobre o Canabidiol* e as Políticas Públicas de Saúde Voltadas Aos Portadores de Epilepsia. 24 de dezembro de 2019. Disponível em: <. >. Acesso em: 01 abr. 2020.

NASCIMENTO, A.G.T.P., DALCIN, M.F. *Uso Terapêutico Da Cannabis Sativa: Uma Breve Revisão*. Brazilian Journal of Surgery and Clinical Research – BJSCR. Vol.27,n.2,pp.164-169. 03 de junho de 2019. Disponível em < https://www.mastereditora.com.br/periodico/20190704_103122.pdf>. Acesso em: 17 mai. 2020).

ORGANIZAÇÃO MUNDIAL DA SAÚDE. *Canabidiol (composto de Cannabis)*. 19 de dezembro de 2017. Disponível em<https://www.who.int/news-room/q-a-detail/cannabidiol-(compound-of-cannabis)>. Acesso em 17 mai. 2020.

**1.8** | *Importação, fabricação e plantio do canabidiol*
Garcia | Pinto |

_____. *Expert Peer Review for Cannabidiol (CBD).* 10 de novembro de 2017. Geneva. Disponível em: <https://www.who.int/medicines/access/controlled-substances/5.2_CBD_PeerReview2.pdf>. Acesso em: 01 mai. 2020.

_____. *Folha informativa - Transtorno do espectro autista.* Abril de 2017. Disponível em <https://www.paho.org/bra/index.php?Itemid=1098>. Acesso em: 01 jan. 2020.

PERNONCINI, K.V.; OLIVEIRA, R. M.M.W.. *USOS TERAPÊUTICOS POTENCIAIS DO CANABIDIOL OBTIDO DA Cannabis Sativa.* Vol. 20, n. 3, pp. 101 – 106. (Out – Dez 2014). Revista UNINGÁ Review. Disponível em: <http://revista.uninga.br/index.php/uningareviews/article/view/1609/1219>. Acesso em: 17 mai. 2020.

PITELLI, Sergio Domingos. *O Poder Normativo do Conselho Federal de Medicina e o Direito Constitucional à Saúde.* Revista de Direito Sanitário, USP. Vol. 3, n.1. Março de 2003.

SILVA, L. M. A *Legalização do Uso do Canabidiol e TetrahidroCanabidiol no Brasil à Luz do Direito Humano à saúde.* 06 de novembro de 2019. Disponível em< https://ambitojuridico.com.br/cadernos/direito-constitucional/a-legalizacao-do-uso-do-Canabidiol-e-tetrahidroCanabidiol-no-brasil-a-luz-do-direito-humano-a-saude/>. Acesso em: 01 mai. 2020.

TISMOO - Especialistas em exames genéticos para Autismo. *Anvisa aprova produto à base de Canabidiol.* 24 de abril de 2020. Disponível em<https://tismoo.us/destaques/anvisa-aprova-produto-a-base-de-Canabidiol/>. Acesso em: 07 jun. 2020.

# Parte 2

## Judicialização da saúde

# 2.1

## Rol da ANS: não meramente exemplificativo?

*MARCELO LAMY*
*ADRIANA DE FÁTIMA SANTOS*
*CAROLINA CRUZ RODRIGUEZ COELHO*

### INTRODUÇÃO

A LEI dos planos de saúde (Lei nº 9.656/1998) estabeleceu, em sua redação original, um conjunto de terapias de cobertura obrigatória por todos os planos de todas as operadoras de assistência à saúde em atividade (notadamente nos artigos 10 e 12).

Essa normativa, desde que alterada pelas Medidas Provisórias nºs 1.665/1998 e 2.177-44/2001, previu que a atividade reguladora estatal (para a primeira, desempenhada pelo Conselho Nacional de Saúde Suplementar – CONSU; para a segunda, pela Agência Nacional de Saúde Suplementar – ANS) poderia complementar essa normativa, estabelecendo com maiores detalhes a amplitude da cobertura (artigo 10, §4º).

Destaque-se que, em 2001, ao oficializar na lei dos planos de saúde a ANS como agência reguladora da amplitude da cobertura, a Medida Provisória inseriu outro elemento imprescindível para o deslinde do tema (a amplitude da cobertura). Trata-se do artigo 35-F, que estabelece literalmente a cobertura ter de compreender *"todas as ações necessárias à prevenção da doença e à recuperação, manutenção e reabilitação da saúde"* (BRASIL, 2001, sem destaques no original). É nesse contexto que surgiu o rol de procedimentos e eventos em saúde (doravante, rol da ANS) editado em primeiro lugar pelo Consu e depois pela ANS.

Ocorre que, desde então, tornou-se corriqueiro as operadoras de saúde administrativa e judicialmente escusarem-se de suas obrigações alegando que determinado procedimento, terapia ou medicamento não consta do rol da ANS.

O Judiciário, em real sintonia, impelia os planos a fornecerem essas terapias, medicamentos ou procedimentos independente de estarem ou não nesse rol, por entender que referido instrumental se revestia do caráter exemplificativo (um mero detalhamento da agência reguladora das coberturas impostas pelas leis).

Firmou-se jurisprudência em todo o país amparada nesse entendimento. Alguns tribunais chegaram, inclusive, a sumular a questão, ao exemplo do Tribunal de Justiça de São Paulo: "Havendo expressa indicação médica, é abusiva a negativa de cobertura de custeio de tratamento sob o argumento da sua natureza experimental ou por não estar previsto no rol de procedimentos da ANS" (Súmula TJ/SP nº 102).

Nada obstante isso, em dezembro de 2019, a 4ª Turma do Superior Tribunal de Justiça (STJ) propôs a superação (*overrule*) desse entendimento[1]. Desde então, a 3ª Turma do STJ continua a afirmar que o entendimento não deve mudar.

É sobre essa questão que se voltou a investigação aqui relatada, com o objetivo de mapear, descrever e analisar o contexto, as relações e as percepções sobre o papel do rol da ANS nas relações contratuais e no sistema de saúde suplementar.

## 2.1.1. METODOLOGIA

Para apontar com precisão a tese jurisdicional tradicional e a nova tese jurisdicional sobre a natureza ou o papel do rol da ANS nas relações contratuais entre planos de saúde e sistema de saúde suplementar, bem como para descrever os argumentos que sustentam cada uma dessas teses,

---

1. Precisamente no seguinte julgado: STJ, 4ª T, REsp nº 1.733.013/PR, j. 10/12/2019.

o objeto de nossa análise foi um conjunto de decisões colegiadas[2] proferidas no STJ sobre o tema.

Foram feitos dois levantamentos (procedimentos de coleta e seleção), todos em 11 de janeiro de 2021, no sistema de pesquisa de jurisprudência do próprio STJ.

No primeiro levantamento, buscando pelo termo "1733013" (número do acórdão paradigma que deu origem a nova tese da 4ª Turma, o acórdão que propôs o *overrule*), apareceram 14 acórdãos. Desse conjunto, 3 casos foram excluídos por tratarem em verdade de assuntos conexos e apenas mencionarem o acórdão paradigma de passagem (sem relevância para o caso); outros 3 casos também foram excluídos por serem decisões proferidas no próprio paradigma. As "jurisprudências citadas" pelos 8 acórdãos que restaram (segundo o sistema), uma vez observadas, não alteraram o conjunto, pois já estavam no conjunto ou eram impertinentes. Identificaram-se 3 "acórdãos similares" (segundo o sistema) citados nos 8 casos que antes integravam o conjunto e que, por isso, foram agregados. O conjunto, nesse momento, passou a 12 acórdãos: o paradigma, 8 acórdãos pertinentes, 3 acórdãos similares.

No segundo levantamento, buscando pelos termos "rol" e "ANS", apareceram 115 acórdãos, 40 da 4ª turma, 74 da 3ª Turma e 1 da 2ª turma.

Analisando os 40 casos da 4ª Turma, foi possível estabelecer uma divisão exata: 14 casos eram posteriores ao paradigma e acolhiam o seu entendimento e 26 eram anteriores e contraditórios ao novo entendimento. Na verificação dos 14, constatou-se que 3 já estavam presentes no primeiro levantamento, 1 caso foi considerado impertinente e 3 precisavam ser inseridos no conjunto. Nesse momento, formou-se o primeiro bloco de

---

2. Sabe-se que o entendimento sobre a natureza exemplificativa do rol da ANS era dominante em todo o STJ e que, desde 2019, continuou assim na 3ª Turma. Em razão disso e porque nosso processo civil permite, nesses casos, a tomada de decisão monocrática pelo relator em nome do colegiado, há muitas decisões monocráticas apontadas pelo sistema de pesquisa de jurisprudência do STJ sobre a questão. Em nosso levantamento, apareceram 5.840 decisões monocráticas. Optou-se, no entanto, pelas manifestações colegiadas, pois, nas decisões proferidas nesse contexto, há a possibilidade "hipotética" de que os demais componentes do Colegiado se manifestem novamente sobre o entendimento.

**2.1** | *Rol da ANS: não meramente exemplificativo*
Lamy | Santos | Coelho |

análise, a 1ª LISTA (acórdãos recentes da 4ª Turma relacionados à tese nova) com 15 acórdãos. Na verificação dos 26 casos, 10 foram considerados impertinentes e foram incluídos 5, dentre as "jurisprudências citadas" e "acórdãos similares". Nesse momento, formou-se o segundo bloco de análise, a 2ª LISTA (acórdãos anteriores da 4ª Turma relacionados à tese anterior, tradicional) com 21 acórdãos. Da 2ª lista, no presente relato, é analisada apenas uma amostra, o pensamento exarado nos 2 acórdãos mais citados ou referenciados do subconjunto[3].

Ao analisar os 74 casos da 3ª Turma, também foi possível estabelecer uma divisão exata: 40 acórdãos foram posteriores a 10 de dezembro de 2019 – data do julgamento do acórdão da 4ª Turma que propôs o *overrule* – e 34 anteriores. Na verificação dos 40 acórdãos, foram excluídos 6. Considerando o que o sistema indica como jurisprudência citada e acórdãos similares, em cada caso, 27 acórdãos nos pareceram pertinentes (dois dos quais haviam já sido identificados como jurisprudência contestada pelo paradigma[4]), mas 7 eram anteriores e 20 posteriores ao paradigma. Nesse momento, formaram-se o terceiro e o quarto bloco de análise dessa pesquisa, a 3ª LISTA (acórdãos da 3ª Turma posteriores ao paradigma e que mantém a tese anterior, tradicional) com 54 acórdãos e a 4ª LISTA (amostragem[5] de acórdãos da 3ª Turma anteriores ao paradigma e relacionados à tese anterior, tradicional) com 7 acórdãos. Da 3ª LISTA, no presente relato, é analisada apenas uma amostra, o pensamento exarado nos 3 acórdãos mais citados ou referenciados do subconjunto[6].

Na análise empreendida que aqui se relata (dos 27 acórdãos selecionados), alguns cuidados especiais foram estabelecidos. O foco primevo foi identificar as teses, diferenciando-as dos fundamentos ou argumentos que as sustentam. Depois disso, fez-se a identificação dos argumentos

---

3. STJ, 4ª Turma, Agravo Interno em Recurso Especial 1.682.692/RO, julgado em 21/11/2019; e STJ, 4ª Turma, Agravo Interno em Agravo em Recurso Especial 1.036.187/PE, julgado em 27/06/2017.
4. Os seguintes: STJ, 3ªT, AgIntAgREsp 1.345.913/PR; e STJ, 3ªT, AgIntAgREsp 1.099.275/SP
5. Consideramos esse conjunto apenas uma amostra, pois não foi empreendida por nós, até o momento do artigo, a análise completa de todos os acórdãos anteriores da 3ª Turma.
6. Os seguintes: STJ, 3ªT, AgInt no REsp 1.829.583/SP; e STJ, 3ªT, AgInt no AREsp 1.442.296/SP; e STJ, 3ªT, AgInt no AREsp 1.471.762/DF.

mais centrais e relevantes que impactam na fundamentação da tese. Desconsiderou-se aquilo que a processualística chama de *decisum*, aquilo que reputa como *obter dicta* e o que integrou o relatório. Ou seja, buscaram-se as teses e os fundamentos das teses na ementa e nos votos condutores.

### 2.1.1. SURGIMENTO DO ROL DA ANS

O papel da ANS como agência reguladora da amplitude das coberturas dos planos de saúde foi admitido e estabelecido pela Medida Provisória nº 2.177-44/2001 ao alterar a Lei dos Planos de Saúde (Lei nº 9.656/1998: "Art. 4º [...] §4º A amplitude das coberturas, inclusive de transplantes e de procedimentos de alta complexidade, será definida por normas editadas pela ANS." – parágrafo incluído pela MP nº 2.177-44/2001).

Legitimou-se, por essa lei, a intervenção estatal (por intermédio da agência reguladora) para assegurar a amplitude das obrigações das operadoras dos planos (além daquilo que já é garantido na própria lei: assistência às doenças listadas no CID, com as poucas restrições admissíveis, segundo os artigos 10 e 12, como as decorrentes da segmentação).

O norte para a admissão desse papel regulador já estava estabelecido em normativa anterior, pela lei instituidora da ANS, a Lei nº 9.961/2000 ("Art. 4º. Compete à ANS: [...] III - elaborar o rol de procedimentos e eventos em saúde, que constituirão referência básica para os fins do disposto na Lei nº 9.656, de 3 de junho de 1998, e suas excepcionalidades").

Ou seja, a lei dos planos de saúde autorizou a ANS a regular a amplitude das coberturas, mas a lei instituidora da ANS limitou sua competência apenas ao âmbito de estabelecer, por esse instrumental (o rol), a "referência básica". A lei não chamou a ANS para estabelecer "todas" as referências do que deve ser coberto[7].

Em sintonia com esses dispositivos legislativos, a Resolução Normativa nº 439/2018 da ANS explicitou o cerne do Rol de Procedimentos e Eventos

---

7. Nosso olhar, aqui, também se vê inspirado por Ronald Dworkin, para quem é preciso voltar-se aos demais atos do poder legislativo para do conjunto extrair alguma teoria sobre a intenção da lei (2002, p. 181).

## 2.1 | *Rol da ANS: não meramente exemplificativo*
Lamy | Santos | Coelho |

em Saúde: "referência básica para cobertura mínima obrigatória da atenção à saúde nos planos privados de assistência à saúde" (artigo 1º). O cerne do rol (do ponto de vista normativo regulador) constitui, além de uma das referências (a básica, em relação a todas as demais possíveis), a "cobertura mínima".

## 2.1.2. TESE E ARGUMENTOS QUE ESTAVAM CONSOLIDADOS NO STJ

A 3ª e a 4ª Turma do STJ coincidiam em entender que o Rol de Procedimentos e Eventos em Saúde da ANS tinha o caráter "exemplificativo". O que significava que a "ausência" de uma terapia no Rol não implicava qualquer presunção, qualquer entendimento tácito de "não obrigatoriedade de cobertura".

### 2.1.2.1. *Entendimento anterior da 3ª Turma*

A análise dos sete casos identificados como jurisprudência de referência (amostra) em nosso terceiro levantamento (do entendimento tradicional, da 3ª Turma) – dois dos quais haviam sido citados no novo paradigma estabelecido pela 4ª Turma – serviu-nos de guia para identificar a tese e os argumentos da 3ª Turma.

#### *2.1.2.1.1*

No Agravo Regimental no Agravo em Recurso Especial de nº 708.082/ DF, julgado em 16 de fevereiro de 2016, a 3ª Turma deixou claro o seu entendimento no sentido de ser ilícita a negativa de tratamento indicado por profissional de saúde, pois necessário para doença coberta pelo contrato, independente de constar ou não do Rol da ANS.

A Ementa é explícita:

> Não é cabível a negativa de tratamento indicado pelo profissional de saúde como necessário à saúde e à cura de doença efetivamente coberta pelo

contrato de plano de saúde. [...] O fato de eventual tratamento médico não constar do rol de procedimentos da ANS não significa, per se, que a sua prestação não possa ser exigida pelo segurado, pois, tratando-se de rol exemplificativo [...].

O voto condutor, por sua vez, destaca que esse entendimento – abraçado, na ocasião, não só pela 3ª Turma – é ainda anterior. Para tanto, colaciona algumas manifestações anteriores. Vejamos: "abusiva a conduta do plano de saúde em negar cobertura a determinado procedimento médico necessário para o tratamento de doenças previstas pelo referido plano" (AgRg no AREsp nº 635.880/SP, DJe de 04/09/2015) e "constando do plano de saúde cobertura para tratamento da doença que acomete o segurado, a negativa de custeio do procedimento [...] mostra-se injustificada e abusiva" (AgRg no AREsp nº 53.579/GO, DJe de 03/08/2015).

*2.1.2.1.2*

No Agravo Regimental no Agravo em Recurso Especial de nº 845.190/CE, julgado em 16 de junho de 2016, a 3ª Turma afirmou, na ementa, que: "A falta de previsão de procedimento médico solicitado no rol da ANS *não representa a exclusão tácita* da cobertura contratual" (sem destaques no original). Essa expressão ou maneira de afirmar a tese tradicional serve para compreendermos a virada imaginada pela 4ª Turma: a ausência no rol "representa uma presumida exclusão".

Ademais, no voto condutor, destacou "não ser possível a exclusão de cobertura essencial à tentativa de recuperação da saúde do paciente" e que a negativa se tornaria abusiva por constituir "risco ao objeto do contrato" e "ofensa ao princípio da boa-fé objetiva".

Citando o Recurso Especial nº 183.719/SP (DJe de 13/10/2008), destacou que "exclusão de cobertura de determinado procedimento médico/hospitalar, quando essencial para garantir a saúde e, em algumas vezes, a vida do segurado, vulnera a finalidade básica do contrato".

### 2.1.2.1.3

No Recurso Especial de nº 1.679.190/SP, julgado em 26 de setembro de 2017, a 3ª Turma afirmou que a legislação consumerista incide, de maneira harmônica, nos contratos de plano de saúde, vide trecho da Ementa:

> Conforme prevê o art. 35-G da Lei nº 9.656/1998, a legislação consumerista incide subsidiariamente nos planos de saúde, devendo ambos os instrumentos normativos incidir de forma harmônica nesses contratos relacionais, sobretudo porque lidam com bens sensíveis, como a manutenção da vida. Incidência da Súmula nº 469/STJ.

Por outro lado, destaca que "é o médico ou o profissional habilitado – e não o plano de saúde – quem estabelece, na busca da cura, a orientação terapêutica a ser dada ao usuário acometido de doença coberta". Por isso, não é possível que uma cláusula contratual, um ato da operadora ou regramento da ANS interrompa tratamento prescrito. Nesse sentido, esclarece que "o número de consultas/sessões anuais de psicoterapia fixado pela ANS no Rol de Procedimentos e Eventos em Saúde deve ser considerado apenas como cobertura obrigatória mínima a ser custeada plenamente pela operadora de plano de saúde." O que ultrapassar as balizas do custeio mínimo, no entendimento da 3ª Turma, deve ser suportado por ambas as partes, o que garante o equilíbrio contratual e evita a onerosidade excessiva para ambos os lados.

### 2.1.2.1.4

No Agravo Interno no Agravo em Recurso Especial de nº 1.099.275/SP, julgado em 09 de novembro de 2017, não se apresentam novos argumentos, considerando os casos acima relatados. Na verdade, repete a tese central formada em 2015:

> 2. Não é cabível a negativa de tratamento indicado pelo profissional de saúde como necessário à saúde e à cura de doença efetivamente coberta pelo contrato de plano de saúde. 3. São abusivas as cláusulas contratuais que limitam o direito do consumidor ao tratamento contratado. 4. O fato de

eventual tratamento médico não constar do rol de procedimentos da ANS não significa, per se, que a sua prestação não possa ser exigida pelo segurado, pois, tratando-se de rol exemplificativo, a negativa de cobertura do procedimento médico cuja doença é prevista no contrato firmado implicaria a adoção de interpretação menos favorável ao consumidor.

*2.1.2.1.5*

No Recurso Especial de nº 1.642.255/MS, julgado em 17 de abril de 2018, a 3ª Turma volta ao tema discutido no Recurso Especial de nº 1.679.190/SP, a abusividade da limitação de sessões anuais de terapia, pois incompatíveis com a equidade e a boa-fé, reafirmando entender justa a coparticipação do usuário (no percentual máximo de 50%) para as sessões excedentes.

*2.1.2.1.6*

No Agravo Interno no Agravo em Recurso Especial de nº 1277663/MG, julgado em 24 de setembro de 2018, a 3ª Turma voltou a destacar, na ementa, que "a falta de previsão de procedimento médico solicitado no rol da ANS não representa a exclusão tácita da cobertura contratual" (afirmação destacada anteriormente, ao tratar do Agravo Regimental no Agravo em Recurso Especial nº 845.190/CE).

*2.1.2.1.7*

No Agravo Interno no Agravo em Recurso Especial de nº 1345913/PR, julgado em 25 de fevereiro de 2019, a 3ª Turma afirmou, na ementa, que o "plano de saúde pode estabelecer as doenças que terão cobertura, mas não o tipo de tratamento utilizado, sendo abusiva a negativa de cobertura do procedimento, tratamento, medicamento ou material considerado essencial para sua realização de acordo com o proposto pelo médico." Ademais, acrescentou que: "O fato do procedimento não constar do rol da ANS não afasta o dever de cobertura do plano de saúde, tendo em vista que se trata de rol meramente exemplificativo".

## 2.1.2.2. Entendimento anterior da 4ª Turma

A análise dos dois casos mais citados entre os 21 (vinte e um) acórdãos da 4ª Turma anteriores ao paradigma serviu-nos de base para identificar a tese e os argumentos que conduziam a 4ª Turma.

### 2.1.2.2.1

No Agravo Interno em Recurso Especial nº 1.682.692/RO, julgado em 21 de novembro de 2019, a 4ª Turma afirmou que é permitido à operadora de plano de saúde definir quais doenças serão cobertas, mas, se o contrato prevê a cobertura de determinada doença, é abusiva a negativa de cobertura do tratamento prescrito pelo médico apenas por não constar do rol da ANS, tendo em vista que o rol é meramente exemplificativo.

O entendimento de que o contrato não pode limitar às terapias de doenças cobertas está claramente prescrito na Ementa: "O contrato de plano de saúde pode limitar as doenças a serem cobertas, não lhe sendo permitido, todavia, delimitar os procedimentos, exames e técnicas necessárias ao tratamento da enfermidade prevista na cobertura".

É explícita também a previsão de que o rol não limita a cobertura:

> Consolidou a jurisprudência do STJ o entendimento de que é abusiva a negativa de cobertura para o tratamento prescrito pelo médico para o restabelecimento do usuário de plano de saúde por ausência de previsão no rol de procedimentos da ANS, em razão de ser ele meramente exemplificativo.

O voto condutor afirma que é entendimento jurisprudencial do STJ o fato de o plano de saúde ser autorizado a limitar doenças a serem cobertas, mas não lhe ser autorizado determinar o tratamento da doença que possui cobertura. É abusiva a recusa de cobertura de tratamento sob o argumento de não constar do rol da ANS, uma vez que este é meramente exemplificativo: "o contrato de plano de saúde pode limitar as doenças a serem cobertas, não lhe sendo permitido, todavia, delimitar os procedimentos, exames e técnicas necessárias ao tratamento da enfermidade constante da cobertura".

### 2.1.2.2.2

No Agravo Interno em Agravo em Recurso Especial nº 1.036.187/PE, julgado em 27 de junho de 2017, a 4ª Turma afirmou que não compete ao plano de saúde negar tratamento médico por não constar do rol da ANS já que se trata de um rol exemplificativo: "O fato de o procedimento não constar do rol da ANS não afasta o dever de cobertura do plano de saúde, haja vista se tratar de rol meramente exemplificativo".

O voto condutor insiste que é entendimento jurisprudencial do STJ que o fato de determinado tratamento não constar do rol da ANS não significa direito de o plano de saúde negar sua cobertura, pois se trata de um rol meramente exemplificativo: "Com efeito, o entendimento adotado alinhou-se à jurisprudência do STJ no sentido de que o fato de o procedimento não constar do rol da ANS não afasta o dever de cobertura do plano de saúde, haja vista se tratar de rol meramente exemplificativo".

### 2.1.3. NOVA TESE DA 4ª TURMA DO STJ

Em 10 de dezembro de 2019, a 4ª Turma STJ proferiu acórdão no Recurso Especial nº 1.733.013/PR, estabelecendo, para essa Turma[8], *overruling* de seu entendimento sobre o seguinte:

- Antes, a 4ª Turma entendia que o Rol de Procedimentos e Eventos em Saúde da ANS era exemplificativo;
- Nesse caso, a 4ª Turma passou a compreender que o rol não pode ser "meramente exemplificativo"[9].

O novo entendimento pode ser constatado literalmente no seguinte trecho da ementa do referido acórdão:

> [...] **é inviável o entendimento** de que o rol é *meramente exemplificativo* e de que a cobertura mínima, paradoxalmente, não tem limitações definidas. Esse raciocínio tem o condão de encarecer e efetivamente padronizar os

---

8. Como já alertado, a 3ª Turma do STJ continua a pensar de outra forma.
9. Destaque-se: nem a ementa do acórdão nem o voto condutor desse acórdão afirmam ser o rol "taxativo". Afirmam apenas não ser "meramente" exemplificativo.

**2.1** | *Rol da ANS: não meramente exemplificativo*
Lamy | Santos | Coelho |

planos de saúde, obrigando-lhes, tacitamente, a fornecer qualquer tratamento [...]. (STJ, 4ª Turma, REsp 1.733.013/PR, 2019, sem destaques no original.

A análise global do acórdão permite entender o que significa "meramente exemplificativo" e suas consequências:

- O rol fixa as terapias (procedimentos e medicamentos) que, em princípio e em regra, são obrigatórias, e não apenas um exemplo;
- As terapias não inseridas, em princípio e em regra (presumidamente – presunção *iuris tantum*), não são de cobertura obrigatória;
- Para o Poder Judiciário exigir o fornecimento de algo que esteja fora do rol da ANS, é preciso que haja evidência concreta da imprescindibilidade da terapia ausente, no caso;

Essas evidências podem se dar:

- No bojo do processo, pelo procedimento contraditório (considerando as provas em direito admitidas, como as prescrições, os laudos médicos e especialmente a perícia);
- Pelo suporte técnico aplicável ao caso oferecido pelo NAT-JUS;
- Pela presença de informações efetivas que permitam dizer que a terapia está amparada na MBE tradicional ou clínica.

Como forma de confirmar tal interpretação, vejamos, literalmente, , o afirmado à página 57 do referido acórdão:

> "Por óbvio, sob pena de violação do próprio princípio do acesso à justiça e diante do risco do estabelecimento ilegal de presunção absoluta (*juris et de jure*) de higidez dos atos da Administração Pública, *não se está a dizer que não possam existir situações pontuais em que o Juízo - munido de informações técnicas* obtidas sob o crivo do contraditório, ou mesmo se valendo de nota técnica dos Nat-jus, em decisão racionalmente fundamentada – *venha determinar o fornecimento de certa cobertura que constate ser efetivamente imprescindível*, com supedâneo em medicina baseada em evidência (clínica)[10]." (STJ, 4ª Turma, REsp nº 1.733.013/PR, 2019, sem destaques no original).

---

10. O acórdão não esclarece o que se entende por "evidência (clínica)". Cabe-nos fazer uma explicação. A evidência científica em saúde pode se dar, nos casos em que é possível testar

Na sequência, o voto condutor desse mesmo acórdão (STJ, 4ª Turma, REsp nº 1.733.013/PR, 2019) exemplifica essa ideia pelo REsp nº 1.729.566/SP, em que foi consignada a possiblidade do uso *off label* de medicamento em situações pontuais.

Segundo nosso levantamento, a decisão que alterou o paradigma da 4ª Turma, o REsp nº 1.733.013/PR, aparece em quatorze outros acórdãos da 4ª Turma até 11 de janeiro de 2021. Sobre essas novas decisões, alguns destaques são necessários.

No Agravo Interno no Agravo no Recurso Especial de nº 1.430.905/SP, julgado em 30 de março de 2020, o entendimento sobre a possibilidade de o Judiciário exigir o fornecimento fora do Rol fica ainda mais claramente associada ao dever constitucional de fundamentar: *a instrução processual é necessária, provas técnicas são necessárias para auferir, no caso, o direito do usuário*[11].

No Agravo Interno no Agravo em Recurso Especial de nº 1.497.534/SP, julgado em 06 de outubro de 2020, é feito raciocínio semelhante. Destaca-se, *a contrario sensu*, o quanto a prova técnica do NAT-JUS pode ser o fundamento técnico para justificar a obrigação de cobertura ou a desoneração dessa mesma obrigação.

O Agravo Interno no Agravo em Recurso Especial de nº 1.576.958/SP, julgado em 30 de novembro de 2020, não apresenta argumentos novos, mas é notório o destaque que dá não à tese central do "não meramente" exemplificativo, nem à tese conexa da necessidade de provar tecnicamente a necessidade de saúde no caso para que o Judiciário possa ir além do rol, mas sim a uma tese subsidiária de que este precisa ser entendido

---

terapia em número significativo e considerável de sujeitos, pela lógica estatística. Nada obstante a relevância desse tipo de evidência, , no caso de um sujeito singular ou de um grupo pequeno de sujeitos, podem aparecer evidências que não têm suporte estatístico, mas decorrem do acompanhamento clínico desses próprios sujeitos. Essas são as evidências clínicas, tão relevantes quanto as estatísticas.

11. A tese da necessidade da instrução processual, da prova técnica foi confirmada no Agravo Interno no Recurso Especial de nº 1.860.307/SP, j. 08/06/2020; no Agravo Interno no Agravo em Recurso Especial de nº 1.654.934/SP, j. 14/09/2020; no Agravo Interno no Agravo Interno no Agravo em Recurso Especial de nº 1.596.746/SP, j. 24/08/2020; e no Agravo Interno no Agravo Interno no Agravo em Recurso Especial de nº 1.597.922/SP, j. 24/08/2020.

como algo mais definitivo para o sistema de saúde suplementar a fim de preservar o equilíbrio econômico-financeiro da operadora.

Os demais acórdãos[12] são repetitivos, ou seja, não acrescem argumentos que nos pareceram relevantes destacar.

### 2.1.3.1. Argumentos que acompanham a Nova Tese (REsp nº 1.733.013/PR)

Seguimos uma lógica: a necessidade de diferenciar a tese (o comando jurídico de justiça, a interpretação que é justa para o sistema) dos fundamentos que a sustentam. O conspurcar dos acórdãos permitiu-nos identificar com certa clareza o significado da tese tradicional e da nova. Os argumentos que as sustentam, no entanto, não apresentam repetição suficiente e constância para que possamos fazer essa identificação. De qualquer forma, alguns argumentos levantados no acórdão que propôs o *overrule* merecem destaque.

Coloca-se o embate entre o "direito à assistência à saúde" e o "direito à assistência à saúde barata", apesar de esse embate não pertencer ao universo jurídico-normativo dos planos de saúde, do sistema de saúde suplementar (tem importância política, mas é tecnicamente uma questão jurídico-normativa apenas para o universo da saúde pública ou da saúde complementar)[13]:

---

12. São eles: Agravo Interno no Recurso Especial de nº 1.852.728/SP, j. 18/05/2020; Agravo Interno no Recurso Especial de nº 1.848.717/MT, j. 15/06/2020; Agravo Interno no Recurso Especial de nº 1.779.763/SP, j. 10/08/2020; Agravo Interno no Agravo em Recurso Especial de nº 1.556.617/SP, j. 24/08/2020; Agravo Interno no Agravo Interno no Agravo em Recurso Especial de nº 1.646.143/SP, j. 23/11/2020; Agravo Interno no Agravo em Recurso Especial de nº 1.544.749/SP, j. 10/12/2020; Agravo Interno no Recurso Especial de nº 1.882.494/SP, j. 10/12/2020.

13. Parece-nos que, seguindo os ensinamentos de Ronald Dworkin (2002, pp. 127-203), esses argumentos são "de política", e não "de princípio". Não deveriam, portanto, exercer força gravitacional de precedente para os casos seguintes de saúde suplementar. Para se fundar em precedentes ou para se questionar e buscar superar precedentes, o magistrado deve identificar na decisão (ou nas decisões anteriores) o que pode efetivamente exercer força gravitacional, os argumentos de princípio, e não os de política. O juiz "deve limitar a força gravitacional das decisões anteriores à extensão dos argumentos de princípio necessários para justificar tais decisões. Se se considerasse que uma decisão anterior estivesse totalmente justificada por algum argumento de política, ela não teria força gravitacional nenhuma" (DWORKIN, 2002, p. 177).

considerar esse mesmo rol meramente exemplificativo representaria, na verdade, [...] reflexamente, negar acesso à saúde suplementar à mais extensa faixa da população. Lamentavelmente, salvo os planos de saúde coletivo empresariais, subvencionados pelo próprio empregador, em regra, os planos de saúde, hoje em dia, são acessíveis apenas às classes média alta e alta da população. (p. 46)

Aponta-se que o fato de o rol da ANS ser exemplificativo implicaria padronizar todos os tipos de planos:

> Por outro lado, esse entendimento de que o rol é meramente exemplificativo, devendo a cobertura mínima, paradoxalmente, não ter limitações definidas, tem o condão de efetivamente padronizar todos planos de saúde, obrigando-lhes, tacitamente, a fornecer qualquer 'tratamento prescrito para garantir a saúde ou a vida do segurado, porque o plano de saúde pode estabelecer as doenças que terão cobertura, mas não o tipo de terapêutica indicada por profissional habilitado na busca da cura. (p. 47).

Na sequência, juntam-se os dois argumentos:

> Deveras, é forçoso reconhecer que essa percepção, segundo entendo, nega vigência aos dispositivos legais que determinam o plano básico de referência e a possibilidade de estabelecimento contratual de outras coberturas, efetivamente padronizando e restringindo a livre concorrência ao nitidamente estipular a mais ampla, indiscriminada e completa cobertura a todos os planos e seguros de saúde, o que, além dos mais, dificulta o acesso à saúde suplementar às camadas mais necessitadas e vulneráveis da população. (p. 47).

A hipótese levantada (apesar de sua relevância social e humanitária) não nos parece capaz de eliminar a segmentação admitida pela lei, nem

---

Além de ser "preciso ver as decisões judiciais como instâncias justificadas por argumentos de princípio, e não por argumentos de política" (2002, p. 180), devem-se descobrir, nos precedentes, os argumentos de princípio (DWORKIN, 2002, p. 181), ou seja, aqueles abstratos e concretos que justifiquem os casos anteriores e futuros, aqueles que muitas vezes são as inspirações e justificações das próprias disposições constitucionais e legislativas (DWORKIN, 2002, p. 182). Dworkin não questiona a autoridade da decisão anterior fundada em argumentos de política, apenas retira deles a força gravitacional (2002, p. 189).

**2.1** | *Rol da ANS: não meramente exemplificativo*
Lamy | Santos | Coelho |

implicaria em alterar a rede credenciada de cada operadora, aspectos que verdadeiramente diferenciam a maioria dos planos de saúde.

Ademais, ancorado no artigo 35-G da Lei nº 9.656/1998, defende que a aplicação do Código de Defesa do Consumidor (CDC) aos planos de saúde é subsidiária apenas e tão somente nos casos de estar ausente disposição expressa sobre o tema na lei especial, na própria lei dos planos de saúde. Na questão do rol da ANS, como há disposição expressa sobre a questão, seria impertinente a aplicação do CDC.[14]

Por fim, o acórdão dá ênfase ao fato de o rol ser considerado como presunção (na lista, presumidamente obrigatório; fora da lista, presumidamente não obrigatório) permitiria às operadoras mais segurança jurídica (na dimensão da previsibilidade) no tocante ao equilíbrio econômico-financeiro-atuarial.

## 2.1.4. MANUTENÇÃO DO ENTENDIMENTO DA 3ª TURMA DO STJ

O relato que aqui se empreende sobre a manutenção do entendimento da 3ª Turma do STJ ampara-se em três acórdãos selecionados entre os 54 proferidos pela Turma, desde a data do caso paradigma. O critério de seleção foi a quantidade de vezes em que eles foram mais citados e referenciados.

### 2.1.4.1

No Agravo Interno no Agravo em Recurso Especial nº 1.442.296/SP, julgado em 23 de março de 2020, a 3ª Turma reafirma ser descabida a negativa de cobertura de procedimento indicado pelo médico. A obriga-toriedade advém da necessidade de terapia de doença coberta pelo plano, e não do rol, pois seria apenas exemplificativo.

---

14. Parece-nos que esse posicionamento está defasado com relação ao pensamento hodierno do diálogo das fontes. Mas esse viés hodierno não foi mencionado no paradigma, nem nos precedentes analisados.

O trecho da Ementa que segue é literal nessas afirmações:

> Descabida a negativa de cobertura de procedimento indicado pelo médico como necessário para preservar a saúde e a vida do usuário do plano de saúde. [...] O fato de o procedimento não constar no rol da ANS não significa que não possa ser exigido pelo usuário, uma vez que se trata de rol exemplificativo.

Do voto condutor, citando o Agravo Interno no Agravo Recurso Especial n° 1.123.964-RJ, julgado pela 4ª Turma em 16 de novembro de 2017, a 3ª Turma afirma ser abusiva a exclusão do custeio de meios ou de materiais necessários a tratamento ou procedimento que se faça necessário:

> Ainda que admitida a possibilidade de o contrato de plano de saúde conter cláusulas limitativas dos direitos [...], revela-se abusivo o preceito excludente do custeio dos meios e materiais necessários ao melhor desempenho do tratamento clínico ou do procedimento cirúrgico voltado à cura de doença coberta.

Citando o Agravo Regimental em Agravo no Recurso Especial n° 708.082/DF, julgado pela 3ª Turma em 16 de fevereiro de 2016, desconecta – de modo até radical – a obrigatoriedade e a definição da cobertura com a questão do Rol: "O fato de eventual tratamento médico não constar do rol de procedimentos da ANS não significa, per se, que a sua prestação não possa ser exigida pelo segurado".

## 2.1.4.2

No Agravo Interno no Agravo em Recurso Especial n° 1.471.762/DF, julgado também em 23 de março de 2020 (como o anterior), a 3ª Turma insiste que "não é cabível a negativa de tratamento indicado pelo profissional de saúde como necessário" (trecho da ementa) e retoma o entendimento do Agravo Regimental em Agravo no Recurso Especial n° 708.082/DF, antes referido, de que "não constar do rol de procedimentos da ANS não significa, per se, que a sua prestação não possa ser exigida".

Depois de afirmar que as operadoras de planos de saúde até podem, com uma liberdade limitada, restringir algumas coberturas e citando o Agravo Interno no Agravo em Recurso Especial nº 1.333.824/DF, julgado pela 4ª Turma em 05 de fevereiro de 2019, a 3ª Turma indica, de maneira certeira, um dos limites à restrição: o fato de que "a definição do tratamento a ser prestado cabe ao profissional de saúde, de modo que, se o mal está acobertado pelo contrato, não pode o plano de saúde limitar o procedimento terapêutico adequado".

Merece destaque também o fato de esse acórdão relembrar (citando trecho de acórdão anterior) o entendimento de que a abusividade não advém somente do CDC, mas também da ofensa à equidade e à boa-fé:

> Há abusividade na cláusula contratual ou em ato da operadora de plano de saúde que importe em interrupção de tratamento de terapia por esgotamento do número de sessões anuais asseguradas no Rol de Procedimentos e Eventos em Saúde da ANS, visto que se revela incompatível com a equidade e a boa-fé (Recurso Especial nº 1.642.255/MS, j. pela 3ª Turma em 17/04/2018).

### 2.1.4.3

No Agravo Interno no Recurso Especial de nº 1.829.583/SP, julgado em 22 de junho de 2020, a 3ª Turma categoricamente afirma que mantém o próprio entendimento. Trechos da ementa e do voto condutor desvelam de maneira clara os motivos: 1) os fundamentos da tese tradicional não se viram abalados; 2) as exceções à presunção *iuris tantum* pensadas pela 4ª Turma já pertenciam ao entendimento tradicional.

Trechos da ementa revelam a questão da exceção:

> O rol de procedimentos mínimos da ANS é meramente exemplificativo, não obstando a que o médico assistente prescreva, fundamentadamente,

procedimento ali não previsto, desde que seja necessário ao tratamento de doença coberta pelo plano de saúde.

A necessidade de se adotar procedimento não previsto no rol da ANS encontra-se justificada, devido ao fato de o paciente já ter se submetido a tratamento por outro método e não ter alcançado êxito.

Trechos do voto condutor revelam que o afastamento da aplicação do CDC no caso – pois se trata de plano de autogestão – não altera a necessidade de o contrato ser interpretado de acordo com sua função social:

Citando o Agravo Interno no Recurso Especial nº 1.765.668/DF, julgado em 29 de abril de 2019, afirma que:

> O fato de não ser aplicável a legislação consumerista aos contratos de plano de saúde sob a referida modalidade não atinge o princípio da força obrigatória do contrato, sendo imperiosa a incidência das regras do Código Civil em matéria contratual, tão rígidas quanto às da legislação consumerista, notadamente acerca da boa-fé objetiva e dos desdobramentos dela decorrentes.

Essa ideia é complementada de forma bastante incisiva: "obrigatoriedade de cobertura tem por fundamento central a função social do contrato de plano de saúde, não somente a abusividade da recusa".

Nesse sentido, esses três acórdãos apontam, a título de amostra, que o entendimento que se fazia tradicional não se viu abalado.

## CONSIDERAÇÕES FINAIS

A 4ª Turma não construiu tese de que o rol da ANS é taxativo, e sim de que a ausência de uma terapia do rol da ANS implica apenas a presunção da não obrigatoriedade. Sob essa presunção, que é *iuris tantum*, cabe a demonstração, em cada caso, da imprescindibilidade da terapia prescrita.

Tecnicamente, não nos parece que se trata de uma proposta de *overrule* (estabelecer um novo entendimento, afirmando que o anterior se considera errado), mas de uma proposta de *restrictive distinguish* (isto é, houve uma restrição da tese anterior, agregou-se requisito novo, mas a

**2.1** | *Rol da ANS: não meramente exemplificativo*
Lamy | Santos | Coelho |

solução continua a mesma). O rol continua a ser exemplificativo, mas "não meramente exemplificativo", o que significa que gera presunções. Estas podem ser superadas do ponto de vista técnico (nesse ponto, fica explícita a presença de novos requisitos, os exigidos para a superação da presunção).

Alguns pontos precisam adquirir precisão: (1) A relevância da medicina baseada em evidências *estatísticas* e da medicina baseada em evidências *clínicas* – para a primeira, o NAT-JUS pode auxiliar; para a segunda, jamais; (2) A impossibilidade de a operadora questionar um laudo/diagnóstico ou uma prescrição médica juntada em algum processo judicial pelo usuário, salvo se constituída Junta Médica (como determina a Resolução ANS nº 424/2017); (3) A impossibilidade de questionar ordinariamente a competência de um profissional da saúde fora do âmbito Conselho Profissional; (4) Os limites de eventual perícia realizada em determinado processo judicial, diante das situações de saúde que exigem largo tempo de acompanhamento terapêutico para efetivamente atestar algo; (5) O fato de o afastamento da aplicação do CDC não implicar o afastamento da regra civil da interpretação benéfica ao aderente (artigo 423 do Código Civil); (6) A descoberta de quais são, de modo concreto e não apenas hipotético, os efeitos atuariais da restrição ou da ampliação interpretativa do rol da ANS (considerando a complexidade do assunto: ou seja, os demais fatores de impacto atuarial); (7) A descoberta de quais as consequências de a Saúde integrar a Seguridade Social; (8) A descoberta do tipo de regime jurídico que se deve dar a uma terapia nova (descoberta entre as atualizações do rol da ANS), pois nem integra o rol nem está ausente dele; (9) A descoberta do tipo de regime jurídico que se deve dar a uma terapia com cientificidade comprovada, mas cuja inserção no rol não acontece por motivos não técnicos.

A Lei nº 9.656/1998 regula a relação jurídica negocial contratualmente estabelecida que recebe o nome de plano de saúde. Não se trata, portanto, de um negócio ou de uma relação jurídica privada livre. A relevância pública do seu objeto (reconhecida inclusive constitucionalmente), qual seja, a assistência à saúde, fez que o ordenamento estabelecesse normas imperativas que restringem a liberdade das partes. Isso nos impele a não olhar para a relação como meramente comercial.

As operadoras de seguro (em todos os ramos) sempre se valeram de formas não tão honestas de excluir a cobertura (aumentando assim sua lucratividade e permitindo a oferta de preços menores e de uma atuação perversa diante da concorrência). Foi nesse contexto que se considerou a intervenção estatal na Lei nº 9.656/1998 a fim de evitar a fuga das obrigações de cobertura por cláusulas obscuras, por expedientes surpresas, por quaisquer mecanismos dificultadores. Por isso, a norma reguladora fala em "cobertura mínima", pois acolhe a lógica de estabelecer um piso abaixo do qual a recusa se torna não apenas ilícita, mas também abusiva, explícita. Frise-se, a norma reguladora – em reação a esse contexto – não estabelece como estratégia de intervenção a "cobertura contratual total", e sim apenas a "cobertura contratual mínima".

A assistência à saúde integra, em nosso ordenamento constitucional, o âmbito da Seguridade Social, que tem como princípio estruturante a solidariedade. Frágil, sob esse viés, se torna ênfase desmedida ao mutualismo. Nessa relação jurídica, o mutualismo deve ser acompanhado da solidariedade. Se o tratamento de um membro do grupo se torna gravoso (pois está acometido pelo "risco social" da doença), o grupo deve, sim, suportar as consequências (isso é solidariedade).

Uma terapia não se torna obrigatória por estar no rol da ANS, apenas se presume obrigatória. Uma terapia não deixa de obrigatória por não estar no rol da ANS, apenas se presume não obrigatória. A obrigatoriedade das terapias que estão ali dispostas advém da identificação técnica realizada pelo profissional da saúde, no sentido de que determinada terapia é necessária. A obrigatoriedade das terapias que não estão ali dispostas advém da identificação técnica realizada pelo profissional da saúde, no sentido de que determinada terapia é necessária e imprescindível.

## 2.1 | *Rol da ANS: não meramente exemplificativo*
Lamy | Santos | Coelho |

# REFERÊNCIAS

BRASIL. SUPERIOR TRIBUNAL DE JUSTIÇA, 3ª TURMA. *Agravo Interno no Agravo em Recurso Especial de nº 1.099.275/SP*, rel. Min. Paulo de Tarso Sanseverino, j. 09/11/2017, DJe 20/11/2017.

_____. SUPERIOR TRIBUNAL DE JUSTIÇA, 3ª TURMA. *Agravo Interno no Agravo em Recurso Especial de nº 1.277.663/MG*, rel. Min. Moura Ribeiro, j. 24/09/2018.

_____.SUPERIOR TRIBUNAL DE JUSTIÇA, 3ª TURMA. *Agravo Interno no Agravo em Recurso Especial de nº 1.345.913/PR*, rel. Min. Nancy Andrighi, j. 25/02/2019.

_____.SUPERIOR TRIBUNAL DE JUSTIÇA, 3ª TURMA. *Agravo Interno no Agravo em Recurso Especial* **nº** *1.442.296/SP*, rel. Min. Paulo de Tarso Sanseverino, j. 23/03/2020.

_____.SUPERIOR TRIBUNAL DE JUSTIÇA, 3ª TURMA. *Agravo Interno no Agravo em Recurso Especial nº 1.471.762/DF*, rel. Min. Marco Aurélio Bellizze, j. 23/03/2020.

_____.SUPERIOR TRIBUNAL DE JUSTIÇA, 3ª TURMA. *Agravo Interno no Recurso Especial de nº 1.829.583/SP*, rel. Min. Paulo de Tarso Sanseverino, j. 22/06/2020.

_____. SUPERIOR TRIBUNAL DE JUSTIÇA, 3ª TURMA. *Agravo Regimental no Agravo em Recurso Especial de nº 708.082/DF*, rel. Min. João Otávio de Noronha, j. 16/02/2016, DJe 26/02/2016.

_____. SUPERIOR TRIBUNAL DE JUSTIÇA, 3ª TURMA. *Agravo Regimental no Agravo em Recurso Especial de nº 845.190/CE*, rel. Min. Ricardo Villas Bôas Cueva, j. 16/06/2016, DJe 28/06/2016.

_____. SUPERIOR TRIBUNAL DE JUSTIÇA, 3ª TURMA. *Recurso Especial de nº 1.679.190/SP*, rel. Min. Ricardo Villas Bôas Cueva, j. 26/09/2017, DJe 02/10/2017.

BRASIL. SUPERIOR TRIBUNAL DE JUSTIÇA, 3ª TURMA. *Recurso Especial de nº 1.642.255/MS*, rel. Min. Nancy Andrighi, j. 17/04/2018, DJe 20/04/2018.

_____. SUPERIOR TRIBUNAL DE JUSTIÇA, 4ª TURMA. *Agravo Interno em Agravo em Recurso Especial* **nº** *1.036.187/PE*, rel. Min. Raul Araújo, j. 27/06/2017, DJe 01/08/2017.

_____. SUPERIOR TRIBUNAL DE JUSTIÇA, 4ª TURMA. *Agravo Interno em Recurso Especial nº 1.682.692/RO*, rel. Min. Maria Isabel Gallotti, j. 21/11/2019, DJe 06/12/2019.

_____. SUPERIOR TRIBUNAL DE JUSTIÇA, 4ª TURMA. *Agravo Interno no Agravo no Recurso Especial de nº 1.430.905/SP*, rel. Min. Luis Felipe Salomão, j. 30/03/2020.

_____. SUPERIOR TRIBUNAL DE JUSTIÇA, 4ª TURMA. *Agravo Interno no Agravo em Recurso Especial de nº 1.497.534/SP*, rel. Min. Luis Felipe Salomão, j. 06/10/2020, DJe 23/10/2020.

_____. SUPERIOR TRIBUNAL DE JUSTIÇA, 4ª TURMA. *Agravo Interno no Agravo em Recurso Especial de nº 1.576.958/SP*, rel. Min. Maria Isabel Gallotti, j. 30/11/2020.

_____. SUPERIOR TRIBUNAL DE JUSTIÇA, 4ª TURMA. *Agravo Interno no Agravo em Recurso Especial de nº 1.556.617/SP*, rel. Min. Maria Isabel Gallotti, j. 24/08/2020.

_____. SUPERIOR TRIBUNAL DE JUSTIÇA, 4ª TURMA. *Agravo Interno no Agravo Interno no Agravo em Recurso Especial de nº 1.646.143/SP*, rel. Min. Maria Isabel Gallotti, j. 23/11/2020.

_____. SUPERIOR TRIBUNAL DE JUSTIÇA, 4ª TURMA. *Agravo Interno no Agravo em Recurso Especial de nº 1.544.749/SP*, rel. Min. Luis Felipe Salomão, j. 10/12/2020, DJe 15/12/2020.

_____. SUPERIOR TRIBUNAL DE JUSTIÇA, 4ª TURMA. *Agravo Interno no Recurso Especial de nº 1.852.728/SP*, rel. Min. Luis Felipe Salomão, j. 18/05/2020.

_____. SUPERIOR TRIBUNAL DE JUSTIÇA, 4ª TURMA. *Agravo Interno no Recurso Especial de nº 1.848.717/MT*, rel. Min. Luis Felipe Salomão, j. 15/06/2020.

_____. SUPERIOR TRIBUNAL DE JUSTIÇA, 4ª TURMA. *Agravo Interno no Recurso Especial de nº 1.779.763/SP*, rel. Min. Nelson Sanches Martins, j. 10/08/2020.

_____. SUPERIOR TRIBUNAL DE JUSTIÇA, 4ª TURMA. *Agravo Interno no Recurso Especial de nº 1.882.494/SP*, rel. Min. Luis Felipe Salomão, j. 10/12/2020, DJe 15/12/2020.

_____. SUPERIOR TRIBUNAL DE JUSTIÇA, 4ª TURMA. *Agravo Interno no Recurso Especial de nº 1.860.307/SP*, rel. Min. Luis Felipe Salomão, j. 08/06/2020.

BRASIL. SUPERIOR TRIBUNAL DE JUSTIÇA, 4ª TURMA. *Agravo Interno no Agravo em Recurso Especial de nº 1.654.934/SP*, rel. Min. Luis Felipe Salomão, j. 14/09/2020.

_____. SUPERIOR TRIBUNAL DE JUSTIÇA, 4ª TURMA. *Agravo Interno no Agravo Interno no Agravo em Recurso Especial de nº 1.596.746/SP*, rel. Min. Antonio Carlos Ferreira, j. 24/08/2020.

_____. SUPERIOR TRIBUNAL DE JUSTIÇA, 4ª TURMA. *Agravo Interno no Agravo Interno no Agravo em Recurso Especial de nº 1.597.922/SP*, rel. Min. Antonio Carlos Ferreira, j. 24/08/2020.

_____. SUPERIOR TRIBUNAL DE JUSTIÇA, 4ª TURMA. *Recurso Especial nº 1.733.013/PR*, rel. Min. Luis Felipe Salomão, j. 10/12/2019, DJe 20/02/2020.

DWORKIN, Ronald. *Levando os direitos a sério*. Trad. Nelson Boeira. São Paulo: Martins Fontes, 2002.

LAMY, Marcelo. *Metodologia da Pesquisa: técnicas de investigação, argumentação e redação*. 2ª ed. rev. atual. e ampl. São Paulo: Matrioska Editora, 2020.

# 2.2

## O estado de coisas inconstitucional na saúde pública brasileira[1]

*LUIZ PINTO DE PAULA FILHO*

### INTRODUÇÃO

NÃO é novidade que o Sistema Único de Saúde (SUS) e as Ações e Serviços Públicos de Saúde (ASPS) brasileiros sofrem com a escassez de recursos destinados às suas atividades, o que desencadeia um quadro de subfinanciamento da saúde pública do país. Conforme se verifica através de rápida pesquisa realizada no Google, utilizando-se o termo "subfinanciamento da saúde", é possível encontrar notícias sobre o tema que remontam ao já distante ano de 2014[2] e também se reportam ao recente ano de 2020.[3] O lapso temporal decorrido entre as notícias mencionadas e tantas outras constantes do referido site de pesquisas confirma a informação de que o subfinanciamento da saúde pública brasileira não é algo novo e tem se consolidado ao longo dos anos. Inclusive, há pesquisas acadêmicas que

---

1. O presente texto, embora revisto e aperfeiçoado, integrou originalmente a dissertação de mestrado defendida pelo autor perante a Universidade Santa Cecília (Unisanta), Santos/SP, intitulada "Descumprimento do investimento mínimo constitucional em saúde pela União e Estado de Coisas Inconstitucional", aprovada por banca avaliadora composta pelos Profs. Drs. Norma Sueli Padilha (UFSC), Luciano Pereira de Souza (Unisanta) e Marcelo Lamy (Unisanta). A pesquisa foi realizada com apoio da Coordenação de Aperfeiçoamento de Pessoal de Nível Superior – Brasil (CAPES) – Código de Financiamento 001.
2. "Saúde no Brasil é subfinanciada e mal gerida, diz secretário David Uip", Folha de São Paulo de 27/03/2014, disponível em: https://m.folha.uol.com.br/seminariosfolha/2014/03/1431658-saude--no-brasil-e-subfinanciada-e-ma-gerida-diz-secretario-david-uip.shtml. Acesso em: 19 out. 2020.
3. "Subfinanciamento do SUS tem que acabar, dizem ex-ministros da Saúde", coluna de Rubens Valente de 06/04/2020, UOL Notícias. Disponível em: https://noticias.uol.com.br/colunas/rubens-valente/2020/04/06/sus-coronavirus-financiamento-brasil.htm. Acesso em: 19 out. 2020.

## 2.2 | *O estado de coisas inconstitucional na saúde pública brasileira*
Paula Filho |

identificam sua adoção como política de Estado desenvolvida por governos brasileiros passados.[4]

Referida situação de subfinanciamento da saúde, seja como fenômeno temporal atípico, seja como política estatal desenvolvida voluntariamente, desencadeia situações que ultrapassam a esfera política e passam a atingir outros Poderes republicanos, como é o caso do Poder Judiciário, chamado a interferir nas políticas públicas de saúde definidas pelos poderes Legislativo e Executivo para corrigir distorções por eles perpetradas e evidenciadas pelo quadro atual de subfinanciamento da saúde, além de garantir o cumprimento do direito fundamental à saúde previsto na Constituição Federal de 1988 (CF/1988), que estabelece expressamente ser a saúde direito de todos e dever do Estado, garantido mediante políticas sociais e econômicas que visem à redução do risco de doença e de outros agravos e ao acesso universal e igualitário às ações e serviços para sua promoção, proteção e recuperação (artigo 196, CF/1988) (BRASIL, 1988).

O chamamento do Poder Judiciário como garantidor do cumprimento do direito fundamental à saúde, além de tensionar a relação entre os Poderes da República, tem servido menos como instrumento de solução do problema do subfinanciamento da saúde e mais como mecanismo de fomento de judicialização de políticas públicas, em específico das políticas públicas de saúde, dando origem a um fenômeno que recebeu entre os brasileiros o epíteto de *judicialização da saúde*. Esta tem enchido os tribunais brasileiros de ações que reclamam o cumprimento do direito constitucional à saúde em demandas judiciais que vão desde o fornecimento de medicamentos de alto custo para tratamento de doenças raras até a disponibilização de leitos e aparelhos de saúde à população que depende do SUS para obter algum tratamento de saúde na rede pública e fica à mercê do sistema aguardando uma oportunidade de ser atendida. Essa

---

4. Como é possível verificar na tese doutoral de SOARES, Adilson. *O subfinanciamento da saúde no Brasil: uma política de Estado.* Tese de doutorado apresentada à Faculdade de Ciências Médicas da Universidade Estadual de Campinas (UNICAMP), 2014. Disponível em: http://repositorio. unicamp.br/jspui/handle/REPOSIP/312960. Acesso em: 19 out. 2020.

espera, não raro, acaba gerando um agravamento do quadro de saúde e até mesmo o óbito dos que ainda aguardam por atendimento.

Por outro lado, as decisões judiciais que determinam ao Estado obedecer à regra constitucional de proteção ao direito fundamental à saúde não têm enfrentado o problema no âmago, de modo a exigir dos Poderes Legislativo e Executivo uma mudança de paradigma na formulação do orçamento público e das políticas públicas de saúde que seja capaz de garantir à saúde o recebimento do máximo possível de recursos para o desenvolvimento de suas atividades, sendo estas realizadas de maneira racional e otimizada de maneira que concretize o comando de atendimento integral, universal e igualitário. Ao contrário dessa alteração, o que se verifica é que a judicialização da saúde não tem servido como mecanismo de correção dos rumos políticos e orçamentários destinados à saúde; por vezes, até mesmo prejudica a disposição de receitas destinadas às políticas públicas de saúde e tampouco tem contribuído para o estabelecimento de uma justiça dialógica que permita ampla comunicação entre os Poderes republicanos, e entre estes e a sociedade civil (usuários do SUS, organizações sociais, acadêmicos etc.), a fim de se encontrarem soluções para a superação dos quadros, hoje enfrentados, de subfinanciamento da saúde pública brasileira e da excessiva judicialização da saúde.

Esses elementos – subfinanciamento e excessiva judicialização da saúde –, entre outros adiante descritos, permitem concluir que há, no atual cenário da saúde pública brasileira, um Estado de Coisas Inconstitucional (ECI). Isso exigeuma declaração pelo Supremo Tribunal Federal (STF), enquanto Corte Constitucional, para estabelecer uma situação de justiça dialógica e deliberativa que envolva todos os atores relacionados à saúde pública: poderes Executivo, Legislativo e Judiciário; organizações sociais; usuários do SUS; acadêmicos etc. Reconhecer o ECI viabiliza que sejam discutidas alternativas e soluções capazes de permitir a superação do atual estágio de subfinanciamento e judicialização da saúde e de promover a racionalização e a otimização da elaboração do orçamento e das políticas destinadas à saúde, de modo a efetivar a tutela constitucional de proteção

**2.2** | *O estado de coisas inconstitucional na saúde pública brasileira*
Paula Filho |

à saúde pelo Estado e o gozo desse direito por todo cidadão. É a partir dessa premissa que este trabalho é desenvolvido: demonstrar, ainda que de maneira breve, dados que comprovem a situação de subfinanciamento da saúde pública e, em seguida, como essa situação, uma vez aliada a outros dados empiricamente verificáveis, caracteriza o preenchimento dos requisitos necessários à declaração do ECI pela Corte Constitucional brasileira.

Para cumprir referido desiderato, o presente trabalho utiliza como método de abordagem a dedução, segundo a qual a pesquisa parte de dados gerais e desce em busca de particularidades a partir de princípios, leis ou teorias consideradas verdadeiras para predizer a ocorrência de casos particulares com base na lógica; como metodologia de procedimento, utilizou-se o método monográfico, pelo qual o estudo de um caso em profundidade pode ser considerado representativo de muitos outros ou mesmo de casos semelhantes, examinando-se o tema selecionado mediante observação de todos os fatores que o influenciam (PRODANOV, 2013, pp. 27-39). Por fim, como base bibliográfica, foram utilizados documentos obtidos junto ao Conselho Nacional de Saúde (CNS), além de livros e artigos científicos físicos e virtuais a fim de confirmar a hipótese ventilada.

Com todo esse aparato, procura-se demonstrar, de maneira fundamentada, que existe um ECI na saúde pública brasileira, e assim o STF deve reconhecer e declarar, de maneira a estabelecer um amplo debate dialógico entre todos os atores envolvidos com a temática da saúde pública e a superar o quadro de subfinanciamento e judicialização da saúde.

## 2.2.1. SUBFINANCIAMENTO DA SAÚDE PÚBLICA BRASILEIRA

Como descrito alhures, o subfinanciamento da saúde pública não é assunto recente e tem demandado, de todos aqueles que se dedicam ao tema, independentemente da área de atuação (médica, jurídica, econômica etc.), estudos voltados a demonstrar a necessidade de disponibilização de mais recursos para a concretização do direito à saúde segundo os moldes estabelecidos constitucionalmente.

Esse quadro de subfinanciamento, como verificado por Soares (2014, p. 149), decorre de uma reforma do Estado após uma redemocratização que permanece inconclusa e gerou, no campo da saúde, um subfinanciamento do sistema, uma relação público-privada nefasta e sérios problemas de gestão. A respeito do subfinanciamento do sistema, Solon Magalhães Vianna (1992, pp. 44-45) observa que, antes da CF/1988, a Saúde disputava recursos em nível federal em duas arenas distintas: na primeira (órbita previdenciária), repartia-se o orçamento do Sistema Nacional de Previdência e Assistência Social (Sinpas) entre previdência, assistência social e atenção médico-hospitalar; na segunda (órbita fiscal), a disputa se dava entre saúde, educação, justiça, transportes, entre outros. É por esse motivo que Servo et al. (2011, p. 85) afirmam que a insuficiência de recursos e a irregularidade nos fluxos financeiros sempre estiveram presentes no sistema público de saúde brasileiro, mesmo antes da criação do SUS. Quanto às sérias questões relativas à gestão da saúde pública, um exemplo pode ser verificado em relatório elaborado pelo Ministério da Saúde (MS) (2013, p. 48), o qual observa que, no ano de 1991, o Plano Plurianual do Governo Federal chegou a reservar 25% do orçamento da seguridade social para a saúde, mas, no período seguinte, o dinheiro não chegou a entrar nos cofres do MS, que precisou de empréstimo com o Fundo de Amparo ao Trabalhador (FAT) para financiar as despesas da saúde, tamanha a situação de insuficiência de recursos.

Por outro lado, ao mesmo tempo que se verificam os fenômenos supracitados, pode-se destacar que o subfinanciamento da saúde pública também perpassa uma centralidade das receitas tributárias na figura da União. Com efeito, Funcia (2018, p. 91) verifica que a CF/1988 ampliou de forma gradual e permanente a responsabilidade dos entes subnacionais na formulação e implementação de políticas públicas, as quais deixam de ser hierarquicamente inferiores ao governo federal, mas não possuem a mesma participação que a União na arrecadação tributária bruta. Outrossim, o

## 2.2 | O estado de coisas inconstitucional na saúde pública brasileira
Paula Filho |

processo de descentralização de políticas sociais, em especial da saúde e da assistência social, apresentou um caráter restringido, eis que condicionado pela baixa capacidade de financiamento dessas políticas com recursos próprios de Estados e Municípios. Embora esses entes tenham adquirido autonomia e protagonismo política e administrativamente, essa condição ficou mitigada por causa da dependência em relação às transferências de recursos federais para viabilizar a efetivação de muitas políticas públicas. Por isso, conclui o autor que:

> Foi nesse cenário adverso que ocorreu o processo de implementação do Sistema Único de Saúde: um financiamento insuficiente e instável para a garantia plena dos seus princípios constitucionais – universalidade, integralidade, equidade, descentralização e participação da comunidade. Em outros termos: a centralização federal dos recursos vigentes desde a promulgação da Constituição Federal de 1988 tem condicionado de forma parcial e negativa a implementação do SUS. (FUNCIA, 2018, p. 92)

Dessa maneira, seja porque o subfinanciamento é um problema crônico que é experimentado desde antes da promulgação da CF/1988 e continua surtindo efeitos até hoje devido a problemas de gestão ou à adoção disso como política estatal, seja porque a reforma administrativa ocorrida após outubro de 1988 erigiu Estados e Municípios ao mesmo nível político e administrativo da União sem lhes garantir, contudo, participação equânime na arrecadação tributária, o que se verifica é a existência de uma insuficiência de recursos destinados à saúde, e isso repercute tanto na vida política quanto na vida jurídica do Estado e de seus cidadãos.

Ainda no que se refere à adoção do subfinanciamento da saúde como política estatal, é necessário destacar como a utilização de estratégia de contingenciamento do orçamento federal concorreu e tem concorrido para o irregular e praticamente nulo crescimento dos gastos com saúde em relação ao PIB, tanto no passado como no presente, possibilitando que, dos recursos orçamentários consignados na Lei Orçamentária Anual (LOA), parcela deles fique indisponível com vistas a garantir o alcance da meta de superávit fiscal (SOARES, 2014, p. 136). Nesse sentido, veja-se a elucidativa tabela abaixo apresentada. Ela demonstra a adoção e a perpetuação do subfinanciamento no período de 1995 a 2012:

**Tabela 1** – Gasto Federal com Saúde, em valores reais e na proporção do PIB, OGU, RCB e RCL

| Anos/Média anual Períodos | PIB | Orçamento Geral União - OGU | Arrecadação Federal RCB Valor | % Cresc | RCL Valor | % Cresc | Gasto Total Federal Saúde - GTFS Valor | % PIB | % OGU | % RCB | % RCL | Gasto Federal com ASPS Valor | % PIB | % OGU | % RCB | % RCL |
|---|---|---|---|---|---|---|---|---|---|---|---|---|---|---|---|---|
| 1995 | 2.042,7 | 582,0 | 367,9 | | 209,6 | | 43,1 | 2,1 | 7,4 | 11,7 | 20,6 | 35,5 | 1,7 | 6,1 | 9,6 | 16,9 |
| 1996 | 2.229,9 | 413,3 | 414,5 | 12,7 | 235,4 | 12,3 | 38,0 | 1,7 | 9,2 | 9,2 | 16,2 | 32,8 | 1,5 | 7,9 | 7,9 | 13,9 |
| 1997 | 2.358,3 | 458,4 | 440,1 | 6,2 | 247,1 | 5,0 | 47,2 | 2,0 | 10,3 | 10,7 | 19,1 | 38,8 | 1,6 | 8,5 | 8,8 | 15,7 |
| 1998 | 2.419,1 | 689,3 | 495,2 | 12,5 | 277,7 | 12,4 | 47,7 | 2,0 | 6,9 | 9,6 | 17,2 | 37,7 | 1,6 | 5,5 | 7,6 | 13,6 |
| 1999 | 2.415,0 | 724,0 | 494,4 | -0,2 | 292,7 | 5,4 | 46,0 | 1,9 | 6,4 | 9,3 | 15,7 | 41,6 | 1,7 | 5,7 | 8,4 | 14,2 |
| 2000 | 2.523,9 | 581,0 | 540,4 | 9,3 | 310,5 | 6,1 | 48,6 | 1,9 | 8,4 | 9,0 | 15,6 | 43,5 | 1,7 | 7,5 | 8,1 | 14,0 |
| 2001 | 2.587,9 | 653,4 | 575,2 | 6,4 | 333,3 | 7,3 | 51,9 | 2,0 | 7,9 | 9,0 | 15,6 | 44,7 | 1,7 | 6,8 | 7,8 | 13,4 |
| 2002 | 2.610,0 | 653,7 | 605,9 | 5,3 | 356,6 | 7,0 | 50,0 | 1,9 | 7,6 | 8,2 | 14,0 | 43,7 | 1,7 | 6,7 | 7,2 | 12,3 |
| 2003 | 2.746,9 | 668,7 | 621,2 | 2,5 | 363,4 | 1,9 | 48,8 | 1,8 | 7,3 | 7,9 | 13,4 | 43,9 | 1,6 | 6,6 | 7,1 | 12,1 |
| 2004 | 2.915,6 | 795,1 | 676,7 | 8,9 | 397,1 | 9,3 | 54,8 | 1,9 | 6,9 | 8,1 | 13,8 | 49,1 | 1,7 | 6,2 | 7,3 | 12,4 |
| 2005 | 3.051,0 | 852,0 | 749,3 | 10,7 | 430,5 | 8,4 | 58,0 | 1,9 | 6,8 | 7,7 | 13,5 | 52,8 | 1,7 | 6,2 | 7,0 | 12,3 |
| 2006 | 3.264,2 | 1.080,3 | 804,6 | 7,4 | 474,9 | 10,3 | 61,0 | 1,9 | 5,6 | 7,6 | 12,9 | 56,1 | 1,7 | 5,2 | 7,0 | 11,8 |
| 2007 | 3.509,8 | 1.114,5 | 868,9 | 8,0 | 510,0 | 7,4 | 65,3 | 1,9 | 5,9 | 7,5 | 12,8 | 58,4 | 1,7 | 5,2 | 6,7 | 11,5 |
| 2008 | 3.776,0 | 1.264,1 | 939,9 | 8,2 | 533,7 | 4,7 | 67,4 | 1,8 | 5,3 | 7,2 | 12,6 | 60,6 | 1,6 | 4,8 | 6,4 | 11,4 |
| 2009 | 3.867,3 | 1.263,7 | 925,7 | -1,5 | 521,9 | -2,2 | 75,1 | 1,9 | 5,9 | 8,1 | 14,4 | 69,6 | 1,8 | 5,5 | 7,5 | 13,3 |
| 2010 | 4.249,7 | 1.277,6 | 1.017,4 | 9,9 | 563,5 | 8,0 | 76,7 | 1,8 | 6,0 | 7,5 | 13,6 | 70,6 | 1,7 | 5,5 | 6,9 | 12,5 |
| 2011 | 4.385,0 | 1.274,8 | 1.089,7 | 7,1 | 591,3 | 4,9 | 83,2 | 1,9 | 6,5 | 7,6 | 14,1 | 76,6 | 1,7 | 6,0 | 7,0 | 12,9 |
| 2012 | 4.402,5 | 1.463,1 | 1.134,7 | 4,1 | 616,9 | 4,3 | 86,8 | 2,0 | 5,9 | 7,6 | 14,1 | 80,1 | 1,8 | 5,5 | 7,1 | 13,0 |
| Média anual FHC | 2.398,4 | 594,4 | 491,7 | | 282,9 | | 46,6 | 1,9 | 7,8 | 9,5 | 16,5 | 39,8 | 1,7 | 6,7 | 8,1 | 14,1 |
| Média 1995-1998 | 2.262,5 | 535,7 | 429,4 | | 242,4 | | 44,0 | 1,9 | 8,2 | 10,3 | 18,2 | 36,2 | 1,6 | 6,8 | 8,4 | 14,9 |
| Média 1999-2002 | 2.534,2 | 653,0 | 554,0 | | 323,3 | | 49,1 | 1,9 | 7,5 | 8,9 | 15,2 | 43,4 | 1,7 | 6,6 | 7,8 | 13,4 |
| Média anual Lula | 3.422,6 | 1.039,5 | 825,5 | | 474,4 | | 63,4 | 1,9 | 6,1 | 7,7 | 13,4 | 57,6 | 1,7 | 5,5 | 7,0 | 12,2 |
| Média 2003-2006 | 2.994,4 | 849,0 | 712,9 | | 416,5 | | 55,7 | 1,9 | 6,6 | 7,8 | 13,4 | 50,5 | 1,7 | 5,9 | 7,1 | 12,1 |
| Média 2007-2010 | 3.850,7 | 1.230,0 | 938,0 | | 532,3 | | 71,1 | 1,8 | 5,8 | 7,6 | 13,4 | 64,8 | 1,7 | 5,3 | 6,9 | 12,2 |
| Média anual 2011-2012 | 4.393,8 | 1.368,9 | 1.112,2 | | 604,1 | | 85,0 | 1,9 | 6,2 | 7,6 | 14,1 | 78,3 | 1,8 | 5,7 | 7,0 | 13,0 |
| Média anual 1995-2012 | 3.075,3 | 878,3 | 709,0 | | 403,7 | | 58,3 | 1,9 | 6,6 | 8,2 | 14,4 | 52,0 | 1,7 | 5,9 | 7,3 | 12,9 |
| Crescimento 2012/1995 | 115,5% | 151,4% | 208,4% | | 194,3% | | 101,2% | | | | | 125,7% | | | | |
| Crescimento Lula/FHC | 42,7% | 74,9% | 67,9% | | 67,7% | | 36,1% | | | | | 44,9% | | | | |

Fonte: SOARES, 2014, p. 137.

Da tabela apresentada, verificam-se a diminuição dos gastos com saúde no período de 1995 a 2012 e a perpetuação do estado de subfinanciamento durante o lapso temporal pesquisado à medida que se observa que os investimentos no ano de 1995 correspondiam a 16,9% da Receita Corrente Líquida (RCL) da União e foram diminuindo ano a ano

## 2.2 | O estado de coisas inconstitucional na saúde pública brasileira
Paula Filho |

até alcançarem o nível de 13% da RCL no ano de 2012 (com períodos de maior subfinanciamento, como em 2008, quando o investimento em saúde ficou em 11,4% da RCL da União). Esses dados confirmam a situação de subfinanciamento da saúde e a adoção dele como política de Estado no período referido.

A insuficiência de recursos ganha novo capítulo com a entrada em vigor da Emenda Constitucional nº 95/2016 (EC 95) (BRASIL, 2016), a qual estabelece um Novo Regime Fiscal (NRF) e propõe um teto para as despesas primárias do Governo Federal por um período de vinte anos. Sobre o NRF, explicam Rossi e Dweck (2016, pp. 1-2) que os gastos federais, excetuado o pagamento de juros sobre a dívida pública, ficarão limitados a um teto definido pelo montante gasto no ano anterior e serão reajustados pela inflação acumulada, medida pelo IPCA. Isso implica um congelamento real das despesas totais do governo federal e pressupõe uma redução do gasto público relativo ao Produto Interno Bruto (PIB) e ao número de habitantes. Tudo isso significa que os gastos públicos não acompanharão o crescimento da renda e da população e induzirão a redução do crescimento, o que, por sua vez, provoca novas quedas de arrecadação e exige novos cortes de gastos, criando um círculo vicioso de austeridade que não contribui para a retomada da economia e que, na saúde pública, enseja um congelamento do gasto federal real mínimo ao patamar de 2017 (ano utilizado como base fixa de cálculo da aplicação mínima em ASPS). Esse fato estabelece um "piso deslizante" de investimentos, pois, ao longo do tempo, o que se terá é uma queda do valor mínimo destinado à saúde em proporção às receitas e ao PIB: enquanto a CF/1988 prevê um percentual mínimo de investimentos de 15% da RCL, na verdade, o investimento mínimo em saúde seria de 12% da RCL em 2026 e 9,4% em 2036 (abaixo do patamar definido constitucionalmente, portanto).

Por todos os argumentos e dados apresentados, pode-se constatar que há uma insuficiência de recursos destinados à saúde pública no Brasil tanto no passado quanto no presente. Isso é reforçado pela política econômica neoliberal recentemente adotada e faz com que se prestigie uma pretensa austeridade dos gastos públicos em detrimento da intervenção estatal na economia, a qual visa a uma retomada do crescimento econômico e da disponibilidade de mais recursos às políticas sociais.

Afora a demonstração do subfinanciamento no passado, exemplo atual desse fenômeno na saúde pública é aferível pelas reprovações das contas federais em saúde pelo Conselho Nacional de Saúde (CNS), órgão consultivo e deliberativo de participação social responsável pela fiscalização, acompanhamento e monitoramento das políticas públicas de saúde em diferentes áreas, inclusive na área de orçamento e financiamento da saúde pública. Como é possível se observar de sua Resolução nº 637/2019 (CONSELHO NACIONAL DE SAÚDE, 2019), a política de contingenciamento de receitas e de subfinanciamento da saúde continua em vigor, com diversas subáreas da saúde sofrendo o represamento de verbas por força de inexecução das receitas que lhes foram destinadas. Nesse sentido, o CNS (2019, p. 03) chegou a observar que:

> Houve reincidência em 2018 da baixa execução (pelo nível de liquidação – "intolerável" e "inaceitável") de itens de despesas, o que foi objeto de alerta quando da avaliação dos relatórios de prestação de contas (1º e 2º quadrimestres) pelo CNS. **Existência de um padrão que evidencia reincidências de execução no período do 1º Quadrimestre de 2016 ao 3º de 2018, conforme ilustrado [...]** (CONSELHO NACIONAL DE SAÚDE, 2019, p. 3, destaques nossos.

As reincidências supracitadas se referem a diversas áreas da saúde pública que sofrem contingenciamento de receitas e, com isso, alimentam o subfinanciamento da saúde e a judicialização desta, como consequência. Isso porque fomenta a reclamação judicial pelo cumprimento e pela efetividade da tutela estatal em áreas da saúde como o fornecimento de medicamentos (contingenciamento de receitas destinadas à aquisição e distribuição de medicamentos estratégicos e medicamentos excepcionais); leitos para internações e aparelhos para realização de consultas (reaparelhamento de unidades do SUS/MS); fornecimento de alimentação (combate

**2.2** | *O estado de coisas inconstitucional na saúde pública brasileira*
Paula Filho |

às carências nutricionais), e; realização de programas voltados à saúde de mulheres, crianças e adolescentes (atenção à saúde da mulher, criança, adolescente e jovem, respectivamente). Todas essas áreas sofreram contingenciamento de receitas, como se visualiza no quadro abaixo:

**Quadro 1** – Execução intolerável e inaceitável de despesas em saúde

| 19 | OUTROS PROGRAMAS | 19,10 | 21,96 | 29,07 | 50,17 | 6,35 | 11,08 | 14,78 | 32,73 | 52,12 | 48,68 | 52,57 | 69,48 |
| 6 | COMBATE ÀS CARÊNCIAS NUTRICIONAIS | 0,00 | 5,00 | 5,08 | 12,39 | 0,00 | 0,00 | 0,00 | 65,99 | 0,00 | 0,00 | 32,94 | 65,87 |
| 14 | SERV. DE PROCESSAMENTO DADOS - DATASUS | 23,42 | 48,34 | 57,06 | 75,35 | 4,43 | 13,14 | 21,65 | 56,34 | 5,74 | 19,42 | 27,77 | 65,73 |
| 28 | MEDICAMENTOS EXCEPCIONAIS | 21,33 | 44,03 | 56,03 | 93,19 | 21,05 | 39,67 | 50,27 | 83,27 | 7,60 | 19,46 | 33,27 | 65,02 |
| 18 | VACINAS E VACINAÇÃO | 12,64 | 27,92 | 50,27 | 73,12 | 17,54 | 47,35 | 55,58 | 68,08 | 3,97 | 30,00 | 45,55 | 50,74 |
| 24 | REEST. DE HOSPITAIS UNIVERSITÁRIOS FEDERAIS - REHUF | 1,13 | 22,67 | 41,35 | 79,44 | 0,00 | 18,13 | 27,83 | 72,84 | 0,10 | 8,78 | 28,45 | 54,75 |
| 21 | FOMENTO A PESQUISA EM CIÊNCIA E TECNOLOGIA | 0,00 | 7,73 | 8,32 | 39,97 | 0,24 | 10,04 | 11,13 | 39,04 | 0,40 | 1,98 | 13,17 | 47,27 |
| 23 | PROG.ESTRUTURAÇÃO SAÚDE FAMÍLIA - PROESF | 0,00 | 20,94 | 34,81 | 78,27 | | | 28,76 | 52,21 | 0,22 | 14,61 | 18,42 | 43,16 |
| 38 | AQUISIÇÃO E DISTRIB. DE MEDICAMENTOS ESTRATÉGICOS | 1,35 | 30,47 | 40,49 | 62,71 | 14,35 | 17,65 | 25,71 | 47,56 | 4,32 | 22,07 | 26,73 | 42,00 |
| 37 | AÇÕES DE VIGILÂNCIA EPIDEMIOLÓGICA | 9,49 | 16,14 | 23,26 | 42,02 | 4,96 | 10,46 | 26,69 | 57,17 | 5,30 | 10,19 | 18,81 | 29,68 |
| 41 | REAPARELHAMENTO UNIDADES DO SUS / MS | 14,88 | 19,12 | 23,40 | 41,89 | 2,60 | 6,56 | 11,91 | 10,53 | 1,48 | 4,46 | 6,29 | 23,37 |
| 32 | ATENÇÃO SAÚDE DA MULHER, CRIANÇA, ADOL. E JOVEM | 2,14 | 24,39 | 25,10 | 39,96 | 1,71 | 7,25 | 9,51 | 26,37 | 0,00 | 0,01 | 3,42 | 17,99 |

Fonte: CONSELHO NACIONAL DE SAÚDE, 2019, p. 4

Diante desses, denota-se a existência de uma situação de subfinanciamento da saúde pública que tem sido perpetuada ao longo dos anos e configura política de Estado adotada tanto no passado quanto no presente. A Tabela 1 destacada e o Quadro 1 realçado apontam para essa conclusão e contribuem para a percepção de que essa situação de subfinanciamento acaba desaguando no Poder Judiciário, na medida em que aumenta ano após ano o número de ações judiciais que estão pleiteando algo relacionado à saúde e, junto com isso, o subfinanciamento da saúde continua diminuindo os investimentos anualmente e gera uma situação de constante omissão estatal que deflagra um ECI na saúde, fato que será mais explorado no próximo tópico deste capítulo.

## 2.2.2. ESTADO DE COISAS INCONSTITUCIONAL NA SAÚDE PÚBLICA BRASILEIRA

### 2.2.2.1. Origem e requisitos do Estado de Coisas Inconstitucional

Diante de todos os dados apresentados, está constatada a existência de um quadro de subfinanciamento da saúde pública no Brasil, o que dá ensejo a um elevado número de ações judiciais pleiteadas perante o Poder Judiciário em busca do cumprimento do comando constitucional de proteção da saúde pelo Estado. Esse quadro de omissão estatal e excessiva judicialização da saúde são predicados que contribuem à deflagração do ECI pelo STF, mas dependem do preenchimento de outros requisitos para que seja declarado. É sobre isto que se abordará neste tópico: apresentar o ECI e os requisitos dele para, então, verificar se é possível sua utilização na atual quadra de subfinanciamento da saúde.

Consigne-se, de antemão, que a proposta aqui ventilada não é nova e já foi levantada em dois momentos, por Élida Graziane Pinto (2016): em um artigo elaborado para o Centro de Estudos Estratégicos da Fiocruz, oportunidade em que a autora apontava um ECI na política pública de saúde brasileira, o que permitiria a declaração pelo STF e a instauração de uma "macrojustiça" capazes de suscitar discussões à saúde pública, para além das demandas judiciais individuais; e também em um texto escrito para a revista jurídica digital Consultor Jurídico (Conjur), no qual a autora apontou a existência de um ECI na saúde, na educação e no sistema prisional, observando que, diante das crises existentes nesses sistemas custeados pelo Estado, há, em todos eles, uma fragilidade e uma descontinuidade das próprias políticas públicas exercidas pelo poder estatal (PINTO, 2017). Entretanto, a pesquisadora não analisou, nos termos realizados no presente trabalho, a possibilidade de declaração do ECI na saúde mediante o preenchimento dos requisitos para isso.

Isso posto, destaca-se que o ECI é mecanismo judicial criado pela Corte Constitucional da Colômbia e baseado nas *structural injunctions*

## 2.2 | O estado de coisas inconstitucional na saúde pública brasileira
Paula Filho |

(injunções estruturais) estadunidenses, as quais propõem a promoção de ações judiciais estruturais no lugar de ações judiciais individuais e a prolação de sentenças dialógicas no lugar das tradicionais sentenças declaratórias, constitutivas ou condenatórias. Carlos Alexandre de Azevedo Campos (2016, p. 187) conceitua o ECI como técnica de decisão por meio da qual Cortes e juízes constitucionais, quando rigorosamente identificam um quadro de violação massiva e sistemática de direitos fundamentais decorrente de falhas estruturais do Estado, declaram a absoluta contradição entre os comandos normativos constitucionais e a realidade social, expedindo ordens estruturais dirigidas a instar um amplo conjunto de órgãos e autoridades a formularem e implementarem políticas públicas voltadas à superação dessa realidade inconstitucional. Já Páez (2012, p. 244) observa que a doutrina do ECI se instituiu como uma solução adotada pelo juiz constitucional ante a constatação de que as causas de uma desproteção generalizada de direitos fundamentais decorrem de questões estruturais do Estado. Por esse motivo, expedem-se ordens às autoridades administrativas que tendem a remediar a situação inconstitucional e a obedecer ao entendimento manifestado pelo tribunal sobre as falidas ou inexistentes políticas públicas que deveriam ser aplicadas para garantir os direitos fundamentais violados.

Quanto aos requisitos necessários à declaração do ECI, Campos (2016, pp. 180-185) identifica haver quatro pressupostos[5] cumulativos necessários

---

5. A Corte Constitucional da Colômbia, em sua *Sentencia T-025/2004*, paradigmática quanto à declaração do Estado de Coisas Inconstitucional, identifica seis pressupostos necessários à caracterização do ECI, da seguinte maneira: *"Dentro de los factores valorados por la Corte para definir si existe un estado de cosas inconstitucional, cabe destacar los siguientes: (i) la vulneración masiva y generalizada de varios derechos constitucionales que afecta a un número significativo de personas; (ii) la prolongada omisión de las autoridades en el cumplimiento de sus obligaciones para garantizar los derechos; (iii) la adopción de prácticas inconstitucionales, como la incorporación de la acción de tutela como parte del procedimiento para garantizar el derecho conculcado; (iv) la no expedición de medidas legislativas, administrativas o presupuestales necesarias para evitar la vulneración de los derechos. (v) la existencia de un problema social cuya solución compromete la intervención de varias entidades, requiere la adopción de un conjunto complejo y coordinado de acciones y exige un nivel de recursos que demanda un esfuerzo presupuestal adicional importante; (vi) si todas las personas afectadas por el mismo problema acudieran a la acción de tutela para obtener la protección de sus derechos, se produciría una mayor congestión judicial."*. Disponível em: https://www.corteconstitucional.gov.co/Relatoria/2004/T-025-04. htm. Acesso em: 18 nov. 2017.

para a deflagração, quais sejam: (a) constatação de um quadro de violação massiva e contínua de diferentes direitos fundamentais, afetando um número amplo de pessoas e constituindo grave problema jurídico e social, ou seja, não se refere apenas a uma simples proteção deficiente; (b) omissão reiterada e persistente das autoridades públicas no cumprimento de suas obrigações de defesa e promoção dos direitos fundamentais, não bastando a inércia de uma única autoridade pública para caracterizar a omissão violadora: é necessário haver o funcionamento deficiente do Estado como um todo. Aqui se insere também a omissão inconstitucional sob a perspectiva material e constitucionalmente injustificada descrita alhures; (c) o terceiro pressuposto se refere à solução das violações massivas derivadas de omissões reiteradas, ou seja, haverá o ECI quando a superação dos problemas de violação de direitos exigir a expedição de remédios e ordens dirigidas não apenas a um órgão, mas a um conjunto deles, quando a responsabilidade for atribuída a uma pluralidade de atores públicos, e; (d) o quarto e último pressuposto diz respeito à excessiva judicialização individual pleiteando direitos fundamentais. Diante da potencialidade de um número elevado de afetados judicializarem a violação de direitos, o que se somaria às judicializações já existentes, haveria produção de grave congestionamento da máquina judiciária.

Bruno Baía Magalhães (2019), em artigo que analisou a decisão liminar proferida pelo STF na ADPF nº 347/2015, referente ao sistema penitenciário brasileiro, observou que, segundo a liminar expedida naquela decisão, haveria, para o STF, quatro requisitos necessários à declaração do ECI, a

---

Em tradução livre do autor: "Entre os fatores avaliados pelo Tribunal para definir se existe um estado de coisas inconstitucional, cabe destacar: (i) a violação maciça e generalizada de vários direitos constitucionais que afeta um número significativo de pessoas; (ii) omissão prolongada das autoridades no cumprimento de suas obrigações de garantir direitos; (iii) a adoção de práticas inconstitucionais, como a incorporação da ação tutela como parte do procedimento para garantir o direito violado; (iv) a não emissão de medidas legislativas, administrativas ou orçamentárias necessárias para evitar a violação de direitos. (v) a existência de um problema social cuja solução comprometa a intervenção de várias entidades, requer a adoção de um conjunto de ações complexo e coordenado e requer um nível de recursos que exija um esforço orçamentário adicional significativo; (vi) se todas as pessoas afetadas pelo mesmo problema recorrerem à ação tutela para obter a proteção de seus direitos, haveria um maior congestionamento judicial.".

**2.2** | *O estado de coisas inconstitucional na saúde pública brasileira*
Paula Filho |

saber: (1) situação de violação generalizada de direitos fundamentais; (2) inércia ou incapacidade reiterada e persistente das autoridades públicas em modificar a situação identificada; (3) exigência da atuação de todas as autoridades políticas para a superação das transgressões e; (4) existência de um bloqueio político capaz de resolver a situação violadora de direitos fundamentais.[6]

Apresentada a origem e os requisitos necessários à declaração do ECI pela Corte Constitucional, insta verificar se é possível haver sua declaração para a superação dos problemas institucionais existentes na saúde pública brasileira. É o que será realizado no próximo ponto deste trabalho.

### 2.2.2.2. O Estado de Coisas Inconstitucional na saúde pública brasileira

Como observado anteriormente, a declaração do ECI pelo STF depende do preenchimento de quatro requisitos, sem os quais não se poderá falar em Coisas Inconstitucionais na situação sanitária nacional. Esse é o aspecto que será abordado neste momento: verificar se é possível declarar o ECI no atual estágio de subfinanciamento da saúde pública brasileira, mediante constatação do preenchimento dos seus pressupostos, ou se não é possível se falar em ECI na situação sanitária nacional.

Segundo a pesquisa desenvolvida por Breno Baía Magalhães (2019, p. 26), não seria possível haver a declaração de um ECI, pois, se o bloqueio político é requisito essencial à declaração do fenômeno (e o autor verifica que isso é um requisito fundamental, segundo a decisão do STF), "o simples fato de o Direito à Saúde figurar como bandeira político-partidária

---

6. Magalhães (2019, p. 26), a respeito do último requisito, observa que este pode ser subdividido em dois, quais sejam: (a) sub-representação parlamentar da população atingida pela violação generalizada, e (b) a impopularidade social dos atingidos pelas violações. Contudo, afirma: "Os dois últimos requisitos poder ser substituídos, como alternativa, pela fórmula 'existência de bloqueio político', sugerida mais acima.". Para mais, veja-se MAGALHÃES, Breno Baía. *A incrível doutrina de um caso só: análise do Estado de Coisas Inconstitucional na ADPF n° 347. Revista Eletrônica do Curso de Direito da UFSM*, Santa Maria, RS, v. 14, n. 3, p. e32760, set. 2019. ISSN 1981-3694. Disponível em: https://periodicos.ufsm.br/revistadireito/article/view/32760. Acesso em: 24 nov. 2019.

e estar na pauta de preocupações do brasileiro médio tem o condão de afastar os pressupostos de cabimento do ECI⁷". Por outro lado, é possível sinalizar positivamente pela possibilidade de declaração do ECI na saúde pública pelo STF, pois, no que se refere ao primeiro requisito (constatação de um quadro de violação massiva e contínua de diferentes direitos fundamentais, e não mera proteção deficiente desses direitos), os dados antes apresentados permitem concluir que há um quadro de subfinanciamento da saúde. Isso indica que não existe o devido financiamento do direito fundamental à saúde conforme prescrito pela Constituição da República. Além disso, a ausência de investimentos mínimos em saúde, nos termos prescritos pelo texto constitucional, caracteriza uma violação massiva e contínua de direitos fundamentais que atinge um número amplificado de pessoas, pois: i) os vultosos montantes que deixaram de ser aplicados atingem uma quantidade grande de indivíduos que não podem ser identificados e que não fazem parte de uma minoria ou grupo vulnerável; ii) é possível identificar violação a diferentes direitos fundamentais, como o direito fundamental social à saúde, umbilicalmente ligado ao direito à vida e à dignidade da pessoa humana, visto que, sem um mínimo de saúde, não se pode viver uma vida digna etc.

Quanto ao segundo requisito (omissão reiterada e persistente das autoridades públicas no cumprimento de suas obrigações de defesa e promoção dos direitos fundamentais), é oportuno recorrer ao modelo de análise do suporte fático desenvolvido por Virgílio Afonso da Silva (2010), que observa haver dois conceitos de suporte fático: um abstrato e outro concreto. A partir dessas definições, o autor em referência propõe um modelo amplo de suporte fático dos direitos fundamentais, que será composto por âmbito de proteção, intervenção estatal e ausência de fundamentação

---

7. Segundo Magalhães (2019, p. 26), a sub-representação parlamentar da população carcerária os impede de votar e serem votados, segundo a decisão do STF, não gozando de representação política no Congresso a permitir que seus interesses sejam defendidos parlamentarmente. Por isso, se a sub-representação política é requisito para a instauração de um ECI, estando o direito à saúde na pauta político-partidária e na preocupação do cidadão médio com capacidade política, faltará um requisito necessário para que seja declarado o Estado de Coisas Inconstitucional na saúde brasileira.

**2.2** | *O estado de coisas inconstitucional na saúde pública brasileira*
Paula Filho |

constitucional na intervenção. Dessa maneira, em havendo fundamento constitucional para a intervenção estatal (quando se tratar de liberdades públicas), não se tratará de intervenção injustificada, e sim de restrição de direitos fundamentais. Em se tratando de direitos fundamentais sociais, nos quais as ações estatais devem fomentar a realização deles, a fundamentação constitucional procura justificar por que houve omissão estatal ou ação insuficiente para a materialização desses direitos pelo Estado e, em não havendo justificação constitucionalmente fundamentada, estará caracterizada a omissão estatal. A partir disso, se o conceito de suporte fático dos direitos sociais é composto de (1) âmbito de proteção (direito fundamental à saúde, em específico ao regular financiamento das ações e serviços públicos de Saúde), de (2) intervenção estatal (nos direitos sociais, a ausência de fomento e concretude deles) e de (3) fundamentação constitucional (em direitos sociais, o fundamento constitucional deve explicar a omissão ou insuficiência estatal), então se constata uma violação a direitos fundamentais à saúde e ao financiamento dele, ao verificar-se que o financiamento da saúde pública está abaixo do *quantum* determinado pela CF/1988 e inexiste um devido e correto fundamento constitucional para o descumprimento efetivo das regras estabelecidas pela Constituição.

Outrossim, o resultado do descumprimento do texto constitucional, que estabelece percentual mínimo de aplicação em saúde, à luz do conceito de suporte fático dos direitos fundamentais, demonstra haver violação dos direitos fundamentais à saúde e ao financiamento dela, ambos garantidos pela CF/1988 (âmbito de proteção). Ademais, a constatação do CNS de que os valores aplicados em saúde pública ficaram aquém dos níveis determinados pela CF/1988 corroboram a ideia de violação dessas mesmas garantias, pois, partindo-se do conceito de suporte fático dos direitos sociais, não há fundamentação constitucional que explique o investimento abaixo dos níveis previstos pela legislação de regência (CF/1988 e LC nº 141/2012), caracterizando uma intervenção estatal derivada da omissão no fomento desse direito social. Portanto, a violação dos direitos fundamentais à saúde e ao financiamento dela ocorre não apenas porque há a previsão do primeiro (saúde) no rol dos direitos constitucionais (o que seria suficiente para sua proteção) e o status de direito fundamental que possui o segundo (financiamento das ações e serviços públicos de saúde), mas também porque a demonstração lógica da estrutura normativa indica que ambos constituem um suporte fático, composto de elementos que, quando preenchidos, concretizam uma consequência jurídica.

Por sua vez, o terceiro requisito (violações massivas derivadas de omissões reiteradas) se relaciona com o segundo e diz respeito à superação de falhas estruturais por diversos órgãos. A responsabilidade das referidas falhas deve ser atribuída a uma pluralidade de atores públicos, a exemplo do Poder Executivo, que apresenta justificativas variadas para não investir os valores previstos em orçamento destinados à saúde pública (necessidades de superávit, inscrições injustificadas de verbas em Restos a Pagar, tergiversações jurídicas etc.), ou do Poder Legislativo, que impede maior participação popular e ampla deliberação com a sociedade a respeito do orçamento público. Este envolve, entre outros assuntos, o financiamento da saúde pública (que é meio de concretização do direito à saúde). Embora possa haver alguma dificuldade de compreensão pela sociedade, observa Kiyoshi Harada (2016, meio digital) que a participação no processo de elaboração de leis orçamentárias pela sociedade, assim como o acompanhamento de sua execução, mostra-se instrumento de cidadania, e ela se faz presente também pelo orçamento. Dessa feita, percebe-se o preenchimento do terceiro pressuposto de declaração do ECI na saúde pública brasileira (emissão de ordens dirigidas não apenas a um órgão, mas a um conjunto deles).

Finalmente, a respeito do quarto requisito para a declaração do ECI (excessiva judicialização individual pleiteando direitos fundamentais), deve-se observar que isso já ocorre no Brasil, por força da denominada judicialização da saúde, tendo Clenio Jair Schulze (2019, meio digital) identificado, com base no Relatório Justiça em Números do Conselho Nacional de Justiça (CNJ), que existe hoje, no Brasil 2.228.531 processos que pleiteiam algum aspecto do direito fundamental à saúde em trâmite

## 2.2 | O estado de coisas inconstitucional na saúde pública brasileira
Paula Filho |

em todas as esferas judiciais. Embora esse número contenha ações que discutam relações de direito privado (derivadas de demandas consumeristas e trabalhistas, por exemplo), a maior parte delas têm relação com o direito público e com algum aspecto relacionado ao financiamento da saúde pública (fornecimento de medicamentos e tratamentos médicos pelo SUS, hospitais e outras Unidades de Saúde etc.). Isso já demonstra que houve a transição de um estágio inicial de discussão do direito à saúde e ao financiamento dele para a necessidade de um macrodebate sobre o assunto a fim de alcançar-se uma resolução.

Portanto, pelo dado empírico supracitado (que demonstra um excessivo número de ações discutindo o direito à saúde pelos tribunais brasileiros e a relação disso com o financiamento constitucionalmente adequado das ASPS), parece estar preenchido o quarto requisito necessário para que seja declarado o ECI na saúde pública brasileira pelo STF. Esse debate deve avançar no âmbito da Corte Constitucional pátria a fim de que se encontre uma solução às falhas estruturais ora identificadas.

Diante de todo o exposto e verificando-se que estão preenchidos os pressupostos necessários para a declaração do ECI pelo STF, além dos indícios robustos do subfinanciamento da saúde perpetrado pela União, parece ser possível a instauração do litígio estrutural apto a desencadear um ECI na saúde pública brasileira, buscando a expedição de ordens para mais de um órgão ou poder da República. Tudo isso para que, ao regular o financiamento da saúde pública e, por consequência, do direito à saúde prescrito na Carta Magna, sejam sanadas as falhas estruturais que prejudicam a concretização dos direitos fundamentais. Como observa Élida Graziane (2016, p. 7), no caso do direito fundamental à saúde, parece ser inadiável o diagnóstico do ECI quanto à fragilidade e à descontinuidade das políticas públicas que deveriam lhe assegurar efetividade. A medida é necessária até para evidenciar, na federação brasileira, impasses e omissões históricas que desfragmentaram esse direito desde que o texto constitucional o inseriu, bem como para se implementem rotas de pactuação intergovernamental que não sejam preteridas ou fraudadas.

A pretensão da declaração de um ECI na saúde pública brasileira, nos moldes aqui delineados, não pretende inaugurar inovação jurídica ou ser a melhor resposta para um problema que se apresenta perene e difícil de resolver. O que se propõe é um diálogo constitucional entre os três poderes, tendo em vista que, se juízes não devem distribuir medicamentos ou benefícios similares aos indivíduos, eles devem estar aptos a canalizar pretensões individuais e, em uma espécie de processo de diálogo constitucional, exigir justificações objetivas e transparentes acerca da alocação de recursos públicos por meio de políticas públicas. Dessa forma, poderão, sempre que necessário, discutir e contestar essas alocações com os poderes políticos (SILVA, 2010, p. 251).

## CONSIDERAÇÕES FINAIS

Por todos os dados e elementos apresentados ao longo deste trabalho, é possível afirmar a necessidade de declaração do ECI na saúde brasileira, haja vista a identificação do prolongamento, por longo espaço de tempo, do subfinanciamento da saúde a tal ponto que se conclua tratar-se de política estatal relativa a verdadeiro "desfinanciamento" da saúde pública. Essa situação não pode continuar sendo perpetuada pelo Estado e pelos poderes que o constituem. Afinal, as normas constitucionais não podem se tornar promessas inconsequentes, e o direito à saúde possui status de direito fundamental que impõe ao poder público o dever de prestá-lo positivamente e que será considerado cumprido somente quando alcançada a satisfação efetiva da determinação ordenada pelo texto constitucional (RE n° 271.286 AgR, Segunda Turma, STF, Rel. Min. Celso de Mello, DJe. 24/11/2000).

A proposta do estabelecimento de um ECI na saúde pública brasileira pelo STF decorre, então, da possibilidade de instauração de uma justiça dialógica, embasada numa democracia deliberativa, que permita um amplo debate entre todos os atores envolvidos e/ou afetados pelas políticas públicas de saúde descumpridas pela ausência de investimentos mínimos

**2.2** | *O estado de coisas inconstitucional na saúde pública brasileira*
Paula Filho |

prescritos pela Constituição da República. Desse modo, ao regular financiamento da saúde pública constante e paulatinamente, podem ser encontradas soluções que viabilizem a efetivação do direito fundamental e, por consequência, do direito à saúde.

## REFERÊNCIAS

BOMFIM, Mariana. *Saúde no Brasil é subfinanciada e mal gerida, diz secretário David Uip*, Folha de São Paulo de 27/03/2014. Disponível em: https://m.folha.uol.com.br/seminariosfolha/2014/03/1431658-saude-no-brasil-e-subfinanciada-e-ma-gerida-diz-secretario-david-uip.shtml. Acesso em: 19 out. 2020.

BRASIL. *Constituição Federal de 1988*. Disponível em: http://www.planalto.gov.br/ccivil_03/constituicao/constituicao.htm. Acesso em 08 out. 2018.

BRASIL. *Emenda Constitucional nº 95, de 15 de dezembro de 2016*. Altera o Ato das Disposições Constitucionais Transitórias, para instituir o Novo Regime Fiscal, e dá outras providências. Disponível em http://www.planalto.gov.br/ccivil_03/constituicao/emendas/emc/emc95.htm. Acesso em: 08 out. 2018.

_____. MINISTÉRIO DA SAÚDE. *Financiamento público de Saúde (Série Ecos – Economia da Saúde para a Gestão do SUS; Eixo 1, v. 1)*. Brasília: Ministério da Saúde, 2013.

_____. SUPREMO TRIBUNAL FEDERAL. *Agravo Regimental no Recurso Extraordinário n. 271.286/RS*, 2ª Turma, Rel. Min. Celso de Mello, DJ 24.11.2000. Disponível em: http://redir.stf.jus.br/paginadorpub/paginador.jsp?docTP=AC&docID=335538. Acesso em 18 ago. 2019.

CAMPOS, Carlos Alexandre de Azevedo. *Estado de coisas inconstitucional*. Salvador: JusPodivm, 2016.

COLÔMBIA. *Corte Constitucional da República da Colômbia. Sentencia T-025/04*. Sala Tercera de Revisión. Magistrados Manuel José Cepeda Espinosa, Jaime Córdoba Triviño y Rodrigo Escobar Gil. 22/01/2004. Disponível em https://www.corteconstitucional.gov.co/Relatoria/2004/T-025-04.htm. Acesso em: 18 nov. 2017.

CONSELHO NACIQNAL DE SAÚDE. *Resolução nº 637, de 08 de novembro de 2019*. Disponível em: https://conselho.saude.gov.br/resolucoes/2019/Reso637.pdf Acesso em: 10 jun. 2020.

FUNCIA, Francisco R. *Sistema Único de Saúde – 30 anos: do subfinanciamento crônico para o processo de desfinanciamento decorrente da Emenda Constitucional 95/2016 in: 30 anos da Seguridade Social – Avanços e Retrocessos. Fundação ANFIP de Estudos Tributários e da Seguridade Social* – Brasília: ANFIP, 2018.

HARADA, Kiyoshi. Direito *financeiro e tributário - 26. ed. rev., atual. e ampl*. São Paulo: Atlas, 2017.

LAMY, Marcelo. *Metodologia da Pesquisa: técnicas de investigação, argumentação e redação.* 2ª ed. rev. atual. e ampl. São Paulo: Matrioska Editora, 2020.

MAGALHÃES, Breno Baía. A incrível doutrina de um caso só: análise do Estado de Coisas Inconstitucional na ADPF nº 347. *Revista Eletrônica do Curso de Direito da UFSM*, Santa Maria, RS, v. 14, n. 3, p. e32760, set. 2019. ISSN 1981-3694. Disponível em: https://periodicos.ufsm.br/revistadireito/article/view/32760. Acesso em: 24 nov. 2019.

PÁEZ, Nicolás Augusto Romero. *La doctrina del Estado de Cosas Inconstitucional en Colombia: novidades del neoconstitucionalismo y "la inconstitucionalidade de la realidad".* Revista de Derecho Publico Iberoamericano, nº 1, pp. 243-264 (octubre 2012). Disponível em: https://dialnet.unirioja.es/servlet/articulo?codigo=5640552. Acesso em: 03 dez. 2019.

PINTO, Élida Graziane. *Estado de Coisas Inconstitucional na política pública de Saúde brasileira.* Futuros do Brasil textos para debate. Centro de Estudos Estratégicos da Fiocruz. Número 10, Junho/2016. Disponível em: https://cee.fiocruz.br/sites/default/files/10_Elida%20Graziane_estado%20de%20coisas%20inconstitucional.pdf. Acesso em: 05 ago. 2019.

_____. *Da Saúde ao sistema prisional, vivemos um Estado de Coisas Inconstitucional.* Consultor Jurídico. Disponível em: https://www.conjur.com.br/2017-jan-31/contas-vista-saude-aos-presidios-temos-estado-coisas-inconstitucional. Acesso em: 1º dez. 2017.

PRODANOV, Cleber Cristiano; FREITAS, Ernani Cesar de. *Metodologia do trabalho científico [recurso eletrônico]: métodos e técnicas da pesquisa e do trabalho acadêmico.* – 2. ed. Novo Hamburgo: Feevale, 2013.

ROSSI, Pedro; DWECK, Esther. *Impactos do novo regime fiscal na Saúde e educação.* Cad. Saúde Pública, Rio de Janeiro, v. 32, n. 12, e00194316, 2016. Disponível em http://www.scielo.br/scielo.php?script=sci_arttext&pid=S0102-311X2016001200501&lng=en&nrm=iso. Acesso em: 13 nov. 2017.

SCHULZE, Clenio Jair. *Números de 2019 da judicialização da Saúde no Brasil.* Disponível em: https://emporiododireito.com.br/leitura/numeros-de-2019-da-judicializacao-da-saude-no-brasil. Acesso em: 25 mai. 2020.

SERVO, Luciana Mendes Santos et al. *Financiamento e gasto público de Saúde: histórico e tendências in* MELAMED, Clarice; PIOLA, Sérgio Francisco. *Políticas Públicas e financiamento federal do Sistema Único de Saúde* – Brasília: IPEA, 2011.

SILVA, Virgílio Afonso da. *Direitos Fundamentais: conteúdo essencial, restrições e eficácia* - 2. ed. São Paulo: Malheiros Editores, 2010.

SOARES, Adilson. *O subfinanciamento da saúde no Brasil: uma política de Estado.* Tese de doutorado apresentada à Faculdade de Ciências Médicas da Universidade Estadual de Campinas – UNICAMP, 2014. Disponível em: http://repositorio.unicamp.br/jspui/handle/REPOSIP/312960. Acesso em: 19 out. 2020.

**2.2** | *O estado de coisas inconstitucional na saúde pública brasileira*
Paula Filho |

VALENTE, Rubens. *Subfinanciamento do SUS tem que acabar, dizem ex-ministros da Saúde*, coluna de 06/04/2020, UOL Notícias, disponível em: https://noticias.uol.com.br/colunas/rubens-valente/2020/04/06/sus-coronavirus-financiamento-brasil.htm. Acesso em: 19 out. 2020.

VIANNA, Solon Magalhães. *A seguridade social, o sistema único de Saúde e a partilha dos recursos*. Saúde soc., São Paulo, v. 1, n. 1, p. 43-58, 1992. Disponível em http://www.scielo.br/scielo.php?script=sci_arttext&pid=S0104-12901992000100006&lng=en&nrm=iso. Acesso em: 23 fev. 2020.

# 2.3

# Fundamento técnico das decisões judiciais na área da saúde

*ÉRIKA PUCCI DA COSTA LEAL*
*RENATA SALGADO LEME*

## INTRODUÇÃO

O TRABALHO apresentado tem como objetivo demonstrar que, em relação à prestação jurisdicional em demandas correlatas ao direito à saúde, os magistrados, em sua grande maioria, não embasam as decisões em diretrizes, recomendações e listas técnicas associadas ao tema. Além disso, procura comprovar também a subutilização da estrutura técnica posta à disposição dos magistrados, como os Núcleos de Apoio Técnico do Poder Judiciário (NAT-Jus). A hipótese será revelada mediante apresentação dos dados apontados pelo Insper (2019) e dos dados fornecidos pelo Tribunal de Justiça de São Paulo (TJ/SP) diretamente por e-mail quanto à estrutura e produção do NAT-Jus de São Paulo.

Adota-se o método de abordagem dedutivo, pois a pesquisa visa a examinar como as regras que compõem o direito sanitário são consideradas pelos magistrados nas decisões que proferem. O procedimento adotado é o bibliográfico, mediante consultas à legislação, à doutrina, a artigos científicos e a pesquisas referentes ao tema em questão.

Em um primeiro momento, serão analisados os princípios e os vetores norteadores da implementação dos direitos sociais, passando de forma concisa por conceitos como o da máxima efetividade, da reserva do possível e do mínimo existencial. Em seguida, será abordada a questão da judicialização do direito à saúde, com apontamentos sobre a legitimidade

**2.3** | *Fundamento técnico das decisões judiciais na área da saúde*
Leal | Leme |

do Poder Judiciário para a solução de questões na área, além de aspectos decorrentes da titularidade da ação e da necessidade de apoio técnico para embasar as decisões. Finalmente, serão apresentados dados do Insper (2019), quanto a elementos relacionados à judicialização da saúde, e do TS/SP, quanto à estruturação e utilização do NAT-Jus.

Pretende-se demonstrar o distanciamento entre a atuação judicial na área da saúde e o aparato técnico colocado à disposição dos magistrados, o que leva a decisões casuísticas que podem, em um grau máximo, desordenar a elaboração de políticas públicas na área.

## 2.3.1. POSITIVAÇÃO DOS DIREITOS FUNDAMENTAIS SOCIAIS

A emancipação dos indivíduos, propiciada em especial pelas Declarações de Direitos Humanos estadunidense e francesa (século XVIII), teve como reflexo a perda da proteção dos grupos sociais aos quais se submetiam, tornando-os mais vulneráveis (COMPARATO, 2016). Em substituição, a segurança dessas pessoas passou a ser garantida pela legalidade, com uma promessa de igualdade de todos perante a lei que o capitalismo logo rompeu diante da intransponível desigualdade na relação patrão-operário, impingindo à classe trabalhadora, economicamente vulnerável, condições indignas de trabalho, diante da inserção na lógica do mercado e da sujeição à lei da oferta e da procura (FERREIRA FILHO, 2012). Dessa forma, para proporcionar igualdade de condições no acesso a bens e serviços, não foi suficiente a declaração de igualdade formal associada às Declarações de Direitos Humanos que se forjaram nos séculos XVII e XVIII. A realidade demonstrou que, sem um conjunto de garantias mínimas para seu exercício, as liberdades públicas não passariam de falácias e que era preciso assegurar a todos o mínimo de dignidade e de efetiva igualdade de oportunidades (DALLARI, 2004).

Diante desse quadro e a partir da atuação de movimentos sociais, a solidariedade surgiu como um dever jurídico na busca de justiça social, com a necessária distribuição de renda para a formação de uma sociedade equilibrada e a consolidação da igualdade material. Assim, passaram a serem reconhecidos os direitos sociais, que têm por objetivo corrigir desigualdades na distribuição de riquezas mediante a responsabilização de todos pelas carências de alguns segmentos sociais. Não obstante possuam uma dimensão negativa (defensiva), eles, em sua maioria, dependem de uma prestação por parte do Estado (dimensão positiva).

Comparato (2016, p. 79) ensina que os direitos sociais "se realizam pela execução de políticas públicas, destinadas a garantir amparo e proteção social aos mais fracos e mais pobres; ou seja, aqueles que não dispõem de recursos próprios para viver dignamente".

A Constituição Federal de 1988 (BRASIL, 1988) estabelece como objetivos fundamentais da República erradicar a pobreza e a marginalização, bem como reduzir as desigualdades sociais e regionais (artigo 3º, inciso III). Para a consecução desses objetivos, elenca em capítulo próprio inserido no título dos direitos fundamentais, mais especificamente (mas não apenas) no artigo 6º, os direitos sociais, prevendo garantias e mecanismos para a consecução deles ao longo do texto, a exemplo dos artigos do 7º até o 11, bem como o artigo 193 e seguintes. Com a finalidade de blindar referidos direitos à atuação do legislador constituinte derivado, eles ainda foram inseridos no rol de cláusulas pétreas previstas no artigo 60, parágrafo 4º.

## 2.3.2. PRINCÍPIOS E ASPECTOS DA CONCRETIZAÇÃO DOS DIREITOS SOCIAIS

Os direitos de liberdade e os direitos sociais guardam dependência entre si, são dimensões indissociáveis da dignidade da pessoa humana e vêm positivados na Constituição Federal (CF/1988) em comandos imperativos, podendo ser exercidos autonomamente por quaisquer indivíduos (universalidade), embora tenham expressão coletiva. "Na condição de direitos subjetivos, operam como direitos de defesa e direitos a prestações, que podem ser tanto direitos a prestações fáticas, quanto direitos

##### 2.3 | *Fundamento técnico das decisões judiciais na área da saúde*
Leal | Leme

a prestações normativas, de caráter organizatório e procedimental" (SARLET; MARINONI; MITIDIERO, 2017, p. 605).

No que concerne à determinação da medida em que os interesses sociais são exigíveis, parte da doutrina os reconhece como direitos fundamentais e defende que o artigo 5º, §1º da CF/1988, deve ser interpretado como um princípio, garantindo-se a máxima efetividade possível. Assim, os direitos fundamentais (inclusive os prestacionais) sempre estão aptos a gerar efeitos jurídicos e são diretamente aplicáveis, de modo que a eficácia deles depende da forma como estão positivados no texto constitucional e das peculiaridades do objeto que possuem (SARLET, 2011, p. 281).

Qualificando-se os direitos sociais como *prima facie*, poderão ser exercidos na medida do possível com base na fundamentalidade e no respeito ao mínimo existencial, sempre que houver necessidade de ponderação frente a outros direitos (BARROSO, [2007?]).

Embora o texto constitucional indique os caminhos para a concretização dos direitos sociais, quando se exigem prestações materiais, limitações de recursos e mesmo de meios, impede-se que todos eles sejam efetivados em completa extensão. Isso ocorre porque se trata de direitos que, em regra, demandam uma prestação por parte do Estado e implicam uma criação e uma destinação de recursos.

Segundo Barroso (2016), são pressupostos para a efetividade da Carta Magna que o constituinte tenha senso de realidade e que não normatize o inalcançável, bem como que tenha boa técnica legislativa, identificando as posições dos indivíduos envolvidos, os bens jurídicos protegidos e as condutas exigíveis. É necessário, ainda, que haja boa vontade por parte do Poder Público para a determinação de concretizar os comandos da Constituição. Ademais, para a garantia da efetividade quando mais de uma interpretação for possível, deve-se prestigiar aquela que mais garanta a atuação da vontade da lei maior.

Além da interpretação das normas constitucionais, a efetivação dos direitos sociais depende da definição de seu conteúdo e da eleição de políticas públicas prioritárias com foco no atendimento das necessidades sociais básicas que envolvem planejamento orçamentário. Assim, o enfrentamento da questão orçamentária é de suma importância para a busca da concretização dos direitos sociais e, em decorrência da limitação de recursos, tomou corpo o conceito de "reserva do possível", o qual é alegado com frequência pela Fazenda Pública para justificar a necessidade de impor limites à sua efetivação.

Segundo Sarlet (2011, p. 287), a "reserva do possível" apresenta tríplice dimensão. A primeira delas tem relação com o aspecto fático, está ligada à disponibilidade real de recursos para a efetivação dos direitos fundamentais e deve ser interpretada como a possibilidade razoável de universalização de determinado direito social para todos que se encontrem na mesma situação. A segunda se baseia na disponibilidade jurídica dos recursos materiais e humanos que envolvem questões relacionadas à dotação orçamentária e à legalidade da despesa (o princípio da legalidade da despesa impõe a previsão orçamentária para a realização dos gastos, bem como a previsão das receitas correspondentes). Por fim, a terceira dimensão se relaciona à proporcionalidade da prestação, em especial no tocante à exigibilidade e razoabilidade dela, que culminará com a eleição do núcleo essencial de um direito em detrimento de outro. Assim, a análise deve ocorrer no caso concreto, com ponderação entre os interesses em conflito e com base no princípio da proporcionalidade, preservando-se o núcleo essencial de cada direito.

Desse modo, deve ser eleito o meio menos gravoso e, portanto, mais adequado e necessário para os fins visados a fim de restringir determinado direito fundamental, de modo que se obtenha mais benefício com a proteção do núcleo essencial de um direito fundamental social do que sacrifício gerado pela restrição do outro direito fundamental (proporcionalidade em sentido estrito) (BARROSO, 2016).

A cláusula da reserva do possível não pode justificar a falta de implementação de políticas públicas que visem à concretização de direitos sociais quando ainda não tiverem sido garantidas condições mínimas de existência digna, o que implicaria o desaparecimento das condições básicas

**2.3** | *Fundamento técnico das decisões judiciais na área da saúde*
Leal | Leme |

de liberdade e da possibilidade de participação no processo político. Assim, surge o conceito de mínimo existencial, o qual vem embasado nos artigos 1º, III; e 3º, III, da CF/1988 e, na lição de Barroso (2016, p. 214), configura-se como "o conjunto de condições materiais essenciais e elementares cuja presença é pressuposto da dignidade para qualquer pessoa. Se alguém viver abaixo daquele patamar, o mandamento constitucional estará sendo desrespeitado".

O agente político deve maximizar a utilização dos recursos, minimizar o impacto da reserva do possível e evitar que isso sirva de obstáculo à efetividade dos direitos sociais, não podendo erigir-se o conceito à barreira intransponível da submissão à análise judicial (SARLET, 2017).

A partir desse entendimento, não obstante os direitos sociais não serem absolutos e submeterem-se a alguns limites, defende-se que o uso da discricionariedade pelo agente público somente seria permitido a partir da satisfação das necessidades básicas do cidadão, de modo a garantir a este o mínimo necessário à dignidade. Isso ocorre porque, ausentes as condições mínimas para o exercício da cidadania, é nula a participação política na sociedade.

Outro princípio que embasa a atuação administrativa na implementação dos direitos sociais e a fiscalização que sobre ela se exerce é o da vedação ao retrocesso, que:

> [...] visa a impedir que o legislador venha a desconstituir pura e simplesmente o grau de concretização que ele próprio havia dado às normas da Constituição, especialmente quando se trata de disposições constitucionais que, em maior ou menor escala, acabam por depender dessas normas infraconstitucionais para alcançarem sua plena eficácia e efetividade. (ALEXANDRINO; PAULO, 2012, p. 101)

Esse princípio vincula não apenas o legislador constituinte derivado e o legislador infraconstitucional, mas também a atuação administrativa, e não confere imutabilidade às normas relativas a direitos sociais, o que garante patamares de continuidade que impedem a supressão ou mesmo a diminuição deles, sem alternativas ou compensações. Regulamentado um mandamento constitucional e instituído um direito, "ele se incorpora ao patrimônio jurídico da cidadania e não pode ser arbitrariamente suprimido" (BARROSO, 2006, p. 152).

O princípio do não retrocesso social foi acolhido em decisão unânime proferida pelo Plenário do Supremo Tribunal Federal (STF), que julgou a Ação Direta de Inconstitucionalidade (ADI) n° 1.946 MC/DF e deu ao artigo 14 da Emenda Constitucional nº 20, de 15 de dezembro de 1998, uma interpretação conforme à Constituição. Com isso, excluiu-se a aplicação de aludido dispositivo ao salário da licença-gestante, a que se refere o artigo 7º, inciso XVIII, da CF/1988.

### 2.3.3. O PODER JUDICIÁRIO E A EFETIVAÇÃO DOS DIREITOS SOCIAIS

Com a evolução do Estado Social para o Estado Democrático de Direito, o campo jurídico ganhou mais relevância e passou a ser visto como instrumento necessário para a concretização dos direitos sociais, em especial considerando-se que a democracia está intrinsicamente ligada à justiça em seu sentido material.

> [...] todas as normas constitucionais são normas jurídicas dotadas de eficácia e veiculadoras de comandos imperativos. Nas hipóteses em que tenham criado direitos subjetivos – políticos, individuais, sociais ou difusos – são elas, como regra, direta e imediatamente exigíveis do Poder Público ou do particular, por via de ações constitucionais ou infraconstitucionais contempladas no ordenamento jurídico. O Poder Judiciário, como consequência, passa a ter papel ativo e decisivo na concretização da Constituição. (BARROSO, 2016, p. 257)

No entanto, deve-se respeito à discricionariedade e às escolhas feitas pelo legislador de maneira legítima quando não estiverem em jogo os direitos fundamentais (ou quando estes tiverem sido respeitados segundo o conceito de mínimo existencial) ou a democracia, evitando-se que os

## 2.3 | Fundamento técnico das decisões judiciais na área da saúde
Leal | Leme |

tribunais se transformem em instância hegemônica e limitadora do debate político (BARROSO, 2012).

A judicialização implica a transferência de poder de outras instituições para as judiciais, as quais passam a decidir, de modo final, questões relevantes do ponto de vista político, social ou moral. As causas para o fenômeno estariam relacionadas à essencialidade de um Poder Judiciário forte e independente nas democracias; à crise de representatividade dos parlamentos; e ao fato de atores políticos preferirem evitar desgastes quanto a questões polêmicas sobre as quais haja desacordo razoável na sociedade, a exemplo das uniões homoafetivas ou da interrupção de gestação (BARROSO, 2012).

O grande desafio do Poder Judiciário na implementação dos direitos sociais é desincumbir-se do exercício da função jurisdicional, promovendo a distribuição das vantagens e desvantagens da vida em sociedade a todos os cidadãos de forma justa e proporcional e buscando a redução de conflitos para atingir a igualdade material. Para tanto, deve valer-se de princípios jurídicos, como os da razoabilidade e da proporcionalidade, balanceando os interesses em conflito; observando os fins sociais da lei e as exigências do bem comum; e atentando-se para não criar grupos de favorecidos.

Essa tarefa não constitui simples aplicação de normas entre indivíduos que buscam a satisfação de sua pretensão individual, tampouco a aplicação da justiça comutativa (que tem por objeto a manutenção da igualdade nas trocas e o equilíbrio entre os iguais) no espectro maior da justiça distributiva. Trata-se de garantir a efetivação de direitos sociais, que não são submetidos ao regime de propriedade ou regulados por interesses meramente privados.

No julgamento da Ação de Descumprimento de Preceito Fundamental (ADPF) nº 45/DF (DJe em 04/05/2004), o Ministro Celso de Mello manifestou que, a priori, não compete ao Poder Judiciário a elaboração e a implementação de políticas públicas, ponderando que:

> [...] tal incumbência, embora em bases excepcionais, poderá atribuir-se ao Poder Judiciário, se e quando os órgãos estatais competentes, por descumprirem os encargos político-jurídicos que sobre eles incidem, vierem a comprometer, com tal comportamento, a eficácia e a integridade de direitos individuais e/ou coletivos impregnados de estatura constitucional, ainda que derivados de cláusulas revestidas de conteúdo programático. (ADPF n° 45-9, 2004, não paginado)

Essa forma de atuação na prestação jurisdicional que visa à implementação dos direitos sociais é alvo de diversas críticas e obstáculos. Alguns deles partem do argumento de que a atuação do Poder Judiciário seria antidemocrática e feriria os princípios da separação de poderes e da legalidade. Porém, conforme ensinamentos de Daniel Sarmento (2010), a base da argumentação não se sustenta, tendo em vista: a) a crise da democracia representativa em face da falta de credibilidade das instituições de representação popular (justamente um dos fatores que levariam à judicialização, conforme acima referido); b) o fato de que liberdade e cidadania somente podem ser exercidas de modo efetivo se forem asseguradas condições mínimas para viver com dignidade, com possibilidade de discussões conscientes sobre a vida política; e c) o dever que o Poder Judiciário tem de aplicar as normas constitucionais, inclusive aquelas relativas aos direitos fundamentais sociais.

Outro aspecto apontado na busca pela restrição da atuação judicial refere-se ao fato de que a fiscalização e a implementação das políticas públicas pelos juízes despertam o temor de um governo de magistrados ou um ativismo judicial devido a uma série de decisões mais ousadas decorrentes de um modo proativo de interpretação da Constituição, com expansão de seu alcance, nas quais não apenas foram declaradas as omissões, mas também foram de fato indicadas as formas de suprimi-las.

Questão que também é colocada na busca pela limitação da atuação jurisdicional deriva de argumentos no sentido de que faltariam, ao Poder Judiciário, as mesmas capacidades institucionais das quais os Poderes Executivo e Legislativo dispõem para tomar determinadas decisões

**2.3** | *Fundamento técnico das decisões judiciais na área da saúde*
Leal | Leme |

complexas acerca de uma série de demandas sociais, em especial no que concerne à alocação dos recursos públicos e à opção estratégica na formulação de políticas de assistência social.

Assim, argumenta-se que, em se tratando da realização de direitos prestacionais que dependam de recursos e de atuações concretas, é de suma importância que o juiz disponha de um corpo técnico apto a habilitá-lo com as informações necessárias. É nesse sentido que expõe Barroso (2012, p. 12):

> Capacidade institucional envolve a determinação de qual Poder está mais habilitado a produzir a melhor decisão em determinada matéria. Temas envolvendo aspectos técnicos ou científicos de grande complexidade podem não ter no juiz de direito o árbitro mais qualificado, por falta de informação ou de conhecimento específico. Também o risco de efeitos sistêmicos imprevisíveis e indesejáveis podem recomendar uma posição de cautela e de deferência por parte do Judiciário. O juiz, por vocação e treinamento, normalmente estará preparado para realizar a justiça do caso concreto, a microjustiça, sem condições, muitas vezes, de avaliar o impacto de suas decisões sobre um segmento econômico ou sobre a prestação de um serviço público. (BARROSO, 2012, p. 12)

## 2.3.4. A TITULARIDADE DOS DIREITOS SOCIAIS: AÇÕES INDIVIDUAIS E AÇÕES COLETIVAS

O Poder Judiciário apenas age mediante provocação, e as ações individuais são um dos instrumentos na busca de concretização dos direitos sociais, tendo em vista que estes não se confundem com direitos coletivos em sentido lato e a titularidade deles é tanto individual quanto coletiva. Nesse sentido, a titularidade individual não poderia deixar de lhes ser atribuída, quanto mais considerando sua intrínseca ligação com o princípio da dignidade da pessoa humana e a garantia do mínimo existencial.

Porém, tendo em vista que os não se submetem ao regime de propriedade, direitos sociais tampouco são regulados por interesses meramente privados. Concessões de caráter individual podem resultar na violação dos princípios da igualdade, da universalidade e da impessoalidade, com desprestígio da ordem cronológica e da necessidade dos que buscam a satisfação do mesmo direito, uma vez que o objeto deste não seria a simples satisfação de interesses bilaterais.

Além disso, os problemas referentes às ações individuais não se restringem apenas a questões relacionadas ao provimento que delas eventualmente derive, mas também a limitações do próprio acesso à Justiça, pois, enquanto as ações coletivas abrangem toda uma categoria de pessoas, inclusive as mais fragilizadas, as demandas individuais muitas vezes são propostas por aqueles que têm mais conhecimentos sobre os próprios direitos e melhores condições de buscá-los pela via judicial, conforme expõe Barroso (2007?, p. 27):

> As políticas públicas de saúde devem seguir a diretriz de reduzir as desigualdades econômicas e sociais. Contudo, quando o Judiciário assume o papel de protagonista na implementação dessas políticas, privilegia aqueles que possuem acesso qualificado à Justiça, seja por conhecerem seus direitos, seja por poderem arcar com os custos do processo judicial. Por isso, a possibilidade de o Judiciário determinar a entrega gratuita de medicamentos mais serviria à classe média que aos pobres. Inclusive, a exclusão destes se aprofundaria pela circunstância de o Governo transferir os recursos que lhes dispensaria, em programas institucionalizados, para o cumprimento de decisões judiciais, proferidas, em sua grande maioria, em benefício da classe média. (BARROSO, [2007?], p. 27)

Dessa forma, embora não haja unanimidade a respeito do tema, afigura-se que as demandas coletivas sejam mais adequadas do que as individuais para buscar a efetivação de políticas públicas em consonância com o princípio da igualdade, ainda mais se for considerado que a fruição dos direitos sociais é distinta no caso dos individuais. Ademais, as demandas coletivas permitem a análise do contexto geral quanto aos beneficiários e do total de recursos disponíveis e viabilizam o exame quanto à possibilidade de universalização do direito social pretendido e

**2.3** | *Fundamento técnico das decisões judiciais na área da saúde*
Leal | Leme |

o impacto de eventual decisão nas finanças públicas, evitando-se o risco de efeitos sistêmicos e indesejáveis (macrojustiça) (BARROSO, [2007?]).

Na mesma linha, ensina Sarmento (2010, p. 210):

> O processo judicial foi pensado com foco nas questões bilaterais da justiça comutativa, em que os interesses em disputa são apenas aqueles das partes devidamente representadas. Contudo, a problemática subjacente aos direitos sociais envolve sobretudo questões de justiça distributiva, de natureza multilateral, já que, diante da escassez, garantir prestações a alguns significa retirar recursos do bolo que serve aos demais. Boas decisões nesta área pressupõem a capacidade de formar uma adequada visão de conjunto, o que é muito mais difícil de se obter no âmbito de um processo judicial. [...] Na verdade, o processo judicial tende a gerar uma "visão de túnel", em que muitos elementos importantes para uma decisão bem informada são eliminados do cenário. (SARMENTO, 2010, p. 210)

Atento a essas questões, o legislador infraconstitucional previu, no artigo 333 do Código de Processo Civil (CPC – Lei nº 13.105, de 16 de março de 2015) (BRASIL, 2015), a possibilidade de conversão de ações individuais em coletivas, atendidos os requisitos ali previstos. Esse dispositivo foi, no entanto, vetado, diante de manifestação da Advocacia Geral da União (AGU).

Não obstante isso, prevaleceu, em referido Código, o artigo 139, o qual trata das demandas repetitivas e prevê que, quando o magistrado se deparar com diversos processos individuais repetitivos, caberá a ele oficiar aos legitimados (em especial ao Ministério Público e à Defensoria Pública) a propositura de ações coletivas para que seja analisada a conveniência do ajuizamento do caso.

As Jornadas Nacionais da Saúde, do Conselho Nacional de Justiça (CNJ), são compostas por eventos que fazem parte das ações do Fórum Nacional do Judiciário para a Saúde, criado em 2010. Elas têm por objetivo debater os problemas inerentes à judicialização da saúde e apresentar enunciados interpretativos sobre questões relacionadas ao tema. Justamente nesse sentido, foi firmado o Enunciado n° 81, o qual prevê que, em caso de demandas individuais repetitivas que indiquem ineficiência específica no atendimento, o magistrado deverá comunicá-las aos legitimados, ao gestor público, aos Conselhos de Saúde e aos Comitês Executivos Estaduais e Distrital de Saúde, para a propositura de ações coletivas.

Assim, em que pesem as considerações contrárias acerca de demandas individuais, não há como deixar de reconhecer que, em caso de não atuação de autores coletivos, a reiterada busca por provimentos judiciais de forma individual em temas que afetam toda a coletividade, apesar da fragmentariedade dessas questões, pode induzir à efetivação ou à correção de rumo de diretrizes para solução de determinados problemas públicos.

### 2.3.5. A JUDICIALIZAÇÃO DA SAÚDE

A saúde, a partir da CF/1988 (BRASIL, 1988), é considerada como um direito social fundamental (artigo 6º) e não se restringe apenas a questões individuais, mas abrange também aspectos sociais. Ela é assim definida no preâmbulo da Constituição da Organização Mundial de Saúde (OMS/WHO, 1946). A Organização Pan-Americana de Saúde (2016, não paginado), por sua vez, descreve-a como "estado de completo bem-estar físico, mental e social e não apenas a ausência de doença".

É certamente um dos direitos sociais mais esmiuçados na Constituição de 1988, que a ela dedica toda uma seção a partir do artigo 196: "A saúde é direito de todos e dever do Estado, garantido mediante políticas sociais e econômicas que visem à redução do risco de doença e de outros agravos e ao acesso universal e igualitário às ações e serviços para sua promoção, proteção e recuperação." (BRASIL, 1988, não paginado).

Assim, a partir de 1988, o direito à saúde foi positivado em termos mais abrangentes e todos passaram a ser titular desse direito, independentemente de estarem inseridos no mercado de trabalho mediante vínculo formal. Isso se deu com a criação de garantias jurídicas de diversas ordens para a definição e a efetivação desse direito: 1. Garantias obrigacionais: saúde como dever do Estado; 2. Garantias financeiras: vinculação

## 2.3 | Fundamento técnico das decisões judiciais na área da saúde
Leal | Leme |

orçamentária; e 3. Garantias institucionais: criação do Sistema Único de Saúde (SUS) e de seus princípios. Além disso, a regulamentação infraconstitucional vem desenhada por significativa e abrangente legislação, a exemplo da Lei Orgânica da Saúde, Lei nº 8.080, de 19 de setembro de 1990 (BRASIL, 1990), que dispõe sobre a organização do SUS e o fornecimento de medicamentos. É extremamente marcante a interdependência do direito à saúde com outros bens e direitos fundamentais, como o direito à vida e o princípio da dignidade da pessoa humana.

Positivando o legislador constitucional que se garantirá a saúde por meio de políticas públicas, emerge a exigência de ações estatais para sua concretização e, uma vez que é garantida, como um direito de todos, a sua natureza de direito subjetivo sobressai, com clara possibilidade de busca por concretização pela via judicial, tanto por meios individuais quanto coletivos.

A posição jurisprudencial acerca do tema variou ao longo do tempo. Em um primeiro momento, negou-se a viabilidade judicial do direito à saúde, sob o fundamento de que as políticas públicas sanitárias seriam submetidas a critérios de conveniência e oportunidade. Em seguida, os tribunais superiores brasileiros passaram a entender que o acesso às prestações materiais em saúde seria praticamente irrestrito, com vista a resguardar a dignidade da pessoa humana. Já o cenário atual, que ainda está em construção, indica prevalência de uma posição intermediária conciliadora entre as necessidades do cidadão e a observância da racionalidade das políticas públicas sanitárias (BALESTRA NETO, 2015).

Segundo pesquisa realizada pelo Insper (2019, p. 13), a área da saúde atinge aproximadamente 10% da renda nacional e cresceu de forma elevada nos últimos anos, tanto em volume quanto em custos. A demanda por recursos gera conflitos nas searas política e judicial com o aumento das demandas judiciais de forma exponencial (p. 46), considerando-se, principalmente, a escassez de recursos e a complexidade dos padrões epidemiológicos no Brasil. Diante dessa realidade, debates quanto à atuação judicial na resolução de questões relacionadas ao tema envolvem o alcance do direito à saúde (devendo se afastar da conceituação imprecisa e das generalizações), bem como a identificação do conjunto de normas que regem as políticas públicas sanitárias e a repercussão das decisões no orçamento público.

Diante do fenômeno que se tem convencionado chamar de judicialização da saúde e da necessidade de aprimoramento da atuação judicial nessa área, com planejamento e gestão de fiscalização de políticas judiciárias, o CNJ tem atuado de maneira significativa, com a manutenção de iniciativas como o Fórum Nacional do Judiciário para Saúde (2010) e as Jornadas de Direito da Saúde (2014, 2015 e 2019). Nelas, aprovam-se enunciados interpretativos para orientar os magistrados sobre saúde pública, saúde suplementar e biodireito, racionalizando as decisões e facilitando o acesso às normas do SUS.

Em 2010, o CNJ expediu a Recomendação nº 31 (CONSELHO NACIONAL DE JUSTIÇA, 2010b), que "recomenda aos Tribunais a adoção de medidas visando a melhor subsidiar os magistrados e demais operadores do direito, para assegurar maior eficiência na solução das demandas judiciais envolvendo a assistência à saúde". A recomendação se fundamentou na quantidade de demandas na área da saúde (e os reflexos dela nos recursos públicos) e no *quantum* apurado na Audiência Pública nº 4 (STF), a qual, entre outros fatores, considerou a carência de informações clínicas prestadas aos magistrados e a necessidade de assegurar a sustentabilidade e o gerenciamento do SUS.

As propostas formuladas, que se materializaram na forma de recomendação, tiveram como destinatários os Tribunais e as Escolas de Formação e Aperfeiçoamento de Magistrados e dizem respeito desde o necessário apoio técnico aos magistrados e a consulta prévia ao órgão público quanto ao pleito formulado até a inserção do direito sanitário como matéria autônoma nos concursos de ingresso e cursos de especialização.

O CNJ também encomendou ao Insper a realização da pesquisa que resultou no trabalho "Judicialização da saúde no Brasil: perfil das demandas, causas e propostas de solução" (INSPER, 2019). Esse estudo

**2.3** | *Fundamento técnico das decisões judiciais na área da saúde*
Leal | Leme |

(que analisou as informações recebidas de Tribunais quanto às ações em segundo grau de jurisdição, no período de 2008 até 2017) revelou que as demandas judiciais relativas à saúde, quando comparadas ao número de outras áreas, cresceu mais do que o dobro no período, ou seja, cresceram 130%, enquanto a quantidade total de processos judiciais cresceu 50%. O montante gasto em decorrência dessa movimentação do judiciário em litígios relativos à saúde pode afetar a alocação discricionária de recursos (a exemplo dos destinados para medicamentos). Além disso, esse crescimento impacta não apenas o sistema de saúde, mas também o sistema judiciário como um todo, tendo em vista que ele é inundado de processos relacionados ao tema.

A pesquisa traz a conclusão-síntese na constatação de que não há um único fenômeno de judicialização da saúde, mas uma variedade considerável de assuntos, motivos de litigar e consequências sobre as políticas de saúde pública e de saúde suplementar. Isso implica a dificuldade de estabelecer causas e efeitos, pois a judicialização na seara pública pode decorrer, por exemplo, tanto da ineficiência de determinada política pública quanto dos pedidos individuais com solicitações de procedimentos e tratamentos não disponibilizados.

No aspecto técnico, conforme já abordado, é de suma importância o exame dos instrumentos administrativos do sistema, bem como dos órgãos técnicos que podem auxiliar o magistrado nas decisões. Não obstante a relevância do tema, que inclusive tem motivado a atuação do CNJ, a pesquisa realizada apurou que, na maior parte das decisões, não há qualquer menção a regulamentações ou a órgãos de apoio técnico, o que implicaria um distanciamento entre a política pública já formulada e o Poder Judiciário (INPSER, 2019, p. 66).

Nas sentenças, foram verificadas nas seguintes proporções as referências aos Núcleos de Avaliação de Tecnologias da Saúde (NAT) e à Comissão Nacional de Incorporação de Tecnologias ao SUS (Conitec), ambos criados pelo CNJ em 2011 e incorporados com obrigatoriedade em todos os Estados: Norte: 25%; Nordeste: 26%; Sudeste: 20%; Centro-Oeste:

42%; e Sul: 21%, sendo os NATs os mais citados. É inviável, no entanto, a identificação de quais juízos valorativos foram emitidos em cada menção (INSPER, 2019, p. 65).

Quanto a outros elementos fundamentais para a estratégia de acesso a tecnologias formalmente incorporadas aos SUS, o Insper (2019) buscou menções a três listas públicas que definem o conjunto de medicamentos e serviços disponibilizados na rede pública, garantindo-se uma maior cobertura e racionalizando-se o gasto: a Relação Nacional de Medicamentos Essenciais (Rename), a Relação Nacional de Ações e Serviços de Saúde (Renases) e as relações municipais de medicamentos (Remune). A menção às listas de medicamentos foi extremamente baixa no quadro geral (menos de 5%) (p. 67), ainda que alguns tribunais apresentassem números mais elevados – os tribunais do Norte, nesse sentido, apresentaram a maior proporção, mas ainda abaixo de 8% (p. 67). O estudo chegou à conclusão de que haveria alta judicialização de tecnologias de saúde e serviços não listados e que, mesmo assim, estes foram objeto de decisão sem qualquer referência às listas. Não houve consulta a elas nem sequer para justificar o deferimento ou não da medida face à ausência de previsão.

Os dados obtidos com a pesquisa indicam que as políticas de gestão da judicialização do CNJ e as propostas da própria política de saúde, em geral, recebem pouca atenção de juízes, o que é extremamente preocupante, em especial quando se considera o volume de recursos que a saúde movimenta.

Barroso ([2007?]) pondera que o casuísmo da jurisprudência brasileira, além de decisões "extravagantes ou emocionais" que condenam a Administração ao custeio de tratamentos e medicamentos inacessíveis, não essenciais ou duvidosos em eficácia, podem desorganizar a atividade administrativa, interferir na alocação racional de recursos e impedir a efetivação de políticas coletivas para a promoção da saúde.

Nesse sentido, quando o mínimo existencial se torna o máximo, com deferimento de medicamentos e tecnologias com custos tão exorbitantes que nenhum sistema público de saúde tem condições de suportar sem

## 2.3 | Fundamento técnico das decisões judiciais na área da saúde
Leal | Leme |

prévia análise e inclusão em seus programas, a rede pública de saúde vê seus recursos esvaziados em evidente prejuízo dos mais pobres (MAPELLI JUNIOR, 2015).

### 2.3.6. DAS DEMANDAS JUDICIAIS RELATIVAS AO DIREITO À SAÚDE NO TJSP

O Insper (2019, p. 108) revelou que os caminhos administrativos decorrentes de parcerias entre a Secretaria do Estado da Saúde, o Ministério Público Estadual e a Defensoria Pública Estadual geraram redução de 15% na propositura de novas ações relacionadas ao direito à saúde.

Não obstante as iniciativas vigentes no âmbito administrativo, os dados apresentados pela pesquisa apontaram que a Justiça Estadual de São Paulo é uma das principais responsáveis por grande parte do número de processos no Brasil, tendo sido distribuídas 116.518 ações relacionadas apenas a planos de saúde no período abrangido pelo estudo (INSPER, 2019, p. 49).

A pesquisa também analisou 107.497 ações em curso em primeira instância que têm o direito à saúde como objeto e apurou que 17% delas, no máximo, foram coletivas (p. 79); que menos de 8% das decisões mencionaram relatórios e protocolos técnicos; e que os itens mais buscados são exames, insumos, materiais, medicamentos, órteses, próteses e auxiliares. Além disso, o documento do Instituto também traz que os medicamentos importados eram os mais buscados, que menos de 27% dos demandantes foram considerados hipossuficientes e que 74% das ações foram julgadas procedentes (p. 79).

O documento revelou, ainda, que a proporção de citações à Agência Nacional de Vigilância Sanitária (Anvisa) varia de acordo com cada tipo de provimento, aparecendo em 1,2% nos casos de decisões procedentes; 7,52% nas parcialmente procedentes; 3,02% nas improcedentes e em 26,22% nas extintivas de processo. O padrão é semelhante em relação a citações à Conitec: 1,38% dos casos de improcedência e 0,13% nas decisões dos julgamentos procedentes (INSPER, 2019, p. 80).

Detectaram-se referências ao CNJ em apenas 0,42% das ações procedentes e 1,7% das improcedentes. Quanto aos NATs, apenas 0,01% das decisões judiciais no TJ/SP lhes fizeram menção.

Precedente do STF sobre judicialização da saúde ao estabelecer parâmetros para a intervenção judicial em políticas públicas, com a determinação de que a dignidade da pessoa humana deve ser o embasamento último à provisão de direitos sociais e com a limitação dos argumentos relacionados à escassez de recursos, a ADPF nº 45 foi citada pela pesquisa do Insper (2019, p. 80) em 1% de todas as decisões (1% das decisões de procedência e em 0,34% das de improcedência), em especial no caso de pedidos de medicamentos.

Além disso, os dados apontados na pesquisa vêm corroborados pela investigação realizada por Mapelli Junior (2015), que levantou informações sobre medicamentos, insumos terapêuticos e produtos diversos, objeto de ações judiciais registradas no Sistema Informatizado da Coordenação de Demandas Estratégicas do SUS (Codes) da Secretaria de Estado de Saúde de São Paulo no período de 2011 até 2014. Esse levantamento apontou um acréscimo gradual das ações propostas contra o Estado, que saltaram de 9.385, em 2010, para 14.383, em 2014, com impacto financeiro na monta de 395 milhões de reais naquele último ano, em um orçamento global estimado em torno de 18 bilhões de reais (SÃO PAULO, 2019). Desse valor, 325 milhões de reais foram gastos apenas com medicamentos, sendo que 58,23% deles se referiam àqueles não padronizados pelo SUS e consumiram 190 milhões de reais. Os mais judicializados foram as insulinas análogas de longa duração e as de ação rápida para o tratamento de *diabetes mellitus* tipo I, embora houvesse equivalentes disponibilizados pelos SUS e existisse parecer técnico-científico contrário da Conitec (MAPELLI JUNIOR, 2015, p. 31).

Uma das conclusões apontadas por Mapelli Junior (2015) é a de que, ao menos nas ações de natureza individual, a intervenção jurisdicional

**2.3** | *Fundamento técnico das decisões judiciais na área da saúde*
Leal | Leme |

está caracterizada pela recusa em bloco de toda a legislação sanitária que regulamenta o direito à saúde e o regime jurídico-constitucional do SUS, o que levaria a uma ruptura do Estado Democrático de Direito e colocaria em risco o projeto do SUS.

## 2.3.7. OS NATS-JUS E A EXPERIÊNCIA DO TRIBUNAL DE JUSTIÇA DE SÃO PAULO

Os NATs-Jus foram idealizados pelo CNJ e têm por objetivo o cadastro de pareceres, notas e informações técnicas para fornecer aos magistrados subsídios "para assegurar maior eficiência na solução das demandas judiciais envolvendo a assistência à saúde" (CONSELHO NACIONAL DE JUSTIÇA, 2010b, não paginado).

Para monitoramento e resolução das demandas de assistência à saúde, o Fórum Nacional do Judiciário, instituído pelo CNJ (2010a), elabora estudos mediante o monitoramento de ações judiciais que envolvam prestações de assistência à saúde. Além disso, propõe medidas concretas que visam à otimização da prestação jurisdicional, prevenção de conflitos judiciais e definição de estratégias nas questões de direito sanitário.

Assim, com base nas diretrizes da Resolução CNJ nº 107/2010 e as orientações da Recomendação CNJ nº 43/2013 (CONSELHO NACIONAL DE JUSTIÇA, 2013) – a qual recomendou aos Tribunais de Justiça e aos Tribunais Regionais Federais que promovessem a especialização de varas para processar e julgar ações que tenham por objeto o direito à saúde pública; e priorizar o julgamento dos processos relativos à saúde suplementar –, foi editada a Resolução CNJ nº 238/2016 (CONSELHO NACIONAL DE JUSTIÇA, 2016, não paginado), que determinou "a criação e manutenção, pelos Tribunais de Justiça e Regionais Federais de Comitês Estaduais da Saúde", com atribuição, entre outras, de "auxiliar os tribunais na criação de Núcleos de Apoio Técnico do Judiciário (NAT-Jus), constituído de profissionais da Saúde, para elaborar pareceres acerca da medicina baseada em evidências", com "função exclusivamente de apoio técnico".

Seguindo essa normatização, o TJ/SP implantou, em setembro de 2018, o projeto-piloto do NAT-Jus/SP, o qual, em princípio, atendeu da 41ª à 45ª Vara Civil do Fórum João Mendes Júnior, partes da Unidade de Processamento Judiciário 1 (UPJ1) e do Foro Regional de Santo Amaro. O atendimento foi expandido em 2019 para as Varas da Infância e Juventude da Capital para Seção de Direito Privado – Subseção I e para as Varas de Direito Público e Fazenda. Recentemente, foi também expandido para todo o estado de São Paulo.

Mais do que formar um banco de dados, disponível para consulta na biblioteca NAT-Jus/SP, na página do TJ/SP (SÃO PAULO, 2020), o objetivo do Núcleo é auxiliar os magistrados nas demandas judiciais na área da saúde por meio de respostas, notas e pareceres técnicos com fundamentos científicos e utilização das metodologias e instrumentos da medicina baseada em evidências.

O órgão possui estrutura administrativa composta por quatro funcionários: uma Coordenadora de Assistência e Promoção à Saúde do TJ/SP, pertencente à SGP 4.2; uma médica e uma enfermeira judiciárias, ambas com dedicação exclusiva ao NAT-Jus; e um escrevente técnico judiciário. A capacitação dos integrantes do NAT-Jus/SP vem sendo realizada por meio da participação em oficinas relacionadas ao tema e do curso "Saúde baseada em evidências e as decisões judiciais", promovido pelo CNJ em parceria com o Hospital Sírio-Libanês, com duração de 290 horas.

As solicitações dos magistrados são encaminhadas exclusivamente via e-mail ao endereço eletrônico nat.jus@tjsp.jus.br, não havendo regulamentação quanto aos documentos a serem juntados. Em geral, são requeridos: o formulário do CNJ, o relatório atualizado de condição clínica e exames relacionados à prescrição médica. Esses documentos serão analisados pela equipe técnica do Núcleo, que, caso necessário, solicitará a complementação das informações. Está em desenvolvimento um sistema informatizado para as solicitações e o envio de respostas referentes ao NAT-Jus/SP que, em breve, estará disponível na página do TJ/SP. As respostas e as notas técnicas são elaboradas pelas instituições de ensino e pesquisa

## 2.3 | Fundamento técnico das decisões judiciais na área da saúde
### Leal | Leme

conveniadas para a prestação do serviço técnico para o Tribunal, sendo apenas pequena parte delas elaborada pela própria equipe. Inicialmente, as instituições conveniadas foram o Instituto de Pesquisas Energéticas (Ipen), Hospital E. Jesus Zerbini e Hospital das Clínicas da Faculdade de Medicina de Botucatu. Posteriormente, foi incluído também o Hospital das Clínicas da Faculdade de Medicina da Universidade de São Paulo (HCFMUSP), mediante convênio firmado em 3 de junho de 2019. O Tribunal está na fase final das tratativas para a assinatura de termo de convênio com a Sociedade Brasileira de Neurocirurgia e a Faculdade de Odontologia da USP. A elaboração dos pareceres é de responsabilidade do Hospital Sírio-Libanês, que possui convênio com o CNJ e o Ministério da Saúde, por meio do Programa de Apoio ao Desenvolvimento Institucional do SUS (Proadi-SUS).

O critério de distribuição das demandas às instituições conveniadas é o da especificidade. Assim, o Hospital de Transplantes E. de Jesus Zerbini presta respostas técnicas para as áreas de hematologia, urologia e enfermagem, enquanto o Ipen fornece informações sobre medicina nuclear e radioterapia. Os Hospitais das Clínicas de São Paulo e de Botucatu atendem à demanda geral, sem especificidade.

De sua implantação, em setembro de 2018, até agosto de 2020, o NAT-Jus/SP havia recebido 209 solicitações de respostas técnicas. Entre elas, 117 versavam sobre medicamentos; 43 sobre tratamento com equipe multidisciplinar; 21 sobre procedimentos médico-cirúrgicos; 18 sobre materiais e insumos; 4 sobre prótese; 6 sobre exames; 5 sobre dieta; 5 sobre consultas; e 1 sobre internação, com cumulação de temas em algumas delas. Diante das respostas técnicas recebidas, o andamento processual foi o seguinte: 41% dos pedidos foram julgados procedentes, houve indeferimento em 10% dos casos, em 18% foi dada ciência às partes, em 2% houve acordo entre os litigantes e em 29% das ações o andamento é ainda desconhecido.

# CONSIDERAÇÕES FINAIS

Ao longo do tempo, em especial após o cenário delineado pela Constituição de 1988, a judicialização do direito à saúde se intensificou, passando a ser uma das questões mais importantes da administração judiciária brasileira e gerando significativo impacto financeiro nas políticas públicas relacionadas ao tema.

Em um processo que ainda está em formulação, a jurisprudência de nossos tribunais superiores tem variado. Primeiro, passou pelo entendimento que negava a possibilidade de enfrentamento da questão pela via judicial, com prevalência e respeito a critérios de conveniência e oportunidade. Posteriormente, chegou ao entendimento de que o acesso seria irrestrito, resguardando-se a dignidade da pessoa humana. O cenário atual indica o predomínio de uma posição conciliadora entre, de um lado, as necessidades do cidadão, e, de outro, a observância do regramento sanitário e a racionalidade das políticas públicas, para fins de preservar a universalidade e a igualdade em face das questões que envolvem a existência e a alocação de recursos.

Apesar dessa alteração e do esforço que tem sido realizado pelos órgãos de cúpula do Poder Judiciário, a exemplo do CNJ e do TJ/SP, as pesquisas do Insper (2019) e de Mapelli Junior (2015) revelaram dados que sugerem que os juízes não têm considerado em suas decisões toda a extensa regulamentação do direito à saúde e as normas de organização e planejamento do SUS. Ainda, revelaram também que esse distanciamento tem gerado decisões que se desvinculam de aspectos técnicos e desconsideram as políticas públicas já formuladas.

Diante disso e pelo fato de que a judicialização da saúde pode ter impacto relevante no orçamento público, podendo chegar a comprometer a efetividade e a desestruturar toda uma política que já está implementada ou ao menos se encontra em vias de isso acontecer, há a premente necessidade de não apenas se discutir, mas de efetivamente se adotarem parâmetros técnicos para orientar a tutela jurisdicional, sob pena de romper em definitivo com a busca pela universalidade.

**2.3** | *Fundamento técnico das decisões judiciais na área da saúde*
Leal | Leme |

A conclusão a que se chega é a de que as escolhas precisam deixar de ser ancoradas em convicções individuais e efetuadas pelo julgador com base apenas no princípio da dignidade da pessoa humana ou na consideração do direito à saúde como ilimitado. Essas escolhas precisam, na verdade, respeitar parâmetros jurídicos, protocolos e diretrizes terapêuticas, com a consciência de que não se está a decidir entre direitos fundamentais e interesses econômicos do Estado, mas entre os direitos fundamentais de uns em relação aos direitos fundamentais de outros.

## REFERÊNCIAS

*ADPF nº 45-9*. Brasília, DF, [s.n.], 29 abr. 2004. Disponível em: <http://www.sbdp.org. br/arquivos/material/343_204%20ADPF%202045.pdf>. Acesso em: 14 jul. 2019.

ALEXANDRINO, Marcelo; PAULO, Vicente. *Resumo de direito constitucional descompli-cado*. 6. ed. São Paulo: Método, 2012.

BALESTRA NETO, Otávio. *A jurisprudência dos tribunais superiores e o direito à saú-de: evolução rumo à racionalidade*. Direito Sanitário, São Paulo, v. 16, n.1, p. 87-111, mar./jun. 2015. Disponível em: <http://www.revistas.usp.br/rdisan/article/view/100025/98615>. Acesso em: 10 jul. 2019.

BARROSO, Luís Roberto. *Constituição, Democracia e Supremacia Judicial: Direito e Política no Brasil contemporâneo*. Revista da Faculdade de Direito da UERJ, Rio de Janeiro, v. 2, n. 21, jan./jun. 2012. Disponível em: <https://www.e-publicacoes.uerj.br/index. php/rfduerj/article/view/1794/2297>. Acesso em: 10 jul. 2019.

BARROSO, Luís Roberto. *Curso de Direito Constitucional Contemporâneo: os conceitos fundamentais e a construção do novo modelo*. 5. ed. São Paulo: Saraiva, 2016.

_____. *Da falta de efetividade à judicialização excessiva: direito à saúde, fornecimento gratuito de medicamentos e parâmetros para a atuação judicial*. Rio de Janeiro: Procuradoria-Geral do Estado do Rio de Janeiro, [2007?]. Disponível em: <http: www.conjur. com.br/dl/estudobarroso.pdf>. Acesso em: 10 jul. 2019.

_____. *O direito constitucional e a efetividade de suas normas: limites e possibilidades da Constituição brasileira*. 8. ed. atual. Rio de Janeiro: Renovar, 2006

BRASIL. Presidência da República. Casa Civil. *Lei nº 8080, de 19 de setembro de 1990*. Brasília, DF, 1990. Disponível em: <http://www.planalto.gov.br/ccivil_03/_ato2015-2018/2015/lei/l13105.htm>. Acesso em: 11 jul. 2019.

_____. Presidência da República. Casa Civil. *Lei nº 13.105, de 16 de março de 2015: Código do Processo Civil*. Brasília, DF, 2015. Disponível em: <http://www.planalto. gov.br/ccivil_03/_ato2015-2018/2015/lei/l13105.htm>. Acesso em: 11 jul. 2019.

_____. Presidência da República. *Constituição da República Federativa do Brasil de 1988*. Brasília, DF, 1988. Disponível em: <http://www.planalto.gov.br/ccivil_03/constituicao/constituicao.htm>. Acesso em: 10 jul. 2019.

_____. Supremo Tribunal Federal. Coordenação de Análise de Jurisprudência. *Ação Direta de Inconstitucionalidade n. 1946-5 Distrito Federal*. Brasília, DF, 29 abr. 1999. Disponível em: <http://redir.stf.jus.br/paginadorpub/paginador.jsp?docTP=AC&docID=347341>. Acesso em: 12 jul. 2019.

_____. Supremo Tribunal Federal. Jurisprudência. *Habeas Corpus* n° 82.424. Brasília, DF, 19 mar. 2004. Disponível em: <http://www2.stf.jus.br/portalStfInternacional/cms/verConteudo.php?sigla=portalStfJurisprudencia_pt_br&idConteudo=185077&modo=cms>. Acesso em: 14 jul. 2019.

COMPARATO, Fábio Konder. *A afirmação histórica dos Direitos Humanos*. 10. ed. rev. e atual. São Paulo: Saraiva, 2016.

CONSELHO NACIONAL DE JUSTIÇA. *Atos administrativos. Resolução n° 107, 6 abr. 2010*. Brasília, DF, 2010a. Disponível em: <http://www.cnj.jus.br/busca-atos-adm?documento=2831>. Acesso em: 11 jul. 2019.

_____. *Atos normativos. Recomendação n° 31, de 30 mar. 2010*. Brasília, DF, 2010b. Disponível em: <http://projudios.cnj.jus.br/atos-normativos?documento=877>. Acesso em: 11 jul. 2019.

_____. *Atos normativos: Recomendação n° 43, de 20 ago. 2013*. Brasília, DF, 2013. Disponível em: <http://www.cnj.jus.br/atos-normativos?documento=1823>. Acesso em: 11 jul. 2019.

_____.. *Atos normativos: Recomendação n° 238, de 6 set. 2016*. Brasília, DF, 2016. Disponível em: <http://www.cnj.jus.br/atos-normativos?documento=2339>. Acesso em: 11 jul. 2019.

CONSTITUIÇÃO da Organização Mundial da Saúde (OMS/WHO) – 1946. São Paulo, Biblioteca Virtual de Direitos Humanos, [2019?]. Disponível em: <http://www.direitoshumanos.usp.br/index.php/OMS-Organiza%C3%A7%C3%A3o-Mundial-da-Sa%C3%BAde/constituicao-da-organizacao-mundial-da-saude-omswho.html>. Acesso em: 14 jul. 2019.

DALLARI, Dalmo de Abreu. *Direitos Humanos e Cidadania*. 2. ed. reform. São Paulo: Moderna, 2004.

FERREIRA FILHO, Manoel Gonçalves. *Direitos Humanos fundamentais*. 14. ed. rev. e aum. São Paulo: Saraiva, 2012.

INSTITUTO DE ENSINO E PESQUISA (INSPER). Relatório Analítico Propositivo. Justiça Pesquisa. *Judicialização da saúde no Brasil: perfil das demandas, causas e propostas de solução*. Brasília, DF: Conselho Nacional de Justiça, 2019. Pesquisa realizada pelo Insper encomendada pelo Conselho Nacional de Justiça. Disponível em: <https://static.poder360.com.br/2019/03/relatorio-judicializacao-saude-Insper-CNJ.pdf>. Acesso em: 10 jul. 2019.

LOPES, José Reinaldo de Lima. *Direitos humanos, direitos sociais e justiça*. São Paulo: Malheiros, 2002.

MAPELLI JUNIOR, Reynaldo. *Judicialização da saúde e políticas públicas: assistência farmacêutica, integralidade e regime jurídico-constitucional do SUS*. 390 p. 2015. Tese (Doutorado) – Faculdade de Medicina, Universidade de São Paulo, São Paulo, 2015. Disponível em: <http://www.teses.usp.br/teses/disponiveis/5/5151/tde-23022016-162923/pt-br.php>. Acesso em: 10 jul. 2019.

SÃO PAULO (Estado). *[Histórico de orçamento]*. São Paulo: 2019. Disponível em: <http://www.orcamento.planejamento.sp.gov.br/orcamento_historico>. Acesso em: 14 out. 2020.

_____. *Tribunal de Justiça. Acervo do TJSP*. São Paulo: 2020. Disponível em: <https://www.tjsp.jus.br/RHF/natjus>. Acesso em: 14 out. 2020.

SARLET, Ingo Wolfgang. *A eficácia dos direitos fundamentais: uma teoria geral dos direitos fundamentais na perspectiva constitucional*. 10. ed. Porto Alegre: Livraria do Advogado, 2011.

SARLET, Ingo Wolfgang; MARINONI, Luiz Guilherme; MITIDIERO, Daniel. *Curso de Direito Constitucional*. 6. ed. São Paulo: Saraiva, 2017.

SARMENTO, Daniel. *Por um Constitucionalismo Inclusivo: história constitucional brasileira, teoria da constituição e direitos fundamentais*. Rio de Janeiro: Lumen Juris, 2010.

TAVARES, André Ramos. *Curso de Direito Constitucional*. 10. ed. rev. e atual. São Paulo: Saraiva, 2012.

# 2.4

# Direito à saúde das pessoas com deficiência[1]

ORLANDO NARVAES DE CAMPOS
ROSA MARIA FERREIRO PINTO

## INTRODUÇÃO

DESDE os tempos mais remotos da história, as pessoas com deficiência[2] foram renegadas nas mais diversas sociedades. Por exemplo, na sociedade grega, durante a Antiguidade clássica, uma criança que nascesse com alguma mácula era analisada por um conselho de anciãos quanto à viabilidade de sua existência.

É o que explica Silva (1987) no levantamento histórico que realizou. Nele, por meio de documentos, constatou a existência de treinamento de jovens sacerdotes para o trato e o cuidado da saúde da população mais pobre, com deficiência, entre outros considerados "males" que afetavam a civilização àquela época.

Não foi diferente na Roma antiga, onde esse segmento também sofreu fortes preconceitos. Nesse sentido, Gugel (2007, p. 63) explica:

> A Política, Livro VII, Capítulo XIV, 1335 b – Quanto a rejeitar ou criar os recém-nascidos, terá de haver uma lei segundo a qual nenhuma criança

---

1. O presente texto, revisto e atualizado, foi desenvolvido a princípio pelo primeiro autor, sob a orientação da segunda autora, no âmbito do Mestrado em Direito da Saúde da Universidade Santa Cecília (Unisanta), como parte das pesquisas que resultaram na dissertação, intitulada "O descumprimento dos preceitos legais na área da saúde em relação às pessoas com deficiência".
2. Nos termos do artigo 1 da Convenção Internacional sobre os Direitos das Pessoas com Deficiência, tem-se: "Pessoas com deficiência são aquelas que têm impedimentos de longo prazo de natureza física, mental, intelectual ou sensorial, os quais, em interação com diversas barreiras, podem obstruir sua participação plena e efetiva na sociedade em igualdades de condições com as demais pessoas."

**2.4** | *Direito à saúde das pessoas com deficiência*
Campos | Pinto |

> disforme será criada; com vistas a evitar o excesso de crianças, se os costumes das cidades impedem o abandono de recém-nascidos deve haver um dispositivo legal limitando a procriação se alguém tiver um filho contrariamente a tal dispositivo, deverá ser provocado o aborto antes que comecem as sensações e a vida (a legalidade ou ilegalidade do aborto será definida pelo critério de haver ou não sensação e vida). (GUGEL, 2007, p. 63)

É correto afirmar que, até mesmo hoje, esse grupo de indivíduos, o qual se diferencia das demais pessoas por possuir características físicas, intelectuais ou sensoriais um pouco diferentes, permanece sendo segregado e visto com olhar preconceituoso por parte da sociedade e, por que não se dizer, até mesmo de alguns governos.

No Brasil, essa situação não foi diferente. Somente na época do segundo reinado de Dom Pedro II, nos anos de 1854 e 1856, surgiram legislações protetivas às pessoas cegas e aos deficientes auditivos, com a respectiva criação do Imperial Instituto dos Meninos Cegos e do Imperial Instituto dos Surdos Mudos, ambos na cidade do Rio de Janeiro.

Entretanto, após essa iniciativa da época imperial, esmaeceu-se a atividade governamental de promover políticas públicas em prol do segmento das pessoas com deficiência. É possível afirmar que, no início do século XX, apenas a iniciativa privada é que lançou mão de atividades caritativas de reabilitação em favor das pessoas com deficiência, sendo que entidades como APAE e Sociedade Pestalozzi, entre outras, foram as grandes responsáveis por atender as necessidades desses indivíduos.

Nos anos 1960, surgiu uma tênue manifestação do poder público com vistas à educação das pessoas com deficiência, porém é correto concluir que essa iniciativa pouco ou nada auxiliou no progresso dessa parte da população, que se mantinha segregada.

Foi a partir de 1988, com a promulgação da Constituição Federal, a qual rompeu com as políticas do Estado ditatorial dos chamados anos de chumbo, que as políticas públicas relacionadas à pessoa com deficiência começaram a ser repensadas.

## 2.4.1. O MARCO DA CONSTITUIÇÃO DE 1988

O princípio da isonomia previsto no artigo 5º da Carta Magna foi o marco fundamental para que o segmento das pessoas com deficiência recebesse um tratamento mais igualitário ante as demais pessoas, vez que, por meio desse princípio, todos são iguais perante a lei e não podem sofrer qualquer forma de discriminação. Mais ainda, por esse comando, exige-se a igualdade do ponto de vista formal e também material.

Tratar os desiguais na medida de suas desigualdades é fundamental para que os elementos de inclusão e acessibilidade sejam aplicados em favor dessa parcela vulnerável da sociedade brasileira.

Outra situação relevante que surgiu com a promulgação da Constituição de 1988 foi a exigência da implantação dos direitos sociais previstos no artigo 6º, os quais revelam a preocupação de que o Estado, mesmo ostentando feições liberais, não fique totalmente afastado de promover o equilíbrio social para a população.

Os direitos sociais viabilizam um caráter geral e buscam proporcionar aos cidadãos brasileiros condições mínimas e dignas de existência para que a igualdade seja uma realidade no país. Nesse sentido, Silva aduz que os direitos sociais:

> (...) são prestações positivas proporcionadas pelo Estado direta ou indiretamente, enunciadas em normas constitucionais, que possibilitam melhores condições de vida aos mais fracos, direitos que tendem a realizar a igualização de situações sociais desiguais. São, portanto, direitos que se ligam ao direito de igualdade. (SILVA, 2009, pp. 286 e 287)

Dentre os direitos sociais, nosso foco de estudo é a saúde, a qual, sem dúvida alguma, é um dos direitos mais importantes para dignificar a pessoa humana.

A Constituição de 1988, nos artigos 196 e 198, estabelece dois princípios básicos para a aplicação desse direito social tão relevante: a universalidade e a integralidade.

**2.4** | *Direito à saúde das pessoas com deficiência*

Campos | Pinto |

No Portal do Ministério da Saúde do Governo Federal, apresenta-se o conceito de universalização:

> A universalização é um Direito de cidadania de todas as pessoas e cabe ao Estado assegurar este direito, sendo que o acesso às ações e serviços deve ser garantido a todas as pessoas, independentemente de sexo, raça, ocupação, ou outras características sociais ou pessoais. (BRASIL, s/p, 2020)

No mesmo portal (s/p, 2020), o princípio da integralidade é apresentado como: "considerar as pessoas como um todo, atendendo a todas as suas necessidades". Para isso, é importante a integração de ações, inclusive a promoção da saúde, a prevenção de doenças, o tratamento e a reabilitação.

Ocorre que somente esses preceitos não foram suficientes para que o país despertasse para um verdadeiro compromisso de erradicar as desigualdades sociais e de promover o bem comum.

## 2.4.2. A CONVENÇÃO DA ONU E A NOVA LEI BRASILEIRA

A vulnerabilidade das pessoas com deficiência não é uma exclusividade brasileira, pois, ao redor de todo globo, essas pessoas sempre ficaram à margem da sociedade.

Em 2006, a Organização das Nações Unidas (ONU), para enfrentar esse grave problema, alcançou uma vitória: a aprovação da Convenção Internacional sobre os Direitos das Pessoas com Deficiência.

Essa convenção foi adotada pelo Brasil por meio do Decreto Legislativo nº 186/2008, em consonância com o procedimento previsto no artigo 5º, §3º, da Constituição Federal, e promulgada pelo Decreto nº 6.949/2009, com o *status* de Emenda Constitucional.

Com efeito, esse foi um grande passo que o Brasil deu em favor da inclusão e da acessibilidade desse grupo vulnerável, em especial pelo fato de incorporar a Convenção com força de emenda constitucional, isto é, com um caráter supremo diante de todo o arcabouço legislativo infra-constitucional do país.

O direito à saúde da pessoa com deficiência, em concreto, nessa convenção, foi assim estabelecido:

> Artigo 25. Saúde
>
> Os Estados Partes reconhecem que as pessoas com deficiência têm o direito de gozar do estado de saúde mais elevado possível, sem discriminação baseada na deficiência. Os Estados Partes tomarão todas as medidas apropriadas para assegurar às pessoas com deficiência o acesso a serviços de saúde, incluindo os serviços de reabilitação, que levarão em conta as especificidades de gênero. Em especial, os Estados Partes:
>
> a) Oferecerão às pessoas com deficiência programas e atenção à saúde gratuitos ou a custos acessíveis da mesma variedade, qualidade e padrão que são oferecidos às demais pessoas, inclusive na área de saúde sexual e reprodutiva e de programas de saúde pública destinados à população em geral;
>
> b) Propiciarão serviços de saúde que as pessoas com deficiência necessitam especificamente por causa de sua deficiência, inclusive diagnóstico e intervenção precoces, bem como serviços projetados para reduzir ao máximo e prevenir deficiências adicionais, inclusive entre crianças e idosos;
>
> c) Propiciarão esses serviços de saúde às pessoas com deficiência, o mais próximo possível de suas comunidades, inclusive na zona rural;
>
> d) Exigirão dos profissionais de saúde que dispensem às pessoas com deficiência a mesma qualidade de serviços dispensada às demais pessoas e, principalmente, que obtenham o consentimento livre e esclarecido das pessoas com deficiência concernentes. Para esse fim, os Estados Partes realizarão atividades de formação e definirão regras éticas para os setores de saúde público e privado, de modo a conscientizar os profissionais de saúde acerca dos direitos humanos, da dignidade, autonomia e das necessidades das pessoas com deficiência;
>
> e) Proibirão a discriminação contra pessoas com deficiência na provisão de seguro de saúde e seguro de vida, caso tais seguros sejam permitidos pela legislação nacional, os quais deverão ser providos de maneira razoável e justa;
>
> f) Prevenirão que se negue, de maneira discriminatória, os serviços de saúde ou de atenção à saúde ou a administração de alimentos sólidos ou líquidos por motivo de deficiência.

**2.4** | *Direito à saúde das pessoas com deficiência*
Campos | Pinto |

Uma das principais mudanças que a Convenção trouxe para o nosso ordenamento foi a superação do modelo biológico e a adoção do modelo social de deficiência, em que se enxerga o indivíduo, e não a deficiência em si que ele tem, fato que valoriza a pessoa humana na sua mais ampla condição.

Essa ruptura de modelo também trouxe consequências para o âmbito da capacidade civil, acolhida em 2015, pela Lei nº 13.146, conhecida como Lei Brasileira de Inclusão, ou ainda, como Estatuto da Pessoa com Deficiência.

Essa legislação repetiu muitos conceitos previstos na Convenção da ONU de 2006 e consolidou importante mudança no regime de capacidade civil das pessoas com deficiência, as quais deixaram de ser vistas como absolutamente incapazes e passaram a ser miradas no máximo como relativamente incapazes. Ou seja, o legislador admitiu que, mesmo que o indivíduo possua uma deficiência, isso não retira sua condição de escolha para certas situações da vida. Menezes, Menezes e Menezes (2016) explicam:

> Dentre os objetivos primordiais do documento, está o reconhecimento da capacidade civil da pessoa com deficiência e a proibição da discriminação em virtude da sua limitação funcional, mental ou intelectual. Define as pessoas com deficiência como "aquelas que têm impedimentos de longo prazo de natureza física, mental, intelectual ou sensorial, os quais, em interação com diversas barreiras, podem obstruir sua participação plena e efetiva na sociedade em igualdades de condições com as demais pessoas" (art.1º). Propõe uma ruptura com o chamado modelo médico e a assunção do modelo social por reconhecer que a inclusão da pessoa com deficiência na sociedade não em sua adaptação às condições do entorno, mas na necessária modificação desse entorno. (MENEZES, MENEZES E MENEZES (2016, p. 564)

Como já aludido, a saúde é um direito social de natureza fundamental para toda a população, no entanto é preciso alertar que não basta existir esse direito insculpido na Constituição: é mister que ele alcance efetividade.

Nesse passo foi a Convenção sobre os Direitos das Pessoas com Deficiência e o respectivo Protocolo Facultativo (aprovados pela 61ª

Assembleia Geral da ONU, em dezembro de 2006), ambos incorporados pelo Brasil juntamente com a Lei Brasileira de Inclusão, que trouxeram marcos significativos para o acolhimento de um grupo muito diverso e muito vulnerável que anteriormente se via excluído e à mercê de políticas caritativas e assistencialistas.

Embora a Constituição original já trouxesse dispositivos sobre a saúde da população em geral e até mesmo permitisse a interpretação da necessidade de políticas públicas especiais para o segmento das pessoas com deficiência, não se pode negar que, somente após o Brasil aderir à Convenção da ONU, é que medidas mais efetivas passaram a ser pensadas.

Em concreto, a Lei nº 13.146/2015 (Lei Brasileira de Inclusão) consolidou o direito à saúde da pessoa com deficiência nos seguintes pontos:

> Art. 18. É assegurada atenção integral à saúde da pessoa com deficiência em todos os níveis de complexidade, por intermédio do SUS, garantido acesso universal e igualitário.
>
> § 1º É assegurada a participação da pessoa com deficiência na elaboração das políticas de saúde a ela destinadas.
>
> § 2º É assegurado atendimento segundo normas éticas e técnicas, que regulamentarão a atuação dos profissionais de saúde e contemplarão aspectos relacionados aos direitos e às especificidades da pessoa com deficiência, incluindo temas como sua dignidade e autonomia.
>
> § 3º Aos profissionais que prestam assistência à pessoa com deficiência, especialmente em serviços de habilitação e de reabilitação, deve ser garantida capacitação inicial e continuada.
>
> § 4º As ações e os serviços de saúde pública destinados à pessoa com deficiência devem assegurar:
>
> I - diagnóstico e intervenção precoces, realizados por equipe multidisciplinar;
>
> II - serviços de habilitação e de reabilitação sempre que necessários, para qualquer tipo de deficiência, inclusive para a manutenção da melhor condição de saúde e qualidade de vida;
>
> III - atendimento domiciliar multidisciplinar, tratamento ambulatorial e internação;

**2.4** | *Direito à saúde das pessoas com deficiência*
Campos | Pinto |

IV - campanhas de vacinação;

V - atendimento psicológico, inclusive para seus familiares e atendentes pessoais;

VI - respeito à especificidade, à identidade de gênero e à orientação sexual da pessoa com deficiência;

VII - atenção sexual e reprodutiva, incluindo o direito à fertilização assistida;

VIII - informação adequada e acessível à pessoa com deficiência e a seus familiares sobre sua condição de saúde;

IX - serviços projetados para prevenir a ocorrência e o desenvolvimento de deficiências e agravos adicionais;

X - promoção de estratégias de capacitação permanente das equipes que atuam no SUS, em todos os níveis de atenção, no atendimento à pessoa com deficiência, bem como orientação a seus atendentes pessoais;

XI - oferta de órteses, próteses, meios auxiliares de locomoção, medicamentos, insumos e fórmulas nutricionais, conforme as normas vigentes do Ministério da Saúde.

§ 5º As diretrizes deste artigo aplicam-se também às instituições privadas que participem de forma complementar do SUS ou que recebam recursos públicos para sua manutenção.

Art. 19. Compete ao SUS desenvolver ações destinadas à prevenção de deficiências por causas evitáveis, inclusive por meio de:

I - acompanhamento da gravidez, do parto e do puerpério, com garantia de parto humanizado e seguro;

II - promoção de práticas alimentares adequadas e saudáveis, vigilância alimentar e nutricional, prevenção e cuidado integral dos agravos relacionados à alimentação e nutrição da mulher e da criança;

III - aprimoramento e expansão dos programas de imunização e de triagem neonatal;

IV - identificação e controle da gestante de alto risco.

Art. 20. As operadoras de planos e seguros privados de saúde são obrigadas a garantir à pessoa com deficiência, no mínimo, todos os serviços e produtos ofertados aos demais clientes.

Art. 21. Quando esgotados os meios de atenção à saúde da pessoa com deficiência no local de residência, será prestado atendimento fora de domicílio, para fins de diagnóstico e de tratamento, garantidos o transporte e a acomodação da pessoa com deficiência e de seu acompanhante.

Art. 22. À pessoa com deficiência internada ou em observação é assegurado o direito a acompanhante ou a atendente pessoal, devendo o órgão ou a instituição de saúde proporcionar condições adequadas para sua permanência em tempo integral.

§ 1º Na impossibilidade de permanência do acompanhante ou do atendente pessoal junto à pessoa com deficiência, cabe ao profissional de saúde responsável pelo tratamento justificá-la por escrito.

§ 2º Na ocorrência da impossibilidade prevista no § 1º deste artigo, o órgão ou a instituição de saúde deve adotar as providências cabíveis para suprir a ausência do acompanhante ou do atendente pessoal.

Art. 23. São vedadas todas as formas de discriminação contra a pessoa com deficiência, inclusive por meio de cobrança de valores diferenciados por planos e seguros privados de saúde, em razão de sua condição.

Art. 24. É assegurado à pessoa com deficiência o acesso aos serviços de saúde, tanto públicos como privados, e às informações prestadas e recebidas, por meio de recursos de tecnologia assistiva e de todas as formas de comunicação previstas no inciso V do art. 3º desta Lei.

Art. 25. Os espaços dos serviços de saúde, tanto públicos quanto privados, devem assegurar o acesso da pessoa com deficiência, em conformidade com a legislação em vigor, mediante a remoção de barreiras, por meio de projetos arquitetônico, de ambientação de interior e de comunicação que atendam às especificidades das pessoas com deficiência física, sensorial, intelectual e mental.

Art. 26. Os casos de suspeita ou de confirmação de violência praticada contra a pessoa com deficiência serão objeto de notificação compulsória pelos serviços de saúde públicos e privados à autoridade policial e ao Ministério Público, além dos Conselhos dos Direitos da Pessoa com Deficiência.

Parágrafo único. Para os efeitos desta Lei, considera-se violência contra a pessoa com deficiência qualquer ação ou omissão, praticada em local público ou privado, que lhe cause morte ou dano ou sofrimento físico ou psicológico.

Importante ainda destacar a Lei nº 10.216, de 6 de abril de 2001, que dispõe sobre a proteção e os direitos das pessoas com transtornos mentais

**2.4** | *Direito à saúde das pessoas com deficiência*
Campos | Pinto |

e estabelece o marcante direito ao melhor tratamento (art. 2º, parágrafo único, I).

Relevante também para o âmbito da saúde é a Lei nº 12.764/2012, a qual instituiu a Política Nacional de Proteção dos Direitos da Pessoa com Transtorno do Espectro Autista, pois estabelece uma série de especificidades para o exercício do direito à saúde desse grupo de pessoas.

Além da Constituição, da Convenção Internacional, da Lei Brasileira de Inclusão e das normativas acima referidas, convém ao menos apontar parte da legislação exarada que acolheu, em nossa história, direitos das pessoas com deficiência, embora sejam menos impactantes para o direito à saúde.

A Lei nº 7.070/1982 dispõe sobre pensão especial para os deficientes físicos. A Lei Complementar nº 53/1986 concede isenção do ICM para veículos destinados a uso exclusivo de paraplégicos ou de pessoas com defeitos físicos. A Lei nº 7.853/1989 dispõe sobre o apoio às pessoas com deficiência, sua integração social, institui a tutela jurisdicional de interesses coletivos ou difusos dessas pessoas e disciplina a atuação do Ministério Público. Lei nº 8.213/1991 dispõe sobre os Planos de Benefícios da Previdência Social, inclusive das pessoas com deficiência. A Lei nº 8.742/1993, que dispõe sobre a organização da Assistência Social, estabelece benefícios para as pessoas com deficiência. A Lei nº 8.899/1994 concede passe livre às pessoas com deficiência no sistema de transporte coletivo interestadual. A Lei nº 8.989/1995 dispõe sobre a isenção do IPI na aquisição de automóveis por pessoas com deficiência física. A Lei nº 9.394/1996 estabelece as diretrizes e as bases da educação nacional, apontando critérios para a educação da pessoa com deficiência. A Lei nº 10.098/2000 estabelece normas gerais e critérios básicos para a promoção da acessibilidade das pessoas com deficiência ou com mobilidade reduzida. A Lei nº 10.436/2002    dispõesobre a Língua Brasileira de Sinais (Libras). A Lei nº 10.845/2004 instituiu o programa de complementação ao atendimento educacional especializado às pessoas com deficiência. A Lei nº 11.126/2005 dispõe sobre o direito da pessoa com deficiência visual de ingressar e permanecer em ambientes de uso coletivo acompanhado de cão-guia. A Lei Complementar nº 142/2013 regulamenta o §1º do artigo 201 da Constituição federal, no tocante à aposentadoria da pessoa com deficiência segurada do regime geral de previdência social. A Lei nº 12.955/2014, alterou a Lei nº 8.069/1990 (Estatuto da Criança e do Adolescente) e estabeleceu a prioridade de tramitação aos processos de adoção em que o adotando for criança ou adolescente com deficiência ou com doença crônica. A Lei nº 13.585/2017 instituiu a semana nacional da pessoa com deficiência intelectual e múltipla. A Lei nº 13.769/2018 alterou o DL nº 3.689/1941 (Código de Processo Penal), a Lei nº 7.210/1984 (Lei de Execução Penal) e a Lei nº 8.072/1990 (Lei dos Crimes Hediondos) e estabeleceu a substituição da prisão preventiva por prisão domiciliar da mulher gestante ou que for mãe ou responsável por crianças ou pessoas com deficiência e disciplinou o regime de cumprimento de pena privativa de liberdade de condenadas na mesma situação. As Leis nº 13.778/2018 e nº 13.832/2019 alteraram a Lei nº 8.036/1990 (que dispõe sobre o FGTS) e possibilitaram a aplicação desses recursos em operações de crédito destinadas a instituições que atuam no campo de assistência para pessoas com deficiência.

### 2.4.3. AUSÊNCIA DE NORMATIVA PRIMÁRIA ESPECÍFICA

A morosidade legislativa ainda se faz presente no que toca a formulação de regras específicas de saúde para o segmento, pois o Poder Público tratou do assunto saúde para pessoas com deficiência por meio da expedição de várias portarias, instrumento normativo que não possui grande significação para o contexto em epígrafe.

Pode-se afirmar que o legislador foi feliz ao condensar em uma única legislação (na Lei nº 13.146/2015) todos os direitos básicos dos indivíduos com deficiência, eliminando, assim, a necessidade de garimpagem, a qual, além de não ser pedagogicamente interessante, trazia ausência de conscientização ao segmento. A legislação atual resgata valores dantes perdidos e nem sequer mencionados com relação às pessoas com

**2.4** | *Direito à saúde das pessoas com deficiência*
Campos | Pinto |

deficiência, fornecendo novo sustentáculo aos princípios da dignidade humana e da isonomia.

O detalhamento, no entanto, das diversas dimensões de efetivação do direito à saúde não é feito por norma legislativa, mas por normas executivas (que são sempre precárias, pois ficam sempre sujeitas às volubilidades políticas). Apontamos de modo não exaustivo essa normativa.

Decretos relevantes: o Dec. nº 3.298/1999, que regulamenta a Lei nº 7.853/1989 e dispõe sobre a Política Nacional para a Integração da pessoa com deficiência; o Dec. nº 5.296/2004, que regulamenta a Lei nº 10.048/2000 (ao estabelecer prioridade de atendimento às pessoas que ela especifica); e a própria Lei nº 10.098/2000 (ao estabelecer normas gerais e critérios básicos para a promoção da acessibilidade das pessoas com deficiência ou com mobilidade reduzida); o Dec. nº 6.214/2007, o qual regulamenta o benefício de prestação continuada da assistência social que é devido à pessoa com deficiência; o Dec. nº 7.612/2011, que institui o plano nacional dos direitos da pessoa com deficiência (o plano chamado "Viver sem Limite").

Inúmeras são as portarias que regulam o funcionamento do sistema de saúde com relação às pessoas com deficiência. Importa, de qualquer forma, destacar pelo menos as seguintes: a Portaria nº 793/2012, que instituiu a **Rede de Cuidados a Pessoas com Deficiência** no âmbito do SUS, e a Portaria de Consolidação nº 2/2017, que, no anexo XIII, ao agregar todas as normas sobre as políticas nacionais de saúde do SUS, consolida a **Política Nacional de Saúde da Pessoa com Deficiência** (originalmente criada pela Portaria nº 1.060/2002).

Além dessas, convém apontar algumas normativas especiais: a Portaria nº 388/1999, que dispôs sobre a importância médico-social do atendimento às pessoas com deficiência; a Portaria nº 818/2001, que dispôs sobre a criação de mecanismos para a organização e a implantação de Redes Estaduais de Assistência à Pessoa com Deficiência Física; a Portaria nº 1.635/2002, que dispôs a respeito do acompanhamento de pacientes com deficiência; a Portaria nº 2.073/2004, que instituiu a Política Nacional de Atenção à

Saúde Auditiva; a Portaria nº 272/2005, que instituiu o atestado da equipe multiprofissional para a identificação das pessoas com deficiência no SUS; a Portaria nº 1.032/2010, que instituiu o programa de atendimento da saúde bucal da pessoa com deficiência.

## 2.4.4. A NECESSIDADE DA JUDICIALIZAÇÃO

Em que pesem os avanços bastante significativos no campo legislativo tanto para o Brasil como para o cenário mundial, é possível inferir que o segmento das pessoas com deficiência ainda sofre não pela total falta de amparo normativo (falta apenas uma lei específica sobre a saúde da pessoa com deficiência), mas principalmente pela falta de aplicabilidade efetiva do previsto de maneira ampla na norma.

Não obstante a vasta legislação, o próprio poder público se revela omisso quando ignora as vertentes previstas nas leis, situação essa que também atinge aos particulares e razão pela qual o cidadão com deficiência se vê obrigado a lançar mão de outro direito fundamental que é o de acesso à Justiça para tentar ver garantido seu acesso à saúde.

Esse despautério se dá pela ausência de fiscalização dos agentes públicos tanto em relação a si mesmos quanto aos que exercem uma atividade autorizada, seja na prestação direta dos serviços da saúde, seja no fornecimento de medicamentos e insumos.

Para ilustrar a ausência de aplicação e a necessidade da busca da tutela jurisdicional, colacionam-se abaixo alguns trechos de julgados extraídos do Tribunal de Justiça de São Paulo[3], antes destacando que o primeiro julgado, abaixo, trata do descumprimento ao preceito constitucional da acessibilidade da pessoa com deficiência, que se revela de forma patente na ausência no fornecimento de bulas em braille para indivíduos com cegueira.

---

3. Para levantar esses acórdãos, optou-se pelas palavras-chave: Pessoas com deficiência; Portadores de necessidades especiais. Saúde". O período do levantamento foi 2000-2019, uma vez que, nele, entrou em vigor a Lei nº 11.419/2006, e os Tribunais passaram a disponibilizar suas jurisprudências.

**2.4** | *Direito à saúde das pessoas com deficiência*
Campos | Pinto |

**I.**"Registro: 2013.0000564346 ACÓRDÃO Vistos, relatados e discutidos estes autos de Apelação n. 013109198.2009.8.26.0100, da Comarca de São Paulo, em que é apelante/apelado UCI FARMA INDUSTRIA FARMACEUTICA LTDA e Apelante MINISTÉRIO PÚBLICO DO ESTADO DE SÃO PAULO, é apelado/apelante ANADEC - ASSOCIACAO NACIONAL DE DEFESA DA CIDADANIA E DO CONSUMIDOR.Ação civil pública. Legitimidade ativa da associação. Obrigação de fazer. **Bulas de remédios acessíveis a deficientes visuais.** Superada discussão sobre a necessidade de regulamentação administrativa do Decreto n. 5.296/04 ante a superveniência da Resolução 47/09, da ANVISA. Cumprimento da obrigação que, porém, se há de consumar nos seus moldes, inclusive no tocante ao prazo para implementação. Elevação, ainda, dos honorários. Sentença parcialmente revista. Recursos da ré, do Ministério Público e adesivo da autora providos em parte. Cuida-se de recursos de apelação interpostos contra a sentença de fls. 250/254, que **julgou parcialmente procedente ação civil pública voltada a obrigar a ré a disponibilizar bulas de remédios acessíveis aos consumidores com deficiência visual,** confeccionadas em meios magnéticos, fonte ampliada ou em "braille", a tanto estabelecendo prazo de trinta dias, pena de multa de R$ 5.000,00, arbitrados honorários advocatícios de R$ 1.000,00. Em primeiro lugar, não colhe a alegação de ilegitimidade ativa. **Tem-se o propósito de garantir pleno acesso à informação, e sobre produto vital ligado à saúde, por um grupo especial de consumidores, pouco importando exatamente o seu número. Ou seja, evidencia-se a tutela coletiva a cargo de associação regularmente constituída, revelada a pertinência temática com seus objetivos sociais. No mais, lembre-se que a própria Convenção Internacional sobre os Direitos das Pessoas com Deficiência (v. Decreto n. 6.949/2009), em seu artigo 9º, garante igual oportunidade de acesso à informação, como forma de possibilitar à pessoa com deficiência viver de forma independente e participar plenamente de todos os aspectos da vida. O acesso à saúde, por sua vez, é garantido no artigo 25:"Os Estados Partes reconhecem que as pessoas com deficiência têm o direito de gozar do estado de saúde mais elevado possível, sem discriminação baseada na deficiência. Os Estados Partes tomarão todas as medidas apropriadas para assegurar às pessoas com deficiência o acesso a serviços de saúde, incluindo os serviços de reabilitação, que levarão em conta as especificidades de gênero."**

O fornecimento de bulas ampliadas, em braille ou em outro formato às pessoas com deficiência visual, permite que estas estejam nas mesmas condições de igualdade com os sujeitos que não possuem qualquer deficiência, fato que proclama o princípio da isonomia em seu aspecto material.

Sem prejuízo do disposto no princípio da integralidade, o trecho do julgado abaixo conclama a necessidade da pessoa com deficiência se socorrer do Poder Judiciário para receber medicamentos, o que também revela afronta às proteções legal e constitucional anteriormente explicitadas.

> Apelação n. 0001351-88.2013.8.26.0604 Apelantes: Prefeitura Municipal de Sumaré e Fazenda do Estado de São Paulo Apelado: Ministério Público do Estado de São Paulo Comarca: Sumaré Voto n. 4895 APELAÇÃO. AÇÃO CIVIL PÚBLICA. DEFICIENTE FÍSICO. Síndrome de Wernig Hoffman. Home care. Suporte multidisciplinar, medicamentos, dieta enteral e leito adaptado. Possibilidade. Documentos juntados com a inicial suficientes à comprovação da necessidade dos medicamentos. Perícia médica judicial. Favorável à remoção. Relatório médico que atesta a nocividade da permanência no hospital. Direito à saúde. Ordem amparada no artigo 196 da Constituição Federal. Inexistência de infração às normas e princípios que informam a Administração e, em especial, o SUS. Sentença de procedência mantida. Recurso de apelação e reexame necessário não providos, com observação. Além disso, o que dispõe o artigo 196, da Constituição Federal não é norma meramente programática. É direito consagrado na Constituição Federal que não pode ficar ao alvedrio do Administrador que, com sua omissão, pode simplesmente torná-lo inócuo. Não se pode negar o direito à vida nem se pode ignorar que a Constituição Federal, no artigo 6º, afirma o direito social à saúde que, nos termos de seu artigo 196, é "direito de todos e dever do Estado garantido mediante políticas sociais e econômicas que visem à redução do risco de doenças e de outros agravos e ao acesso universal e igualitário às ações e serviços para sua promoção, proteção e recuperação". A Constituição do Estado de São Paulo também, no artigo 219, parágrafo único, dispõe que os Poderes Públicos, estadual e municipal, garantirão o direito à saúde mediante "políticas sociais, econômicas e ambientais que visem o bem estar físico, mental e social do indivíduo e da coletividade e à redução do risco de doenças e outros agravos" (item 1); "acesso universal e igualitário às ações e ao serviço de saúde em todos os níveis" (item 2); "atendimento integral do indivíduo, abrangendo a promoção, preservação e recuperação de sua saúde" (item 4). No mesmo sentido a Lei n. 8.080/90 e a LC n. 791/95. E, nesse mesmo sentido, o Estatuto da Pessoa com Deficiência: Art. 18. É assegurada atenção integral à saúde da pessoa com deficiência em

**2.4** | *Direito à saúde das pessoas com deficiência*
Campos | Pinto |

todos os níveis de complexidade, por intermédio do SUS, garantido acesso universal e igualitário.

Importante observar que o Estado descumpre a entrega dos insumos farmacológicos necessários para o tratamento da saúde da pessoa com deficiência, o que é combatido de maneira veemente pelo Poder Judiciário, o qual entende que o direito social da saúde não está ao arbítrio do gestor público, mas consiste em dever deste.

Por fim, trilhando a pesquisa sobre afrontas aos preceitos protetores da pessoa com deficiência, esculpidos na Constituição Federal e nas demais regras já mencionadas, é importante trazer à luz um trecho do acórdão abaixo, que trata de dois assuntos de suma importância: a saúde e a educação.

> X. Registro: 2012.0000518178. ACÓRDÃO Vistos, relatados e discutidos estes autos de Agravo de Instrumento n. 0162493-07.2012.8.26.0000, da Comarca de Jundiaí, em que é agravante THIAGO PEREIRA DOS SANTOS (INCAPAZ), é agravado SECRETARIO DA SEMADS - SECRETARIA MUNICIPAL DE ASSITENCIA E DESENVOLVIMENTO SOCIAL DO MUNICIPIO DE JUNDIAI. ACORDAM, em 1ª Câmara de Direito Público do Tribunal de Justiça de São Paulo, proferir a seguinte decisão: "Deram provimento ao recurso. V. U. Em atendimento a preceito constitucional (art. 203, IV, da CF) o direito a habilitação e reabilitação das pessoas portadoras de deficiência e a promoção de sua integração à vida comunitária se não tem condições financeiras de se locomover. Paciente portador de necessidade especial. Inteligência do disposto na Lei federal n. 7.853/89, que em seu artigo 2º, assegura às pessoas portadoras de deficiência o pleno exercício de seus direitos básicos. Decisão reformada. Recurso provido. Pelo teor da argumentação contida na inicial da ação principal, o autor, ora agravante, é pessoa pobre e sem condições de arcar com tratamento que exige custo além das condições que revela. No mais, na conformidade do que restou demonstrado pelas peças encartadas aos autos, o agravante é portador de Síndrome de Dowm, financeiramente carente e sem condições de mobilidade e locomoção com autonomia no trajeto escolar, necessitando de transporte para seu deslocamento ao estabelecimento escolar, conforme comprovam os documentos anexados aos autos. Efetivamente, a saúde é dever do Estado e é previsão constante do artigo 196 da C.F Assim, é direito

da pessoa portadora de necessidade especial obter todos os recursos e meios que garantam a preservação de sua integridade física e mental, principalmente pela aplicabilidade do disposto no art. 203, IV, da CF, de molde a cumprir adequadamente mandamento constitucional que determina: "A assistência social será prestada a quem dela necessitar, independentemente de contribuição à seguridade social, e tem por objetivos: (...) a habilitação e reabilitação das pessoas portadoras de deficiência e a promoção de sua integração à vida comunitária.

Podemos observar, no acórdão acima, que o Tribunal Paulista concedeu o direito de reabilitação do menor pessoa com deficiência, e essa situação encontra guarida nos ditames legais concernentes ao direito social de saúde.

## CONSIDERAÇÕES FINAIS

É inegável que, nos últimos anos, o segmento das pessoas com deficiência recebeu certa proteção dos Estados, basta analisar as legislações pátrias de vários países que passaram a aderir à convenção internacional.

Entretanto, o fato de uma nação passar a seguir formalmente determinada normativa não representa automática e significativa melhora para o grupo que é alvo daquela normatização, vez que não é suficiente incorporar uma norma: é preciso colocá-la em prática para que sejam alcançados os resultados daqueles que a idealizaram.

O Brasil, país de dimensões continentais, ainda encontra dificuldades para implantar políticas públicas de inclusão e acessibilidade, além de também encontrar barreiras na aplicação de direitos fundamentais básicos, como o acesso à saúde.

A Convenção da ONU trouxe uma visão mais humanista e valorativa da pessoa com deficiência, demonstrando que não é o indivíduo que deve se adequar a sociedade, mas sim esta que deve remover as barreiras impeditivas a fim de proporcionar a todos uma boa e digna qualidade de vida.

O princípio do acesso à Justiça constitui uma garantia constitucional de relevante importância, pois dessa garantia ainda depende, em nossas

**2.4** | *Direito à saúde das pessoas com deficiência*
Campos | Pinto |

terras, a efetividade do arcabouço legislativo protetivo desse grupo vulnerável.

Esse, obviamente, não é o ideal. Ou seja, a pessoa com deficiência não deveria precisar dirigir-se ao Judiciário para buscar a salvaguarda de um direito já previsto na Constituição e na legislação infraconstitucional. Todavia, é o que tem sido necessário no cenário pátrio.

A fiscalização das políticas públicas, no que tange à aplicabilidade delas, poderia ser fator preponderante para promover a inclusão e a acessibilidade das pessoas com deficiência na sociedade como um todo e em especial na saúde.

Nada adianta existir uma farta legislação constitucional e ordinária em reconhecimentos teóricos de direitos e de prerrogativas se a pessoa com deficiência ainda carece de instrumentais para fazer valer suas posições conquistadas.

A pessoa com deficiência que não vê na prática a aplicação da política pública de saúde em seu favor e necessita buscar essa efetivação por meio do ajuizamento de uma demanda, encontra-se diante de duas afrontas ao princípio constitucional da dignidade da pessoa humana, quais sejam: o não exercício de um direito já previsto em lei e o risco de enfrentar uma demanda que não seja exitosa.

Há nessa dinâmica, de qualquer forma, o exercício de um direito de cidadania, pois o Poder Judiciário está para todos. Ainda assim, como é sabido, inexiste certeza de que a decisão a ser prolatada pelo guardião da lei trará para a pessoa com deficiência a prerrogativa aviltada pela ausência da aplicação prática da política pública. Melhor seria, então, que se consolidasse uma legislação específica para a saúde das pessoas com deficiência.

## REFERÊNCIAS

BRASIL. Decreto Lei nº 186, de 2008. *Aprova o texto da Convenção sobre os Direitos das Pessoas com Deficiência e de seu Protocolo Facultativo.* Disponível em: <http://www.

planalto.gov.br/ccivil_03/CONGRESSO/DLG/DLG-186-2008.htm>. Acesso em: 26 out. 2019.

_____. Lei nº 1.428 de 1854. *Imperial Instituto dos meninos cegos*. Rio de Janeiro, RJ. 1854.

CRIAÇÃO do imperial instituto de surdos-mudos. [S. D.]. Disponível em: <http://helb.org.br/index.php?option=com_content&view=article&id=235:criacao-do-imperial--instituto-de-surdos-mudos&catid=1047:1857&Itemid=2>. Acesso em: 04 abr. 2019.

GUGEL, M.A. *Pessoas com Deficiência e o Direito ao Trabalho*. Florianópolis: Obra Jurídica, 2007.

MENEZES, J.B.; MENEZES, H.J.B.; MENEZES, A.B. *A abordagem da deficiência em face da expansão dos direitos humanos*. Disponível em: <http://sisbib.emnuvens.com.br/direitosegarantias/article/view/860> Acesso em: 10 jan. 2019.

MINISTÉRIO DA SAÚDE. *Princípios do SUS*. Disponível em: <http://www.saude.gov.br/sistema-unico-de-saude/princípios-do-sus>. Acesso em: 01º ago. 2019.

SILVA, J.A. *Curso de Direito Constitucional Positivo*. 32ªed. Rev. E atual – São Paulo: Malheiros editores, 2009, pp. 286-287.

SILVA, O.M. *A Epopeia Ignorada: A pessoa deficiente na história do mundo de ontem e de hoje*. Editada pelo CEDAS – Centro São Camilo de Desenvolvimento em Administração da Saúde, 1987.

SÃO PAULO. TRIBUNAL DE JUSTIÇA DO ESTADO DE SÃO PAULO. *Acórdão nº 2012.0000518178*. Disponível em: <https://esaj.tjsp.jus.br/cjsg/getArquivo.do?conversationId=&cdAcordao=518178&cdForo=0&uuidCaptcha=&vlCaptcha=nAu&novoVlCaptcha=>. Acesso em: 27 set. 2019.

_____. *Acórdão nº 2013.0000564346*. Disponível em: <https://esaj.tjsp.jus.br/cjsg/getArquivo.do?conversationId=&cdAcordao=7028301&cdForo=0&uuidCaptcha=sajcaptcha_58eb11dbb97c45ac96736371ecc6ca48&vlCaptcha=AYM&novoVlCaptcha=>. Acesso em: 23 set.2019.

_____. *Acórdão nº 2016.0000070608* Disponível em: <https://esaj.tjsp.jus.br/cjsg/getArquivo.do?conversationId=&cdAcordao=9172461&cdForo=0&uuidCaptcha=sajcaptcha_831773ecf9084c3c9728bd02bc659788&vlCaptcha=eer&novoVlCaptcha=>. Acesso em: 27 set. 2019.

# 2.5

# A inconstitucionalidade da descriminalização do aborto realizado até a 12ª semana de gravidez: a desproporcionalidade da ponderação feita pelo STF no HC nº 124.306 [1]

*RODRIGO DOS SANTOS DIAS*

## INTRODUÇÃO

ODERNAMENTE, há uma intensa busca dos mais variados grupos sociais na efetivação dos seus direitos, como forma de resguardar as suas vontades e até mesmo a sua dignidade étnica. Um grupo em especial, o das mulheres, vem buscando, cada dia mais, igualar-se aos direitos e corrigir alguns privilégios atribuídos, muitas vezes, aos homens, dentro de uma estrutura que tem como premissa as assimetrias de poder nas relações, a fim de fortalecer, assim, o próprio gênero, a afirmação de liberdade e a manifestação de vontade.

Um tema, porém, vem despertando animosidade e inúmeras discussões polêmicas: trata-se da interrupção voluntária da gravidez ou, simplesmente, aborto. Esse tema é objeto de uma discussão em âmbito constitucional, no Supremo Tribunal Federal (STF), na Arguição de Descumprimento de Preceito Fundamental (ADPF) nº 442, cujo objetivo é despenalizar o aborto realizado até a 12ª (décima segunda) semana de gravidez, recepcionando em parte os artigos 124 e 126 do Código Penal

---

1. O presente texto, revisto e aperfeiçoado, integrou a dissertação do autor, defendida no Mestrado em Direito da Saúde da Universidade Santa Cecília, intitulada "A Arguição de Descumprimento de Preceito Fundamental 442: direitos reprodutivos da mulher x direito à vida do nascituro".

**2.5** | *A inconstitucionalidade da descriminalização do aborto*
Dias |

(CP). Atualmente, essa ação continua em trâmite e pendente de decisão final.

Para além desse processo já existente, uma decisão proferida também no STF, por meio do Habeas Corpus nº 124.306, da 1ª Turma, entendeu ser inconstitucional a criminalização do aborto realizado até a 12ª (décima segunda) semana de gravidez por violar os direitos sexuais e reprodutivos da mulher, aplicando-se, com isso, o princípio/postulado da proporcionalidade.

Essa decisão desperta grande polêmica, tendo em vista que, na verdade, ela é que parece desproporcional à realidade fático-jurídica, visto que parece considerar em demasia os direitos sexuais da mulher e desconsiderar em demasia o direito à vida do nascituro.

O presente artigo pretende analisar o Habeas Corpus nº 124.306, julgado pela 1ª (primeira) Turma do STF e fazer um exercício comparativo entre a ponderação feita nesse caso e o arcabouço jurídico existente, doutrinário e jurisprudencial, de forma a tecer uma avaliação crítica a respeito da decisão e verificar se a decisão encontra amparo fático e jurídico atual.

Para obter o resultado pretendido, desenvolveu-se uma pesquisa básica, de matriz exploratória, por meio de coleta de dados documentais e bibliográficos.

O relato da pesquisa empreendida inicia-se com uma breve explicitação do princípio da proporcionalidade. Na sequência, analisa-se o referido Habeas Corpus, destacando, de maneira concreta, a ponderação feita pelo Ministro Roberto Barroso no caso. Em seguida, avalia-se a aplicação do princípio da proporcionalidade realizada no caso, isto é, a proporcionalidade ou desproporcionalidade no campo em questão. Ao final, a partir dos elementos lógicos coletados, jurídicos e fáticos, empreende-se a crítica: se a decisão exarada pode ser considerada correta ou não.

## 2.5.1. O PRINCÍPIO DA PROPORCIONALIDADE

Para iniciarmos a análise do princípio da proporcionalidade, precisamos entender o que significa direitos fundamentais, que são "aqueles positivados pela Constituição, que versem sobre direitos do ser humano e que sejam baseados, principalmente, na dignidade da pessoa humana" (DIAS, 2020, p. 67).

De forma a ratificar essa posição, eis o conceito trazido por Ingo Sarlet (2017, meio digital):

> Direitos fundamentais são, portanto, todas aquelas posições jurídicas concernentes às pessoas, que, do ponto de vista do direito constitucional positivo (na ótica do Constituinte), foram, por seu conteúdo e importância, integradas – de modo expresso ou implícito, bem como por força da abertura material do catálogo constitucional (art. 5º, § 2º, CF) – à Constituição formal e/ou material, além de subtraídas à plena disposição dos poderes constituídos, porquanto dotadas de um regime jurídico qualificado e reforçado. (SARLET, 2017, meio digital)

Em um primeiro momento, os direitos fundamentais se prestam a impedir o arbítrio abusivo do Estado em face do particular. Contudo, ele também pode ser aplicado em uma relação entre particulares, como aponta Robert Alexy (2008, pp. 523-524 apud CESARIO, 2017, p. 94):

> Se sua influência se limitasse à relação Estado/cidadão, haveria uma resposta simples à questão acerca de como as normas de direitos fundamentais influenciam o sistema jurídico. Essa resposta poderia, em grande parte, resumir-se à constatação de que as normas de direitos fundamentais influenciam o sistema jurídico na medida em que afetam a relação jurídica entre o Estado e os cidadãos, sob a forma de direitos subjetivos em face do legislador, do Poder Executivo e do Judiciário. Mas é fácil perceber que essa resposta é incompleta. Como já foi demonstrado anteriormente, fazem parte dos direitos dos indivíduos em face do legislador, dentre outros, os direitos a proteção contra outros cidadãos e a determinados conteúdos da ordem jurídico-civil. Isso demonstra que as normas de direitos fundamentais também têm influência na relação cidadão/cidadão. Essa influência é especialmente clara no caso dos direitos em face da Justiça Civil. Dentre

**2.5** | *A inconstitucionalidade da descriminalização do aborto*
Dias |

> esses direitos estão os direitos a que o conteúdo de uma decisão judicial não viole direitos fundamentais. Isso implica algum tipo de efeito das normas fundamentais nas normas do direito civil e, com isso, na relação cidadão/cidadão. (ALEXY, 2008, pp. 523-524 apud CESARIO, 2017, p. 94).

Justamente quando direitos fundamentais entram em conflito, temos que ter um modo de solucionar essa colisão, a qual, com frequência, chamamos de conflito horizontal de direitos fundamentais.

A solução encontrada está no princípio/postulado da proporcionalidade, que se constitui em uma forma de interpretação que busca equilibrar a aplicação proporcional entre os direitos colidentes, de forma que o direito preponderante tenha uma predominância equivalente à supressão do direito preterido.

A respeito desse princípio, destacamos a definição de Virgílio Afonso da Silva (2002, p. 24):

> [...] A regra da proporcionalidade é uma regra de interpretação e aplicação do direito - no que diz respeito ao objeto do presente estudo, de interpretação e aplicação dos direitos fundamentais -, empregada especialmente nos casos em que um ato estatal, destinado a promover a realização de um direito fundamental ou de um interesse coletivo, implica a restrição de outro ou outros direitos fundamentais. O objetivo da aplicação da regra da proporcionalidade, como o próprio nome indica, é fazer com que nenhuma restrição a direitos fundamentais tome dimensões desproporcionais. É, para usar uma expressão consagrada, uma restrição às restrições. Para alcançar esse objetivo, o ato estatal deve passar pelos exames da adequação, da necessidade e da proporcionalidade em sentido estrito. Esses três exames são, por isso, considerados como sub-regras da regra da proporcionalidade. (SILVA, 2002, p. 24)

Ainda, na mesma toada, o ensinamento de Paulo Bonavides (1994, pp. 282-283):

> Contribui o princípio notavelmente para conciliar o direito formal com o direito material em ordem a prover exigências de transformações sociais

extremamente velozes, e doutra parte juridicamente incontroláveis caso faltasse a presteza do novo axioma constitucional.

Debaixo de certos aspectos, a regra de proporcionalidade produz uma controvertida ascendência do juiz-executor da justiça material - sobre o legislador, sem chegar todavia a corroer ou abalar o princípio da separação de poderes.

[...] De último, com a instauração doutrinária do segundo Estado de Direito, o juiz, ao contrário do legislador, atua por um certo prisma em espaço mais livre, fazendo, como lhe cumpre, o exame e controle de aplicação das normas; espaço aberto em grande parte também - e sobretudo em matéria de justiça constitucional - pelo uso das noções de conformidade e compatibilidade. Esta última, deveras aberta e maleável, é por isso mesmo mais apta a inserir, enquanto método interpretativo de apoio, o princípio constitucional da proporcionalidade.

As limitações de que hoje padece o legislador, até mesmo o legislador constituinte de segundo grau - titular do poder de reforma constitucional - configuram, conforme já assinalamos, a grande realidade da supremacia da Constituição sobre a lei, a saber, a preponderância sólida do princípio de constitucionalidade, hegemônico e moderno, sobre o velho princípio de legalidade nos termos de sua versão clássica, de fundo e inspiração liberal.

Mas essa supremacia, introduzida de maneira definitiva pelo novo Estado de Direito, somente cobra sentido e explicação, uma vez vinculada à liberdade, à contenção dos poderes do Estado e à guarda eficaz dos direitos fundamentais. Aqui o princípio da proporcionalidade ocupa seu lugar primordial. Não é sem fundamento, pois, que ele foi consagrado como princípio ou máxima constitucional.

Fica assim erigido em barreira ao arbítrio, em freio à liberdade de que, à primeira vista, se poderia supor investido o titular da função legislativa para estabelecer e concretizar fins políticos. Em rigor, não podem tais fins contrariar valores e princípios constitucionais; um destes princípios vem a ser precisamente o da proporcionalidade, princípio não-escrito, cuja observância independe de explicitação em texto constitucional, porquanto pertence à natureza e essência mesma do Estado de Direito. (BONAVIDES, 1994, pp. 282-283)

Convém, por oportuno, mencionar que esse postulado não pode ser confundido com a razoabilidade, vez que possui outro modo interpretativo, como destaca Marcelo Novelino (2014, pp. 427-428):

## 2.5 | A inconstitucionalidade da descriminalização do aborto
Dias |

> No postulado da *proporcionalidade* existe uma relação de causalidade entre *meio* e *fim*, exigindo-se dos poderes públicos a escolha de medidas adequadas, necessárias e proporcionais para a realização de suas finalidades. Por seu tuno, a *razoabilidade "determina que as condições pessoais e individuais dos sujeitos envolvidos sejam consideradas na decisão"*, aplicando-se a situações nas quais se manifeste um conflito entre o geral e o individual, norma e realidade regulada por ela ou critério e medida. (NOVELINO, 2014, pp. 427-428)

A aplicação do princípio da proporcionalidade é constituída por três etapas que, ao final, determinam a aplicação e a ponderação entre os direitos colidentes. As etapas são denominadas de subprincípios: adequação, necessidade e proporcionalidade em sentido estrito.

Vale destacar os apontamentos de José Joaquim Gomes Canotilho (1992, p. 617 apud OLIVEIRA, 2010, p. 46):

> Este princípio, atrás considerado como um sub-princípio densificador do Estado de direito democrático [...] significa, no âmbito específico das leis restritivas de direitos, liberdades e garantias, que qualquer limitação, feita por lei ou com base na lei, deve ser adequada (apropriada), necessária (exigível) e proporcional (com justa medida). A exigência da adequação aponta para a necessidade de a medida restritiva ser apropriada para a prossecução dos fins invocados pela lei (conformidade com os fins). A exigência da necessidade pretende evitar a adoção de medidas restritivas de direitos, liberdades e garantias que, embora adequadas, não são necessárias para se obterem os fins de proteção visados pela Constituição ou a lei. (CANOTILHO, 1992, p. 617 apud OLIVEIRA, 2010, p. 46)

A primeira etapa é o subprincípio da adequação, que busca verificar se a medida proposta é suficiente para atingir o resultado determinado, como assevera Diego G. O. Budel (2017, p. 24):

> A adequação consiste resumidamente na constatação de que a medida restritiva do direito fundamental que sofre uma limitação pela incidência do direito fundamental majoritariamente (no sentido de que um não revoga nem elimina o outro, apenas limita sem violar seu núcleo essencial) prevalecente

é adequada, sendo a limitação realizada um meio apto a realizar a proteção do bem ou direito constitucional prevalecente. (BUDEL, 2017, p. 24)

A próxima etapa é o subprincípio da necessidade, que visa a averiguar se a medida adotada é a menos nociva para solução do conflito, assim como a existência de outro modo de chegar ao resultado pretendido.

Na mesma esteira, o entendimento e o teste proposto por Mártin Haeberlin (2018, p. 178):

> Já o subprincípio da *necessidade* possui dois sentidos: um é o lexical, para o qual necessário é imprescindível; outro é eminentemente jurídico, para o qual necessário importa a inexistência de outro meio que melhor fomente o fim almejado. [...] Na forma elucidativa do subprincípio, é possível perguntar-se: O meio considerado adequado (que consegue promover o fim) é mesmo imprescindível para a promoção de um fim? Caso afirmativo, é ele o menos restritivo de direitos fundamentais? Se a resposta for duplamente afirmativa, a medida passa pelo teste da necessidade. (HAEBERLIN, 2018, p. 178)

A terceira e última etapa consiste no subprincípio da proporcionalidade em sentido estrito, que possui o mesmo fundamento do princípio e se notabiliza pela seguinte proposição: a preponderância de um direito deverá ocorrer na mesma medida da supressão do direito preterido.

Nesse sentido, aponta Chafic Krauss Daher (2011, p. 123):

> A análise da proporcionalidade em sentido estrito exige uma determinação da importância relativa dos direitos ou bens constitucionais envolvidos no conflito, com o desiderato de aferir se o sacrifício imposto a um dos direitos em colisão encontra-se em uma relação razoável ou proporcionada com a importância do direito objeto da proteção, sob pena de inconstitucionalidade. Fixa-se, com isso, a proibição de excesso, com o que a restrição imposta deve ser a menor impossível em função da finalidade a ser alcançada. [...] Interessante mencionar que os bens ou direitos em colisão e sujeitos à análise da proporcionalidade em sentido estrito devem estar no mesmo patamar constitucional. Pois somente assim será admissível a imposição de limitações ou restrições a um dos direitos fundamentais em conflito, sob pena de não se admitir a intervenção no âmbito desses direitos. É que um bem

**2.5** | *A inconstitucionalidade da descriminalização do aborto*
Dias |

> ou direito não fundamentado em norma constitucional não se encontra no mesmo nível de proteção dos direitos fundamentais, acarretando a perda da legitimidade justificadora da referida intervenção. Nestes casos, dever-se-á utilizar outros instrumentos ou princípios distintos da proporcionalidade. [...] Resta em evidência, portanto, que o princípio da proporcionalidade em sentido estrito tem por finalidade a análise valorativa e não mais apenas técnica da limitações ou restrições impostas aos direitos fundamentais, sendo imprescindível a existência de equilíbrio entre os benefícios que se pretende obter em relação aos prejuízos eventuais decorrentes da limitação ao direito fundamental ora preterido. (DAHER, 2011, p. 123)

Como se observa, o princípio da proporcionalidade confere um juízo objetivo de análise que possibilita uma interpretação justa e coerente da colisão de direitos fundamentais existentes, de forma a propiciar plena efetividade aos direitos conflitantes.

## 2.5.2. O HC N° 124.306 DO STF

Superados os critérios de aplicação do princípio da proporcionalidade, passamos a analisar o caso em concreto.

O crime de aborto[2] tem sua sistemática prevista nos artigos 124 a 128 do Código Penal. Deles, os artigos 124 a 126 do CP/1940 foram analisados no Habeas Corpus n° 124.306 da 1ª (primeira) Turma do STF, conforme mostrado a seguir:

> Aborto provocado pela gestante ou com seu consentimento
>
> Art. 124 - Provocar aborto em si mesma ou consentir que outrem lho provoque: (Vide ADPF 54)
>
> Pena - detenção, de um a três anos.
>
> **Aborto provocado por terceiro**

---

2. Eis a definição feita por Júlio Fabbrini Mirabete (2014, p. 59): "aborto é a interrupção da gravidez com a destruição do produto da concepção. É a morte do ovo (até três semanas de gestação), embrião (de três semanas a três meses) ou feto (após três meses), não implicando necessariamente sua expulsão. O produto da concepção pode ser dissolvido, reabsorvido pelo organismo da mulher ou até mumificado, ou pode a gestante morrer antes de sua expulsão. Não deixará de haver, no caso, o aborto.".

Art. 125 - Provocar aborto, sem o consentimento da gestante:

Pena - reclusão, de três a dez anos.

Art. 126 - Provocar aborto com o consentimento da gestante: (Vide ADPF 54)

Pena - reclusão, de um a quatro anos.

Parágrafo único. Aplica-se a pena do artigo anterior, se a gestante não é maior de quatorze anos, ou é alienada ou débil mental, ou se o consentimento é obtido mediante fraude, grave ameaça ou violência. (BRASIL, 1940, meio digital)

O artigo 124 do Código Penal consagra duas figuras jurídicas: uma é o autoaborto, realizado pela própria gestante por meio da utilização de meios eficazes para isso, e a outra é o aborto realizado por terceiro com consentimento da gestante, que deve ser consentido até o final do ato.

Nesse momento, cabível é o ensinamento trazido por Damásio de Jesus (2015, p. 152) no autoaborto:

> O autoaborto é delito próprio, pois o tipo exige da autora uma especial capacidade penal, contida na condição de gestante (condição de fato). Em face disso, recebe a denominação de sujeito ativo qualificado. Não é a gestante a destinatária especial na norma penal. O mandamento proibitivo também se dirige aos *extranei*, que podem ser partícipes. Isso se reveste de interesse na questão do concurso de agentes. Assim, embora seja crime próprio, responde por ele não só a gestante, mas também o estranho que dele porventura participe. (JESUS, 2015, p. 152)

Já o artigo 125 do Código Penal traz o aborto praticado por terceiro sem o consentimento da gestante, que pode ser desde o momento da conduta; decorrente de arrependimento antes da consumação do delito (arrependimento eficaz) ou em caso de consentimento inválido.

Lembra Fernando Capez (2014, p. 154) que:

> O aborto sem o consentimento da gestante está previsto no art. 125, *caput*, do Código Penal. Trata-se da forma mais gravosa do delito de aborto (pena

## 2.5 | A inconstitucionalidade da descriminalização do aborto
Dias

– reclusão de 3 a 10 anos). Ao contrário da figura típica do art. 126, não há o consentimento da gestante no emprego dos meios ou manobras abortivas por terceiro. Aliás, a ausência de consentimento constitui elementar do tipo penal. Contudo, presente o seu consentimento, o fato não será atípico; apenas será enquadrado em outro dispositivo penal (aborto com o consentimento da gestante – art. 126). Não é preciso que haja o dissenso expresso da gestante, basta o emprego de meios abortivos por terceiro sem o seu conhecimento; por exemplo: ministrar doses de substância abortiva em sua sopa.

**Dissentimento real.** O dissentimento é real quando o sujeito emprega contra a gestante (cf. 2ª parte do parágrafo único do art. 126):

**a) fraude:** é o emprego de ardil capaz de induzir a gestante em erro; por exemplo: médico que, a pretexto de realizar exames de rotina na gestante, realiza manobras abortivas;

**b) grave ameaça contra a gestante:** é a promessa de um mal grave, inevitável ou irresistível; por exemplo: marido desempregado que ameaça se matar se a mulher não abortar a criança, pai que ameaça expulsar a filha de casa se ela não abortar;

**c) violência:** é o emprego de força física; por exemplo: homicídio de mulher grávida com conhecimento da gravidez pelo homicida (CAPEZ, 2014, p. 154).

Por fim, o artigo 126 do Código Penal traz a figura do aborto realizado por terceiro com consentimento da gestante. Para ser válido, o consentimento deve ocorrer até a consumação do fato, podendo ser dado de forma tácita, escrita ou verbal.

O consentimento é inválido nas hipóteses contidas no parágrafo único do artigo 126 do Código Penal, como leciona Damásio de Jesus (2015, p. 158):

> Se a gestante não é maior de 14 anos, ou é alienada ou débil mental, o sujeito responde por aborto cometido sem o seu consentimento. O CP, quando fala em alienada ou débil mental, refere-se à vítima que se encontra nas condições previstas no art. 26, caput, do CP. Isso porque a gestante, que é doente mental ou portadora de desenvolvimento mental incompleto ou retardado, não tem capacidade de consentir que outrem lhe provoque o aborto. Assim, aquelas expressões se referem às circunstâncias previstas na causa

de inimputabilidade penal prevista no art. 26, caput, do estatuto repressivo, com exclusão da situação prevista em seu parágrafo único. As expressões "alienada" e "débil mental" não se referem à gestante portadora de simples perturbação da saúde mental (CP, art. 26, parágrafo único). Neste caso, o sujeito continua a responder pelo delito previsto no art. 126. Em suma, se a gestante se enquadra no caput do art. 26 do CP, o sujeito responde pelo delito do art. 125; se ela se enquadra no parágrafo único da referida disposição, responde por aborto consensual. Há crime de aborto sem o consentimento da gestante quando emprega fraude, grave ameaça ou violência. Quando ocorre grave ameaça ou violência como meios da execução da provocação do aborto, existem dois crimes em concurso formal: aborto sem o consentimento da gestante e constrangimento ilegal (CP, art. 146). (JESUS, 2015, p. 158)

Existem duas hipóteses em que o aborto é permitido: o aborto necessário e o aborto em caso de gravidez resultante de estupro. Elas estão previstas no artigo 128 do Código Penal e somente podem ser realizadas por médico, conforme preleciona o dispositivo transcrito abaixo:

Art. 128 - Não se pune o aborto praticado por médico: (Vide ADPF nº 54)

**Aborto necessário**

I - se não há outro meio de salvar a vida da gestante;

**Aborto no caso de gravidez resultante de estupro**

II - se a gravidez resulta de estupro e o aborto é precedido de consentimento da gestante ou, quando incapaz, de seu representante legal. (BRASIL, 1940, meio digital)

O aborto necessário é aquele realizado para salvar a vida gestante, sendo a medida necessária para a preservação da vida dela e não havendo outro meio para isso, o que deve ser atestado pelo médico.

A respeito do tema, leciona Fernando Capez (2015, pp. 159-160):

Observe-se que não se trata tão somente de risco para a saúde da gestante; ao médico caberá avaliar se a doença detectada acarretará ou não risco de vida para a mulher grávida. Ele, médico, deverá intervir após o parecer de dois outros colegas, devendo ser lavrada ata em três vias, sendo uma enviada

**2.5** | *A inconstitucionalidade da descriminalização do aborto*
Dias |

ao Conselho Regional de Medicina e outra ao diretor clínico do nosocômio onde o aborto foi praticado. (CAPEZ, 2014, pp. 159-160)

Já o aborto em caso de gravidez decorrente de um estupro é o chamado aborto humanitário, sendo necessário que existam provas seguras do crime cometido e que a gestante manifeste seu consentimento com a medida.

O Habeas Corpus n° 124.306 da 1ª (primeira) Turma do Supremo Tribunal Federal, de relatoria do Ministro Luís Roberto Barroso, teve a seguinte decisão, como aponta a ementa a seguir:

> Direito processual penal. Habeas corpus. Prisão preventiva. Ausência dos requisitos para sua decretação. inconstitucionalidade da incidência do tipo penal do aborto no caso de interrupção voluntária da gestação no primeiro trimestre. Ordem concedida de ofício. 1. O habeas corpus não é cabível na hipótese. Todavia, é o caso de concessão da ordem de ofício, para o fim de desconstituir a prisão preventiva, com base em duas ordens de fundamentos. 2. Em primeiro lugar, não estão presentes os requisitos que legitimam a prisão cautelar, a saber: risco para a ordem pública, a ordem econômica, a instrução criminal ou a aplicação da lei penal (CPP, art. 312). Os acusados são primários e com bons antecedentes, têm trabalho e residência fixa, têm comparecido aos atos de instrução e cumprirão pena em regime aberto, na hipótese de condenação. 3. Em segundo lugar, é preciso conferir interpretação conforme a Constituição aos próprios arts. 124 a 126 do Código Penal – que tipificam o crime de aborto – para excluir do seu âmbito de incidência a interrupção voluntária da gestação efetivada no primeiro trimestre. A criminalização, nessa hipótese, viola diversos direitos fundamentais da mulher, bem como o princípio da proporcionalidade. 4. A criminalização é incompatível com os seguintes direitos fundamentais: os direitos sexuais e reprodutivos da mulher, que não pode ser obrigada pelo Estado a manter uma gestação indesejada; a autonomia da mulher, que deve conservar o direito de fazer suas escolhas existenciais; a integridade física e psíquica da gestante, que é quem sofre, no seu corpo e no seu psiquismo, os efeitos da gravidez; e a igualdade da mulher, já que homens não engravidam e, portanto, a equiparação plena de gênero depende de se respeitar a vontade da mulher nessa matéria. 5. A tudo isto se acrescenta o impacto da criminalização sobre as mulheres pobres. É que o tratamento como crime, dado pela lei penal brasileira, impede que estas mulheres, que não têm acesso a

médicos e clínicas privadas, recorram ao sistema público de saúde para se submeterem aos procedimentos cabíveis. Como consequência, multiplicam-se os casos de automutilação, lesões graves e óbitos. 6. A tipificação penal viola, também, o princípio da proporcionalidade por motivos que se cumulam: (i) ela constitui medida de duvidosa adequação para proteger o bem jurídico que pretende tutelar (vida do nascituro), por não produzir impacto relevante sobre o número de abortos praticados no país, apenas impedindo que sejam feitos de modo seguro; (ii) é possível que o Estado evite a ocorrência de abortos por meios mais eficazes e menos lesivos do que a criminalização, tais como educação sexual, distribuição de contraceptivos e amparo à mulher que deseja ter o filho, mas se encontra em condições adversas; (iii) a medida é desproporcional em sentido estrito, por gerar custos sociais (problemas de saúde pública e mortes) superiores aos seus benefícios. 7. Anote-se, por derradeiro, que praticamente nenhum país democrático e desenvolvido do mundo trata a interrupção da gestação durante o primeiro trimestre como crime, aí incluídos Estados Unidos, Alemanha, Reino Unido, Canadá, França, Itália, Espanha, Portugal, Holanda e Austrália. 8. Deferimento da ordem de ofício, para afastar a prisão preventiva dos pacientes, estendendo-se a decisão aos corréus. (STF, 2016, meio digital)

Na primeira parte da decisão, o Ilustre Ministro Barroso entendeu que o Habeas Corpus não pode ser substitutivo do Recurso Ordinário Constitucional (ROC) e entendeu ser cabível uma ordem de ofício.

Num segundo momento, entendeu que não existe motivação para a decretação da prisão preventiva, pois, não obstante a decisão do Juízo *a quo* seja abstrata, o crime tem baixa potencialidade lesiva, baixa punição e os réus ostentavam bons antecedentes e boas condutas, inclusive colaborando com o bom andamento processual.

Agora, nessa parte, vem a parte controversa da decisão, à medida que o Ministro Barroso entendeu pela não recepção e inconstitucionalidade do crime de aborto, compreendido nos artigos 124 a 126 do Código Penal, porque viola direitos fundamentais das mulheres e a proporcionalidade da pena, o que é incompatível ao fim desejado.

Quanto à violação dos direitos fundamentais das mulheres, alega que viola a autonomia da mulher, a integridade física e psíquica, e os direitos sexuais e reprodutivos, devido à imposição legal de manutenção

**2.5** | *A inconstitucionalidade da descriminalização do aborto*
Dias |

da gravidez indesejada, às transformações indesejadas decorrente da gravidez e ao risco de morte da mulher pela imposição da gravidez.

Ainda, sustenta que a proibição do aborto viola a igualdade de gênero, vez que a punida seria apenas a mulher, além de configurar uma discriminação social sobre mulheres pobres, à medida que estas, uma vez hipossuficientes, não teriam o acesso adequado às terapias necessárias e existentes.

Não bastasse isso, passou a fazer a análise com base no princípio/postulado da proporcionalidade, de modo que fez um juízo interpretativo sobre o tema e os direitos fundamentais colidentes: os direitos fundamentais da mulher *versus* os direitos fundamentais do nascituro.

No subprincípio da adequação, o ministro entendeu que a criminalização do aborto não impede que ele se realize e torna a conduta clandestina, de maneira que passa a ser apenas uma reprovação genérica e insuficiente para a proteção da vida do nascituro.

Já no subprincípio da necessidade, verificou que a criminalização não resguarda nem a vida do feto e nem os direitos fundamentais da mulher, sendo os métodos contraceptivos e a informação elementos muito mais eficazes e menos lesivos.

Por fim, no subprincípio da proporcionalidade em sentido estrito, concluiu que a criminalização não protege o direito fundamental do feto e nem da mulher e, além disso, gera problemas indiretos, a exemplo dos custos para o sistema público de saúde e de ordem social, haja vista que o aborto não deixa de acontecer e, acontecendo, muitas vezes, as condições são precárias.

Como parâmetro para as alegações que fez, fora a própria opinião sobre o tema, o Ministro Barroso trouxe dados internacionais e informações de países que permitem o aborto. Muitos dos países mencionados têm um perfil social diferente do Brasil, de modo que a análise então feita relega a realidade nacional a um segundo plano.

Além disso, a interpretação conforme a Constituição, dada ao tema pela 1ª (primeira) Turma do STF, praticamente conferiu a possibilidade do aborto "jurisprudencial" quando realizado até a 12ª (décima segunda) semana de gestação, adotando o posicionamento internacional dos países que permitem o aborto.

### 2.5.3. A DESPROPORCIONALIDADE DA DECISÃO

A decisão se torna desproporcional, em razão de criar uma "nova forma de aborto", eis que trouxe um permissivo à margem de nossa Legislação, que já prevê formas de praticar o aborto em respeito ao mandamento legal. Além disso, a decisão ignorou inúmeros julgados existentes que sustentam a existência do crime e a efetividade do ordenamento jurídico penal.

Outro fato extremamente curioso foi o eminente Ministro Barroso basear-se apenas em estudos e informações estrangeiras, desconsiderando alguns dados do nosso país. Como temos conhecimento, boa parte dos países desenvolvidos permite o aborto, contudo a realidade social desses lugares é muito diferente da existente no Brasil, por razões econômicas, educacionais ou culturais. Nossos índices, comparados aos países que ele utilizou como paradigmas, são precários e de uma realidade tão adversa que até se tornam incomparáveis.

Soma-se a esse fator a questão do difícil acesso ao sistema público de saúde, como é de conhecimento público da sua dificuldade, muito em razão dos custos, da frequência e da estrutura disponível, muitas vezes, bastante aquém do necessário.

Em termos técnicos, houve uma desconsideração da questão da dupla proteção existente dos direitos do nascituro, haja vista que o direito à vida deste encontra amparo no artigo 5º, caput, da Constituição Federal e no artigo 4º, 1, do Pacto de São José da Costa Rica, como vejamos:

> Art. 5º Todos são iguais perante a lei, sem distinção de qualquer natureza, garantindo-se aos brasileiros e aos estrangeiros residentes no país a inviolabilidade do direito à vida, à liberdade, à igualdade, à segurança e à propriedade, nos termos seguintes [...]. (BRASIL, 1988, meio digital)
>
> Artigo 4º - Direito à vida

## 2.5 | *A inconstitucionalidade da descriminalização do aborto*
Dias |

1. Toda pessoa tem o direito de que se respeite sua vida. Esse direito deve ser protegido pela lei e, em geral, desde o momento da concepção. Ninguém pode ser privado da vida arbitrariamente.

2. Nos países que não houverem abolido a pena de morte, esta só poderá ser imposta pelos delitos mais graves, em cumprimento de sentença final de tribunal competente e em conformidade com a lei que estabeleça tal pena, promulgada antes de haver o delito sido cometido. Tampouco se estenderá sua aplicação a delitos aos quais não se aplique atualmente.

3. Não se pode restabelecer a pena de morte nos Estados que a hajam abolido.

4. Em nenhum caso pode a pena de morte ser aplicada a delitos políticos, nem a delitos comuns conexos com delitos políticos.

5. Não se deve impor a pena de morte a pessoa que, no momento da perpetração do delito, for menor de dezoito anos, ou maior de setenta, nem aplicá-la a mulher em estado de gravidez.

6. Toda pessoa condenada à morte tem direito a solicitar anistia, indulto ou comutação da pena, os quais podem ser concedidos em todos os casos. Não se pode executar a pena de morte enquanto o pedido estiver pendente de decisão ante a autoridade competente. (BRASIL, 1992, meio digital)

Observando o disposto acima, além da Constituição Federal, o direito à vida do nascituro encontra amparo no Pacto de São José da Costa Rica, que possui status de norma supralegal, como dispõe Henrique Smidt Simon (2013, p. 109):

O que seria norma de caráter 'supralegal'? Uma norma supralegal não pode ser revogada por uma lei ordinária. Portanto, a teoria da supralegalidade parece conseguir resolver o problema da situação especial dos tratados de direitos humanos, ao mesmo tempo em que mantém a ideia de supremacia da constituição. Isso porque, uma vez que um tratado de direitos humanos seja ratificado, no âmbito interno ele só poderia ser retirado do sistema por meio de emenda constitucional. (SIMON, 2013, p. 109)

A norma supracitada e contida no Pacto consagra a proteção do nascituro desde a concepção, concedendo a ele direitos inerentes à personalidade.

Nessa esteira, os dizeres de Sirval Martins dos Santos Júnior e Cristina Grobério Pazó (2017, p. 300):

> É necessário reafirmar que no momento em que o Pacto de San José da Costa Rica é incorporado como emenda à Constituição Federal, é subtendida que a personalidade civil passa a existir no momento a partir da concepção. De acordo com o art. 4º desse Pacto, toda pessoa tem o direito à vida e este estará protegido pela lei desde o momento da concepção. Em contrapartida, para o Código Civil só é classificado como pessoa quando este nascer com vida.
>
> [...] A pessoa, ser humano, é o elemento fundamental de um Estado, sem ela, este aparelho regulador de condutas não existiria. Por isso pode-se dizer que o ser humano está na posição de destaque das intenções da Constituição. O que ocorre na prática é que a Constituição Federal não definiu exatamente quem é pessoa ou não, delegando esta competência para as leis ordinárias. Entretanto, o Código Civil não garante aos nascituros o direito de personalidade, diferentemente do Pacto de San José da Costa Rica.
>
> Mesmo diante Desse embate entre o Código e o Pacto, é sabido que o nascituro é um ser humano e tem por dever do Estado, seus direitos fundamentais e da personalidade garantidos. (JÚNIOR; PAZÓ, 2017, p. 300)

Em termos gerais, o direito do nascituro teria amparo duplo, tanto na Constituição, quanto na legislação supralegal, isto é, superior à infraconstitucional, mas inferior à Constituição. De outra banda, os direitos da mulher, em especial os reprodutivos, sexuais e de autonomia se limitariam à norma da Constituição e da legislação infraconstitucional. Tem, portanto, uma proteção menor do que a do nascituro, o que indica, de forma indireta, a vontade do Legislador, que representa legitimamente o povo.

## CONSIDERAÇÕES FINAIS

A partir de toda a pesquisa realizada, nos é permitido concluir que o precedente criado no Habeas Corpus nº 124.306 da 1ª (primeira) Turma do STF, de relatoria do Ministro Luís Roberto Barroso, foi um precedente um tanto quanto perigoso e desproporcional à realidade existente.

**2.5** | *A inconstitucionalidade da descriminalização do aborto*
Dias |

Isso porque permitiu uma nova forma de aborto ao arrepio da Lei, à medida que o Legislador Ordinário já trouxe no Código Penal as possibilidades de aborto legal, sendo essa forma precisa, adequada e suficiente.

Esse permissivo é diferente do caso do feto com anencefalia, pois, nessa circunstância, o feto não teria vida ou viabilidade, mesmo após o nascimento. O mesmo se pode dizer no caso da pesquisa com células-tronco, à medida que a finalidade dele não é para a reprodução, e sim para a produção e a pesquisa.

Podemos considerar ainda que a decisão poderia criar uma despesa grande ao sistema público de saúde, que já é precário e impossibilitaria cada vez mais o acesso, seja para tratamento, seja para a intervenção, em razão da obrigatoriedade de haver o custeio público, em especial para a população hipossuficiente, maioria infelizmente em nosso país.

De fato, é uma pena nosso país não ter condições para dar uma saúde adequada aos próprios cidadãos, tendo em vista que o Sistema Único de Saúde (SUS) seja uma benção para nossa população. A comparação com países desenvolvidos, porém, torna impossível a justificativa trazida se considerarmos nossa sofrível realidade.

Devemos considerar, outrossim, a baixa punibilidade do crime de aborto, que o torna praticamente impunível ou despenalizado. Logo, não há que se dizer que a medida de manter essa hipótese de criminalização seja ineficaz ou desproporcional.

Essa interpretação trazida em referido Habeas Corpus ignora proteção dupla do direito à vida do nascituro, o qual tem proteção maior que os direitos fundamentais da mulher suscitados. Mais uma vez, é desproporcional a aplicação do princípio da proporcionalidade.

Apesar do brilhantismo comum nas decisões do Ministro Barroso, o precedente criado é perigoso e inadequado à nossa realidade fática e legislativa existente, podendo servir a decisão como uma possível leniência com a conduta delitiva trazida no Código Penal, que pode ser obsoleto, mas está em vigor.

Acreditamos que a mudança em âmbito legislativo teria uma eficácia maior do que o precedente, pois passaria pelo crivo dos representantes do povo, ao contrário da decisão, que ficou adstrita à opinião da 1ª Turma da nossa Corte Suprema.

Enfim, o precedente existente é uma decisão que deve ser observada com cuidado e ficar suspensa até a manifestação final, que ocorrerá na ADPF nº 442 e encerrará a polêmica existente.

## REFERÊNCIAS

ALEXY, Robert. Teoria dos direitos fundamentais. São Paulo: Malheiros Editores, 2008. In: CESÁRIO, João Humberto. *A eficácia horizontal dos direitos fundamentais*. UNISUL de Fato e de Direito, v. 14, pp. 75-108, 2017.

BONAVIDES, Paulo. *O princípio constitucional da proporcionalidade e a proteção dos direitos fundamentais*. Revista da Faculdade de Direito da Universidade Federal de Minas Gerais. v. 34, n. 34, p. 275-291. Belo Horizonte: Faculdade de Direito da Universidade Federal de Minas Gerais, 1994.

BRASIL. Decreto-Lei de nº 2.848, de 07 de Dezembro de 1940, publicado no DOU de 31.12.1940. *Código Penal*. Disponível em: <http://www.planalto.gov.br/ccivil_03/decreto-lei/del2848compilado.htm>. Acesso em: 10 out. 2019.

_____. *Constituição da República Federativa do Brasil de 1988*, publicado no DOU de 05.10.1988. Disponível em: <http://www.planalto.gov.br/ccivil_03/constituicao/constituicao.htm>. Acesso em: 10 out. 2019.

_____. Decreto de nº 678, de 06 de Novembro de 1992, publicado no DOU de 09.11.1992. Promulga a Convenção Americana sobre Direitos Humanos *(Pacto de São José da Costa Rica)*, de 22 de novembro de 1969. Disponível em: <http://www.planalto.gov.br/ccivil_03/decreto/D0678.htm>. Acesso em: 15 abr. 2020.

BUDEL, Diego G. O. *Direitos Fundamentais: Dimensões e redimensionamentos perante o protagonismo da solidariedade*. Direito UNIFACS–Debate Virtual, n. 209, 2017.

CANOTILHO, José Joaquim Gomes. Direito Constitucional, 5ª edição, Editora Almedina, Coimbra, 1992. In: OLIVEIRA, Vanessa Batista. *A regra da proporcionalidade e sua aplicabilidade na hermenêutica constitucional*. Revista Espaço Acadêmico (UEM), v. 10, p. 62-68, 2010.

CAPEZ, Fernando. *Curso de Direito Penal*, volume 2, Parte Especial: dos crimes contra a pessoa a dos crimes contra o sentimento religioso e contra o respeito aos mortos (arts. 121 a 212). 14. ed. São Paulo: Saraiva, 2014.

DAHER, Chafic Krauss. *Aplicabilidade e eficácia dos direitos fundamentais sociais trabalhistas: a eficácia horizontal nas relações de trabalho*. Orientador: Jayme Benvenuto Lima

**2.5** | *A inconstitucionalidade da descriminalização do aborto*
Dias |

Júnior. 2011. 150 p. Dissertação (Curso de Pós-Graduação em Direito, Programa de Mestrado, do Centro de Ciências Jurídicas da Universidade Católica de Pernambuco) - Universidade Católica de Pernambuco, Recife, 2011.

DIAS, Rodrigo dos Santos. *A arguição de descumprimento de preceito fundamental 442: direitos reprodutivos da mulher x direito à vida do nascituro.* Dissertação (Mestrado). Universidade Santa Cecília, Programa de Pós-Graduação em Direito da Saúde: Dimensões Individuais e Coletivas. Santos, SP, 2020. 108f.

HAEBERLIN, Mártin. *Revisitando a Proporcionalidade:* da análise dos seus possíveis usos à crítica de seu abuso no direito brasileiro. Revista da AJURIS - Associação Dos Juízes Do Rio Grande Do Sul, v. 45, p. 165-199, 2018. Disponível em: <http://ajuris.kinghost.net/OJS2/index.php/REVAJURIS/article/view/839/Ajuris145DT7.pdf>. Acesso em 24 abr. 2020.

JESUS, Damásio de. *Direito Penal,* 2º volume: Parte especial; Crimes contra a pessoa a crimes contra o patrimônio. 35. ed. São Paulo: Saraiva, 2015.

MIRABETE, Júlio Fabbrini. *Manual de direito penal,* volume 2: parte especial, arts. 121 a 234-B do CP. 31. ed. rev. e atual. até 31 de dezembro de 2013. São Paulo: Atlas, 2014.

NOVELINO, Marcelo. *Manual de direito constitucional.* 9. ed. rev. e atual. São Paulo: Método, 2014.

SANTOS JÚNIOR, Sirval Martins dos; PAZÓ, Cristina Grobério. *Entre o aborto e o direito à vida: os direitos da personalidade em jogo.* 2017. Disponível em: <http://site.fdv.br/wp-content/uploads/2017/03/Parte-2-17-Entre-o-aborto-e-o-direito-a-vida-Sirval-Santos-Ju%CC%81nior-e-Cristina-Pazo%CC%81.pdf>. Acesso em: 20 abr. 2020.

SARLET, Ingo Wolfgang. *Conceito de direitos e garantias fundamentais.* Enciclopédia jurídica da PUC-SP. Celso Fernandes Campilongo, Álvaro de Azevedo Gonzaga e André Luiz Freire (coords.). Tomo: Direito Administrativo e Constitucional. Vidal Serrano Nunes Jr., Maurício Zockun, Carolina Zancaner Zockun, André Luiz Freire (coord. de tomo). 1. ed. São Paulo: Pontifícia Universidade Católica de São Paulo, 2017. Disponível em: <https://enciclopediajuridica.pucsp.br/verbete/67/edicao-1/conceito-de-direitos-e-garantias-fundamentais>. Acesso em: 23 abr. 2020.

SILVA, Virgílio Afonso da. *O proporcional e o razoável.* Revista dos Tribunais, São Paulo, v. 798, 2002. Disponível em: <https://constituicao.direito.usp.br/wp-content/uploads/2002-RT798-Proporcionalidade.pdf>. Acesso em 24 abr. 2020.

SIMON, Henrique Smidt. *A natureza jurídica dos tratados de direitos humanos: a incompatibilidade sistêmica da supralegalidade e a necessidade de revisão do entendimento do Supremo Tribunal Federal.* Revista Direito, Estado e Sociedade**.** N. 42, 2013. p. 99-120.

SUPREMO TRIBUNAL FEDERAL (STF*). Habeas Corpus 124.306 Rio de Janeiro (HC 84025).* Relator(a): Min. Marco Aurélio, Relator(a) p/ Acórdão: Min. Roberto Barroso, Primeira Turma, julgado em 09/08/2016, Processo Eletrônico DJe-052 Divulg 16-03-2017 Public 17-03-2017. Disponível em: < http://redir.stf.jus.br/paginador pub/paginador.jsp?docTP=TP&docID=12580345>. Acesso em: 24 mai. 2020.

# 2.6

# Saúde como direito, SUS e a assistência farmacêutica na atenção básica

RENATA FAVONI BIUDES

AMÉLIA COHN

HENRIQUE BRANDÃO ACCIOLY DE GUSMÃO

## INTRODUÇÃO

O OBJETIVO deste capítulo é apontar, a partir da legislação e dos demais protocolos, a Assistência Farmacêutica (AF) como componente essencial da saúde e um direito social, além de enfatizar que ela não se resume ao ato da aquisição de medicamentos pelos usuários do Sistema Único de Saúde (SUS), mas compreende um conjunto de atividades que abarca vários procedimentos que compõem uma prestação de serviços ampliada. Por isso, deve estar à disposição do paciente de forma integral, conforme preconiza a Carta Magna e as demais leis infraconstitucionais que amparam esse direito.

Os direitos sociais se apresentam de maneira concreta em situações subjetivas pessoais ou grupais que exigem implementação. Já no que se refere aos direitos econômicos, estes constituem pressupostos da existência de direitos sociais. Com a participação estatal na economia, pode surgir um regime democrático de direito para tutelar os mais vulneráveis e numerosos (JOSÉ AFONSO DA SILVA,2014, p. 183).

Com o fim da ditadura civil militar em meados de 1980, as lutas pela democracia e pelos direitos de cidadania na saúde se fortaleceram com a VIII Conferência Nacional de Saúde (1986) e se consolidaram com a Constituição de 1988, o que resultou na implantação do SUS, um dos

**2.6** | *Saúde como direito, SUS e a assistência farmacêutica na atenção básica*
Biudes | Cohn | Gusmão |

maiores sistemas públicos de saúde do mundo. O conceito de saúde passou, então, a ser visto conjugado às condições de vida e sociais do indivíduo, dando ênfase a esses direitos na perspectiva do direito cidadão. Nessa condição, o SUS tem os princípios de universalidade, equidade e integralidade, os quais servem de orientação basilar das práticas de saúde por ele operadas: a prática assistencial inclusiva, que tem como um dos componentes essenciais a assistência farmacêutica.

A defesa da saúde como um direito possui na Organização Mundial de Saúde (OMS) uma de suas fontes de inspiração. Referido órgão define que "saúde é o estado de completo bem-estar físico, mental e social e não apenas a ausência de doença", o que envolve vários outros quesitos relacionados ao princípio da dignidade da pessoa humana. A OMS também conceitua a assistência farmacêutica:

> como um grupo de serviços e atividades relacionados com o medicamento, destinados a apoiar as ações da saúde que demanda a comunidade, e que devem ser efetivados através da entrega expedita e oportuna dos medicamentos a pacientes hospitalizados e ambulatoriais, garantindo os critérios de qualidade na farmacoterapia. (ORGANIZACIÓN MUNDIAL DE LA SALUD, 1993)

Dessa forma, é necessário que a AF seja encarada de forma integral, embora as desigualdades regionais façam com que ela seja efetivada de forma fragmentada, fato que contraria os preceitos das normas e diretrizes do SUS.

A partir de 1988, o direito à saúde possui embasamento no artigo 196 da Constituição Federal. Esse dispositivo reza que a saúde é um direito:

> Art. 196. A saúde é direito de todos e dever do Estado, garantido mediante políticas sociais e econômicas que visem à redução do risco de doença e de outros agravos e ao acesso universal e igualitário às ações e serviços para sua promoção, proteção e recuperação. (BRASIL, 1988)

E a AF, por estar integrada no rol dos direitos dos usuários do SUS, deve ser analisada desde a aquisição dos medicamentos até o acompanhamento farmacoterapêutico, que é a etapa de observação se a terapia empregada está realmente sendo eficaz ao paciente.

E é dessa perspectiva que é oportuno refletir sobre como a AF, enquanto um componente essencial do direito à saúde, traduz-se como fundamental em todos os níveis de atenção à saúde e, no caso aqui tratado, na Atenção Básica (AB), a qual conta com uma lista específica de medicamentos considerados essenciais.

A lei nº 8.080/1990 regulamentou o Sistema Único de Saúde (SUS) e prevê, no artigo 6º, inciso I, *d*, que está incluída no campo de sua atuação a execução das ações e assistência terapêutica integral, inclusive a farmacêutica. Exatamente porque a norma superior define que a saúde consiste em um direito de todos e um dever do Estado, é crescente o número de processos judiciais voltados à demanda na saúde por parte dos usuários do SUS, em especial no que se refere à demanda por medicamentos.

Na atualidade, a AF abarca mais que uma simples assistência centrada no medicamento: contempla também ações voltadas à promoção, proteção e recuperação do indivíduo, o que faz a presença da Farmácia Clínica (FC) tornar-se cada vez mais atuante no conjunto dos serviços farmacêuticos prestados pelas instituições de saúde, tanto no setor público como no privado de prestação de serviços de saúde e assistência médica (PEREIRA, FREITAS, 2008).

É obrigatória a presença de um profissional farmacêutico nos serviços de prestação de assistência farmacêutica, conforme se lê no capítulo II da Lei nº 13.021, de 8 de agosto de 2014, artigo 5º. Essa lei inova o que preconiza a Lei nº 5.991/1973 no artigo 15, §1º, capítulo IV e 57. Dessa forma, a partir dessa norma, apenas o farmacêutico pode exercer a responsabilidade técnica nos referidos estabelecimentos (CONSELHO FEDERAL DE FARMÁCIA, 2014).

## 2.6 | Saúde como direito, SUS e a assistência farmacêutica na atenção básica
Biudes | Cohn | Gusmão |

> No âmbito da assistência farmacêutica, as farmácias de qualquer natureza requerem, obrigatoriamente, para seu funcionamento, a responsabilidade e a assistência técnica de farmacêutico habilitado na forma da lei. (BRASIL, 2014)

No caso dos direitos dos usuários do setor da saúde, no SUS ou no sistema privado de saúde, é cada vez mais evidente a concepção de que esses direitos vão além do acesso ao medicamento e incluem o acompanhamento do usuário na evolução do tratamento e da eficácia da terapêutica em relação aos sintomas e agravos da saúde do paciente. Nesse contexto, o direito do usuário passa a ser integrado pelo chamado Acompanhamento Farmacoterapêutico, uma das atividades que compõem a AF.

A AF, embasada na Política Nacional de Medicamentos estabelecida pela Portaria n.º 3.916/1998, possibilitou mais inserção do farmacêutico nas redes de saúde, já que incorporou a tecnologia do uso dos medicamentos no processo de atenção à saúde. Não obstante, ainda se revela escassa a atenção farmacêutica no âmbito do setor público de saúde no Brasil, assim como ocorre nos países em desenvolvimento (BRASIL, 2018).

## 2.6.1. A ESTRUTURA DA ASSISTÊNCIA FARMACÊUTICA NO BRASIL

A dispensação de medicamentos no Brasil ocorre por meio de protocolos que seguem a estrutura da atenção à saúde, com os seguintes componentes: atenção básica; componente básico; componente estratégico; medicamentos de programas estratégicos, média e alta complexidade; componente especializado e o programa Farmácia Popular, conforme estabelece o Ministério da Saúde (BRASIL, 2019).

O componente básico da AF é aquele destinado à competência do ente municipal, onde ocorre a aquisição de medicamentos e insumos no âmbito da AB, por meio de recursos financeiros repassados às Secretarias Municipais ou Estaduais de Saúde, além da aquisição centralizada pelo

Ministério da Saúde. O financiamento é tripartite, de responsabilidade das três esferas de governo (BRASIL, 2019).

O componente estratégico da AF tem como característica o direito ao acesso equitativo a medicamentos e insumos, para diagnóstico, prevenção e tratamento de doenças com perfil endêmico, e é de grande importância em programas estratégicos do SUS. Esses medicamentos são adquiridos e financiados pelo Ministério da Saúde, e a distribuição deles é feita aos Estados e ao Distrito Federal. Cabe, porém, aos Estados a distribuição dos fármacos desse componente aos seus municípios (BRASIL, 2019).

Já o componente especializado da AF tem a atribuição de garantir a integralidade do tratamento medicamentoso para todas as doenças que compõem o Rol dos protocolos clínicos e diretrizes terapêuticas das diferentes linhas de cuidado (BRASIL, 2019).

Conforme o Ministério da Saúde, o Programa Farmácia Popular do Brasil foi criado com o objetivo de oferecer mais uma alternativa de acesso da população aos medicamentos considerados essenciais, em cumprimento a uma das principais diretrizes da Política Nacional de Assistência Farmacêutica, estabelecida pela Resolução nº 338/2004 (BRASIL, 2004).

Os protocolos do Ministério da Saúde são definidos através de estudos que relacionam quesitos, como a fármaco-economia, o custo-efetividade, o custo-utilidade, entre outros parâmetros, para a classificação e a inserção de produtos nessas listas padronizadas. A responsável por propor a atualização dos protocolos é a Conitec, a qual se define como:

> [...] órgão colegiado de caráter permanente, que tem como objetivo assessorar o Ministério da Saúde nas atribuições relativas à análise e à elaboração de estudos de avaliação dos pedidos de incorporação, ampliação de uso, exclusão ou alteração de tecnologias em saúde; e na constituição ou na alteração de protocolos clínicos e diretrizes terapêuticas (PCDTs). Por meio de instrumento legal, a Avaliação de Tecnologias em Saúde (ATS) foi institucionalizada no Brasil como critério indispensável para a tomada de decisão sobre a incorporação tecnológica no SUS. (BRASIL, 2019, p. 9)

## 2.6 | Saúde como direito, SUS e a assistência farmacêutica na atenção básica
Biudes | Cohn | Gusmão |

Esses protocolos possuem um fluxo que pode ser entendido conforme a tabela a seguir:

### FLUXO DE ELABORAÇÃO/ATUALIZAÇÃO DE PROTOCOLOS E DIRETRIZES

| | |
|---|---|
| ESCOPO | Fase inicial do processo com a definição do tema pelas áreas internas do MS, perguntas de pesquisa e abrangência do documento. |
| ELABORAÇÃO/ ATUALIZAÇÃO | Fase mais complexa e longa do processo em função da seleção e análise das evidências disponíveis. |
| CONITEC | Fase de avaliação da Conitec, com avaliação do texto, consulta pública e publicação. |

| ESCOPO | ELABORAÇÃO/ATUALIZAÇÃO | CONITEC |
|---|---|---|
| Solicitação da área técnica do Ministério da Saúde/Conitec | Busca e seleção de evidências das perguntas de pesquisa definidas no escopo | Avaliação de versão preliminar pela Subcomissão Técnica de PCDT e avaliação final |
| Formação do Comitê Gestor e designação de um Grupo Elaborador | Extração e análise das evidências disponíveis | Consulta pública e Análise das contribuições recebidas |
| Reunião de Escopo | Elaboração de Parecer Técnico Científico sempre que for necessária a avaliação de tecnologias e submissão para análise da Conitec | Deliberação final pela Conitec |
| Enquete do Escopo | Painel de especialistas para análise das evidências e elaboração de recomendações | Aprovação final pelas Secretarias envolvidas e publicação no Diário Oficial da União (DOU) |
| | Redação do texto preliminar | |

**Fonte:** Com base no Fluxo de Elaboração/Atualização de Protocolos e Diretrizes (CONITEC, 2019)

## 2.6.2. O ACESSO AOS MEDICAMENTOS NA ATENÇÃO BÁSICA DE SAÚDE

Define-se a como um conjunto de ações realizadas de forma individual e coletiva. Isso resulta na promoção, proteção e recuperação da saúde, previne agravos e tem como meta diagnóstico, tratamento, reabilitação e manutenção da saúde dos indivíduos (BRASIL, 2011).

Um estudo transversal, exploratório, de natureza avaliativa (NASCIMENTO; ÁLVARES; GUERRA JUNIOR; GOMES; COSTA et al,

2017), a partir de dados coletados de julho de 2014 a maio de 2015, demonstrou que a disponibilidade média dos medicamentos nos equipamentos da atenção primária do SUS foi de 52,9%.[1] Há diferenças significativas entre as regiões do país, sendo que os sais de reidratação oral (91,9%) apresentaram a maior disponibilidade e os fitoterápicos (0,8 a 8,6%) a menor. Porém, quando foram analisados todos os medicamentos, exceto os fitoterápicos, a média aumentou para 62,5%. Em relação à percepção dos responsáveis pela dispensação de medicamentos, 38,0% afirmaram que sempre ou com frequência faltam medicamentos nas unidades dispensadoras na atenção primária do SUS.

Na Assistência Farmacêutica Municipal, relatou-se que:

> [...] os principais motivos que justificaram a ocorrência de desabastecimento no ano anterior à pesquisa foram a insuficiência de recursos financeiros (31,4%), problemas no mercado farmacêutico (30,5%), o atraso no repasse de medicamentos pelas demais instâncias gestoras do SUS (27,2%), e a desorganização do setor de compras local (18,8%). (NASCIMENTO, ÁLVARES, GUERRA JUNIOR, GOMES, COSTA et al, 2017, p. 4s)

Segundo Nascimento et. al. (2017), a disponibilidade geral foi avaliada conforme as regiões do país. Nesse sentido, detectou-se que, nas regiões Norte e Nordeste, a disponibilidade dos medicamentos na atenção básica foi inferior (44,6% e 46,3%, respectivamente). Referido estudo também avaliou que as regiões mencionadas apresentaram os menores índices quanto à presença de farmacêutico responsável, refrigerador exclusivo para medicamentos e armário com chave para medicamentos controlados.

Já no que diz respeito ao gasto com a Farmácia Popular (IPEA), destaca-se o crescimento dessa despesa entre 2010 e 2016 (580%). Em comparação com o mesmo período, o componente básico do BFAF (Bloco de Financiamento da Assistência Farmacêutica) sofreu redução de 25% em "termos reais". O gasto com medicamentos do Ministério da Saúde

---
1. Nesse estudo, foram preenchidos 1.175 roteiros de observação em 273 municípios brasileiros e os dados foram coletados de julho de 2014 a maio de 2015, numa amostra de 50 itens de medicamentos da Atenção Básica.

## 2.6 | Saúde como direito, SUS e a assistência farmacêutica na atenção básica
Biudes | Cohn | Gusmão |

aumentou 52,9% (de R$ 10,2 bilhões para R$ 15,5 bilhões) e o gasto com Ações e Serviços Públicos de Saúde (ASPS) subiu 6,3% (de R$ 93,3 bilhões para R$ 99,2 bilhões) no mesmo período; mesmo assim, a demanda ainda não é suprida. Dada a magnitude do sistema público de saúde brasileiro, responsável pela cobertura de uma população de mais de 210 milhões de habitantes, segundo dados do Ministério da Saúde relativos a outubro de 2016, havia 34.627 farmácias e drogarias credenciadas pelo SUS em 4.467 municípios e 517 unidades da rede própria em 410 municípios. Além disso, foram atendidas mais de 39 milhões de pessoas entre fevereiro de 2011 e setembro de 2016 (BRASIL, 2016 e IPEA, 2018).

Estudos de avaliação apontam os impactos da dispensação de medicamentos para a população na efetividade do programa Farmácia Popular, com a redução de internações e de óbitos por doenças crônicas. As taxas de mortalidade por doenças circulatórias e dislipidemia diminuíram em média 1,35 por 100 mil habitantes (FERREIRA, 2015). "A ampliação do acesso aos medicamentos para doenças crônicas por meio do programa resultou na diminuição expressiva das internações hospitalares e óbitos relacionados a hipertensão (27,6%) e a diabetes (8%), dados obtidos pela média do período de 2006 a 2016" (IPEA, 2018, ALMEIDA et al., 2017).

### 2.6.3. O FINANCIAMENTO DA ASSISTÊNCIA FARMACÊUTICA

O financiamento da Assistência Farmacêutica é um ponto crítico em relação à dificuldade para alcançar a integralidade relacionada ao acesso de medicamentos no SUS. O financiamento do Componente Básico da Assistência Farmacêutica (CBAF) é compartilhado, muitas vezes, entre União, Estados e Municípios. Redefiniu-se o valor para o repasse por meio do CABF (competência do governo federal), de acordo com o Índice de Desenvolvimento Humano Municipal (BRASIL, 2019, p. 14).

Com o advento de novas alterações realizadas pelo Ministério da Saúde no ano de 2019, o recurso referente ao CBAF varia de R$ 5,85 a R$ 6,05 per capita/ano (BRASIL, 2020). O atual financiamento considera também a atualização da população com base na estimativa do Instituto Brasileiro de Geografia e Estatística (IBGE) de 2019 e tem o objetivo de tornar o acesso aos medicamentos mais equânime ao reavaliar e considerar diferentes realidades e necessidades municipais do país (BRASIL, 2019, p. 14).

Como avaliação da Assistência Farmacêutica no Brasil e proposta alternativa para melhoria na gestão e outros setores da AF, o Ministério da Saúde desenvolveu, em 2018, o relatório *Assistência Farmacêutica no SUS: 20 anos de políticas e propostas para desenvolvimento e qualificação: relatório com análise e recomendações de gestores, especialistas e representantes da sociedade civil organizada*. Nele, reportam-se algumas discussões relacionadas à gestão e ao financiamento da AF e pontuam-se as dificuldades de aplicação de recursos para a aquisição de medicamentos e para ações específicas. Os principais pontos relatados foram: a falta de um indicador econômico que demonstre o impacto social da gestão da AF, o receio de que o fim dos blocos de financiamento (repasses de recursos federais aos Estados e Municípios destinados) prejudique a aquisição de medicamentos que estão na Relação Nacional de Medicamentos Essenciais (Rename), o plano/protocolo de logística para Municípios de difícil acesso ou a padronização de medicamentos diferentes os monitoramentos para planejar as ações sem trabalhar somente com demandas urgentes, a importância do controle social, a falta de conhecimento sobre as políticas de saúde por parte dos conselheiros, a indagação do papel da Comissão Intergestores Bipartite (CIB)[2] na fiscalização do repasse de recursos do Estado para o Município, entre outros.

Uma síntese das propostas mais importantes pode ser assim expressa: diminuir o tempo para realizar o repasse das competências de custeio do Programa Nacional de Qualificação da Assistência Farmacêutica (Qualifar) e ampliá-lo, pois muitos Municípios ainda não possuem estrutura para

---

2. Conforme a legislação do SUS, as Comissões Intergestores pactuam a organização e o funcionamento das ações e serviços de saúde integrados em redes de atenção à saúde. As Comissões Intergestores Bipartite (CIB), no âmbito dos estados, são vinculadas às Secretarias Estaduais de Saúde para efeitos administrativos e operacionais. (BRASIL, 2020).

fomentar a AF; ter ações do Ministério da Saúde quanto ao incentivo, disseminação e sugestão de formação de consórcios entre Municípios/ Estados para a aquisição de medicamentos; criar um indicador econômico/ financeiro que demonstre o impacto social da gestão da AF; estabelecer diretrizes para a utilização dos recursos diante do novo modelo de repasse de recursos (medicamentos e custeio) com vistas a auxiliar os gestores; definir o que é de responsabilidade de cada ente em um processo de judicialização; sensibilizar gestores quanto à importância da presença do farmacêutico com capacitação específica para a tomada de decisões.

Esse diagnóstico permite obter um quadro com as principais causas que obstaculizam uma prestação de serviço integral aos usuários do SUS, e isso suscita cada vez mais demandas judiciais em relação à aquisição de medicamentos no SUS.

## 2.6.4. JUDICIALIZAÇÃO DE MEDICAMENTOS NA ATENÇÃO BÁSICA

Atualmente, é crescente a demanda na aquisição de medicamentos no SUS, tanto no que se relaciona ao Componente Especializado (os medicamentos de alto custo) quanto ao Componente Básico e Estratégico. A judicialização da saúde, quanto à AF, vem sendo tema relevante no país nos últimos anos, dada a velocidade do crescimento das demandas, que tem forte impacto no orçamento do SUS em todos os níveis de governo, além dos impactos nos processos políticos de tomada de decisão.

> E este Fenômeno vem deflagrando debates pungentes entre acadêmicos, operadores do direito, gestores públicos e sociedade civil, focados em como resolver a garantia da prestação individual sem ferir, contudo, o planejamento coletivo. E no centro desta arena encontram-se os questionamentos sobre os contornos da atuação do Poder Judiciário em relação à garantia do direito à saúde. (MARQUES, 2011, p. 2)

Conforme o Ministério da Saúde, nos anos de 2010 a 2016, houve um aumento de 1010% em relação às demandas judiciais para a aquisição de equipamentos, medicamentos e demais insumos (MINISTÉRIO DA SAÚDE, 2017). Somente no ano de 2016, os dez medicamentos mais caros custaram ao órgão federal R$ 1,1 bilhão, o que representou 90% dos gastos totais dos 790 itens por ele comprados (BRASIL, 2017). Já no ano de 2018, o gasto com judicialização foi de R$ 1,31 bilhão (INESC, 2019).

Esses medicamentos adquiridos para a AF prestada pelo Ministério da Saúde no âmbito do SUS obedece a protocolos e listas elaboradas pela instituição. Esses documentos determinam os medicamentos relacionados a patologias específicas para a cobertura de dispensação de acordo com estudos de efetividade para tratamentos específicos.

Como parâmetro para a definição das compras para a AF, há a Rename, a qual, por sua vez, oferece respaldo às compras dos medicamentos básicos para a atenção básica e vale para todos os níveis de governo[3]. A Rename constitui um eixo norteador construído pela Política Nacional de Medicamentos com base na Portaria GM nº 3.916, de 30 de outubro de 1998 e, ainda, com base na Política Nacional de Assistência Farmacêutica, a qual corresponde à Resolução CNS nº 338, de 6 de maio de 2004.

O Ministério da Saúde define a Rename como:

> Uma lista orientativa e cabe a cada município estabelecer sua própria relação de medicamentos de acordo com suas características epidemiológicas. A Rename contempla os medicamentos e insumos disponibilizados no Sistema Único de Saúde (SUS) e está dividida em Componente Básico da Assistência Farmacêutica (CBAF), Componente Estratégico da Assistência Farmacêutica (CESAF), Componente Especializado da Assistência Farmacêutica (CEAF), além de determinados medicamentos de uso hospitalar. Hospitais possuem descrição nominal própria de tabela de procedimentos, medicamentos, órteses, próteses e materiais do SUS. (BRASIL, 2019)

Os medicamentos constituem hoje tecnologia de alto impacto sobre os gastos no SUS, de acordo com os dados obtidos de 2006 a 2019, foram R$

---

3. É grande também a lista de medicamentos que não estão preconizados em nenhum dos Protocolos do Ministério da Saúde. Ocorrem, inclusive, demandas de produtos não registrados no Brasil pela Agência Nacional de Vigilância Sanitária (Anvisa).

## 2.6 | Saúde como direito, SUS e a assistência farmacêutica na atenção básica
Biudes | Cohn | Gusmão |

24,7 bilhões com o Programa Farmácia Popular (IPEA, 2020, p. 17). No ano de 2018, o Ministério da Saúde gastou R$ 1,54 bilhões com medicamentos relacionados com o Componente Básico da Assistência Farmacêutica (INESC, 2019). Por isso, é necessário que o processo de incorporação dos mesmos seja avaliado com critério técnico científico. Entre os anos de 2008 e 2018, os gastos do Ministério da Saúde saltaram de R$ 9 bilhões para R$ 17 bilhões. Essa elevação de gastos foi proporcionalmente maior que o orçamento da saúde no período respectivo, logo os recursos do Ministério tiveram uma elevação de 41% em termos reais (INESC, 2019).

É necessário observar que o custo, a efetividade e a Rename possuem grande relevância dentro dos protocolos na medida em que orientam a oferta, a prescrição e a dispensação dos medicamentos integrantes do rol disponível. No âmbito municipal, a Relação Municipal de Medicamentos Essenciais (Remume) é elaborada de maneira suplementar à Rename. Aquela deve ser construída a partir desta e levar em consideração os índices epidemiológicos de cada Município. Sendo também um instrumento de orientação da AFB, deve observar alguns parâmetros, tais como: a) seleção de medicamentos que atendam às necessidades peculiares da população daquele Município; b) analisar os preços e a qualidade dos produtos e fornecedores; c) respeitar a padronização em relação ao uso racional de medicamentos dentro da população de abrangência; e d) produção e divulgação de protocolos de fácil manuseio pelos profissionais de saúde e de fácil acesso para a população (BRASIL, 2011).

Mesmo diante de ferramentas e protocolos para a aquisição de medicamentos essenciais, o índice de judicialização para aquisição desses fármacos vem crescendo. Na maioria das vezes, é possível notar que muitos Municípios do Brasil não possuem um Remume disponível, como demonstra um estudo realizado em 2014 sobre a avaliação da Assistência Farmacêutica no Estado do Paraná (VOLPATO; PADIAL, 2014). Nele, aponta-se que 70% dos municípios de referido estado não possuíam essa Relação, o que torna ainda mais notório o índice de judicialização de medicamentos básicos. Nota-se essa dificuldade devido à falta de profissionais qualificados disponíveis na rede, à falta de indicadores específicos para aquisição de medicamentos, à dificuldade nos repasses de recursos entre os entes federados e à própria administração de recursos da AF.

Devido à necessidade de selecionar medicamentos capazes de solucionar os problemas de saúde mediante uma terapia eficaz, segura e custo-efetiva, o Ministério da Saúde, por intermédio da Portaria nº 13, de 05 de janeiro de 2011, instituiu atribuições à Comissão de Farmácia e Terapêutica (CFT). Estas, na ocasião, foram elencadas como:

> [...] seleção de medicamentos nos diversos níveis de complexidade do sistema; estabelecimento de critérios para uso dos medicamentos selecionados; avaliação do uso de medicamentos selecionados e definição de critérios para a incorporação, alteração e exclusão de tecnologias farmacêuticas (MINISTÉRIO DA SAÚDE, 2011)

A realidade é que muitos Municípios ainda não possuem essas comissões formadas e, dessa forma, a aquisição dos medicamentos do Componente Básico não ocorre de forma eficaz, uma vez que essa Comissão contaria com profissionais de diversas áreas que dariam um suporte melhor às tomadas de decisão. Esses funcionários contribuem para um estudo técnico desde a seleção dos medicamentos até o modo de avaliação da relação custo-efetividade dos fármacos para melhorar a seleção da lista Remume.

Em contrapartida, no que diz respeito à Rename, observa-se o aumento persistente do número de medicamentos nas edições das listas publicadas após 2012 e, mesmo assim, a judicialização e a pressão pela incorporação tecnológica de produtos inovadores têm aumentado nos últimos anos (OSORIO DE CASTRO et al., 2017). Em 2018, a Rename elencou um total de 1.098 medicamentos, o que representa um aumento de 26% com relação ao ano anterior (BRASIL, 2017).

No ano de 2018, por meio do Resp nº 1.657.156, o STJ modificou as regras em relação ao fornecimento dos medicamentos pelo SUS. Nesse sentido, definiu-se que os medicamentos não incorporados em atos normativos

## 2.6 | Saúde como direito, SUS e a assistência farmacêutica na atenção básica
Biudes | Cohn | Gusmão |

do sistema exigem os seguintes requisitos: (MINISTÉRIO PÚBLICO DO PARANÁ, 2020).

a) Comprovação, por meio de laudo médico fundamentado e circunstanciado expedido pelo médico prescritor, da imprescindibilidade ou necessidade do medicamento, bem como da eficácia, para o tratamento da moléstia, dos fármacos fornecidos pelo SUS;

b) Incapacidade financeira de arcar com o custo do medicamento prescrito;

c) Existência de registro do medicamento na Anvisa, observados os usos autorizados pela agência.

A definição dessa nova regra por parte do STJ enfrenta uma questão crucial no âmbito do SUS. A tensão aí presente diz respeito ao debate entre o que preconiza a Constituição Federal e a Lei nº 8.080/1990. Além disso, tensiona-se a prevalência do interesse individual, em contraposição ao fato de que o direito à atenção à saúde (junto com o acesso a medicamentos que isso abarca,) exige pensar a saúde como um bem de consumo coletivo, público, e não individual.

Parece-nos que o acesso deve ser garantido independentemente da condição social e econômica dos indivíduos (afinal, esse não é o ponto), a partir da padronização de protocolos praticados pelo SUS. Isso porque se permite racionalizar a administração dos recursos financeiros em termos de melhor relação custo-efetividade.

Para tanto, faz-se necessária uma avaliação verdadeiramente contínua dos Protocolos elencados pelo Ministério da Saúde, pois alguns medicamentos ainda não contemplados nas listas oficiais podem ser a única referência para o tratamento de determinada enfermidade. Nesse caso, a falta de avaliação faria o paciente ficar sem alternativa terapêutica de tratamento.

Deve-se garantir o não comprometimento do direito individual à saúde, à vida e à dignidade, mas, diante da finitude dos recursos do Estado, é importante encontrar a trilha para o dever estatal prover a satisfação das necessidades de saúde da coletividade pela qual é responsável.

## 2.6.5. A ATENÇÃO FARMACÊUTICA E A INTEGRALIDADE DO ATENDIMENTO

A AF proporciona, além de medicamentos com a finalidade terapêutica, um atendimento integrado ao paciente. Nesse sentido, enquanto um componente essencial na configuração da saúde e como direito social, deve ser assim desempenhada: de forma integral ao usuário dos serviços de saúde, cumprindo, assim, o objetivo para o qual foi projetada.

Segundo o Ministério da Saúde, a integralidade é um:

> [..] princípio que considera as pessoas como um todo, atendendo a todas as suas necessidades. Para isso, é importante a integração de ações, incluindo a promoção da saúde, a prevenção de doenças, o tratamento e a reabilitação. Juntamente, o princípio de integralidade pressupõe a articulação da saúde com outras políticas públicas, para assegurar uma atuação intersetorial entre as diferentes áreas que tenham repercussão na saúde e qualidade de vida dos indivíduos (BRASIL, 2020)

A AF objetiva dissemir o uso racional de medicamentos e diminuir os Problemas Relacionados à Medicação (PRM), por meio do acompanhamento farmacoterapêutico, o qual possibilita ampla avaliação e acompanhamento das terapias medicamentosas utilizadas pelos usuários de saúde.

A AF e a Política Nacional de Medicamentos (PNM) possibilitaram mais inserção do farmacêutico nas redes de saúde. A partir do surgimento do SUS, as atividades do profissional da área de farmácia passaram a integrar os quesitos promoção, proteção e recuperação da saúde, de maneira a promover a integralidade na atenção ao paciente.

Vale destacar, aqui, a necessária distinção entre a AF e a Atenção Farmacêutica, enquanto etapas complementares na garantia da integralidade da atenção à saúde segundo os princípios constitucionais do SUS. Uma AF integral deve observar um ciclo que contempla seleção dos medicamentos, bem como a programação, a aquisição, o armazenamento, a distribuição, a prescrição, a dispensação e a utilização deles.

**2.6** | *Saúde como direito, SUS e a assistência farmacêutica na atenção básica*
Biudes | Cohn | Gusmão |

A Atenção Farmacêutica, por sua vez, é promovida na última etapa da AF, ou seja, já na fase de dispensação e utilização de medicamentos. A AF é composta tanto pela gestão dos medicamentos quanto pelo cuidado ao paciente, e é nessa última que a Atenção Farmacêutica se desenvolve em plenitude, pois o foco principal deixa de ser o medicamento e passa a ser o indivíduo.

Em países como Estados Unidos, Canadá e Espanha, já se vem debatendo a Atenção Farmacêutica há muitos anos. No Brasil, em contrapartida, as discussões oficiais tiveram início em meados de 1990 e foram promovidas pela Organização Pan-Americana de Saúde (OPAS) (PEREIRA, FREITAS, 2008, CONSENSO BRASILEIRO DE ATENÇÃO FARMACÊUTICA, 2002).

Referidos países, mais desenvolvidos, encontraram menos "dificuldade para a implantação e implementação da Atenção Farmacêutica", pois possuíam um serviço de saúde mais "bem-estruturado" e já "reconheciam o profissional farmacêutico e a imprescindibilidade" que este tem na área da saúde (MENEZES, 2000 apud PEREIRA, FREITAS, 2008 ).

Nesse sentido:

> Estudo realizado num serviço de AF nos EUA, em junho de 2003 a abril de 2004, utilizando 157 pacientes diabéticos demonstrou que durante o acompanhamento farmacoterapêutico houve aumento significativo no número pacientes com hemoglobina glicada controlada (19% no início do estudo, para 50 % no final) e no número de pacientes que atingiram o valor satisfatório de LDL- col (30 % no início para 56 % ao final do estudo) (PEREIRA; FREITAS, 2008, apud KIEL, MICCORD, 2005).

Outra pesquisa, realizada por Clifford et al (2005 apud PEREIRA, FREITAS, 2008), mostra resultados semelhantes: em "[...] 198 pacientes atendidos no programa de Atenção Farmacêutica para o controle de doença vascular em pacientes portadores de DM2." [...] o estudo conduzido por (Odegard et. al. 2005 apud PEREIRA, FREITAS, 2008) não demonstrou diferença significativa nos valores de hemoglobina glicada e adesão ao tratamento.". No segundo, foram feitas comparações entre os pacientes atendidos na Atenção Farmacêutica e aqueles atendidos no Atendimento Convencional.

Assim, entende-se que, em casos de doenças crônicas[4], há mais qualidade do atendimento na Atenção Farmacêutica, considerando que o farmacêutico, no acompanhamento farmacoterapêutico, consegue orientar melhor o paciente ou algum familiar a fim de gerar uma mudança mais efetiva na conduta e uma consequência adesão ao tratamento.

## CONSIDERAÇÕES FINAIS

Tendo em vista os aspectos observados, é possível entender que a Assistência Farmacêutica constitui um direito social amparado na Constituição Federal de 1988. Nesse sentido, deve ser enxergada não só como um direito do usuário em relação aos medicamentos, mas também como um direito à presença de um profissional qualificado para prestá-la, em busca de um atendimento integral.

O processo de judicialização de medicamentos na AB tem se tornado cada vez mais volumosa no país. Esse aumento decorre de vários fatores, a exemplo de dificuldades na gestão dos recursos públicos, desigualdades sociais e regionais, questões relativas à área do desenvolvimento científico tecnológico do setor da saúde e ausência de políticas econômicas que favoreçam de forma mais ágil a importação de insumos para a fabricação de medicamentos a fim de garantir um fluxo de dispensação deles. Essas questões reportam às fragilidades e às dificuldades enfrentadas pela Assistência Farmacêutica, razão pela qual precisam ser mais bem avaliadas para que ocorra um atendimento integral e humanizado ao usuário do SUS.

---

4. É importante frisar que ocorreram transformações epidemiológicas significativas no último século, o que resultou num aumento significativo da expectativa de vida e, com isso, uma ampliação das doenças crônicas não transmissíveis (DCNT) (BARRETO; CESSE; LIMA; MARINHO et AL, 2015).

**2.6** | *Saúde como direito, SUS e a assistência farmacêutica na atenção básica*
Biudes | Cohn | Gusmão |

# REFERÊNCIAS

ALMEIDA, A. T. C. et al. *Avaliação econômica do Programa Farmácia Popular do Brasil.* Brasília: Ipea, 2018. (Relatório de pesquisa).

BARRETO MNSC, CESSE EAP, LIMA RF, MARINHO MGS, SPECHT YS, CARVALHO EMF, et al. Análise do acesso ao tratamento medicamentoso para hipertensão e diabetes na Estratégia de Saúde da Família no Estado de Pernambuco, *Brasil. Rev Bras Epidemiol.* 2015;18(2):413-24. https://doi.org/10.1590/1980-5497201500020010.

BRASIL. Ministério da Saúde. *Programa Farmácia Popular do Brasil.* [s.l.]: SUS; Ministério da Saúde, dez. 2016. Disponível em: <https://www.conass.org.br/wp-content/uploads/2017/01/2-b.pdf>. Acesso em: 1º out. 2019.

_____. Congresso Nacional. *Lei Federal nº 13.021, de 8 de agosto de 2014.* Dispõe sobre o exercício e a fiscalização das atividades farmacêuticas. Disponível em: <http://www.planalto.gov.br/ccivil_03/_Ato2011-2014/2014/Lei/L13021.htm>. Acesso em: 1º out. 2019.

_____. Ministério da Saúde. *Plataforma e-NATJUS: Ferramenta com evidências técnicas ecientíficas vai apoiar magistrados nas decisões de saúde.* Brasília: Ministério da Saúde, 2017. Disponível em: <http://portalarquivos2.saude.gov.br/images/pdf/2017/novembro/21/CNJ-Funcionamento-NATJUS.pdf.>. Acesso em: 1º out. 2019.

_____. Ministério da Saúde. *Política Nacional de Medicamentos.* Brasília: Ministério da Saúde, 2001. Disponível em: <http://bvsms.saude.gov.br/bvs/publicacoes/politica_medicamentos.pdf>. Acesso em: 1º out. 2019.

_____. Ministério da Saúde. Portaria nº 13, de 5 de janeiro de 2011. Considerando: As diretrizes e ações do Ministério da Saúde, relativas à avaliação de tecnologias em saúde. *Regimento interno – comissão de farmácia e terapêutica into/ms.,* [*S. l.*], 5 jan. 2011. Disponível em: <http://bvsms.saude.gov.br/bvs/saudelegis/into/2011/prt0013_05_01_2011.html>. Acesso em: 7 set. 2020.

_____. Ministério da Saúde. *Portaria nº 2.488, de 21 de outubro de 2011.* Brasília, 2011. Disponível em: <http://bvsms.saude.gov.br/bvs/saudelegis/gm/2011/prt2488_21_10_2011.html>. Acesso em: 1º out. 2019.

_____. Ministério da Saúde. *Resolução nº 338, de 06 de maio de 2004.* Brasília, 2004. Disponível em: <http://bvsms.saude.gov.br/bvs/saudelegis/cns/2004/res0338_06_05_2004.html>. Acesso em: 1º out. 2019.

_____. *Lei n.º 5991, de 17 de dezembro de 1973.* Dispõe sobre o controle sanitário do comércio de drogas, medicamentos, insumos farmacêuticos e correlatos, e dá outras providências. Brasília: MS, 1973. Disponível em: <http://www4.planalto.gov.br/legislacao>. Acesso em: 1º out. 2019.

_____. Ministério da Saúde. *Portaria nº 3.916, de 30 de outubro de 1998.* Aprova a Política Nacional de Medicamentos. Disponível em: <http://bvsms.saude.gov.br/ bvs/saudelegis/gm/1998/prt3916_30_10_1998.html>. Acesso em: 1º out. 2019.

_____. Ministério da Saúde. *Princípios do SUS.* Brasil, 2020. Disponível em: <https://www.saude.gov.br/sistema-unico-de-saude/principios-do-sus>. Acesso em: 7 set. 2020.

_____. Ministério da Saúde. *Relação Nacional de Medicamentos Essenciais:* Rename 2020 [recurso eletrônico]. Brasília: Ministério da Saúde, 2019. Disponível em: <http://conitec.gov.br/images/Rename-2020-final.pdf>. Acesso em: 1º out. 2019.

_____. Ministério da Saúde. Secretaria de Ciência, Tecnologia e Insumos Estratégicos. Departamento de Assistência Farmacêutica e Insumos Estratégicos. *Assistência Farmacêutica no SUS: 20 anos de políticas e propostas para desenvolvimento e qualificação: relatório com análise e recomendações de gestores, especialistas e representantes da sociedade civil organizada* [recurso eletrônico] / Ministério da Saúde, Secretaria de Ciência, Tecnologia e Insumos Estratégicos. Departamento de Assistência Farmacêutica e Insumos Estratégicos. – Brasília: Ministério da Saúde, 2018. Disponível em: <http://bvsms.saude.gov.br/bvs/publicacoes/assistencia_farmaceutica_sus_relatorio_recomendacoes.pdf>. Acesso em: 1º out. 2019.

_____. Ministério da Saúde. *Mais R$ 114 milhões para compra de medicamentos no SUS.* Ministério da Saúde, Brasil, 2020. Disponível em: <http://saude.mppr.mp.br/pagi-na-1096.html>. Acesso em: 1º out. 2019.

_____. Ministério da Saúde. Rename 2018 terá 1098 medicamentos, 26% a mais que a lista de 2017. Via twitter. Disponível em 2017: https://twitter.com/minsaude/status/923168916116996096.

_____. Ministério da Saúde. *Lei nº 8080 de 19 de setembro de 1990,* e o Decreto nº 7508/11, de 28 de junho de 2011 que dispõe sobre a organização do SUS. Disponíveis em: <http://www.planalto.gov.br/ccivil_03/_ato2011-2014/2011/decreto/D7508.htm> e <http://www.planalto.gov.br/ccivil_03/leis/l8080.htm>. Acesso em: 1º out. 2019.

_____. Supremo Tribunal de justiça. Recurso Especial 1.657.156. Brasília, 04 de maio de 2018. Disponível em: https://processo.stj.jus.br/processo/pesquisa/?aplicacao=processos.ea&tipoPesquisa=tipoPesquisaGenerica&termo=REsp%201657156.

_____. Constituição (1988). Constituição da República Federativa do Brasil. Brasília, DF: Senado Federal: Centro Gráfico, 1988.

BROWN, T. A., 1997. Reviewing and dispensing pre- scription and medication orders. In: *Comprehensive Pharmacy Review* (L. Shargel, A. H. Mutnick, P. F. Souney, L. N. Swanson & L. H. Block, eds.), pp. 428-435, Baltimore: Williams & Wilkins.

CLIFFORD, R.M.; DAVIS, W.A.; BATTY, K.A.; DAVIS, T.M.E. Effect of a pharmaceutical care program on vascular risk factors in type 2 diabetes: the Fremantle Diabetes Study. Diabetes Care, v.28, n. p.771-776, 2005

**2.6** | *Saúde como direito, SUS e a assistência farmacêutica na atenção básica*
Biudes | Cohn | Gusmão |

CONITEC. Comissão Nacional de Incorporação de Tecnologias no Sistema Único de Saúde. *Protocolos e Diretrizes do Ministério da Saúde*. Brasília: Conitec, 2019. Disponível em: http://conitec.gov.br/pcdt-em-elaboracao.

CONSELHO FEDERAL DE FARMÁCIA. *Judicialização de medicamentos: apoio técnico--farmacêutico para a diminuição e/ou qualificação das demandas*. Cartilha. Brasília, 2018. Disponível em: <https://www.cff.org.br/userfiles/CARTILHA%20 JUDICIALIZA%C3%87%C3%83O%20-%20FINAL.pdf>. Acesso em: 1º out. 2019.

_____. *Agora é Lei*. Notícias do CFF. Brasília, 2014. Disponível em: <https://www.cff. org.br/noticia.php?id=2129&titulo=Agora+%C3%A9+LEI#:~:text=A%20nova%20 lei%20reitera%20a,nestes%20estabelecimentos%2C%20a%20responsabilidade%20 t%C3%A9cnica>. Acesso em: 1º out. 2019.

CONSENSO BRASILEIRO DE ATENÇÃO FARMACÊUTICA - PROPOSTA. *Atenção Farmacêutica no Brasil:* "Trilhando Caminhos". Brasília: Organização Pan-Americana da Saúde, 2002. 24p.

FERREIRA PAA, CASTRO RR. Efeitos do copagamento de medicamentos sobre saúde no Brasil: evidências do programa Aqui Tem Farmácia Popular. Rio de Janeiro: Banco Nacional de Desenvolvimento Econômico e Social; 2017.

INESC, Instituto de Estudos Socioeconômicos. Em 10 anos, despesas do Ministério da Saúde com medicamentos dobraram. *INESC*, 16 dez. 2019. Disponível em: <https://www.inesc.org.br/em-10-anos-despesas-do-ministerio-da-saude-com--medicamentos-dobraram/>. Acesso em: 1º out. 2019.

IPEA. Governo Federal. Ministério do Planejamento, Desenvolvimento e Gestão. Relatório Evolução de gastos com medicamentos 2018. Disponível em: http:// repositorio.ipea.gov.br/bitstream/11058/8250/1/TD_2356.pdf

IPEA. Governo Federal. Ministério do Planejamento, Desenvolvimento e Gestão. *Texto para discussão*. Brasília: Rio de Janeiro: Ipea, 2020. Disponível em: <https://www. ipea.gov.br/portal/images/stories/PDFs/TDs/td_2585.pdf>. Acesso em: 1º out. 2019.

KIEL, P.J.; MCCORD, A.D. Pharmacist impact on clinical outcomes in a diabetes disease management program via collaborative practice. *Ann. Pharmacother.*, v.39, n.11, p.1828-1832, 2005.

MARQUES, S. B. O direito ao acesso universal a medicamentos no Brasil: diálogos entre o direito, a política e a técnica médica. 2011. 396 f. Tese. (Doutorado em Saúde Pública) - Programa de Pós-Graduação em Saúde Pública, Universidade de São Paulo, São Paulo, 2011.

MENEZES, E.B.B. Atenção farmacêutica em xeque. *Rev. Pharm. Bras.*, v.22, n. p.28, 2000. MINISTÉRIO PÚBLICO DO PARANA. *Tema 106. Súmulas e temas em saúde*, Paraná, 2020. Disponível em: <http://saude.mppr.mp.br/pagina-1096.html>. Acesso em:7 set. 2020.

NASCIMENTO RCRM, ÁLVARES J, GUERRA JUNIOR AA, GOMES IC, COSTA EA, LEITE SN, et al. Disponibilidade de medicamentos essenciais na atenção primária do Sistema Único de Saúde. *Revista de Saúde Pública*, v. 51, n. suppl.2, p. 10s, 22 set. 2017. Disponível em: <https://www.scielo.br/pdf/rsp/v51s2/pt_0034-8910-rsp-S1518-51-s2-87872017051007062>. Acesso em: 1º out. 2019.

ODEGARD, P.S.; GOO, A.; HUMMEL, J.; WILLIAMS, K.L.; GRAY, S.L. Caring for Poorly Controlled Diabetes Mellitus: A Randomized Pharmacist Intervention. Ann. Pharmacother., v.39, n.3, p.433-440, 2005.

ORGANIZAÇÃO MUNDIAL DA SAÚDE (OMS), *The role of the pharmacist in the health care system*. Geneva: OMS, 1994. 24p. (Report of a WHO Meeting).

ORGANIZAÇÃO PAN-AMERICANA DE SAÚDE/ORGANIZAÇÃO MUNDIAL DE SAÚDE. *Termo de referência para reunião de grupo de trabalho de atenção farmacêutica*. Brasília, DF, 2002.

ORGANIZACIÓN MUNDIAL DE LA SALUD. *El papel del farmacéutico en el sistema de atención de salud*. Washington DC: Organización Panamericana de la Salud; 1993. Disponível em: <https://www.paho.org/bra/index.php?option=com_docman&view=download&alias=795-el-papel-farmaceutico-sistema-atencion--a-salud-informe-un-grupo-consulta-5&category_slug=vigilancia-sanitaria--959&Itemid=965#:~:text=Los%20farmac%C3%A9uticos%20del%20sector%20p%C3%BAblico,empleo%20de%20sistemas%20de%20informaci%C3%B3n>. Acesso em: 1º out. 2019

OSORIO-DE-CASTRO, C. G. S. et al. Policy Change and the National Essential Medicines List Development Process in Brazil between 2000 and 2014: Has the Essential Medicine Concept been Abandoned? *Basic & Clinical Pharmacology & Toxicology*, [S.l.], Dec. 2017. DOI: 10.1111/bcpt.12932

PERERIA, Leonardo Régis Leira; FREITAS, Osvaldo de. A evolução da Atenção Farmacêutica e a perspectiva para o Brasil. *Revista Brasileira de Ciências Farmacêuticas*, São Paulo, v. 44, ed. 4, pp. 601-612, 2008. Disponível em: <https://www.scielo.br/pdf/rbcf/v44n4/v44n4a06.pdf>. Acesso em: 1º out. 2019.

SILVA, José Afonso da. *Comentário contextual à Constituição*, 5. ed. São Paulo: Malheiros, 2014, p. 183.

VOLPATO, VOLPATO, Débora Canassa; PADIAL, Rafael Bayouth. Avaliação da Assistência Farmacêutica em Municípios de uma Regional de Saúde do Paraná. *Saúde e Pesquisa*, Maringá, v. 7, n. 2, p. 221-232, 27 out. 2014. Disponível em: <https:// periodicos.unicesumar.edu.br/index.php/saudpesq/article/view/3327/2372>. Acesso em: 1º out. 2019.

# Parte 3

## Políticas públicas de saúde

# 3.1

## Uso obrigatório de máscaras durante a pandemia de Covid-19 e o crime previsto no artigo 268 do Código Penal

*BRUNO ZANESCO MARINETTI KNIELING GALHARDO*
*LUCIANO PEREIRA DE SOUZA*

### INTRODUÇÃO

O NOVO coronavírus (causador da Covid-19) trouxe à baila importantes discussões sobre as medidas de prevenção e tratamento da infecção viral ou, ao menos, visando a diminuir a propagação da doença em prol da continuidade da vida social e da atividade econômica em escala global.

O uso da máscara facial em locais públicos ou acessíveis ao público tem sido visto pelos governantes das nações acometidas pelo vírus como medida importante para impedir a propagação da doença pandêmica e, ao mesmo tempo, permitir que os cidadãos frequentem os espaços públicos e, até mesmo, o espaço privado compartilhado, de forma mais segura.

O uso do novo adereço de proteção (caseiro ou industrializado), já visto como normal nos países asiáticos mesmo antes da pandemia, foi recebido inicialmente com reservas por alguns países, a exemplo da França. O país gaulês, de forma polêmica, e desde o ano de 2010, nem sequer permite que mulheres islâmicas cubram o rosto com *niqab* ou burcas no metrô de Paris. Entretanto, para enfrentar a pandemia, o governo aderiu ao uso obrigatório de máscaras nos espaços públicos (o que não exclui o veto ao uso do véu islâmico completo por mulheres no metrô da capital francesa).

No Brasil, o uso das máscaras faciais em locais de acesso ao público atualmente é obrigatório por força da Lei federal nº 14.019, de 2 de julho de 2020, além de inúmeros decretos municipais e estaduais.

Nesse sentido, surge a discussão: o cidadão que deixa de usar máscara facial em local de acesso público estaria cometendo o crime previsto no artigo 268 do Código Penal (CP), por infração de medida sanitária preventiva?

Eis o que será debatido neste trabalho científico, por meio da pesquisa bibliográfica e documental, com emprego da interpretação das fontes do direito, argumentação lógico-jurídica e formulação de juízos de subsunção e ponderação, confinada numa abordagem positivista e dogmática do direito.

### 3.1.1. IMPOSIÇÃO DO USO DE MÁSCARA FACIAL PARA CONTROLE DA COVID-19: PROPORCIONALIDADE DA MEDIDA PREVENTIVA

Partindo do pressuposto de que toda ação estatal e em especial a reação punitiva ao comportamento antijurídico, mormente aquele penalmente relevante, deve ser deflagrada de forma proporcional, torna-se necessário avaliar se a imposição do uso da máscara, cuja transgressão poderia ser elevada ao patamar de ilícito penal, representa medida adequada, necessária e proporcional para proteger a saúde pública e para evitar a propagação da pandemia em detrimento dos direitos fundamentais, notadamente a liberdade de autodeterminação.

Embora a questão não esteja pacificada por completo, é possível aceitar como premissa para o presente trabalho que, em princípio, **não existe prevalência,** diferença de grau ou de valor entre os direitos fundamentais, sejam eles individuais, sociais ou coletivos (PADILHA, 2006, p. 167).

Disso advém a necessidade de realizar o juízo de ponderação para o enfrentamento da questão. Nas palavras de Luiz Regis Prado (2019, p. 106):

> Considerando-se as três vertentes ou subprincípios da proporcionalidade lato sensu (adequação ou idoneidade; necessidade ou exigibilidade e proporcionalidade em sentido estrito), pode-se afirmar que uma medida é razoável quando apta a atingir os objetivos para os quais foi proposta; quando causa o menor prejuízo entre as providências possíveis, ensejando menos ônus aos direitos fundamentais, e quando as vantagens que aporta superam suas desvantagens. (PRADO, 2019, p. 106)

Nesse sentido, em relação à questão do uso da máscara caseira ou industrial com a finalidade de evitar a propagação da Covid-19, caberia indagar o seguinte:

- Em relação ao juízo de adequação, **é preciso questionar**: a **máscara facial é medida apta ou eficaz para evitar a propagação da moléstia contagiosa** aqui em discussão?
- Já em relação ao juízo de necessidade e considerando as opções disponíveis atualmente para evitar a propagação da doença, consistentes basicamente em impedir que as pessoas tenham contato umas com as outras por meio de distanciamento social, isolamento ou limitação da liberdade de locomoção (toque de recolher, *lockdown* etc.), além da imposição do uso da máscara nos locais públicos, nos privados abertos ao público e nos meios de locomoção; pergunta-se: o uso da máscara nessas ocasiões é menos gravoso que as medidas de distanciamento social, isolamento e restrições da liberdade de locomoção?
- Por fim, indaga-se: as vantagens provenientes do uso das máscaras (ou seja, a proteção da saúde individual e pública, evitando-se ao máximo as medidas de limitação da liberdade de locomoção) superam as desvantagens (ou seja, o incômodo causado pelo uso e a restrição à liberdade de autodeterminação)?

As respostas a essas indagações parecem ser afirmativas, o que sugere tratar-se de medida dotada de proporcionalidade, conforme reflexão realizada em trabalho acadêmico (ABUD; SOUZA, 2020) sobre a imposição

**3.1** | *Uso obrigatório de máscaras durante a pandemia de Covid-19*
Galhardo | Souza |

legal do uso de máscaras e a legitimidade da intervenção estatal na esfera da liberdade de autodeterminação (artigo 5º, II, CF/1988).

Mesmo que aceita a ideia da hierarquização dos direitos fundamentais, a solução seria semelhante, uma vez que o direito à saúde na sua dimensão individual e coletiva teria prevalência, ao que parece, sobre a liberdade de autodeterminação.

Tanto assim que o *tratamento compulsório*, por exemplo, é reportado como uma das situações de dispensa do consentimento prévio e informado do paciente. Esse consentimento representa expressão individual da liberdade de autodeterminação, a qual retrocede diante do interesse na saúde pública nos casos de moléstias contagiosas de notificação compulsória, quando necessário para a proteção de um direito fundamental à saúde, em dimensão individual ou coletiva no cumprimento de norma jurídica ou decisão judicial, conforme adverte Fernando Campos Scaff (2010, p. 100).

## 3.1.2. LEGITIMIDADE E INTERVENÇÃO MÍNIMA NA PROTEÇÃO PENAL DA SAÚDE PÚBLICA

O princípio da intervenção mínima norteia todo o sistema jurídico penal brasileiro e assenta-se, do ponto de vista jurídico, na Declaração de Direitos do Homem e do Cidadão, de 1789, cujo artigo 8º determina que a lei só deve prever as penas estritamente necessárias (CAPEZ, 2011, p. 36).

Nessa acepção, é possível pontuar que o princípio em debate é a expressão do axioma da *nulla lex (poenalis) sine necessitate*, conforme doutrina Fernando Galvão (2013, p. 137), razão pela qual não é possível a incriminação sem que haja a necessidade de intervenção tão gravosa como a promovida pelo Direito Penal, idealizador da mais grave interferência na esfera de liberdade individual do cidadão.

Outrossim, pode-se afirmar a ancoragem da intervenção mínima no direito interno sobre o valor supremo da dignidade da pessoa humana, previsto pela Constituição Federal como fundamento da República Federativa do Brasil (artigo 1º, inciso III), uma vez que, tendo em vista a rigorosidade da resposta do Direito Penal (que comina penas privativas de liberdade), este não pode ser utilizado quando outro ramo do ordenamento legal for suficiente para proteger o bem jurídico em risco.

Portanto, o princípio da intervenção mínima evidencia a natureza subsidiária, de *ultima ratio* (última razão), do ramo mais invasivo do ordenamento jurídico – o Direito Penal. Ou seja, ele somente deve atuar quando os demais ramos do ordenamento jurídico não forem suficientes para a salvaguarda do respectivo bem jurídico a ser protegido, conforme ressaltado.

Nesse sentido, oportuna é a lição de Rogério Greco (2015, p. 86):

> [...] se os demais ramos do ordenamento jurídico demonstrarem que são fortes o suficiente na proteção de determinados bens, é preferível que tal proteção seja por eles levada a efeito, no lugar da drástica intervenção do Direito Penal, com todas as suas consequências maléficas, a exemplo do efeito estigmatizante da pena, dos reflexos que uma condenação traz sobre a família do condenado etc. (GREGO, 2015, p. 86)

Alberto Zacharias Toron (1996, p. 43) também adverte:

> [...] o princípio da intervenção mínima pode significar tanto a abstenção do Direito Penal de intervir em certas situações (seja em função do bem jurídico atingido, seja pela maneira com que veio a ser atacado) – o que lhe dá o traço fragmentário – como também a sua utilização em termos de último argumento. Neste caso, o sistema punitivo é chamado a interceder de forma subsidiária. Somente quando não haja outros instrumentos de controle social (que vão do direito administrativo à família) eficazes. (TORON, 1996, p. 43)

Em suma, a intervenção mínima trata de uma busca pelo maior bem social com o menor ônus social. Ou seja, se outros ramos do ordenamento jurídico podem proteger determinado bem jurídico, com menos invasão a direitos fundamentais do indivíduo e com mais efetividade, por qual razão seria necessária a atuação do Direito Penal?

Ora, em muitas situações, o Direito Administrativo demonstrará força superior ao próprio Direito Penal, dada a pronta eficácia que possui, sem

## 3.1 | *Uso obrigatório de máscaras durante a pandemia de Covid-19*
Galhardo | Souza |

precisar de judicialização de processos com todas as garantias inerentes (ampla defesa, contraditório, oitiva de testemunhas, interrogatório, alegações finais, sentença e infindáveis recursos, até que se chegue efetivamente ao trânsito em julgado e ao cumprimento da sanção).

Com o Direito Administrativo, como regra, primeiro se aplica a medida necessária para cessar a atividade danosa, dado o atributo da executoriedade do ato administrativo – o Poder Público pode compelir materialmente o administrado à prática do ato e ao cumprimento da obrigação que impôs e exigiu sem necessidade de buscar as vias judiciais, segundo Celso Antônio Bandeira de Mello (1994, p. 195), para depois, se for o caso, discutir-se a legalidade do ato pelo Poder Judiciário (GRECO, 2015, p. 89).

O princípio em discussão tem dois destinatários principais: o operador do direito e o legislador (que preconiza cautela no momento de eleger as condutas que merecerão a repressão criminal, abstendo-se de incriminar comportamentos irrelevantes).

Interessa-nos o primeiro destinatário. Para este, o princípio da intervenção mínima recomenda não proceder ao enquadramento típico quando notar que outro ramo do ordenamento jurídico pode atuar de forma muito menos agressiva e com mais efetividade na proteção do bem jurídico.

Eis a lição de Fernando Capez (2011, p. 38), o qual cita, inclusive, exemplos de condutas cujo enquadramento típico não se recomenda, à luz da inteligência da intervenção mínima:

> Ao operador do Direito recomenda-se não proceder ao enquadramento típico, quando notar que aquela pendência pode ser satisfatoriamente resolvida com a atuação de outros ramos menos agressivos do ordenamento jurídico. Assim, se a demissão com justa causa pacifica o conflito gerado pelo pequeno furto cometido pelo empregado, o direito trabalhista tornou inoportuno o ingresso do penal. Se o furto de um chocolate em um supermercado já foi solucionado com o pagamento do débito e a expulsão do inconveniente freguês, não há necessidade de movimentar a máquina persecutória do Estado, tão assoberbada com a criminalidade violenta, a organizada, o narcotráfico e as dilapidações ao erário. (CAPEZ, 2011, p. 38)

À luz do princípio da intervenção mínima, também não devem ser qualificados como crimes outros exemplos não citados por Capez, como o pagamento administrativo do crédito tributário no caso de supressão ou de redução de tributo, a contribuição social e qualquer outro acessório, em tese tipificada no artigo 1º da Lei nº 8.137/1990 (STJ, HC nº 362.478/SP; RHC *nº* 98.508/SP), ou a desobediência de ordem de parada dada pela autoridade de trânsito ou por seus agentes ou policiais, em tese, tipificada no artigo 330 do Código Penal (STJ, HC 369.082/SC).

Muitos exemplos ainda poderiam ser citados, porém este não é o escopo do trabalho. Pretende-se, neste capítulo, apenas e tão somente demonstrar que o Direito Penal deve se abster de intervir em certas situações, sobretudo quando houver outros instrumentos de controle social que sejam mais eficazes e menos invasivos à esfera de liberdade do indivíduo.

Especificamente em relação ao debate travado neste artigo, compete avaliar se é legítima a atuação do Direito Penal com o objetivo de tutelar a saúde pública em detrimento de cidadãos que se recusam a utilizar máscara facial de proteção em local público ou acessível ao público.

Outrossim, uma vez admitida a legitimidade da intervenção da seara penal, cabe avaliar qual seria o tipo violado pelo agente resistente ao uso da proteção facial.

### 3.1.2.1. O crime de infração de medida sanitária preventiva - artigo 268 do Código Penal

O artigo 268 do diploma penal tipifica como crime a seguinte conduta:

> Art. 268. Infringir determinação do poder público, destinada a impedir introdução ou propagação de doença contagiosa:
>
> Pena – detenção, de 1 (um) mês a 1 (um) ano e multa.
>
> Parágrafo único. A pena é aumentada de um terço, se o agente é funcionário da saúde pública ou exerce a profissão de médico, farmacêutico, dentista ou enfermeiro.

**3.1** | *Uso obrigatório de máscaras durante a pandemia de Covid-19*
Galhardo | Souza |

Infringir significa desrespeitar, violar a determinação do poder público destinada a impedir a introdução ou a propagação de doença contagiosa. É norma penal em branco, ou seja, depende do complemento de outra norma, que conterá a determinação estatal e que não pode ser violada.

Para Bento de Faria (1959, p. 255), as determinações do poder público constituem-se em "(...) medidas de profilaxia, e constam de normas gerais, estabelecidas pela lei, ou resultam de previsões ou instruções especiais decretadas pelas autoridades sanitárias, com o fim de evitar as epidemias".

Protagonizando a doutrina mais moderna, Vicente de Paula Rodrigues Maggio (2015, p. 252), em obra coordenada por Luiz Flávio Gomes, perfila o mesmo entendimento sobre o conceito de determinação do poder público, *in verbis*:

> (,,,) a ordem, de caráter obrigatório, emanada de órgãos públicos de qualquer esfera (federal, estadual, distrital ou municipal), investidos de autoridade e competência para determinar, por meio de leis, decretos, portarias, resoluções etc., qualquer ordem voltada a preservar a saúde pública. (MAGGIO, 2015, p. 252)

Em outras palavras, por se tratar de norma penal em branco, mister se faz demonstrar qual determinação do poder público, destinada a impedir a introdução ou a propagação de doença contagiosa, teria sido descumprida pelo sujeito ativo do delito, como será visto mais adiante.

Trata-se de crime comum. Não exige, portanto, qualquer qualidade especial do sujeito ativo e passivo.Também é doloso (não há previsão para a modalidade culposa), comissivo ou omissivo (NORONHA, 1986, p. 9), pode ser praticado de forma livre, é instantâneo, monossubjetivo (pode ser praticado por uma única pessoa), plurissubsistente e realiza-se por meio de vários atos (BITENCOURT, 2016, p. 332).[1]

Por outro lado, há discussão se o crime é formal e de perigo abstrato ou presumido (prescinde da prova da situação concreta de perigo ao bem

---

1. O autor considera muito difícil definir a priori se o crime é comissivo sem examinar o teor da determinação do poder público, que pode ser um fazer ou não fazer algo.

jurídico protegido) ou material e de perigo concreto (exige a prova da existência de situação real de perigo ao bem jurídico protegido).

Segundo Guilherme Nucci (2006, pp. 920-922), trata-se de delito formal (que não exige para sua consumação a ocorrência de resultado naturalístico, consistente na efetiva existência de dano para alguém) e de perigo comum abstrato (aquele que coloca um número indeterminado de pessoas em perigo, o que é presumido pela lei). Assim, torna-se desnecessária para sua configuração a efetiva introdução ou propagação de doença contagiosa, assim como a prova de que a infração à medida sanitária tenha criado risco efetivo de introdução ou propagação da moléstia contagiosa, uma vez que a violação à determinação é presumivelmente lesiva ao bem jurídico protegido.

Sob o mesmo prisma entende Noronha (1986, p. 9) ao pontuar que, consistindo o crime em infração perigosa, é evidente não ser necessário que o agente introduza ou propague realmente a doença.

Nesse sentido também já lecionava Hungria (1958, p. 103), ao asseverar:

> O perigo comum é, no caso, presumido de modo absoluto. Não é necessário que sobrevenha efetivamente a introdução ou propagação da doença. Assim, o indivíduo que consegue escapar à quarentena (exemplo de Soler, ob. cit., p. 618) ou fugir do "campo de concentração" ou hospital de isolamento, responderá pelo crime ainda que, não estivesse afetado da doença. (HUNGRIA, 1958, p. 103)

Por outro lado, Rogério Greco (2019, p. 1.037) entende que o crime é de perigo comum e concreto (ou seja, exige-se a comprovação de que de fato houve lesão ou perigo de lesão ao bem jurídico).

O processo e o julgamento dos crimes em estudo, pelo menos de início, competirá ao Juizado Especial Criminal, uma vez se tratar de delito de menor potencial ofensivo (pena de detenção de um mês a um ano, e multa), desde que, com a aplicação das majorantes, a pena máxima cominada em abstrato não ultrapasse o limite de dois anos. Diante da pena mínima abaixo do patamar de um ano, é possível a confecção de proposta de suspensão condicional do processo.

Após a pandemia da Covid-19 e o estabelecimento da obrigatoriedade do uso de máscara facial em locais públicos ou acessíveis ao público, a incidência do tipo penal em tela passou a ser discutida.

Para alguns, a não utilização do adereço profilático não constitui crime, mas tão somente infração administrativa. Porém, para outros, a não utilização de máscara facial pode configurar o crime previsto no artigo 268 do diploma penal.

### 3.1.2.2. Crime de perigo presumido contra a saúde pública: lesividade

Conforme salientado no tópico anterior, predomina na doutrina o entendimento de que o crime do artigo 268 do Código Penal é de perigo abstrato ou presumido, isto é, prescinde da existência de efetiva lesão ao bem jurídico tutelado – a saúde pública. No entanto, cabe analisar se esta classificação está de acordo com o princípio da lesividade (ou ofensividade).

O marco inicial do alvitrado princípio remonta o período iluminista, quando houve a chamada secularização, isto é, a separação entre o direito e a moral. Em outras palavras, o Estado não deveria mais confundir esses dois campos, pois não é tarefa do direito sancionar ou impor a moral, conforme esclarece Luigi Ferrajoli (2002, p. 385).

O princípio da lesividade prevê que o Direito Penal apenas pode proibir comportamentos que provoquem lesão ou perigo de lesão ao bem jurídico tutelado pela norma, atendendo ao axioma *nulla lex poenalis sine injuria*.

Ele deve ser obedecido tanto pelo legislador (ao criar um tipo penal), como pelo aplicador da norma incriminadora, que deverá analisar, diante da ocorrência do caso concreto, se houve efetiva lesão ou perigo de lesão ao bem jurídico protegido.

Parte da doutrina penalista questiona a constitucionalidade dos delitos de perigo abstrato (ou presumido) com base no princípio da lesividade, uma vez que não bastaria para a intervenção penal a mera presunção de que certas condutas possam afetar terceiros se essa afetação não ocorre no caso concreto.

Entretanto, em que pese o forte suporte doutrinário para o reconhecimento da inconstitucionalidade dos crimes de perigo abstrato (ou presumido) com espeque no princípio da lesividade, os Tribunais Superiores Pátrios entendem que esses tipos penais não são inconstitucionais (STF, HC n° 107.957, HC n° 104.410 e STJ, AgRg no HC n° 450.234/MS, AgRg no AgRg no AREsp n° 1.437.702/RJ).

Nesse sentido, deve passar por essa indagação a discussão sobre a existência ou não do crime previsto no artigo 268 do Código Penal, quando o indivíduo, dolosamente, não utiliza a máscara facial nos locais em que a lei exige a utilização: somente com a efetiva lesão ao bem tutelado pela norma penal do artigo 268 do Código Penal – a saúde pública – é que se poderá cogitar responsabilização penal ou basta o mero descumprimento da norma legal?

Para melhor compreensão da questão, é preciso entender que a máscara facial, notadamente a caseira, feita de pano de algodão, não tem o poder filtrante das máscaras industrializadas utilizadas pelos profissionais da saúde. Além disso, é preciso considerar que a máscara caseira, entretanto, impede a propagação no ar das gotículas de saliva da pessoa contaminada ou em fase de contágio, contendo as partículas virais.

Dessa forma, talvez seja possível afirmar que a pessoa sã não poderia colocar em risco, nem em tese, a saúde pública apenas por não utilizar a máscara, situação em que se estaria diante de mera infração administrativa, ante a falta de potencialidade lesiva da conduta. Daí porque o artigo discutirá a recusa de utilização da máscara por parte de pessoas contaminadas ou em fase de transmissão da moléstia.

### 3.1.2.3. Norma penal em branco e seus complementos: a Lei nº 14.019/2020 e os atos infralegais

O tipo penal do artigo 268 do Código Penal exige o acréscimo de texto ou *complemento*, como se costuma denominar esse fragmento normativo, para completar a definição legal do comportamento delituoso.

As leis penais incriminadoras incompletas, surgidas da necessidade de adaptação da legislação penal nacional ao Estado federativo alemão (ASÚA, 1950, p. 303), têm sido objeto de questionamento quanto à plena e integral satisfação do princípio da legalidade, delimitador do exercício do poder punitivo estatal, que enuncia a regra-mor do direito penal moderno e cuja fórmula latina é atribuída a Feuerbach, como observa Luiz Regis Prado (2018).

Essa discussão, para os fins do presente estudo, daremos por provisoriamente encerrada para avançar sobre o problema proposto, posto que, na atualidade, a técnica de definição de crimes que emprega textos normativos infralegais por remissão não encontra rejeição expressa pelo Supremo Tribunal Federal (HC nº 73.168).

O ponto que reclama reflexão consiste em saber se esse complemento da norma penal em branco pode ter, como fonte de produção normativa, órgãos estatais de outras unidades da federação que não a União, tendo em vista o disposto no artigo 22, I, da Constituição Federal.

No caso das máscaras, antes da Lei federal nº 14.019, de 2 de julho de 2020, vários estados e municípios já haviam baixado decretos ou atos normativos do Executivo que impunham o uso de máscara facial em determinadas situações de contato social.

Essas prescrições estariam de acordo com o decidido na ADI nº 6341 em relação à competência comum dos entes federativos para a edição de normas sobre saúde pública (artigo 23, II, da CF/88)[2], bem como teriam fundamento em lei em sentido estrito, que contém a previsão genérica do

---

2. Por maioria, o Plenário referendou a medida cautelar concedida pelo Ministro Marco Aurélio, reafirmando a atribuição de cada esfera de governo, nos termos do inciso I do art. 198 da Constituição. Disponível em: <http://www.stf.jus.br/portal/cms/verNoticiaDetalhe. asp?idConteudo=441447>. Acesso em: 17 jul. 2020.

uso de máscaras faciais no artigo 3º, autorizador da adoção de medidas profiláticas para o enfrentamento da emergência de saúde pública, observadas as competências dos entes federados.

Sendo assim, concluiu-se naquele estudo que os mencionados decretos e atos normativos estaduais e municipais teriam validade no âmbito dos seus respectivos territórios para obrigar legalmente o uso de máscara facial como medida preventiva de saúde pública para evitar a proliferação da doença contagiosa. Nas palavras dos autores:

> Dessa forma, os decretos questionados estariam apenas aclarando ou esclarecendo o conteúdo genérico da lei e não inovando na ordem jurídica ao criar obrigações para as pessoas sem amparo legal (ABUD; SOUZA, 2020)

Reconhecida a competência dos entes federativos que os editaram e a validade formal deles, poderiam esses decretos municipais e estaduais servir como complementos da norma penal em branco contida no artigo 268 do Código Penal?

Pouca dúvida resta sobre a qualificação desses decretos como determinações do poder público competente, destinadas a impedir a propagação de doença contagiosa, pois a Organização Mundial da Saúde (OMS), a Organização Panamericana da Saúde, o Ministério da Saúde e diversas entidades científicas na área médica reconheceram o uso de máscara facial como medida preventiva dotada de aparente eficácia para impedir a transmissão da doença viral.

Frederico Marques (1964, p. 148-149), escudado em doutrina estrangeira, considera que os complementos das normas penais em branco podem "(...) provir de regulamento federal, de lei ou regulamentos estaduais ou municipais.", advertindo, entretanto, que a norma penal em branco não constitui carta branca nem outorga função repressiva a outro poder, mas "o reconhecimento de uma faculdade meramente regulamentar". Ou seja, a norma legal já deve conter a previsão genérica da conduta criminosa e o

### 3.1 | *Uso obrigatório de máscaras durante a pandemia de Covid-19*
Galhardo | Souza |

complemento, a especificação das condutas puníveis, dentro da esfera de previsão legal genérica e somente para executar a vontade da lei.

Segundo Nelson Hungria, as determinações do poder público são:

> (...) editais ou portarias, oficialmente publicadas para o conhecimento geral) concernentes a medidas preventivas contra a incursão ou difusão de moléstia contagiosa (isto é, transmissível por contágio). Tais medidas poderão ter, ou não, base em regulamento permanente. Poder público quer dizer, aqui, autoridade competente (federal, estadual ou municipal). (HUNGRIA, 1958, p. 103)

A questão é relevante, portanto, para discussão quanto à eventual qualificação das condutas praticadas nos territórios das unidades federativas onde vigoram decretos que impõem uso de máscaras nas situações neles especificadas, antes da Lei federal nº 14.019/2020 e a regulamentação dela.

Ou seja, há certo consenso doutrinário no sentido de que a determinação do poder público destinada a impedir a introdução ou a propagação de doença contagiosa pode ser emanada por órgãos públicos de qualquer esfera (federal, estadual, distrital ou municipal) e veiculada por qualquer espécie de ato normativo (leis, decretos, resoluções etc.).

A partir de 2 de julho de 2020, passou a ser obrigação legal em todo o território nacional:

> manter boca e nariz cobertos por máscara de proteção individual, conforme a legislação sanitária e na forma de regulamentação estabelecida pelo Poder Executivo federal, para circulação em espaços públicos e privados acessíveis ao público, em vias públicas e em transportes públicos coletivos, bem como em: I – veículos de transporte remunerado privado individual de passageiros por aplicativo ou por meio de táxis; II – ônibus, aeronaves ou embarcações de uso coletivo fretados. (BRASIL, 2020)

Em princípio, esse dispositivo poderia resolver ambas as questões colocadas nesta seção: a) a hierarquia do complemento da norma penal em branco, por se tratar de lei em sentido estrito e b) a origem do apontado complemento da norma penal em branco, por se tratar de ato legislativo proveniente do ente competente para legislar em matéria penal.

Entretanto, remanesce a necessidade ou pelo menos a dúvida quanto à necessidade de existência de atos infralegais, provenientes do Poder Executivo federal, para regulamentar o uso das máscaras faciais nos locais públicos, acessíveis ao público, nos veículos de transporte coletivo e individual de passageiros, bem como nos veículos coletivos de serviços fretados.

### 3.1.2.4. Elemento subjetivo da conduta: dolo de perigo

O elemento subjetivo do delito consiste na consciência e na vontade de desobedecer à determinação do poder público, independentemente de qualquer fim especial de agir. Também não é preciso que o sujeito tenha a intenção de transmitir a moléstia, uma vez que o elemento subjetivo é o dolo de perigo, e não de dano ou lesão. Entretanto, é preciso que o sujeito tenha conhecimento da existência da determinação do poder público competente, da natureza de medida sanitária da determinação em questão, destinada a impedir a propagação da doença, bem como o caráter contagioso dela (BITENCOURT, 2016, pp. 331-332).

A lei não estabelece modalidade culposa, de forma que o "(...) simples desregramento ou negligência com relação a medidas de higiene só sujeita o agente a sanções de ordem administrativa" (MIRABETE, 2015, p. 105).

Esta seria, então, a situação do sujeito que sai de casa sem utilizar a máscara despercebido, desatento, no afogadilho e, distraído, é flagrado pelas autoridades.

No caso do uso da máscara, se for entendido que a tipicidade penal somente poderia estar presente no fato caso o sujeito se encontrasse contaminado pela Covid-19, pois do contrário não haveria potencialidade lesiva na conduta meramente transgressora na norma, então a consciência de que o transgressor estava doente ou poderia estar doente passaria a integrar o elemento subjetivo do injusto.

O erro sobre elementar do tipo penal (artigo 20, caput, CP/1940), mesmo derivado de culpa, exclui o dolo e, como não há forma culposa para o delito em questão, o fato será atípico, tratando-se de mera infração administrativa.

O erro quanto à vigência ou à legalidade da determinação do poder público que serve de complemento à norma penal em branco se insere no âmbito do *erro quanto ao caráter ilícito do fato* (artigo 21, CP/1940). Eis que, nessa hipótese, o sujeito atua com a consciência e a vontade de praticar a conduta vedada ou prescrita no complemento da norma penal incriminadora. Esse erro, para escusar o sujeito, deve ser plenamente justificável diante das circunstâncias, pois, do contrário, não haverá isenção de pena.

### 3.1.2.5. Comportamentos assemelhados: tipificação - conflito aparente de normas penais e figura qualificada pelo resultado

No caso do sujeito sabidamente contaminado que se recusa a utilizar a máscara enquanto conversa com pessoa determinada, soltando as gotículas de saliva sobre essa pessoa com a intenção de contaminá-la, o tipo penal percorrido será o do artigo 131 do Código Penal.

Nessa hipótese, o crime do artigo 268 do Código Penal estaria consumido pelo crime de periclitação da vida e da saúde, por se tratar de meio de execução desse delito de perigo individual. Nessa mesma hipótese, se a pessoa adoece e vem a morrer, estaria configurado o crime preterdoloso do artigo 129, §3º, do Código Penal (lesão corporal seguida de morte).

Atua com dolo de propagar epidemia e poderá percorrer, em tese, o tipo penal do artigo 267 do Código Penal na forma tentada o sujeito sabidamente contaminado que se recusa a usar a máscara e se põe em contato com pessoas indeterminadas em local público ou aberto ao público (em especial em ambiente fechado, agindo com a intenção de transmitir a moléstia a número indeterminado de pessoas).

Por fim, na hipótese de o sujeito contaminado praticar o crime do artigo 268, do CP/1940, e transmitir a moléstia a outrem, haverá mero exaurimento do crime; entretanto, se do fato resultar lesão corporal grave em outra pessoa (§§1º e 2º, do artigo 129, do CP/1940), a pena deve ser aumentada da metade; e, se resultar a morte de alguém, a pena deve ser aplicada em dobro (artigos 285 c/c 258, ambos do CP/1940). Nesse caso, haverá crime preterdoloso, com dolo de perigo comum e culpa em relação aos resultados de lesões graves e de morte.

### 3.1.3. RECUSA DOLOSA E INJUSTIFICADA AO USO DE MÁSCARA FACIAL PELO SUJEITO CONTAMINADO

Segundo Magalhães Noronha (1986, p. 8), o tipo penal previsto no artigo 268 do Código Penal brasileiro foi inspirado no artigo 327 do antigo Código Penal alemão: "Quem transgride cientemente as medidas de isolamento ou vigilância, ou as proibições de ingresso ou circulação que a autoridade competente haja estabelecido para o fim de prevenir a introdução de doença contagiosa...", e no artigo 205 da codificação argentina: "Será reprimido com prisión de seis meses a dos años él que violar las medidas adoptadas por las autoridades competentes, para impedir la introducción o propagación de uma epidemia".[3]

Segundo Soler, citado por Magalhães Noronha (1986, p. 8), ao interpretar o estatuto repressivo argentino, o agente cometeria o crime mesmo que se estivesse livre da quarentena e posteriormente descobrisse que não estava contaminado, pois se estaria diante de um crime de perigo abstrato, cujo perigo comum seria presumido de modo absoluto.

Nesse sentido, em que pese a discussão doutrinária sobre ser o crime de perigo abstrato ou presumido, é evidente que satisfaz a conduta tipificada no artigo 268 do Código Penal e afeta a saúde pública a recusa dolosa e injustificada ao uso de máscara facial pelo sujeito que sabe estar

---

3. Em tradução livre: "Será punido com prisão de seis meses a dois anos aquele que violar as medidas adotadas pelas autoridades competentes para impedir a introdução ou propagação de uma epidemia".

contaminado e, mesmo assim, quebra o isolamento ou se recusa a utilizar a máscara facial nos locais em que ela é exigida.

A grande discussão que deve ser travada é se a ingerência penal *in casu* mostra-se adequada à luz do princípio da intervenção mínima ou se o Direito Administrativo (mediante a imposição de multa pelo poder público) já é suficiente para sancionar a infração à lei e tutelar a saúde pública.

### 3.1.3.1. Argumentos em favor da tipicidade formal e material do fato

De outro norte, não há como se olvidar que, uma vez praticada a conduta dolosa de não utilização de máscara facial nos ambientes em que ela é exigível, estará atendida a conduta descrita no artigo 268 do Código Penal, previsto no capítulo dos crimes contra a saúde pública.

É evidente que a conduta em exame (a não utilização de máscara facial) atenta contra a saúde pública, pois expõe a perigo de contágio pela Covid-19 toda a coletividade que frequenta o mesmo espaço que o agente, deliberadamente, escolhe não utilizar a proteção facial.

Segundo estudo realizado por cientistas das universidades de Cambridge e Greenwich, no Reino Unido, publicado na revista científica Proceedings of the Royal Society, o uso generalizado de máscaras faciais, combinado com medidas de distanciamento social, pode diminuir a transmissão da Covid-19 a níveis controláveis e impedir novas ondas de contaminação, além de permitir medidas de distanciamento social menos rígidas, como o chamado *lockdown* – paralisação quase total dos fluxos de deslocamento pelos cidadãos (STUTT et alli, 2020).

Conforme apurado pelo debatido estudo científico, a utilização da proteção facial em público é eficaz para reduzir a propagação da doença.

Em outras palavras, uma medida extremamente simples, que traz pouquíssimos ônus para os indivíduos (inclusive, as máscaras podem ser feitas de forma artesanal, são bem baratas e utilizam pouco pedaço de tecido) acarreta benefícios valiosíssimos para evitar a propagação de um vírus de rápida proliferação que tem vitimado centenas de milhares de pessoas ao redor do planeta.

Entretanto, embora simples, muitas pessoas têm se recusado a utilizar a proteção, inclusive pessoas ocupantes de cargos públicos de alto escalão. Cabe, então, apontar se essa conduta configuraria a infração penal constante do artigo 268 do Código Penal.

Conforme já salientado, o crime em testilha é comum, podendo, portanto, ser praticado por qualquer cidadão, pois não há a exigência de qualquer qualidade especial do sujeito ativo. Importante ponderar que ele somente se configurará se praticado na forma dolosa, pois não há previsão expressa da forma culposa. Nesse sentido, para que haja crime, o agente deverá, deliberadamente, com consciência e vontade, escolher não utilizar a máscara facial. Ao contrário, se o agente, por exemplo, esquece o objeto na residência ao sair, não estará cometendo o crime, pois atuou com culpa (violou um dever de cuidado objetivo), não satisfazendo, portanto, o elemento subjetivo exigido para o tipo penal. Além disso, a infração penal em exame é considerada, majoritariamente, como de perigo abstrato, ou seja, não necessita da demonstração da existência de lesão ao bem jurídico protegido.

Assim, por exemplo, não é necessário que o agente que não utiliza a máscara facial efetivamente transmita a Covid-19 para outra pessoa à guisa de configurar o crime. Basta apenas e tão somente o perigo de transmissão da doença, ante a não utilização da proteção facial, tal como ocorre, em geral, nos crimes de perigo abstrato ou presumido. Por exemplo, a posse ou o porte ilegal de arma de fogo desmuniciada têm sido reconhecidos como crime, segundo entendimento majoritário das Cortes Superiores (STF, HC nº 107.957, HC nº 104.410 e STJ, AgRg no HC nº 450.234/MS, AgRg no AgRg no AREsp nº 1.437.702/RJ). Portanto, à luz dessa interpretação, pouco importaria, para a tipificação do fato, saber se o sujeito ativo do delito tem capacidade ou não para a transmissão da doença, bastando

## 3.1 | Uso obrigatório de máscaras durante a pandemia de Covid-19
Galhardo | Souza |

apenas e tão somente a não utilização da máscara facial nos locais em que a lei a exige.

Em termos esquemáticos, pune-se em razão do interesse público e social de impedir a propagação da doença intensamente contagiosa, a qual tem, inerente à sua natureza, presumida lesividade em atendimento a mandados expressos de criminalização (STF, HC n° 104.410).

Nesse prisma, encontra perfeita subsunção à norma esculpida no artigo 268 do Código Penal e atenderia ao princípio da lesividade a conduta de não utilizar, de maneira deliberada, o equipamento cuja utilização é obrigatória (inclusive por lei federal).

Outrossim, a excepcionalidade da grave situação sanitária que o Brasil vivencia no combate à Covid-19 também poderia justificar a intervenção do Direito Penal (*ultima ratio* do ordenamento jurídico) nesses casos. Afinal, situações excepcionais exigem medidas também excepcionais.

*Verbi gratia*, durante o combate ao vírus, o país experimentou medidas extremamente rígidas que jamais foram imaginadas que seriam vivenciadas um dia, exceto em filmes de ficção científica, a exemplo de *lockdowns* e isolamento social. Assim, por qual razão, no caso que se apresenta, não seria possível admitir a intervenção do Direito Penal, em prol da proteção à saúde pública?

Considerando a pandemia viral de difícil controle que o Brasil enfrenta, além da inexistência de vacina para a doença (até a conclusão do presente estudo), do alto índice de mortalidade, da dificuldade de disponibilização de leitos de UTI pelo SUS, o comportamento de não utilizar proteção facial em público não é de pequena relevância, não é irrelevante. Ao contrário, é nitidamente pernicioso e atentatório à saúde pública.

Sem embargo, a ínfima pena cominada à figura simples da conduta (detenção, de um mês a um ano, e multa) parece irrisória se comparada aos estragos que a doença contagiosa em sua dimensão mais gravosa pode causar ao ser humano. Os efeitos possíveis vão desde sequelas permanentes até o óbito. Neste sentido, a intervenção do Direito Penal não parece vilipendiar o princípio da proporcionalidade sob o viés da proibição da proteção em excesso.

Aliás, pelo contrário, considerando a gravidade da conduta de deliberadamente optar pela não utilização de máscara facial em tempos de pandemia, sujeitando a coletividade ao perigo de contágio pelo vírus que já vitimou milhares de pessoas ao redor do mundo, o preceito secundário do tipo penal constante do artigo 268 do Código Penal tornaria vulnerável o princípio da proporcionalidade sob o enfoque da proibição da proteção deficiente.

Com efeito, uma pena branda em demasia, que submeta o infrator inclusive à opção da medida despenalizadora da transação penal, está longe de atender ao caráter educativo e retributivo da pena.

Assim, seria perfeitamente aplicável o artigo 268 do Código Penal aos cidadãos que, com consciência e vontade, deliberadamente optarem pela não utilização da máscara facial durante a vigência do ato normativo que instituiu a medida sanitária preventiva.

### 3.1.3.2. Argumentos em favor da atipicidade do fato

Aqueles que sustentam que a recusa de utilização da máscara facial não configura crime consideram que, em virtude de o tipo penal esculpido no artigo 268 do Código Penal ser norma penal em branco, o complemento (que informa qual é a determinação do poder público destinada a impedir a introdução ou a propagação de doença contagiosa que não pode ser descumprida pelo sujeito ativo) necessariamente precisaria derivar de um ato normativo federal.

Assim, atos normativos editados pelos Municípios, Estados e Distrito Federal – obrigando o uso das máscaras faciais – não serviriam para a configuração do ilícito penal em debate. Articula-se, nesse sentido, pois competiria privativamente à União legislar sobre direito penal, segundo o artigo 22, inciso I, da Constituição Federal.

## 3.1 | Uso obrigatório de máscaras durante a pandemia de Covid-19
Galhardo | Souza |

Outrossim, afirma-se que, em se tratando o complemento de norma penal, o princípio da legalidade deve ser obedecido de maneira estrita e interpretado restritivamente. Eis o entendimento sufragado por César Dario Mariano da Silva a respeito do descumprimento das normas de isolamento social estabelecidas por estados e municípios (MACEDO, 2020). Após a edição da Lei federal nº 14.019, de 2 de julho de 2020, porém, essa discussão parece ter sido finalizada.

A lei federal em exame passou a vigorar no início do mês de julho de 2020, dispondo sobre a obrigatoriedade do uso de máscaras de proteção individual para circulação em espaços públicos e privados acessíveis ao público, em vias públicas, em transportes públicos, privados, remunerados e fretados.

Com efeito, a mencionada lei alterou o artigo 3º-A da Lei federal nº 13.979, de 6 de fevereiro de 2020, a fim de prever a obrigatoriedade de manter boca e nariz cobertos por máscara de proteção individual nessas situações como medida preventiva para o enfrentamento da emergência de importância internacional em relação à saúde pública, contexto decorrente do coronavírus responsável pelo surto em especial desde o início 2020.

Portanto, não mais parece subsistir (embora antes já fosse discutível, mesmo na ausência de lei em sentido estrito) o argumento que os defensores da atipicidade penal da recusa de utilização de máscara facial estavam utilizando com base na ausência de lei federal apta a regular a aplicação penal do artigo 268 do Código Penal. De todo modo, esse não é (ou era) o único argumento que justificaria a atipicidade penal dos fatos.

Como é cediço, o Direito Penal é regido pelo princípio da intervenção mínima, que evidencia a natureza subsidiária, de *ultima ratio* (última razão), do ramo mais invasivo da ciência jurídica.

O princípio da intervenção mínima é a expressão do axioma da *nulla lex (poenalis) sine necessitate*, conforme assevera Fernando Galvão (2013, p. 137), razão pela qual não é possível a incriminação sem que haja a necessidade de uma intervenção tão gravosa como a promovida pelo Direito Penal, idealizador da mais grave interferência na esfera de liberdade individual do cidadão. Em outras palavras, o Direito Penal somente deve atuar quando as medidas de controle informal e os demais ramos do ordenamento jurídico não forem suficientes para a proteção do bem jurídico a ser protegido.

Nese sentido, oportuna é a transcrição da lição de Rogério Greco (2015, p. 86) ao lecionar sobre o citado princípio:

> (...) se os demais ramos do ordenamento jurídico demonstrarem que são fortes o suficiente na proteção de determinados bens, é preferível que tal proteção seja por eles levada a efeito, no lugar da drástica intervenção do Direito Penal, com todas as suas consequências maléficas, a exemplo do efeito estigmatizante da pena, dos reflexos que uma condenação traz sobre a família do condenado etc. (GRECO, 2015, p. 86)

Não discrepa Rogério Sanches Cunha (2020, p. 81):

> O Direito Penal só deve ser aplicado quando estritamente necessário, de modo que a sua intervenção fica condicionada ao fracasso das demais esferas de controle (caráter subsidiário), observado somente os casos de relevante lesão ou perigo de lesão ao bem juridicamente tutelado (caráter fragmentário). (CUNHA, 2020, p. 81)

Muitos estados e municípios têm editado decretos que estabelecem o uso obrigatório de máscaras de proteção individual para circulação em espaços públicos e privados acessíveis ao público, em vias públicas e em transportes públicos, cominando a pena de multa para os cidadãos que desrespeitarem o ato normativo.

Tais medidas adotadas pelos municípios vêm na esteira de decisão proferida pelo STF (ADPF n° 672), a qual assegura aos governos estaduais e municipais, no exercício de suas atribuições e no âmbito de seus territórios, competência para a adoção ou a manutenção de medidas restritivas legalmente permitidas durante a pandemia em curso, sem prejuízo da adoção de medidas restritivas em todo território nacional pelo governo federal, no exercício da sua competência geral.

Isso significa que as prescrições e cominações de Direito Administrativo têm agido para proteger a saúde pública, punindo os cidadãos que desrespeitem a medida preventiva imposta pelos municípios e estados para impedir a propagação do vírus.

Nessa esteira, a intervenção drástica da seara penal (exigida somente em último caso, dada a sua subsidiariedade) se tornaria desnecessária, considerando que o Direito Administrativo demonstraria, nesse caso, força superior ao Direito Penal, dada a pronta eficácia da ação dos agentes públicos por meio da orientação, da advertência e da aplicação de multas em nítido exercício , portanto, do caráter repressivo e educativo das sanções impostas. Em outras palavras, se o Direito Administrativo foi capaz de inibir o comportamento ofensivo à saúde pública, em virtude da natureza subsidiária do Direito Penal, não se pode falar na prática de crime.

Outrossim, em certos casos, a tipificação penal esbarrará também no princípio da lesividade (ou ofensividade) – a exemplo da situação da pessoa sã que não utiliza dolosamente a máscara facial.

Com efeito, não se pode olvidar que o mencionado princípio integra a base principiológica do ordenamento jurídico penal brasileiro e que, portanto, em razão de sua integral adoção, apenas deverá existir crime quando presentes o desvalor da ação (a realização de uma conduta típica que cria risco intolerável ou proibido) e o desvalor do resultado (afetação concreta de um bem jurídico).

Com isso, percebe-se que o crime não tem a ver com mera desobediência da norma penal incriminadora (a realização de uma conduta), e sim se relaciona também com a efetiva afetação do bem jurídico protegido pela norma (ou, pelo menos, da sua potencial lesividade), à luz do princípio da lesividade, o que não ocorreria no caso exemplificado.

## CONSIDERAÇÕES FINAIS

O país vivencia situação sanitária excepcional causada pelo novo coronavírus. A Covid-19 ceifou, rapidamente, inúmeras vidas por onde passou.

Não existe, até o momento da conclusão deste estudo, qualquer medida que contingencie a doença de maneira definitiva, embora haja expectativa de que as vacinas sejam eficazes e seguras e consigam desempenhar esse importante papel.

Não há dúvida sobre a extrema gravidade e a extrema contagiosidade da doença em questão. Estudos científicos apontam que a utilização de máscara facial, em locais com aglomeração de pessoas, juntamente com as medidas de distanciamento, são muito eficazes para impedir ou, ao menos, dificultar a rápida propagação da Covid-19.

Embora seja uma medida simples, positivada pelos gestores públicos em atos normativos visando a obrigar a população a colaborar com a saúde pública, algumas pessoas insistem em deliberadamente não utilizar o adereço ou equipamento de proteção. Isso faz surgir a importância de discutir quais medidas sancionatórias podem ser aplicadas ao infrator. Nesse sentido, não há dúvida de que o artigo 268 do Código Penal descreve, do ponto de vista formal, a conduta em exame, punindo-a criminalmente.

Todavia, o Direito Penal não pode ser pensado apenas sob o prisma normativista formalista, pois é necessário ter em mente que este é o ramo mais estigmatizante do ordenamento jurídico e somente deve se legitimar quando os demais mecanismos jurídicos forem insuficientes para a função de solução do conflito ou a proteção do bem jurídico. O Direito Penal precisa ser concebido como mecanismo subsidiário, e o crime como ilícito dotado de lesividade e carecedor de punição mais severa.

Uma vez que o Direito Administrativo, por intermédio da aplicação de multa aos infratores, está servindo de instrumento hábil para garantir o cumprimento da legislação e evitar a propagação do vírus, não haveria mais utilidade ou razão para chamar o Direito Penal a intervir em toda e qualquer situação de descumprimento da medida preventiva que impõe a utilização de máscaras, mas tão somente diante de situações de risco de contágio, como a do sujeito sabidamente contaminado que esteja em contato direto ou proximidade com terceiros.

# REFERÊNCIAS

ABUD Carol de Oliveira, SOUZA, Luciano Pereira. *Uso obrigatório de máscara facial para conter a Covid-19 no Brasil: limitação legítima ao direito fundamental de autodeterminação.* Vigil Sanit Debate. 2020, https://doi.org/10.22239/2317-269x.01651.

ASÚA, Jimenez de. *Tratado de Derecho Penal.* Tomo 2. Editorial Losada:Buenos Aires. 1950.

BITENCOURT, Cezar Roberto. *Tratado de Direito Penal,* vol. 4, 10ª ed., São Paulo: Editora Saraiva, 2016.

CAPEZ, Fernando. *Curso de Direito Penal, volume 1, parte geral.* São Paulo: Saraiva, 2011.

CUNHA, Rogério Sanches. *Manual de Direito Penal Parte Geral (arts. 1º ao 120).* Salvador: Editora JusPodivm, 2020.

DE FARIA, Bento. *Código Penal Brasileiro (Comentado).* Rio de Janeiro: Distribuidora Record Editora, 1959.

FERRAJOLI, Luigi. *Direito e Razão,* São Paulo: Editora Revista dos Tribunais, 2002.

GALVÃO, Fernando. *Direito Penal Parte Geral.* São Paulo: Saraiva, 2013.

GRECO, Rogério. *Código Penal Comentado.* Niterói: Editora Impetus, 2019

_____. *Direito Penal do Equilíbrio.* Niterói: Editora Impetus, 2015.

HUNGRIA, Nélson. *Comentários ao Código Penal.* Rio de Janeiro: Forense,1958.

MACEDO, Fausto. *Aquele que descumprir a quarentena pode ser preso?* Estadão, São Paulo, 13 de abril de 2020. Disponível em: <https://politica.estadao.com.br/blogs/fausto-macedo/aquele-que-descumprir-a-quarentena-pode-ser-preso/>. Acesso em: 09 jul. 2020.

MAGGIO, Vicente de Paula Rodrigues. *Curso de Direito Penal: parte especial (arts. 213 a 288-A).* Salvador: Editora JusPodivm, 2015

MARQUES, José Frederico. *Tratado de Direito Penal.* vol. 1, 2ª ed., São Paulo:Saraiva, 1964.

MELLO, Celso Antônio Bandeira de. *Curso de direito administrativo.* São Paulo: Malheiros, 1994.

MIRABETE, Julio Fabbrini e MIRABETE, Renato. *Manual de Direito Penal,* vol. 3, 29ª ed., São Paulo: Atlas, 2015.

NORONHA, E. Magalhães. *Direito Penal – Volume 4 dos crimes contra a saúde pública.* São Paulo: Editora Saraiva, 1986.

NUCCI, Guilherme de Souza. *Código Penal Comentado.* 6ª ed. São Paulo; Editora Revista dos Tribunais, 2006.

NUCCI, Guilherme de Souza. *Código Penal Comentado.* Rio de Janeiro: Forense, 2018.

PADILHA, Norma Sueli. *Colisão de Direitos Metaindividuais e a decisão judicial.* Porto Alegre: Sérgio Antônio Fabris Editor, 2006.

PRADO, Luiz Régis. *Curso de Direito Penal Brasileiro:* São Paulo: Editora Revista dos Tribunais, 2014.

_____. *Bem Jurídico-Penal e Constituição.* 8ª. ed., Rio de Janeiro: Gen/Forense, 2019.

SCAFF, Fernando Campos. *Direito à saúde no âmbito privado – contratos de adesão, planos de saúde e seguro-saúde*. São Paulo: Saraiva, 2010

STUTT Richard O. J. H.; RETKUTE Renata; BRADLEY Michael; GILLIGAN Christopher and COLVIN John. *A modelling framework to assess the likely effectiveness of facemasks in combination with 'lock-down' in managing the Covid-19 pandemicProc. R. Soc. A*.47620200376. 2020.

# 3.2

## Alocação de recursos escassos em saúde em tempos de pandemia: quem utilizará o último ventilador?

*SYLVIO ROBERTO CORRÊA DE BORBA*

*"Se queres submeter todas as coisas a ti mesmo, primeiro te submete à razão."*
Sêneca

## INTRODUÇÃO

COVID-19[1] é uma doença infecciosa viral, altamente contagiosa e de elevada prevalência. Essa afirmação foi feita em 30 de janeiro de 2020, pela Organização Mundial de Saúde (OMS), que a classificou como Emergência de Saúde Pública de Importância Internacional (OPAS, 2020). Trata-se do mais elevado grau de alerta de saúde pública entre as nações. Tendo sido declarada pandemia a 11 de março (WHO, 2020a), a doença acometeu milhões de indivíduos em todo o mundo, ceifando também milhões de vidas desde 17 de janeiro de 2020, quando surgiram os primeiros casos confirmados. No Brasil, a contaminação superou também a casa dos milhões, e centenas de milhares de indivíduos morreram.

Apesar da prevalência elevada, cerca de 30% dos indivíduos acometidos pela doença restarão assintomáticos. Outros 55% desenvolverão sintomas leves a moderados. Apenas 10% dos indivíduos contaminados evoluirão para quadros clínicos severos. Dentre esses·últimos, contudo, quase metade necessitará de internação em unidades de cuidados intensivos, inclusive com suporte ventilatório, o que representa cerca de 5% do

---

1. Covid-19 significa "coronavirus disease" 2019. A doença é causada pelo novo coronavírus, também referido como SARS-CoV-2, isto é, coronavírus causador de síndrome respiratória aguda grave.

**3.2** | *Alocação de recursos escassos em saúde em tempos de pandemia*
Borba |

total da população acometida (XAVIER et al., 2020). Dado o grande número de contaminados, mesmo essa pequena fração, em números absolutos, representará grande contingente de pessoas necessitadas de atenção e tratamento, o que por vezes excederá a capacidade de atendimento das unidades terciárias.

Em face disso, é mister examinar os critérios de alocação de recursos atualmente preconizados nas situações em que eles se façam escassos, de forma a aquilatar-lhes a justeza e a adequação.

Este estudo objetiva, por meio da revisão documental e bibliográfica, apreciar os pressupostos do emprego clínico desses critérios, à luz da lei e da doutrina a eles aplicáveis. O procedimento utilizado é o comparativo-interpretativo, em que se destacam dados relevantes da realidade nacional e internacional e submetem-se estes à análise correspondente.

## 3.2.1. CAPACIDADE INSTALADA E RECURSOS DÌSPONÍVEIS

Todo sistema de saúde funciona pelas mãos de grande número de profissionais, exercentes de diversas funções de forma integrada e contínua. Não basta que qualquer unidade assistencial disponha de médicos, mesmo em diversas especialidades, se não contar, em quantidade e qualidade, com pessoal de enfermagem, de fisioterapia, de assistência social, de fonoaudiologia e de vários serviços diagnósticos. Também são necessários serviços de água, energia, iluminação, ar-condicionado, comunicação, alimentação, limpeza, lavanderia, transporte e segurança, dentre outros. Tudo isso é indispensável e deve seguir regramentos próprios de funcionamento para evitar ou minimizar contaminações.

São diversos os equipamentos e insumos necessários para o enfrentamento da pandemia da Covid-19, nos três níveis de atenção, tanto para uso por parte dos assistidos, quanto das equipes de saúde. No nível primário, ambulatorial, fazem-se necessários, entre outros, testes para a identificação dos indivíduos acometidos, locais próprios para triagem e atendimento de contaminados, antissépticos, notadamente álcool gel, oxímetros, termômetros e indumentária para proteção da equipe de saúde, constituída de aventais, máscaras, óculos, *face shields* (aquelas viseiras que cobrem o rosto), gorros e luvas, todos descartáveis e utilizáveis, com segurança, por apenas algumas horas ou enquanto estiverem secos. A falta desses insumos implica prejuízos e riscos, tanto para o atendimento de pacientes quanto para os próprios profissionais, aumentando o número de contaminados, facilitando a disseminação do vírus e reduzindo o contingente de pessoal disponível para o atendimento da população (WHO, 2020c).

No nível secundário, hospitais com recursos mais limitados, além de todo o material e equipamento já referido, devem dispor de leitos hospitalares, medicamentos, líquidos para infusão, equipamento próprio para administração parenteral, oxigênio, equipamento de monitoração e ventilação mecânica não invasiva, entre outros. A tabela 1 demonstra a disponibilidade de leitos hospitalares em alguns dos países atingidos pela pandemia, evidenciando-se, comparativamente, a carência brasileira no serviço particular:

**Tabela 1** – Leitos hospitalares disponíveis ao início da pandemia, por mil habitantes (2020)

| País | Leitos hospitalares (por mil habitantes) |
|---|---|
| Brasil | 2,2 |
| Reino Unido | 2,5 |
| Estados Unidos | 2,9 |
| Itália | 3,1 |
| Portugal | 3,5 |
| Noruega | 3,5 |
| China | 4,3 |
| Suíça | 4,6 |
| Bélgica | 5,6 |
| França | 5,9 |
| Alemanha | 8,0 |
| Japão | 13,0 |

**Fonte:** Elaborado pelo autor a partir dos dados OECD; BRASIL. MINISTÉRIO DA SAÚDE. DATASUS

**3.2** | *Alocação de recursos escassos em saúde em tempos de pandemia*
Borba |

Já nas Unidades de Cuidados Intensivos (UCI ou UTI), existentes nos hospitais que compõem o nível terciário do sistema, a todo o que já foi referido se agregarão ainda vagas próprias, diversos tipos de medicamentos especializados, equipamentos de ventilação mecânica invasiva, oxigenadores de membrana extracorpórea, hemodiálise, material para diversos procedimentos invasivos cardíacos e hemodinâmicos, além de suporte terapêutico transfusional e unidades cirúrgicas de apoio. Dentre esses recursos, sobrelevam os ventiladores, uma vez que, nos indivíduos que deles necessitam, falta ou a suspensão de funcionamento do equipamento, mesmo que por poucos minutos, podem provocar comprometimentos sistêmicos severos ou mesmo a morte. Pelo fato de quase metade dos indivíduos levados à UTI em virtude da Covid-19 necessitarem de algum tipo de ventilação mecânica por períodos mais ou menos prolongados, é preciso revisar a disponibilidade desses equipamentos.

O mundo não estava preparado para as necessidades impostas pelo surgimento da pandemia. Como se verifica com a tabela 2, mesmo países muito desenvolvidos não contam com ventiladores em número suficiente para atender a demanda, que se fez rapidamente crescente. A insuficiência da capacidade instalada levou vários sistemas de saúde locais ao esgotamento, ou a níveis muito próximos disso.

**Tabela 2** – Ventiladores disponíveis no início da pandemia, por cem mil habitantes (2020)

| País | Ventiladores (por 100.000 habitantes) |
|---|---|
| França | 7,4 |
| Itália | 8,6 |
| Reino Unido | 13,6 |
| Brasil | 31,1 |
| Estados Unidos | 19,0 (48,9) |

Fonte: Elaborado pelo autor a partir dos dados de MASSONNAUD, ROUX, CRÉPEY; REMUZZI & REMUZZI; GOV. UK; FGV; CENTER FOR HEALTH SECURITY

Consoante o Center for Health Security, da Johns Hopkins Bloomberg School of Public Health (2020), os Estados Unidos contavam com apenas 62 mil ventiladores mecânicos plenos, dotados de ampla capacidade de ventilação.[2] Isso representava uma média de dezenove ventiladores por 100 mil habitantes, distribuídos, entre os estados do país, num intervalo tão amplo quanto 11,9 a 77,6 aparelhos por 100 mil habitantes (RUBINSON et al., 2013). Os Estados Unidos também possuíam outros 98 mil ventiladores capazes de prover ventilação básica em momentos de crise mesmo não sendo inteiramente funcionais, já que, a princípio, eram direcionados para uso em transporte e emergências. Além disso, os armazéns do estoque estratégico nacional do Centers for Disease Control and Prevention (CDC) abrigam de doze a treze mil outros ventiladores simples (TRUOG, MITCHELL, DALEY, 2020, p. 1973; CENTER FOR HEALTH SECURITY, 2020). O primeiro acréscimo já eleva a disponibilidade nacional média estadunidense dessas máquinas para 48,9 por 100 mil habitantes. Naquele país, já havia mais de cinco milhões de casos confirmados de Covid-19 (WHO, 2020b). Sustentava-se, por isso, que os ventiladores lá disponíveis seriam insuficientes para atender as necessidades nos próximos meses e estimavam-se necessidades na casa de centenas de milhares a um milhão desses aparelhos (RANNEY, GRIFFETH, JHA, 2020).

Na Itália, país europeu que primeiro sofreu o rápido avanço do vírus, havia apenas 5.200 leitos em UCI. Ainda que todos sejam dotados de ventiladores, era bastante reduzida a disponibilidade média do equipamento naquele país, da ordem de 8,6 ventiladores por 100 mil habitantes (REMUZZI, REMUZZI, 2020).

Com seus 4.934 leitos de UTI, distribuídos em treze regiões (MASSONNAUD, ROUX, CRÉPEY, 2020), a França tinha a mais baixa média de ventiladores da região além dos Pirineus, apenas 7,4 por 100 mil

---

2. Ventiladores mecânicos sofisticados atuais incluem programas para ajuste fino de sensibilidade, diversos mecanismos de disparo e múltiplas opções de monitorização, velocidades, aceleração de fluxo, duração da inspiração e platôs de pressão inspiratória, tudo para propiciar melhora da sincronia entre paciente e ventilador e terapêutica ventilatória distinta e singularmente dirigida a cada qual das doenças tratadas (BARBAS *et al.*, 2013).

##### 3.2 | *Alocação de recursos escassos em saúde em tempos de pandemia*
Borba |

habitantes. Também em virtude disso, sofreu mais mortes na pandemia (WHO, 2020b).

O Reino Unido sofreu um duro golpe. Escudado no trabalho preventivo do National Health Service (NHS), um dos mais respeitáveis serviços de saúde pública do mundo, contava com 2,5 leitos hospitalares por mil habitantes, uma das mais baixas médias entre os países desenvolvidos. Com apenas nove mil ventiladores no início da pandemia, isto é, 13,6 ventiladores por 100 mil habitantes, o país amargou a perda de milhares de vidas, sendo o mais fortemente atingido, até o momento (WHO, 2020b; GOVERNMENT UNITED KINGDOM, 2020).

A Diretoria de Análises de Políticas Públicas da Fundação Getúlio Vargas (2020) demonstrou que, em fevereiro de 2020, o Brasil contava com mais de 65.400 ventiladores, apresentando médias de 31,1 ventiladores por 100 mil habitantes e 21,9 leitos de UTI pelo mesmo número. As taxas são elevadas quando comparadas com muitos países desenvolvidos. Contudo, a má distribuição desses recursos fazia com que, dos 5.570 municípios brasileiros, 3.233, isto é, 58%, não contassem, naquele momento inicial da pandemia, com nenhum ventilador. Por serem pequenas, essas cidades abrigam apenas 15,8% da população nacional. Outros 27,5% da população (vale dizer, mais de 57 milhões de pessoas), moram em municípios que contam com ventiladores em número inferior ao recomendado pelo artigo 58 da Resolução RDC nº 7/2010, de 24 de fevereiro de 2010, da Anvisa, que estabelece o mínimo de um ventilador para cada dois leitos de UTI.[3]

Equipamentos salvadores da vida, os ventiladores tinham desigual distribuição no país, como bem demonstra a tabela 3:

---

3. Não é possível, *a priori*, dizer o número mínimo de leitos de UTI necessários para cada município brasileiro, desde a publicação da Portaria do Ministério da Saúde GM nº 1.631, de 1º de outubro de 2015. A norma revogou a Portaria nº 1.101/2002, do Ministério da Saúde (que propugnava o mínimo de dez leitos de UTI por 100 mil habitantes), passando a estabelecer parâmetros para o SUS mediante o emprego de equações markovianas, que descrevem sistemas variáveis nos quais os estados anteriores não influenciam os estados futuros. Necessários, portanto, cálculos complexos, relativos a cada cidade ou região, para estabelecimento do número mínimo de leitos de UTI.

**Tabela 3** – Brasil. Distribuição de ventiladores, por unidade da federação, por cem mil habitantes (2020)

| Unidade da federação | Ventiladores (por 100.000 habitantes) |
| --- | --- |
| Amapá | 11,1 |
| Piauí | 13,7 |
| Maranhão | 15,0 |
| Pará | 16,4 |
| Alagoas | 16,5 |
| Acre | 17,2 |
| Tocantins | 20,2 |
| Bahia | 21,5 |
| Amazonas | 21,7 |
| Sergipe | 22,2 |
| Paraíba | 22,8 |
| Rio Grande do Norte | 23,0 |
| Ceará | 23,4 |
| Goiás | 24,6 |
| Roraima | 25,1 |
| Rondônia | 27,8 |
| Santa Catarina | 29,6 |
| Minas Gerais | 29,6 |
| Pernambuco | 30,3 |
| Rio Grande do Sul | 30,6 |
| Brasil | 31,1 |
| Mato Grosso do Sul | 32,7 |
| Paraná | 33,1 |
| Espírito Santo | 36,5 |
| Mato Grosso | 40,3 |
| São Paulo | 40,4 |
| Rio de Janeiro | 43,6 |
| Distrito Federal | 70,5 |

Fonte: CNES/DATASUS. IBGE. FGV DAPP

Vinte estados eram providos com bem menos do que a média nacional de ventiladores. Apenas seis, além do Distrito Federal, contavam com maior número. Eram eles: Mato Grosso do Sul, Paraná, Espírito Santo, Mato Grosso, São Paulo e Rio de Janeiro. O Distrito Federal contava com mais de setenta ventiladores por 100 mil habitantes, um índice evidentemente díspar quando comparado com aqueles das unidades menos aquinhoadas da federação.

**3.2** | *Alocação de recursos escassos em saúde em tempos de pandemia*
Borba |

Dos dados supracitados, já se verificava que, se grande número de indivíduos se contaminasse no mesmo período, a pequena parcela que viria a necessitar de assistência ventilatória mecânica seria grande o suficiente para comprometer de modo relevante a capacidade instalada do sistema de saúde brasileiro. Como contornar essa situação?

## 3.2.2. RESPOSTA DAS AUTORIDADES DE SAÚDE ÀS NECESSIDADES IMPOSTAS PELA PANDEMIA

Pode-se reduzir a pressão imposta ao sistema de saúde diminuindo a velocidade de surgimento de novos casos (isto é, reduzindo a velocidade de disseminação do vírus e, com isso, a incidência da doença) ou aumentando a capacidade de atendimento do sistema.

Medidas tendentes à redução da incidência são clássicas, representadas pelo uso de máscaras, pela frequência no ato de lavar as mãos, uso de antissépticos, (como álcool gel), limpeza frequente de superfícies em locais de grande circulação, testagem de suspeitos e contactantes, isolamento dos contaminados por meio de quarentena e distanciamento social (BRASIL. MINISTÉRIO DA`SAÚDE, 2020a). Com isso, diminui-se a velocidade de propagação do vírus, gerando o efeito que se convencionou chamar de "achatamento da curva", uma redução imediata do surgimento de casos novos, que resultam redistribuídos ao longo do tempo. Naturalmente, cuidados que deem causa a esse achatamento viabilizarão, em número muito maior de vezes, o uso da capacidade instalada de quaisquer insumos duráveis, mas de ventiladores em particular, estimando-se que cada máquina possa ser utilizada de uma a trinta e uma vezes (TRUOG, MITCHELL, DALEY, 2020, p. 1974).

Não será demasiado lembrar que, sendo o país tão carente de soluções para o grande problema do déficit habitacional, difícil será pretender a manutenção de distanciamento social de extensão que responda, com razoabilidade, à redução da propagação do vírus, mormente nas áreas mais pobres. Não haverá controle da pandemia sem que se reduzam a incidência e a velocidade de propagação do vírus.

Tanto ou mais importantes são as medidas que aumentam a capacidade de atendimento do sistema. Dependem, essencialmente, da resposta das autoridades de saúde às circunstâncias da pandemia, ao longo do tempo. Incluem (sem se limitar a isso) a proteção das equipes de saúde, mediante a aquisição e a distribuição de indumentária e de equipamentos de proteção pessoal, os quais devem estar sempre disponíveis, em qualidade e quantidade suficientes. O emprego, quando possível, de serviços de telemedicina reduz a exposição da equipe de saúde a riscos. Evidentemente, porém, esse expediente quase não pode ser empregado nos níveis secundário e terciário do sistema. Neles, profissionais experientes dificilmente podem ser substituídos em curto espaço de tempo, mormente os intensivistas tendo em vista que o preparo e a expertise que possuem são forjados ao longo de anos no manejo de situações clínicas graves e de procedimentos bastante sofisticados.

A instalação de leitos adicionais quando faltantes ou a compra de vagas em hospitais privados podem ser úteis no enfrentamento desses déficits. Aqui, inclui-se, ainda, a construção de hospitais de campanha, com rápido aumento do número de leitos disponíveis em dado momento. Não há sentido algum em desmontar, sob a alegação de desnecessidade, hospitais de campanha recém-surgidos, com custo de milhões de reais, quando outras unidades da federação, inclusive próximas, ainda veem grassar o vírus, com grande número de doentes. Nesse passo, o país poderia, muito mais, haver ofertado serviços de transporte, inclusive aéreo, de indivíduos graves para locais próximos, onde estivessem disponíveis os equipamentos de que necessitassem, o que minimizaria a grande perda de vidas por esgotamento local do sistema de saúde. Isso exige, no entanto, o funcionamento regular de um sistema nacional de regulação de leitos, referência e contrarreferência: no caso brasileiro, isso está longe de satisfazer a essas necessidades.

**3.2** | *Alocação de recursos escassos em saúde em tempos de pandemia*
Borba |

A aquisição de equipamentos faltantes, inclusive ventiladores, se volta ao controle de eventual escassez. Também o incremento da produção nacional dessas máquinas é medida que se impõe, dados os altos preços, bem como a dificuldade de adquiri-las no exterior. A falta de ventiladores pode e deve ser enfrentada, ainda, por meio de substituição, inovação, engenhosidade e conserto de equipamentos fora de uso. Nessa última atividade, tem sido de grande auxílio o envolvimento de voluntários e das empresas, principalmente de montadoras de automóveis.

É serviço que deve ser centralizado e otimizado, para evitar o caos, a aquisição de medicamentos utilizados no tratamento dos indivíduos que estão em uso de ventiladores, principalmente hipnóticos, hipnoanalgésicos e bloqueadores neuromusculares, hoje em falta em muitos pontos do país. Controle de gastos e combate às fraudes e à corrupção são, ainda mais em meio à pandemia, medidas que também se impõem.

Tudo medido e ponderado, a verdade é que as ações atuais do governo federal brasileiro no enfrentamento da pandemia têm deixado a desejar e, com isso, não se têm obtido as condições ideais para a redução da propagação da doença ou, quando o são, de pouca duração se revelam. Um papel de organização nacional de recursos, de distribuição de insumos e de controle de resultados seria desejavelmente ocupado pela Administração federal. Nada obstante, perdido em considerações políticas menores como está o governo, seu trabalho tem sido repassado aos gestores estaduais e municipais, com consequentes comprometimentos da unidade de coordenação, prejuízos na regulação e muitas vidas perdidas.

### 3.2.3. CRITÉRIOS PARA ADMISSÃO EM UNIDADES DE CUIDADOS INTENSIVOS

Aquilatar estado físico constitui exercício altamente subjetivo de arte, tirocínio e ciência médica. Estado físico é qualidade individual complexa, e a transformação dessa qualidade numa quantidade (ou num número que, embora não seja de fato, possa ser objeto de úteis comparações, pessoais e interpessoais) tem sido, desde o século passado, perseguida pelos médicos.

Dentre os múltiplos escores criados para avaliar estado físico, aquilatar gravidade, lançar prognóstico ajustado ao risco e dar suporte a intervenções terapêuticas, um dos mais populares na atualidade é o *Sepsis-related Organ Failure Assessment* (SOFA), criado em 1996 por um grupo de trabalho da European Society of Intensive Care Medicine (VINCENT et al., 1996). É utilizado em escala mundial, tendo sido validado estatisticamente, por meio do uso repetitivo em milhares de pacientes. Trata-se de analisar aspectos clínicos relativos a seis grandes sistemas orgânicos: respiratório, cardiovascular, hepático, renal, neurológico e coagulatório/sanguíneo, atribuindo-se, a cada um, escores parciais de zero a quatro consoante o grau de comprometimento. O escore SOFA será a soma dos escores parciais de cada sistema. Costuma ser calculado na internação na UTI, e sua evolução, ao longo do tempo, pode ser utilizada de diversas maneiras para avaliar a melhora ou piora do quadro clínico e ainda sugerir alterações no tratamento, bem como para efetuar comparações entre indivíduos ou grupos.

Na pandemia do coronavírus, idade avançada, presença de comorbidades e escore SOFA elevado têm sido considerados preditores de mortalidade (BRASIL. MINISTÉRIO DA SAÚDE, 2020b, p. 25).

### 3.2.4. CRITÉRIOS PARA ALOCAÇÃO DE RECURSOS ESCASSOS EM TEMPOS DE PANDEMIA

Embora a atual pandemia represente uma calamidade, o Brasil não está em guerra. No Estado brasileiro, normas constitucionais definem direitos e deveres, individuais e coletivos, inclusive diante de calamidades. O povo brasileiro, em forma própria, as instituiu, as escolheu, pensou a seu respeito. É preciso, pois, que sejam seguidas.

Critérios para a alocação de recursos escassos já se encontram definidos, ainda que para circunstâncias distintas. Ademais, por razões

**3.2** | *Alocação de recursos escassos em saúde em tempos de pandemia*
Borba |

epidemiológicas que estão além do escopo do presente capítulo, governo algum, mesmo què fosse dotado de capacidade infinita de atendimento a crescentes necessidades, conseguirá, apenas com tal atenção, obter o fim da pandemia. Somente medidas voltadas à diminuição da incidência e da duração média da doença são capazes de fazê-lo.[4] Vem daí ser razoável que se examine se antigos critérios de alocação de recursos se manterão, à vista das novas necessidades pandêmicas.

Alguns filósofos traçaram critérios que auxiliam a tomada de decisões, em circunstâncias comuns na vida prática. Entre eles, Jon Elster (1992, p. 185) se preocupou em explanar o que denominou de teoria da justiça do senso comum. Essa teoria fundamenta distribuições que se afastam daquela determinada pela igualdade e pelo igualitarismo. Pauta-se nas ideias de indivisibilidade e ineficiência, sustentando que a alocação de bens escassos e indivisíveis (ventiladores, por exemplo) podem, com justiça, se apresentar desiguais quando sua eficiência, isto é, o resultado final, implique que certos indivíduos, por suas qualidades pessoais (vale dizer, estado físico) se beneficiarão desse uso mais do que outros (ELSTER, 1992, p. 200-204). Essa desigualdade também se justifica quando vinculada a escolhas restritivas, efetuadas pelos próprios interessados. Outra solução implica a alocação de bens escassos, necessários e indivisíveis a quem sustente mais responsabilidades de família (ELSTER, 1992, p. 209).

Em Nova Iorque, por aplicação de critérios construídos durante a pandemia do *influenza*, em 2015 (NEW YORK STATE DEPARTMENT OF HEALTH, 2015, pp. 12-81), tem-se sugerido que a triagem para alocação de ventiladores na Covid-19 seja efetuada por profissionais não envolvidos com o tratamento posterior dos pacientes, seguindo três passos: primeiro, a aplicação de critérios de exclusão, afastando-se indivíduos que não apresentem condições de se beneficiar da terapêutica; segundo, a avaliação do risco de mortalidade por meio da aplicação do escore SOFA, inclusive

---

4. Relação matemática derivada de outras grandezas, a prevalência, P, constitui um compromisso entre a incidência, I, e a duração média da doença, d, tal que P = I. d. Tratamento avançado da matéria pode ser encontrado em: RUFFINO NETTO, Antonio. *Relação entre prevalência, incidência e duração média da doença*. Rev. Saúde Pública, São Paulo, v. 7, pp. 331-334, 1973.

para determinar prioridades para a ventilação mecânica e, terceiro, a suspensão da terapêutica ventilatória, mediante reavaliações repetidas, ao longo do tempo, em indivíduos que não melhoram, de forma a liberar o uso das máquinas para outros pacientes (TRUOG, MITCHELL, DALEY, 2020, p. 1974).

Mesmo que se admita que a terapêutica mecânica ventilatória (ventilação invasiva) deva ser restrita no tempo, não falta quem, com razão, sustente que esses critérios podem priorizar certos grupos em detrimento de outros, fazendo com que indivíduos mais velhos e doentes, além de minorias e de indivíduos vulneráveis em virtude de certas deficiências, mormente cognitivas, resultem prejudicados quando da alocação de equipamentos salvadores da vida (PETERSON, LARGENT, KARLAWISH, 2020). Sem dúvida, um dos objetivos de abordagens terapêuticas na pandemia deve ser salvar o maior número de vidas possível, mas não se pode esquecer que, se não houvesse pandemia, os indivíduos a quem hoje se recusam vagas de UTI seriam lá mantidos enquanto se recuperassem de doenças tratáveis. Em face disso, as recusas devem ser muito amiudadamente justificadas, sob critérios éticos, legais e clínicos.

No Brasil, a Associação Médica Brasileira (AMB) (FERREIRA et al., 2020) tem sustentado que, embora o objetivo fundamental na pandemia seja salvar o maior número de vidas possível, os leitos de UTI e os ventiladores estão disponíveis, de maneira universal, a todos os que deles necessitam, inclusive aos portadores de outras doenças, e não apenas aos portadores de Covid-19. Vem daí não existir um critério único que seja capaz, em quaisquer circunstâncias, de efetuar perfeito discrímen entre situações distintas. Critérios diversos devem ser, ética, legal e racionalmente combinados, para a tomada de decisões difíceis.

Para tanto, sugere a AMB fazer uso, no Brasil, dos seguintes critérios: terapêutica alguma, mormente a alocação de ventiladores, deve ser pautada em capacidade de pagamento. Exclui-se, assim, a alocação, em primeiro lugar, aos mais ricos. Quando salvar o maior número de vidas

## 3.2 | *Alocação de recursos escassos em saúde em tempos de pandemia*
Borba |

não se revelar possível, será salvo o maior número de anos de vida. Esse critério dará preferência a crianças e jovens.

Será priorizado, fundamentalmente, o critério da necessidade, atendendo-se em primeiro lugar aqueles cujo estado clínico, entendido curável, mais grave se revele. Em situações de igualdade, a AMB propugna que a distinção alocativa seja feita, ou por sorteio, ou mediante a criação de filas. Nessa circunstância, deve-se dissentir desse último critério para uso. Não se nega que o SUS promove filas cirúrgicas e que poucos discordam de sua justeza, mas ocorre que, até abril de 2020, o Ministério da Saúde exarou orientação oficial para que a população brasileira ficasse em casa ao apresentar sintomas de Covid-19 e só procurasse hospitais de referência em caso de falta de ar, o que ocorre num momento já adiantado da doença (BRASIL. MINISTÉRIO DA SAÚDE, 2020d, p. 5). Essa orientação foi alterada apenas muito recentemente, quando a pandemia já havia ceifado milhares de vidas (BRASIL. MINISTÉRIO DA SAÚDE, 2020a).

Assim, indivíduos que não seguiram a orientação inicial se infectaram antes de outros e foram aos hospitais, sendo atendidos com os recursos então disponíveis. Já os últimos atingidos, que seguiram a orientação oficial, infectados por fim, ao chegar aos hospitais, foram informados de que não havia vagas, ocupadas por todos ou muitos dos insubordinados. É evidente que o critério da fila, ou da lista de espera, se aqui adotado, priorizaria quem refratário se revele, o que não é razoável. Além disso, é procedimento ineficiente, porque não se impede que a alegada igualdade existente de início se altere – e muito – ao longo do tempo em que ali se permanece.

Um último e clássico critério merece também temperamento no Brasil de hoje. Trata-se do assim chamado merecimento (ELSTER, 1992, p. 97-98). Implica, na situação da presente pandemia, privilegiar a alocação de ventiladores aos médicos e ao pessoal de saúde, não apenas como reconhecimento por seus serviços, mas ainda, e de forma bastante utilitarista, pensando nas vidas que eles possam ainda salvar caso conservem sua própria (FERREIRA et al., 2020, p. 21).

Posto dessa forma, esse critério chega a chocar por ser desarmônico e destoante da igualdade constitucional, pois o que é merecimento em relação a um constituirá discriminação ou privilégio sob a óptica de outrem. Nem o *caput* do artigo 5º nem o artigo 196 da Carta valoram de modo distinto as vidas de quem seja médico. Considere-se, por exemplo, que diversos profissionais e artífices se acotovelaram, em curtíssimo espaço de tempo, para a recente construção dos hospitais de campanha do M'Boi Mirim, do Pacaembu e do Anhembi, para citar apenas algumas grandes unidades paulistas, recentemente adicionadas à rede de saúde. Seria razoável que, após esse esforço hercúleo, a qualquer desses indivíduos fosse recusada uma vaga no hospital que ele próprio auxiliara a erigir apenas porque aquele com quem concorre pela vaga é um médico? Hospitais não funcionam sem profissionais diversos, e a falta de todos da área da saúde (não apenas de médicos) também faz um hospital parar.

Além disso, a Carta veda, no artigo 3º, IV, o emprego de quaisquer formas de discriminação, o que encontra eco na proibição de preconceitos ou privilégios de qualquer espécie, inscrita no artigo 7º, IV, da Lei nº 8.080/1990. Nem sempre a visão estrangeira melhor se coaduna com a realidade brasileira. Nesses termos, é até surpreendente a adoção da ideia pela AMB, porque o próprio Código de Ética Médica veda conduta dessa natureza já em seu primeiro princípio fundamental, bem assim no artigo 23.[5]

Ao mesmo tempo, é razoável alocar vaga a um indivíduo de quem dependam diversos outros na mesma família (pai ou mãe com muitos filhos pequenos, por exemplo), quando em concurso com outro despido dessas responsabilidades, e isso será também uma aplicação do critério geral de merecimento. Nota-se, assim, que, mais do que o duro manejo de um único critério, qualquer que seja ele, é o equilibrado concurso

---

5. Código de Ética Médica (Resolução do Conselho Federal de Medicina nº 2.217, de 27 de setembro de 2018 - D.O.U. 1.º nov. 2018, Seção 1, p. 179 , modificada pelas Resoluções CFM nºs 2.222/2018 e 2.226/2019): Princípios fundamentais: I – A Medicina é uma profissão a serviço da saúde do ser humano e será exercida sem discriminação de nenhuma natureza. [...] É vedado ao médico: [...] Art. 23. Tratar o ser humano sem civilidade ou consideração, desrespeitar sua dignidade ou discriminá-lo de qualquer forma ou sob qualquer pretexto.

de vários deles que dará origem a uma alocação mais justa dos parcos recursos existentes.

Por fim, instituída a terapêutica ventilatória, o que fazer com o indivíduo que não melhora e também não satisfaz aos critérios de morte cerebral?

Em Nova Iorque, admite-se a remoção dos ventiladores de indivíduos que não melhoram, desde que eles desenvolvam um dos critérios de exclusão ou que sejam examinados por um comitê de profissionais não envolvidos com sua assistência médica (NEW YORK STATE DEPARTMENT OF HEALTH, 2015, pp. 244-245). Não há, contudo, garantia alguma de que essa conduta profissional não possa ser submetida a processo, mesmo naquele estado. Maryland, por sua vez, editou lei que afasta a responsabilidade civil e penal dos profissionais de saúde quando estes, agindo de boa-fé, são premidos pelas circunstâncias de uma emergência de saúde reconhecidamente catastrófica.[6]

Entre nós, com supedâneo na normativa estadunidense, a Associação Médica Brasileira (FERREIRA et al., 2020, p. 22) tem proposto que os médicos antecipem essas situações, discutindo previamente com os pacientes que se submeterão à ventilação mecânica eventuais limites dessa terapêutica. É possível e lícito obter uma diretriz antecipada de vontade. Consiste numa declaração preferencial mas não obrigatoriamente escrita em que o indivíduo elege, de modo voluntário, os limites que crê como admissíveis para as terapêuticas invasivas a que possa ser submetido.[7] Declarações desse teor devem ser levadas em conta pelos médicos ao decidirem acerca do curso do tratamento, embora não estejam obrigados a respeitá-las se contravierem a lei ou as normas éticas em vigor.

Sugere a AMB, ademais, que as decisões acerca de suspensão dos ventiladores, bem como a retirada das máquinas propriamente dita, sejam

---

6. Maryland Code, 2005. Maryland Public Safety Section: § 14-3A-06. A health care provider is immune from civil or criminal liability if the health care provider acts in good faith and under a catastrophic health emergency proclamation. [em tradução livre: "O profissional da saúde estará isento de responsabilidade civil ou criminal se agir de boa-fé e sob uma situação de calamidade e emergência de saúde".]

7. Cf. Res. CFM nº 1.995, de 9 de agosto de 2012. D.O.U. 31 ago. 2012, Seção 1, pp. 269-270.

reservadas a profissionais que não estejam envolvidos de maneira direta com o atendimento dos pacientes. Com isso, alega, as responsabilidades seriam diluídas, e haveria diminuição do envolvimento psicológico dos profissionais na tomada dessas decisões.

À luz da lei brasileira, a associação médica não tem razão no particular. Cabe aos médicos a defesa da integridade física dos pacientes, quando iniciada terapêutica ventilatória sob o pressuposto de que serão feitos todos os esforços possíveis para a melhora do quadro. Desse modo, a decisão de suspender um tratamento que mantém a vida, numa situação em que não há morte cerebral declarada, significa a admissão do risco (previsivelmente elevado) de que, em função disso, sobrevenha a morte desse paciente. Em caso de óbito, haverá a tipificação de homicídio doloso por ato comissivo com dolo eventual, nos exatos termos do artigo 18, I (última figura) combinado com o artigo 121 do Código Penal Brasileiro (CP), uma vez que o profissional assumiu o risco da ocorrência do resultado morte. Mesmo que ela se antecipe somente em poucas horas, em casos nos quais ela já ocorreria de qualquer outra forma, a situação jurídica no Brasil não se altera. E o fato de que a decisão e a retirada do equipamento sejam produtos da ação de profissionais diferentes só altera os agentes e os envolve em concurso de pessoas (artigo 29, caput, CP), mas de forma alguma modifica a feição jurídica da conduta em si.

Vem daí que a triagem, à luz de diversos princípios e procedimentos, possa ser o instrumento mais adequado à alocação de recursos limitados na pandemia, mas não se justifica que dos médicos seja exigido que cumpram o papel de Tânatos e, menos ainda, que o assumam sem maiores questionamentos. Em relação àqueles que insistirem em se afastar do cumprimento das normas hoje vigentes, é possível até sustentar o agir ao abrigo de compreensíveis e prementes atenuantes. Se forem o caso, no entanto, estas apenas diminuirão eventual pena, mas não afastarão o núcleo do tipo penal, presente em toda sua extensão.

**3.2** | *Alocação de recursos escassos em saúde em tempos de pandemia*
Borba |

## CONSIDERAÇÕES FINAIS

O filósofo alemão Nietzsche, em conhecida alegoria, compara o homem a uma corda sobre o abismo, estendida entre o animal e o super-homem. Não mais animais, mas nunca super-homens, é difícil superarmos os reveses impostos pela pandemia. À beira do abismo, ponderamos, perscrutando resposta à questão inicial. Que sentido podem ter tão elevadas perdas? Na luta pela vida, são os mortos que exigem respostas. Nessa viagem, não será preciso, como Baudelaire, enfrentar a voragem do sorvedouro, buscando o novo, que se aninha nas dobras do desconhecido. Quem utilizará, afinal, o último ventilador? Demanda última da desigualdade, à luz da lei, da ética e, principalmente, da moral, será um ser humano que dele necessite.

## REFERÊNCIAS

BARBAS, Carmen Sílvia Valente et al. *Recomendações brasileiras de ventilação mecânica. Parte 1. Revista Brasileira de Terapia Intensiva*, São Paulo, v. 26, n. 2, abr./jun. 2014. Disponível em http://dx.doi.org/10.5935/0103-507X.20140017 Acesso em: 4 ago. 2020.

BRASIL. CONSELHO FEDERAL DE MEDICINA. *Código de Ética Médica (Resolução do Conselho Federal de Medicina n.º 2.217, de 27 de setembro de 2018)* - D.O.U. 1.º nov. 2018, Seção 1, p. 179 , modificada pelas Resoluções CFM n.ºs 2.222/2018 e 2.226/2019.

_____. MINISTÉRIO DA SAÚDE. *Coronavírus (Covid-19). Sobre a doença*. 2020a. Disponível em: https://coronavirus.saude.gov.br/sobre-a-doenca#como-se-proteger. Acesso em: 05 ago. 2020.

_____. MINISTÉRIO DA SAÚDE. DATASUS. CNES. Recursos físicos, hospitalar, leitos de internação, quantidade existentes segundo região. Jun. 2020c. Disponível em: http://tabnet.datasus.gov.br/cgi/tabcgi.exe?cnes/cnv/leiintbr.def. Acesso em: 4 ago. 2020.

_____. MINISTÉRIO DA SAÚDE. *Diretrizes para diagnóstico e tratamento da Covid-19*. Brasília: autor, 2020b.

_____. MINISTÉRIO DA SAÚDE. *Tem dúvidas sobre coronavírus? O Ministério da Saúde te responde.* 7 abr. 2020d. Disponível em https://www.saude.gov.br/images/pdf/2020/April/07/Cartilha-Coronavirus-Informacoes-.pdf. Acesso em: 20 mai. 2020.

CENTER FOR HEALTH SECURITY. JOHNS HOPKINS BLOOMBERG SCHOOL OF PUBLIC HEALTH. *Ventilator stockpiling and availability in US*. 1 jul. 2020. Disponível em https://www.centerforhealthsecurity.org/resources/COVID-19/COVID-19-fact-sheets/200214-VentilatorAvailability-factsheet.pdf. Acesso em: 2 ago. 2020.

ELSTER, Jon. *Local justice: how institutions allocate scarce goods and necessary burdens.* New York: Cambridge University Press, 1992.

FERREIRA, Lincoln Lopes et al. *Diretrizes da Associação Médica Brasileira: Covid-19.* 22 abr. 2020. Disponível em: https://amb.org.br/wp-content/uploads/2020/04/DIRETRIZES-AMB-COVID-19-22.04.2020.pdf. Acesso em: 20 maio 2020.

FUNDAÇÃO GETÚLIO VARGAS. DIRETORIA DE ANÁLISES DE POLÍTICAS PÚBLICAS. *43% da população brasileira mora em municípios sem estrutura recomendada de respiradores ou leitos de UTI.* 6 abr. 2020. Disponível em http://dapp.fgv.br/43-da-populacao-brasileira-mora-em-municipios-sem-estrutura-recomendada-de-respiradores-ou-leitos-de-uti/ Acesso em: 3 ago. 2020.

GOVERNMENT UNITED KINGDOM. *Ventilator challange hailed a success as UK production finishes.* 4 jul. 2020. Disponível em: https://www.gov.uk/government/news/ventilator-challenge-hailed-a-success-as-uk-production-finishes Acesso em: 4 ago. 2020.

LAMY, Marcelo. *Metodologia da Pesquisa: técnicas de investigação, argumentação e redação.* 2ª ed. rev. atual. e ampl. São Paulo: Matrioska Editora, 2020.

MASSONNAUD, Clément; ROUX, Jonathan; CRÉPEY, Pascal. *Covid-19: prévoir les besoins à court terme des hôpitaux français. Université de Rennes: Recherche en Pharmaco-Épidemiologie et Recours aux Soins.* 16 mar. 2020. Disponível em Downloads/COVID-19_%20prévoir%20les%20besoins%20à%20court%20terme%20des%20hôpitaux%20français%20(2).pdf. Acesso em : 05 ago. 2020.

NEW YORK STATE DEPARTMENT OF HEALTH. NEW YORK STATE TASK FORCE ON LIFE AND THE LAW. *Ventilator allocation guidelines.* Nova Iorque: autor. Nov. 2015. Disponível em: https://www.health.ny.gov/regulations/task_force/reports_publications/docs/ventilator_guidelines.pdf. Acesso em: 10 ago. 2020.

NIETZSCHE, Friedrich. *Also sprach Zarathustra.* Chemnitz: Ernst Schmeitzner, 1883. Disponível em http://www.dominiopublico.gov.br/download/texto/gu007205.pdf Acesso em 14 ago. 2020.

ORGANISATION FOR ECONOMIC CO-OPERATION AND DEVELOPMENT. Hospital beds. Disponível em https://data.oecd.org/healtheqt/hospital-beds.htm Acesso em: 4 ago. 2020.

ORGANIZAÇÃO PAN-AMERICANA DA SAÚDE. *Folha informativa - Covid-19 (doença causada pelo novo coronavírus).* Disponível em: https://www.paho.org/bra/index.php?option=com_content&view=article&id=6101:covid19&Itemid=875. Acesso em: 1º ago. 2020.

PETERSON, Andrew; LARGENT, Emily A.; KARLAWISH, Jason. *Ethics of reallocating ventilators in the covid-19 pandemic.* British Medical Journal, v. 2020, n. 369, 12 maio

**3.2** | *Alocação de recursos escassos em saúde em tempos de pandemia*
Borba |

2020. Disponível em: doi: https://doi.org/10.1136/bmj.m1828. Acesso em: 11 ago. 2020.

RANNEY, Megan L; GRIFFETH, Valerie; JHA, Ashish K. *Critical supply shortages – the need for ventilators and personal protective equipment during the Covid-19 pandemic.* N Eng J Med, v. 2020, n. 382:e41, 30 abr. 2020. DOI: 10.1056/NEJMp2006141. Acesso em: 3 ago. 2020.

REMUZZI, Andrea; REMUZZI, Giuseppe. *Covid-19 and Italy: what next?* Lancet, v. 395, n. 10231, 11-17 abr. 2020, pp. 1225-1228.

RUBINSON, Lewis et al. Mechanical *ventilators in US acute care hospitals.* Disaster Medicine and Public Health Preparedness, Cambridge, v. 4, n. 3, Epub 8 abr. 2013. DOI: https://doi.org/10.1001/dmp.2010.18. Acesso em: 3 ago. 2020.

TRUOG, Robert D.; MITCHELL, Christine; DALEY, George Q. *The thoughest triage – allocating ventilators in a pandemic.* N Eng J Med, v. 2020, n. 382, p. 1973-1975. 21 maio 2020. Disponível em: https://www.nejm.org/doi/10.1056/NEJMp2005689. Acesso em: 10 ago. 2020.

VINCENT, JL; et al. *The SOFA (Sepsis-related Organ Failure Assessment) score to describe organ dysfunction/failure. On behalf of the Working Group on Sepsis-Related Problems of the European Society of Intensive Care Medicine.* Intensive Care Medicine, v. 22, n. 7, jul.. 1996, pp. 707-710.

WORLD HEALTH ORGANIZATION. Archived: WHO timeline – Covid-19. 2020a. Disponível em: https://www.who.int/news-room/detail/27-04-2020-who-timeli-ne---covid-19?gclid=Cj0KCQjwpZT5BRCdARIsAGEX0zlF6z8DbsqaCoojliswmzqb-d7TgcMcelvVkYmXlRC2X33pX_stX-L4aAnI_EALw_wcB. Acesso em: 1° ago. 2020.

WORLD HEALTH ORGANIZATION. *Rational use of personal protective equipment (PPE) for coronavirus disease (Covid-19).* 19 mar. 2020c. Disponível em: https://apps.who.int/iris/bitstream/handle/10665/331498/WHO-2019-nCoV-IPCPPE_use-2020.2-eng.pdf Acesso em: 4 ago. 2020.

WORLD HEALTH ORGANIZATION. *WHO coronavirus disease (Covid-19) dashboard.* 4 ago. 2020b, 10h26min. Disponível em https://covid19.who.int Acesso em: 16 ago. 2020.

XAVIER, Analucia R.; et al. *Covid-19: clinical and laboratory manifestations in novel coronavirus infection.* J. Bras. Patol. Med. Lab., Rio de Janeiro, v. 56, Epub 1 jul. 2020. ISSN 1678-4774 Disponível em https://doi.org/10.5935/1676-2444.20200049. Acesso em: 1° ago. 2020.

# 3.3

# Saúde mental e Covid-19

*ROSILMA MENEZES ROLDAN*
*MARCELO LAMY*

## INTRODUÇÃO

O ANO de 2020 foi marcado por um evento que tem sido considerado o de maior impacto na humanidade, desde a Segunda Grande Guerra Mundial: a Covid-19, causada pelo novo coronavírus.

Os primeiros casos ocorreram na China, ainda em 2019, e em março de 2020 a Covid-19 já alcançara índices de pandemia. Sua capacidade letal logo foi conhecida, e os profissionais de saúde começaram a aprender a lidar com o vírus e a doença, a partir dos pacientes que começaram a chegar aos hospitais, muitos já com sintomas graves, outros já caminhando para o óbito com rapidez .

Por meio de coleta e análise bibliográfica (de artigos que foram produzidos por profissionais de saúde de vários países desde que a pandemia teve início e publicados por várias revistas científicas na área médica), este texto propõe uma revisão do conhecimento sobre o impacto da pandemia sobre a saúde mental de pessoas que se contaminaram com o coronavírus, que tiveram familiares que foram contaminados ou faleceram em decorrência da Covid-19, que desenvolveram medo de contaminar-se a ponto de isolarem-se totalmente, que sofreram com o isolamento social ou que perderam bens e recursos financeiros por causa da quarentena.

O objetivo deste estudo foi o levantamento de dados sobre como a saúde mental das pessoas (em países diversos e com culturas diferentes, nas várias regiões do mundo) foi afetada pela Covid-19, para que, com

**3.3** | *Saúde mental e Covid-19*
Roldan | Lamy |

base nesses achados, possamos orientar as políticas públicas de saúde mental, tanto no âmbito da prevenção, em futuros eventos similares, como também do acolhimento, cuidado, tratamento e acompanhamento das pessoas atingidas de maneira direta ou indireta pela pandemia.

## 3.3.1. SÍNTESE DO LEVANTAMENTO DE DADOS

### 3.3.1.1. Brasil

Barros e outros pesquisadores (2020) usaram, como método, uma pesquisa transversal, por meio de questionário on-line respondido por adultos e idosos, a fim de coletar dados sobre as condições de vida, a saúde e os comportamentos manifestados por essas pessoas durante a pandemia da Covid-19, no Brasil. O objetivo foi analisar com que frequência a tristeza, o nervosismo e os distúrbios do sono afetavam as pessoas analisadas, para poder identificar os segmentos sociais mais afetados. Nesse estudo, foram estimadas prevalências e razões de prevalência, por idade e sexo.

Na pesquisa, os autores mostraram que, entre 45.161 entrevistados brasileiros durante a pandemia, 40,4% ($IC_{95\%}$ 39,0-41,8) se sentiam tristes ou deprimidos com frequência; 52,6% ($IC_{95\%}$ 51,2-54,1), ansiosos ou nervosos; 43,5% ($IC_{95\%}$ 41,8-45,3) identificaram distúrbios do sono; 48,0% ($IC_{95\%}$ 45,6-50,5) relataram agravamento de distúrbios do sono pré-existentes. A tristeza e o nervosismo, bem como a mudança nos padrões do sono, foram mais relevantes em adultos jovens, mulheres e pessoas com histórico de depressão. (BARROS et al., 2020). Para esses autores, "a alta prevalência encontrada indica a necessidade de garantir a prestação de serviços de saúde mental e qualidade do sono adaptados ao contexto pandêmico". (BARROS et al., 2020).

### 3.3.1.2. China

Shi L e outros pesquisadores chineses (2020) investigaram a prevalência de fatores de risco associados a sintomas de saúde mental na população da China durante a pandemia da Covid-19 a fim de descobrir em que medida podem ter sua saúde mental afetada pessoas expostas à doença, uma vez submetidas a medidas coatoras de isolamento social e outras medidas de contenção.

Esse estudo, baseado em pesquisa transversal on-line de grande espectro que foi realizada de 28 de fevereiro a 11 de março de 2020, abrangeu a população de todas as 34 regiões de província na China, inclusive pessoas a partir de dezoito anos de idade. A análise dos dados obtidos foi feita entre março e maio de 2020.

A prevalência de sintomas de depressão, ansiedade, insônia e estresse agudo entre a população geral da China durante a pandemia da Covid-19 foi avaliada por meio do Questionário de Saúde do Paciente-9, Transtorno de Ansiedade Generalizada-7, Índice de Gravidade da Insônia e Escala de Transtorno de Estresse Agudo. Análises de regressão logística foram usadas para explorar fatores de risco demográficos e relacionados à Covid-19 (Shi L et al., 2020).

Entre os 71.227 indivíduos que acessaram o link da pesquisa, apenas 56.932 preencheram e enviaram os questionários, o que resultou numa porcentagem de participação de 79,9%. Excluindo-se os questionários inválidos, participaram do estudo 56.679 participantes; a média [SD] da idade foi de 35,97 [8,22] anos; 27.149 eram homens [47,9%]; 39.468 (69,6%) tinham entre 18 e 39 anos. Durante a pandemia, as taxas de sintomas de saúde mental entre os entrevistados foram de 27,9% ($IC_{95\%}$, 27,5%-28,2%) para depressão; 31,6% ($IC_{95\%}$, 31,2%-32,0%) para ansiedade; 29,2% ($IC_{95\%}$, 28,8%-29,6%) para insônia; 24,4% ($IC_{95\%}$, 24,0%-24,7%) para estresse agudo (Shi L et al., 2020).

Os participantes com Covid-19 confirmada ou suspeita, bem como seus familiares ou amigos, apresentaram alto risco para sintomas de depressão (*adjusted odds ratios* [AOR]) (AOR, 3,27 [$IC_{95\%}$, 1,84-5,80] para pacientes; 1,53 [$IC_{95\%}$, 1,26-1,85] para familiares ou amigos), ansiedade (AOR, 2,48 [$IC_{95\%}$, 1,43-4,31] para pacientes; 1,53 [$IC_{95\%}$, 1,27-1,84] para familiares ou amigos), insônia (AOR, 3,06 [$IC_{95\%}$, 1,73-5,43] para pacientes; 1,62 [$IC_{95\%}$,

1,35-1,96] para familiares ou amigos) e estresse agudo (AOR, 3,50 [$IC_{95\%}$, 2,02-6,07] para pacientes; 1,77 [$IC_{95\%}$, 1,46-2,15] para familiares ou amigos). Além disso, pessoas com riscos de exposição ocupacional e residentes na província de Hubei apresentaram aumento das chances de sintomas de depressão (AOR, 1,96 [IC 95%, 1,77-2,17] para exposição ocupacional; 1,42 [$IC_{95\%}$, 1,19-1,68] para residência em Hubei), ansiedade (AOR, 1,93 [$IC_{95\%}$, 1,75-2,13] para exposição ocupacional; 1,54 [$IC_{95\%}$,.000% 1.30-1,82] para residência em Hubei), insônia (AOR, 1,60 [$IC_{95\%}$, 1,45-1,77] para exposição ocupacional; 1,20 [$IC_{95\%}$, 1,01-1.1.1 para residência em Hubei) e estresse agudo (AOR, 1,98 [$IC_{95\%}$, 1,79-2,20] para exposição ocupacional; 1,49 [$IC_{95\%}$, 1,25-1,79] para residência em Hubei). Estiveram associadas aos quatro desfechos negativos de saúde mental ambas as quarentenas centralizadas (AOR, 1,33 [$IC_{95\%}$, 1,10-1,61] para depressão; 1,46 [$IC_{95\%}$, 1,22-1,75] para ansiedade; 1,63 [$IC_{95\%}$, 1,36-1,95] para insônia; 1,46 [$IC_{95\%}$, 1,21-1,77] para estresse agudo) e quarentena domiciliar (AOR, 1,30 [$IC_{95\%}$, 1,25-1,36] para depressão; 1,28 [$IC_{95\%}$, 1,23-1,34] para ansiedade; 1,24 [IC $IC_{95\%}$, 1,19-1,30] para insônia; 1,29 [$IC_{95\%}$, 1,24-1,35] para estresse agudo). Por fim, estar no trabalho foi associado a menores riscos de depressão (AOR, 0,85 [$IC_{95\%}$, 0,79-0,91]), ansiedade (OR ajustada, 0,92 [$IC_{95\%}$, 0,86-0,99]) e insônia (OR ajustada, 0,87 [$IC_{95\%}$, 0,81-0,94]) (Shi L et al., 2020).

Nesse sentido, Shi L e outros pesquisadores chineses (2020) chegaram a resultados que apontam que os sintomas de saúde mental afetada podem ter sido comuns, durante o surto de Covid-19, entre a população geral na China, em especial entre indivíduos infectados, pessoas com suspeita de infecção e pessoas que podem ter tido contato com pacientes com Covid-19. Assim, identificou-se não só o medo do contágio ou o contágio propriamente dito, mas também algumas medidas, como isolamento social e demora no retorno ao trabalho, foram associadas ao impacto na saúde mental da população.

### 3.3.1.3. Estados Unidos

Ettman Ck et al. (2020) relataram, na pesquisa, que a Covid-19 e as políticas públicas para conter a pandemia têm sido uma preocupação constante nos EUA, e os efeitos ainda são desconhecidos, em relação à depressão.

O objetivo do estudo de Ettman CK et al. (2020) foi comparar a prevalência e os fatores de risco associados aos sintomas depressivos durante a pandemia Covid-19 com os observados antes da pandemia, entre os adultos estadunidenses. Esse estudo utilizou duas pesquisas de base populacional de adultos, a partir de dezoito anos. Segundo os autores, as estimativas vieram do estudo Covid-19 e *Life Stressors Impact on Mental Health and Well-being [em tradução livre: Os impactos dos fatores de estresse na saúde mental e no bem-estar]*, realizado entre 31 de março e 13 de abril de 2020. Os dados foram analisados entre 15 e 20 de abril de 2020.

Segundo o estudo, sintomas depressivos foram obtidos por meio do Questionário de Saúde do Paciente-9 de corte de dez ou mais. As categorias de sintomas depressivos foram definidas como nenhuma (escore, 0-4), leve (escore, 5-9), moderada (pontuação, 10-14), moderadamente grave (escore, 15-19) e grave (escore, ≥20) (ETTMAN CK et al., 2020).

1.470 pessoas completaram o instrumental "Covid-19 e o Impacto dos Estressores da Vida na Pesquisa de Saúde Mental e Bem-Estar" (taxa de conclusão: 64,3%), e a amostra final incluiu 1.441 participantes (619 participantes [43,0%] com idade entre 18 e 39 anos; 723 [50,2%] homens; 933 [64,7%] brancos não hispânicos). A amostra pré-Covid-19 incluiu 5.065 participantes (1704 participantes [37,8%] com idade entre 18 e 39 anos; 2588 [51,4%] mulheres; 1790 [62,9%] brancos não hispânicos). A prevalência de sintomas depressivos foi maior em todas as categorias, durante a Covid-19, em comparação com antes (leve: 24,6% [$IC_{95\%}$, 21,8%-27,7%] vs 16,2% [$IC_{95\%}$,15,1%-17,4%]; moderado: 14,8% [$IC_{95\%}$, 12,6%-17,4%] vs 5,7% [$IC_{95\%}$, 4,8%-6,9%]; moderadamente grave: 7,9% [$IC_{95\%}$, 6,3%-9,8%] vs 2,1% [$IC_{95\%}$, 1,6%-2,8%]; grave: 5,1% [$IC_{95\%}$, 3,8%-6,9%] vs 0,7% [$IC_{95\%}$, 0,5%-0,9%]). O maior risco de sintomas depressivos, durante esse período, foi associado

**3.3** | *Saúde mental e Covid-19*
Roldan | Lamy |

ao fato de ter menor renda – estressor social (*Odds Ratio* [OR], 2,37 [IC$_{95\%}$, 1,26-4,43]), tendo menos de US$ 5.000 em poupança (OR, 1,52 [IC$_{95\%}$, 1,02-2,26]), e de ter exposição a um maior número de estressores (OR, 3.05 [IC$_{95\%}$, 1,95-4,77]) (ETTMAN CK et al., 2020).

### 3.3.1.4. Portugal e Brasil

Passos L et al. (2020), em estudo quantitativo transversal, teve como objetivo descrever o estado de saúde mental da população adulta geral em Portugal e no Brasil, durante a pandemia Covid-19, assim como analisar também as diferenças entre os dois países.

O estudo baseou-se em um questionário on-line onde foram coletados dados sociodemográficos e quatro escalas validadas: CAGE (acrônimo de *"cut-annoyed-guilty-eye"*), Questionário, *Satisfaction with Life Scale, Generalized Anxiety Disorder-7 e Patient Health Questionnaire-2.* Para cada desfecho, foi realizada uma regressão linear múltipla. Quinhentos e cinquenta pessoas responderam ao questionário (entre as quais, 435 eram mulheres). A idade média foi de 38 anos (Q1, Q3: 30, 47) anos, 52,5% residiam no Brasil e 47,5% em Portugal. A prevalência de ansiedade foi de 71,3% (ansiedade leve em 43,1%), a prevalência de depressão foi de 24,7% e 23,8% na amostra que apresentou depressão e ansiedade. O isolamento social foi fator relevante para a depressão, não para a ansiedade. Bem-estar abaixo da média. A doença mental foi relevantemente maior do que os níveis apresentados no período pré-Covid-19 (PASSOS L et al., 2020).

### 3.3.1.5. Irã

Vahedian-Azimi A et al. (2020) foram responsáveis por um estudo cujo objetivo principal era medir, entre quatro grupos da população iraniana, a prevalência e comparar a gravidade do sofrimento psíquico (que inclui ataques de pânico, ansiedade, estresse e depressão) causado pela pandemia da Covid-19.

O estudo partiu de uma pesquisa transversal sobre o estado de saúde mental de quatro grupos de uma sociedade iraniana: população comunitária, pacientes com Covid-19, equipe médica e estudantes de medicina, os quais foram investigados por meio de questionário de autorrelato de Depressão, Ansiedade e Escala de Estresse (DASS). Todas as análises estatísticas foram feitas por meio do *software* R versão 3.6.1. Os valores P inferiores a 0,05 foram considerados estatisticamente significativos. O teste ANOVA foi utilizado para comparar a gravidade do estresse, ansiedade e depressão entre os quatro grupos estudados (VAHEDIAN-AZIMI A ET AL., 2020).

Vahedian-Azimi A et al. (2020) destacam, em sua pesquisa, que, entre os 886 participantes da pesquisa, 554 (62,5%) eram homens e 332 (37,5%) eram mulheres, e a média ± divisão padrão de idade foi de 40,91 ± 10,7 anos. Entre eles, 241 (27,2%) pertenciam à população comunitária, 221 (24,9%) foram pacientes com Covid-19, 217 (24,5%) eram da equipe médica e 207 (23,4%) eram estudantes de medicina. O escore médio de estresse, ansiedade e depressão em estudantes de medicina e pacientes com Covid-19 foi significativamente maior do que na equipe médica e na população comunitária (P < 0,05). O escore de ansiedade nos homens foi maior do que nas mulheres (27,4 ± 4,6 vs. 26,48 ± 4,8; P = 0,006), e os solteiros apresentaram pontuação de depressão significativamente maior, em comparação com os casados (27,5 ± 4,8 vs. 26,7 ± 4,6; P = 0,023); o escore de depressão foi maior na equipe médica feminina (27,08 ± 4,6 vs. 25,33 ± 4,3; P = 0,011) e na população comunitária (26,6 ± 4,3 vs. 25,3 ± 4,3; P = 0,02) do que na equipe médica masculina.

### 3.3.1.6. *Áustria*

Traunmüller C et al. (2020) fizeram uma pesquisa cujo objetivo foi avaliar o sofrimento psíquico na Áustria, durante a fase inicial do surto de Covid-19. Eles consideram que a doença é o maior desafio para o mundo desde a Segunda Guerra Mundial.

**3.3** | *Saúde mental e Covid-19*
Roldan | Lamy |

Os autores realizaram, entre 25 de março e 3 de abril de 2020, uma pesquisa on-line anônima com toda a população austríaca acima de 16 anos e abrangeu dados sociodemográficos, saúde física e mental; conhecimento e preocupações sobre a Covid-19; contato com pessoas infectadas; esforços de prevenção; necessidade de mais informações. O Impacto do Evento Revisado em Escala (IES-R) e a Escala de Depressão, Ansiedade e Estresse (DASS-21) foram utilizados para avaliar a saúde mental. As análises foram baseadas em 4.126 indivíduos (74% do sexo feminino, idade: M = 38,68, SD = 13,36) (TRAUNMÜLLER C et al., 2020).

Eles chegaram aos seguintes resultados: 43,3% de impacto psicológico geral moderado (5,6%) ou grave (37,7%); 26,5% de moderada (13,3%) a grave (13,2%) depressão; 20,3% de moderada (8,9%) a grave (11,4%) ansiedade; 21,2% relataram sofrer de moderado (10,5%) ou grave (10,7%) estresse. Fatores como: ser do sexo feminino, ter idade mais alta, ter menos escolaridade, ter mais preocupação com a família, ter internet como a principal fonte de informação e ser aluno foram associados à maior carga psicológica. Foram considerados, como fatores protetores: a possibilidade de trabalhar em *home office*, o contato frequente (indireto) com familiares ou amigos, a disponibilidade de informações sobre o vírus, a confiança na capacidade de diagnóstico e a atividade física durante a crise (TRAUNMÜLLER C ET AL., 2020).

### 3.3.1.7. Austrália

Para Newby Jm et al. (2020), os impactos de curto e de longo prazo na saúde mental por causa da pandemia Covid-19 são desconhecidos. Os autores pesquisaram as respostas à pandemia em relação ao sofrimento psíquico em 5.070 participantes adultos na Austrália, usando uma pesquisa on-line realizada durante o pico do surto, entre 27 de março e 7 de abril de 2020. Por meio de questionários de autorreferência, investigaram medos e respostas comportamentais em relação à Covid-19, bem como a gravidade dos sofrimentos psíquicos a exemplo da depressão, da ansiedade e do estresse, do medo de contaminação, do uso de álcool e de drogas, além da prática de atividades físicas. 78% dos entrevistados responderam que sua saúde mental piorou desde o surto; um quarto (25,9%) estava muito preocupado com a contaminação pelo coronavírus; metade (52,7%) estava preocupada com a família e os amigos, em relação ao contágio da doença. A incerteza, a solidão e as preocupações financeiras eram comuns à metade (50%) dos entrevistados. As taxas de sofrimentos psíquicos foram maiores do que o esperado, com 62%, 50% e 64% dos entrevistados relatando alto nível de depressão, ansiedade e estresse, respectivamente, e um a cada quatro dos entrevistados relatando alta ansiedade (NEWBY JM et al., 2020).

Os participantes da pesquisa com histórico de diagnóstico de doença mental apresentaram sofrimento significativamente maior (ansiedade e medo da Covid-19) do que aqueles sem diagnóstico prévio de doença mental. Pessoas com identidade de gênero não binária ou diferente, aborígenes, fatores ocupacionais (cuidadores ou pessoas em isolamento social, por exemplo) e fatores psicológicos (como o risco de contrair a doença) foram associados à angústia. Os resultados revelaram que comportamentos de precaução (lavar as mãos, usar desinfetante ou álcool para as mãos, evitar eventos sociais) eram comuns, com maior predominância de comportamentos de higiene associados a maiores níveis de estresse e ansiedade (NEWBY JM et al., 2020).

### 3.3.1.8. Índia

Verma S. e Mishra A. (2020) são autores de um estudo cujo objetivo foi encontrar as prevalências de depressão, ansiedade e estresse e seus correlatos sociodemográficos entre a população indiana durante o confinamento para conter a disseminação da Covid-19, que afetou a saúde mental dos indianos.

Os autores partiram de uma pesquisa transversal, realizada por meio de questionário eletrônico, em um total de 354 participantes, que foram convocados por amostragem de conveniência. Os sofrimentos psíquicos (depressão, ansiedade e estresse) foram medidos por meio da Escala de Depressão, Ansiedade e Estresse (DASS-21), num questionário de 21 perguntas (VERMA S. e MISHRA A., 2020).

No total, 25%, 28% e 11,6% dos participantes foram classificados de moderados a extremamente graves em depressão, ansiedade e estresse, respectivamente. Regressões logísticas binárias indicaram que a situação de emprego (OR=1,91; $IC_{95\%}$: 1.072-3.418) e o alcoolismo (OR=2,03; $IC_{95\%}$: 1.045-3.945) foram associados, de modo significativo, a sintomas depressivos; sexo (OR=2,17; $IC_{95\%}$: 1.317-3.589), situação de emprego (OR=1,77; $IC_{95\%}$: 1.002-3.141) e alcoolismo (OR=2,62; $IC_{95\%}$: 1.361-5.048) foram associados, de modo significativo, a sintomas de ansiedade; e, por fim, o alcoolismo (OR=3,42; $IC_{95\%}$: 1.544-7.583) foi associado, de modo significativo, a sintomas de estresse (VERMA S. e MISHRA A., 2020).

### 3.3.1.9. Espanha

González-Sanguino C. et al. (2020) conduziram o primeiro estudo na literatura científica que relatou o impacto psicológico do surto da Covid-19 em uma amostra da população espanhola.

Trata-se de um estudo transversal realizado por meio de uma pesquisa on-line com 3.480 pessoas. Foi investigada a presença de sintomas relacionados à depressão, ansiedade e transtorno de estresse pós-traumático (TEPT) por meio de exames de triagem, a partir de 14 de março de 2020. Foram coletados dados sociodemográficos e informações sobre a Covid-19, e também sobre o bem-estar espiritual, a solidão, o apoio social, a discriminação e o senso de pertencimento. Realizaram-se análises descritivas e compilaram-se modelos de regressão lineares. 18,7% da amostra revelaram sintomas depressivos; 21,6% de ansiedade; 15,8% de TEPT. Ter mais idade, ter estabilidade econômica, crer em que as informações sobre a pandemia estavam sendo adequadas foram fatores que apareceram inversamente relacionados à depressão, à ansiedade e à TEPT. Ser do sexo feminino, ter diagnósticos prévios de problemas de saúde mental ou distúrbios neurológicos, apresentar sintomas associados ao vírus ou ter um parente próximo infectado foram fatores associados à maior sintomatologia nas três variáveis. O estudo revelou que o maior protetor da sintomatologia era o bem-estar espiritual, enquanto a solidão era o preditor mais forte de depressão, ansiedade e TEPT (GONZÁLEZ-SANGUINO C. et al., 2020).

### 3.3.1.10. Egito

O estudo de El-Zoghby Sm et al. (2020) teve como objetivo avaliar o impacto a Covid-19 na saúde mental e no apoio social entre adultos egípcios, durante o período da pandemia. Trata-se de um estudo observacional transversal, que se utilizou de um questionário on-line anônimo, realizado por meio de um link compartilhado nas redes sociais, entre 2 e 9 de maio de 2020.

Incluiu-se a população geral de adultos egípcios por meio da técnica de conveniência e a amostragem de bolas de neve (510 adultos), com escala de eventos de impacto média 34,3 ± 15, tendo-se chegado aos seguintes resultados: cerca de 211 (41,4%) pessoas sofreram um impacto severo; houve aumento de estresse do trabalho em 174 (34,1%); estresse financeiro em 284 (55,7%); estresse domiciliar em 320 (62,7%); sentimentos de horror e desamparo em 275 (53,9%) e 265 (52%), respectivamente. Ainda, 338 (66,3%) sentiram-se apreensivos; apenas 24,2% relataram o aumento do apoio de amigos e 40,6% o aumento do apoio de familiares. O cuidado com os sentimentos dos familiares aumentou em 330 casos (64,7%). A idade e o fato de residirem no campo foram preditores negativos para o impacto; ser do sexo feminino ou ter a presença de alguma condição crônica foi um preditor positivo. O estudo egípcio concluiu que a pandemia teve um importante impacto psicológico sobre os egípcios adultos, assim como afetou o apoio social (EL-ZOGHBY SM et al., 2020).

**3.3** | *Saúde mental e Covid-19*
Roldan | Lamy |

## 3.3.2. SÍNTESE DAS ANÁLISES EMPREENDIDAS

A pandemia causada pela Covid-19 tem sido uma emergência social e de saúde sem precedentes em todo o mundo. São evidentes o impacto em nossa saúde mental causado por este momento e as medidas adotadas durante as primeiras semanas para lidar com ele. Além disso, é possível identificar a necessidade de maior apoio psicológico em geral e em certos grupos particularmente vulneráveis (GONZÁLEZ-SANGUINO C. et al., 2020).

O impacto psicológico dos surtos nos indivíduos inclui uma intensa e ampla gama de morbidades psiquiátricas. É provável que as pessoas experimentem sentimentos como preocupação com ser infectado ou ficar doente, aumento do sentimento de culpa e de desamparo (EL-ZOGHBY SM et al., 2020).

Foram prevalentes quadros de depressão, ansiedade e estresse entre a população indiana durante o confinamento. Juntamente com outras medidas para conter a disseminação da Covid-19, a saúde mental dos cidadãos precisa da atenção urgente do governo indiano e de especialistas em saúde mental. Outros estudos em larga escala devem ser realizados em diferentes profissões e comunidades, como profissionais de saúde e trabalhadores migrantes, e incorporar outros indicadores de saúde mental (VERMA S. E MISHRA A., 2020).

Esses resultados destacam o grave impacto agudo da Covid-19 na saúde mental dos entrevistados e a necessidade de serviços de saúde mental digitais proativos e acessíveis para atender a essas necessidades de saúde mental, particularmente para os mais vulneráveis, o que inclui pessoas com histórico prévio de problemas de saúde mental. São necessárias pesquisas longitudinais para explorar preditores de longo prazo da má saúde mental a partir da pandemia (NEWBY JM et al., 2020).

O estudo de Traunmüller C et al. (2020) está entre os primeiros na Europa sobre as correlações psicológicas decorrentes do contexto da Covid-19. 37,7% da população austríaca relatou um impacto psicológico severo, estima-se que 1 em cada 10 esteja sofrendo de depressão severa, ansiedade ou estresse. Esse estudo identificou fatores protetores e grupos psicologicamente mais vulneráveis, o que pode orientar o desenvolvimento de futuras intervenções psicológicas.

Além disso, no Irã, ficou demonstrado que os pacientes com Covid-19 e os estudantes de medicina em contato com esses pacientes estão em alto risco de doença mental devido à menor experiência em comparação com a equipe médica profissional. Nesse sentido, a vigilância contínua e o monitoramento do sofrimento psíquico para surtos devem-se tornar uma parte rotineira dos esforços de preparação em todo o mundo (VAHEDIAN-AZIMI A et al., 2020).

Portugal e Brasil devem estar preparados para futuras consequências da saúde mental precária e contribuir com apoio psicológico imediato às populações adultas (PASSOS L et al. 2020).

Todos esses achados, então, sugerem que a prevalência de sintomas depressivos, nos EUA, foi mais de três vezes maior, durante o contexto da pandemia, em comparação com um momento anterior. Indivíduos com menos recursos sociais, menos recursos econômicos e mais exposição a estressores, como perda de emprego, relataram mais sintomas depressivos. Assim, os planos pós-Covid-19 devem explicar o provável aumento das doenças mentais que virão, em particular entre as populações de risco (ETTMAN CK et al., 2020).

Esses achados identificam populações em risco de problemas de saúde mental, durante a pandemia Covid-19, e podem ajudar na implementação de políticas de intervenção em saúde mental em outros países e regiões (SHI L et al., 2020).

## CONSIDERAÇÕES FINAIS

Esta pesquisa traduz a preocupação com a saúde mental das pessoas, principalmente aquelas que possam se expor a eventos dramáticos e graves como a Covid-19, a qual, em poucos meses, atingiu todos os países do mundo, todos os povos da Terra, com a mesma letalidade e periculosidade,

**3.3** | *Saúde mental e Covid-19*
Roldan | Lamy |

não importando se pertencentes a países ricos ou a emergentes (embora a gestão da pandemia possa depender de fatores políticos, econômicos e até ideológicos).

Alguns cientistas já advertiram que o fim do mundo poderá ocorrer como desdobramento da má saúde mental, associada a: absenteísmo, desestruturação familiar, dependência química, alta criminalidade, estupros, violência doméstica, pedofilia, parricídios, desemprego. Todos esses fatores também causam sobrecarga extrema ao Sistema Único de Saúde (SUS) brasileiro, por exemplo.

Ao Estado, cabe agir na prevenção, obrigado que está pela Constituição da República Federativa do Brasil a assim agir e assim cumprir o princípio da integralidade e da universalidade na área da saúde.

A partir desta pesquisa, que buscou alguns dos estudos mais recentes sobre o impacto da Covid-19 na saúde mental de vários povos, será possível repensar as políticas de intervenção em saúde mental, assim como as políticas de mitigação dos estressores ambientais, sociais, econômicos, responsáveis por contribuírem para o agravamento das doenças mentais, em especial no grupo dos mais vulneráveis.

No caso da Covid-19, assim como de outras epidemias, endemias e pandemias, é essencial orientar, acolher, cuidar, tratar e acompanhar os profissionais de saúde, por meio de políticas públicas específicas de prevenção e cuidado, com especialistas em saúde mental.

Nestes tempos, tornam-se ainda mais necessárias políticas públicas que enfoquem a comunicação sobre a saúde mental e campanhas de esclarecimento da população. Em épocas de crise, até mesmo o que já havia sido consolidado na política pode retroceder. Um exemplo disso está no fato de, no ano de 2020, ano da Covid-19, o Brasil não ter atingido, pela primeira vez em vinte anos, a meta das principais vacinas infantis.

## REFERÊNCIAS
BARROS, Marilisa Berti de Azevedo et al. Relato de tristeza/depressão, nervosismo/ ansiedade e problemas de sono na população adulta brasileira durante a pandemia

de Covid-19. *Epidemiologia e Serviços de Saúde* [on-line]. v. 29, n. 4, e2020427. Disponível em: <https://doi.org/10.1590/S1679-49742020000400018>. ISSN 2237-9622. https://doi.org/10.1590/S1679-49742020000400018. Acesso em: 24 out. 2020.

EL-ZOGHBY SM, Soltan EM, Salama HM. *Impacto da Pandemia Covid-19 sobre Saúde Mental e Apoio Social entre egípcios adultos*. J Saúde Comunitária. 2020 Ago;45(4):689-695. doi: 10.1007/s10900-020-00853-5. 32468155; PMCID: PMC7255077. Acesso em: 25 out. 2020.

ETTMAN CK, Abdalla SM, Cohen GH, Sampson L, Vivier PM, Galea S. *Prevalence of Depression Symptoms in US Adults Before and During the Covid-19 Pandemic*. JAMA Netw Open. 2020 Set 1;3(9):e2019686. doi: 10.1001/jamanetworkopen.2020.19686. 32876685; PMCID: PMC7489837. Acesso em: 24.10.2020

GONZÁLEZ-SANGUINO C, Ausín B, Castellanos MÁ, Saiz J, López-Gómez A, Ugidos C, Muñoz M. *Mental health consequences during the initial stage of the 2020 Coronavirus pandemic (Covid-19) in Spain*. Brain Behav Immun. 2020 Jul; 87:172-176. doi: 10.1016/j.bbi.2020.05.040. Epub 2020 May 13. PMID: 32405150; PMCID: PMC7219372. Acesso em: 24 out. 2020.

LAMY, Marcelo. *Metodologia da Pesquisa: técnicas de investigação, argumentação e redação*. 2ª ed. rev. atual. e ampl. São Paulo: Matrioska Editora, 2020.

NEWBY JM, O'Moore K, Tang S, Christensen H, Faasse K. *Acute mental health responses during the Covid-19 pandemia in Australia*. PLos Um. 28 de Jul 28;15(7):e0236562. doi: 10.1371/journal.pone.0236562. PMID: 32722711; PMCID: PMC7386645.2020. Acesso em: 24 out. 2020

PASSOS L, Prazeres F, Teixeira A, Martins C. *Impacto na Saúde Mental Devido à Pandemia Covid-19: Estudo Transversal em Portugal e no Brasil*. Int J Environ Res Saúde Pública. 2020 Set 17;17(18):6794. Doi: 10.3390/ijerph17186794. PMID: 32957702; PMCID: PMC7557976. Acesso em: 24.10.2020

SHI L, Lu ZA, Que JY, Huang XL, Liu L, Ran MS, Gong YM, Yuan K, Yan W, Sun YK, Shi J, Bao YP, Lu L. *Prevalence of and Risk Factors Associated With Mental Health Symptoms Among the General Population in China During the Coronavirus Disease 2019 Pandemic*. JAMA Netw Open. 2020 Jul 1;3(7):e2014053. doi: 10.1001/jamanetworkopen.2020.14053. PMID: 32609353; PMCID: PMC7330717. Acesso em: 24 out. 2020.

TRAUNMÜLLER C, Stefitz R, Gaisbachgrabner K, Schwerdtfeger A. *Psychological correlaciona-se da pandemia Covid-19 na população austríaca*. BMC Saúde Pública. 2020 Set 14;20(1):1395. Doi: 10.1186/s12889-020-09489-5. PMID: 32928180; PMCID: PMC7487438. Acesso em: 24 out. 2020

VAHEDIAN-AZIMI A, Moayed MS, Rahimibashar F, Shojaei S, Ashtari S, Pourhoseingholi MA. *Comparação da gravidade do sofrimento psíquico entre quatro grupos de uma população iraniana em relação à pandemia Covid-19*. Psiquiatria BMC.

8 de agosto de 2020;20(1):402. Doi: 10.1186/s12888-020-02804-9. 32770975; PMCID: PMC7414274. Acesso em: 24 out. 2020

VERMA S, Mishra A. *Depressão, ansiedade e estresse e correlações sociodemográficas entre o público indiano em geral durante o Covid-19. Int J Soc Psychiatry.* 2020 Dez;66(8):756-762. Doi: 10.1177/0020764020934508. Acesso em: 24 out. 2020

# 3.4

# *Burnout*, a síndrome do vulnerável

### EDSON HENRIQUE DE CARVALHO

## INTRODUÇÃO

SÍNDROME de Burnout (do inglês *"to burn out"*, que significa algo como extinguir, apagar o fogo) ou Síndrome do Esgotamento Profissional é uma ameaça à saúde do trabalhador, sobretudo àquele que tem alta carga de trabalho e é pressionado de modo desmedido pelo empregador ou por si mesmo para a entrega de rendimentos extraordinários, mediante o estabelecimento de metas pessoais inalcançáveis e contínua mensuração de resultados.

Essa doença ocupacional, causada pelo esgotamento físico e emocional mediante um distúrbio psíquico de caráter depressivo, foi definida, em 1974, pelo psicólogo Herbert J. Freudenberger[1] como "um estado de esgotamento físico e mental cuja causa está intimamente ligada à vida profissional". Na prática, o sujeito perde o sentido da relação que possui com o trabalho, de forma que as coisas já não importam mais.

Certas dinâmicas organizacionais ou pessoalmente estabelecidas cooperam sobremaneira para o desequilíbrio ambiental laboral e refletem em doenças ocupacionais de toda ordem, sobretudo a Síndrome de Burnout.

A reforma trabalhista há pouco tempo empreendida em nosso país (traduzida por vários juristas renomados do Brasil como um verdadeiro retrocesso histórico) legitima práticas desmedidamente exploratórias (em

---

1. Herbert J. Freudenberger foi um dos primeiros a identificar os sintomas de esgotamento profissional e a levar a cabo um amplo estudo sobre o assunto. É quem criou o termo Síndrome de Burnout, em 1974.

**3.4** | *Burnout, a síndrome do vulnerável*
Carvalho |

especial pelo fato de acordos coletivos poderem afastar o que antes era tido como garantia, como comando protetivo imperativo)[2]. Acompanhada pela mantença e pelo aprofundamento da taxa elevada de desemprego, além deste momento de crise empresarial sem precedentes provocado pela pandemia, ela dá novos contornos ao desequilíbrio ambiental laboral.

Não bastasse isso, rotineiramente se apresentam situações de assédio moral[3], de perseguições ostensivas dos empregadores ou prepostos em relação aos empregados que insurgem contra essas condições degradantes (instabilidade do emprego; insegurança ocupacional; metas difíceis ou inalcançáveis; trabalho extenuante, em função de a empresa precisar funcionar com quadro mínimo de empregados[4]). Pesquisas apontam que esse quadro é o principal gatilho da Síndrome de Burnout.

Da mesma forma, a crise econômica e o isolamento social provocados pela pandemia fizeram com que os profissionais autônomos se reinventassem por necessidade, o que muitas vezes implica o ingresso em novos modos de prestação de serviço tensos, inseguros e instáveis.

---

2. A explicitação de Américo Plá Rodriguez sobre o ser específico do direito do trabalho mostra, *a contrario sensu*, por que se fala em retrocesso histórico: "Historicamente, o direito do trabalho surgiu como consequência de que a liberdade de contrato entre pessoas com poder e capacidade econômica desiguais conduzia a diferentes formas de exploração" (RODRIGUEZ, 1993, p. 30).

3. A Convenção n° 190 da OIT traduz a violência e o assédio no mundo do trabalho enquanto "um conjunto de comportamentos e práticas inaceitáveis, ou ameaças de tais comportamentos e práticas, que se manifestam apenas uma vez ou repetidamente, que objetivam causar, causam ou são suscetíveis de causar danos físicos, psicológicos, sexuais ou econômicos incluídos a violência e o assédio em razão de gênero."

4. Decerto, é uma estratégia ordinária a de o empregador operar a empresa com um quadro mínimo de empregados, com objetivo claro de aumentar o lucro econômico do negócio jurídico. Assim, ele acaba agindo como se fosse um autônomo, tentando fazer tudo sozinho paramaximizar, dessa forma, a lucratividade. Ocorre que essas práticas, além de serem danosas, podem ser ilícitas. Nas empresas, por exemplo, em função dessa lógica, muitas vezes não se cumpre o intervalo interjornada de onze horas de descanso exigido pela CLT (artigo 66), o que impõe um sacrifício desmedido ao obreiro e pode prejudicar, ainda que em médio, longo prazo, sua vida social, seu lazer pessoal com a família e os amigos, além de oferecer risco iminente à saúde do empregado. No ramo autônomo, onde a proteção contra si mesmo não tem como ser delimitada em contornos mais específicos, isso ainda é mais comum e mais grave.

Nesse contexto, vislumbra-se o aumento dos casos de doença mental do trabalhador (empregado e autônomo)[5], dos consequentes afastamentos laborais, bem como os conflitos familiares decorrentes disso.

Os trabalhadores mais afetados pela síndrome, nas estatísticas, são professores, policiais, bombeiros, magistrados, advogados, médicos, e assim por diante. O perfil que se identifica, nesse sentido, são de profissionais que lidam com pessoas, em carreiras voltadas a servir os demais. Parece que os integrantes dessas profissões, além das pressões organizacionais, vivem as pressões intrínsecas ou conaturais dos próprios afazeres, pois sempre e continuamente são avaliados e cobrados pelos usuários finais dos serviços que prestam.

Os profissionais da área da saúde, em especial neste contexto pandêmico, vivem o dever de cuidar da saúde e proteger a vida alheia além de suas forças, expondo a si mesmos aos riscos ocupacionais.

Sinais de cansaço e fraqueza, certa apatia e sensação de infortúnio ou de abandono podem não ser simples desequilíbrios emocionais passageiros: sintomas assim podem enraizar-se na alma do trabalhador e, então, consolidar a Síndrome de Burnout.

Em medicina, sabe-se que a cura e a reabilitação dependem, não de modo exclusivo mas intrínseco, sim, de um bom diagnóstico. Não compreender o verdadeiro quadro de turbação da saúde mental que é a Síndrome de Burnout torna ineficiente (de modo quase absoluto) a terapia empreendida.

Pelo fato de a Síndrome de Burnout decorrer de um processo de estresse demasiado e crônico, deve ser enfrentada com prioridade por políticas de saúde ocupacional preventivas, que confrontem as condições insalubres e as nocividades do meio ambiente do trabalho, enfrentando os condicionamentos da doença, e não apenas os sintomas dela.

Deve-se enfrentar a estrutura organizacional da empresa ou do próprio negócio que mostre problemas funcionais, que revele uma dinâmica

---

5. Nesse sentido, remetemos o leitor ao capítulo publicado neste mesmo volume, sobre a Saúde mental e a Covid-19.

**3.4** | *Burnout, a síndrome do vulnerável*
Carvalho |

perturbadora em curso e que permita a perversidade contra os trabalhadores vulneráveis, perversidade essa muitas vezes entranhada em situações armadas (nas instalações precárias, na manutenção deficiente etc.) e em atributos que agravam diariamente o desgaste físico e emocional do obreiro.

### 3.4.1. DINÂMICAS QUE PERMEIAM O MEIO AMBIENTE DO TRABALHO E AMEAÇAM A SAÚDE DO TRABALHADOR

A população brasileira é a segunda mais estressada do mundo: 30% das pessoas economicamente ativas sofrem de Burnout, segundo os dados da *International Stress Management Association* (ISMA-BR). O Japão está na dianteira, com 70%. O ranking ainda traz a China, com 24%; os EUA, com 20%; e a Alemanha, com 17%. A competição no trabalho e a pressão por entregar o melhor resultado, com o menor investimento financeiro, são os responsáveis por acionar o nexo de causalidade mais frequente no tocante à causa da doença ocupacional, também acidentária, em estudo neste artigo.

Em sentido contrário, em 2019, a OIT aprovou a Convenção n° 190 de combate à violência e ao assédio no local de trabalho. A OIT, com amplo consenso mundial (foram 439 votos a favor, sete contra e trinta abstenções), deu um atestado para o mundo de que não se devem tolerar mais a violência e o assédio no local de trabalho.

Diante desse quadro, parece-nos relevante apontar algumas das dinâmicas disfuncionais que precisam ser enfrentadas. Diversos são os fatores estressantes na relação de trabalho. Oliveira (2002), por exemplo, destaca os seguintes: tarefas repetitivas, trabalho monótono ou parcelado; sobrecarga quantitativa ou qualitativa de trabalho; trabalho por turno de revezamento; trabalho com exposição a riscos físicos, químicos ou biológicos; falta de perspectivas de promoção ou de crescimento profissional; esperanças frustradas sobre salários ou gratificações; chefes intermediários sem experiência; falta de apoio da chefia; falta de consideração, de informação ou de equidade da chefia; limitação da responsabilidade e da autonomia; ambiguidade das funções ou má delegação de responsabilidade; má qualidade das relações humanas no trabalho; assédio sexual; assédio moral; receio de desemprego.

No presente estudo, destacaremos os seguintes: cotidianidade das horas extras, jornadas intermitentes, gestores tóxicos.

### 3.4.1.1. Horas extras

Em primeiro plano, apontamos a questão das horas extras, as quais, curiosamente, deixaram de ser extraordinárias e tornaram-se ordinárias, habituais, como afirma Sebastião Geraldo de Oliveira (2020):

> Aqui no Brasil tem uma cultura muito curiosa, por exemplo, a hora extraordinária que deveria ser um fato extraordinário tornou-se habitual, você fala até sem muito rigor técnico, hora extra-habitual, como se pudesse ser alguma coisa corriqueira, então não há muito respeito a intervalos, jornadas, há certa invasão da duração do trabalho para além das necessidades. (OLIVEIRA, 2020)

O anuário 2019, publicado pelo Conselho Nacional de Justiça (CNJ), revela um absurdo número de processos em tramitação no país, com destaque na Justiça do Trabalho (contando-se apenas o 1º grau de jurisdição). Trata-se de um marco histórico que denuncia com clareza o excesso de abuso e o desrespeito às leis trabalhistas.

As jornadas extenuantes impostas pelo empregador descumprem os limites legais conferidos pelo ordenamento jurídico pátrio, um costume autoritário secular que perpassa a linha do tempo e mantém a continuidade da cultura escravista, própria do nosso país.

Deveríamos estar repensando a carga horária ordinária, inclusive, pois o trabalho de hoje não é o mesmo de ontem. Em verdade, executamos afazeres muito mais intensos do que antes. Não são apenas alguns

**3.4** | *Burnout, a síndrome do vulnerável*
Carvalho |

trabalhos que deveriam ter a jornada reduzida, a maioria dos trabalhos de hoje precisam ser redimensionados levando em consideração o estresse.

Nesse sentido, percucientes são as afirmações de Sebastião Geraldo de Oliveira (2020):

> O mundo é muito competitivo, o trabalho é cada vez mais denso, mais tenso e intenso, e agora depois da reforma trabalhista é mais extenso (mais horas trabalhadas), naturalmente com toda essa mudança do trabalho, o número de microdecisões por minuto disparou nos últimos anos [...] Então há um cansaço maior, um esgotamento maior, senão houver meios de reequilibrar ou de descansar adequadamente. [...] os franceses avaliaram o número de microdecisões por minuto e perceberam que ele cresceu demais, então 6 horas de trabalho hoje, tem desgaste equivalente a 8 horas de trabalho cinquenta anos atrás, porque ele densificou, o trabalho é mais denso, mais decisões num menor espaço de tempo e por isso que ele é mais desgastante. (OLIVEIRA, 2020)

"Nós podemos disputar uma olimpíada, não podemos viver numa olimpíada o tempo todo", como afirma Sebastião Geraldo de Oliveira (2020). Deve-se pensar em mecanismos que restrinjam efetivamente, a cada trabalho, uma dimensão não estressante. O organismo vivo reage ao estresse físico com a cãibra[6], mas a mesma reação não acontece quando se fala em estresse mental. Nesse sentido, é necessário criar mecanismo de análise a este para impedir o excesso de esforço no trabalho.

### 3.4.1.2. Horário dinâmico

Depois da reforma trabalhista, surgiu uma forma de organização da jornada de trabalho muito útil para o empregador, mas muito pernicio-sa para a vida do trabalhador. O trabalhador apresenta-se conforme a necessidade, estabelecendo uma espécie de compensação randomizada de banco de horas.

---

6. Nesse sentido: "O mecanismo da cãibra que as pessoas sentem é um aviso do organismo que fala para a pessoa, para, senão você vai ter uma distensão muscular, por isso que a cãibra vem pra te avisar, então a natureza sabe e dá uns pequenos toques, que tá na hora de parar". (OLIVEIRA, sic, 2020)

O trabalhador torna-se muito mais eficaz, mas, em contrapartida, sua vida fica uma confusão. Ora, a dificuldade de organizar a própria vida fragiliza o estado mental do trabalhador e o torna muito mais suscetível ao Burnout:

> Depois da reforma trabalhista criou-se uma compensação meio randomizada, cada hora vai trabalhar num horário, conforme a necessidade [...] na dificuldade de programar a sua própria vida [torna-se] mais vulnerável [o que pode] levar ao Burnout. (OLIVEIRA, 2020)

### 3.4.1.3. *Gerenciamento tóxico*

Muitas empresas estão sendo conduzidas por gestores tóxicos: perversos, narcisistas, paranoicos, anancásticos, psicopatas e omissos.

Segundo Sebastião Geraldo de Oliveira (2020), gestor **perverso** é aquele que humilha, maltrata, mostra-se gentil somente quando necessário, pois saboreia o aperto do outro; gestor **narcisista** é aquele que só pensa em si (*self love*), que tem um ego enorme e vê tudo como voltado pra si mesmo, diante de qualquer mérito puxa para si os louros e não quer que ninguém subordinado a ele cresça, desenvolva; gestor **paranoico** é o que é inseguro, que fica temeroso que alguém venha tomar o seu lugar, é desconfiado, agressivo, diante de qualquer atitude subordinada, imagina uma luta pelo seu lugar, seu posto; gestor **anancástico** é aquele que tem transtorno obsessivo compulsivo (TOC), o perfeccionista, que tem uma devoção excessiva a qualquer detalhe, não admite qualquer tipo erro, confere uma, duas, três, quatro vezes; gestor **omisso** é o que pode atuar, mas não interfere, ele vê o subordinando atacado por um colega e não faz nada, gosta de ver os leões atacando as vítimas, só chama a atenção quando a vítima supera os leões; gestor **psicopata** é o que cresce mais rápido nas empresas, pois são pessoas incansáveis, mas não têm qualquer remorso, passam por cima do que for necessário, sem qualquer abalo.

Os gestores tóxicos vivem diversas formas de assédio moral e levarão muitas pessoas ao adoecimento, no leque variado de sintomas do Burnout:

**3.4** | *Burnout, a síndrome do vulnerável*
Carvalho |

ansiedade, apatia, insegurança, depressão, irritação, melancolia, insônia, mudança de humor, pânico, pesadelos, hipertensão arterial, crise de asma, taquicardia, dermatites, cefaleia, dores musculares, gastrite, agressividade contra si e contra os outros, aumento de consumo de álcool ou de drogas, aumento de consumo de cigarros, disfunções sexuais, isolamento social, desordem de apetite.

Por isso, Sebastião Geraldo de Oliveira (2020) afirma de modo tão categórico:

> Os nossos gestores, os diretores das organizações precisarão passar por novos treinamentos especialmente para afastar no ambiente os chamados gestores tóxicos, esses causam um dano danado pra empresa e geram prejuízos e quando as organizações percebem isso mais adiante se arrependem e percebem que foi um grande prejuízo acreditar naquela aparente produtividade imposta. (OLIVEIRA, 2020)

Deve-se romper com a cultura equivocadamente estabelecida de que a produtividade depende de pressão, de que a pressão é justificável:

> Muitas pessoas ainda imaginam que o bom chefe é aquele que tem como se fosse o chicote virtual nas mãos para apressar todo mundo a produzir, já vi alguém dizendo assim, para ter uma boa produção você tem manter todo mundo um pouco estressado. (OLIVEIRA, 2020)

A Lei nº 13.185/2015, que institui o Programa de Combate à Intimidação Sistemática (Bullying), nesse sentido, recomenda que todas as instituições invistam na "cultura da paz e da tolerância mútua" e promovam a capacidade empática:

> A empatia é diferente de simpatia ou de antipatia, a empatia é me colocar no lugar do outro para entender as razões pelas quais ele enxerga o mundo daquela maneira, isso é empatia. E quando se pratica a empatia, nós temos muito mais facilidade de compreender o outro [...] dá mais trabalho, a democracia, a conversa, o diálogo, mas a longo prazo é o que prevalece. (OLIVEIRA, 2020)

### 3.4.2. AJUSTES PESSOAIS PREVENTIVOS

Os cuidados com os sinais diários emitidos pelo seu corpo devem ser observados com atenção diariamente, para não permitir que a ansiedade e o mal-estar sejam recorrentes e concorram para o esgotamento físico e mental, o qual pode ocasionar uma percepção de esvaziamento e despersonalização, uma sensação estranha de estar acabado (expressão utilizada pela Previdência Social).

Independente das mudanças organizacionais, a autoprevenção é o melhor remédio. Portanto, faz-se necessário dar atenção prioritária à saúde pessoal na dinâmica administrativa da empresa ou do próprio empreendimento, com o intuito de se autoproteger dos possíveis reflexos que poderão afetar a própria saúde.

Algumas medidas (que exigem autoconhecimento) tornam-se prioritárias: respeitar o limite pessoal de trabalhador na marcha funcional; desacelerar quando o organismo der sinais de cansaço; dormir a quantidade de horas que o organismo necessita; alimentar-se bem e em horários regulares; evitar o consumo excessivo de álcool e de cafeína; reavaliar o lugar do labor e, se for o caso, buscar outras oportunidades.

Exercícios respiratórios de relaxamento, prática da meditação, elevação do pensamento na busca do reconhecimento pela gratidão e do perdão, prática de atividades físicas e de lazer fora da rotina e empatia com o outro são algumas das medidas recomendadas pela ciência para prevenir a estafa mental e sua interferência negativa na saúde humana, garantindo a performance funcional do trabalhador.

Além disso, é preciso treinar a mente para lidar com as pressões emocionais que embaraçam diretamente os relacionamentos pessoais no trabalho, para levar o estresse a níveis saudáveis[7]. Isso pode exigir, algumas vezes, aprender a dizer não.

---

7. Nesse sentido: "Quando você tem um desafio pela frente, o stress até movimenta você, a natureza te oferece subsídios, a sua própria alteração fisiológica, bioquímica se altera para você executar aquela tarefa [...] quando você faz isso e depois tem um repouso, um descanso, uma compensação, é tolerável. Agora, se isso começa ficar recorrente, costumeiro, chega um ponto que vem a exaustão" (OLIVEIRA, 2020).

### 3.4.3. DANO MORAL E EXISTENCIAL

A lei nº 13.467/2017 inseriu na CLT a possibilidade de buscar a reparação de danos de natureza extrapatrimonial na relação de trabalho, de danos que ofendam a esfera moral ou existencial (artigo 223-B).

São danos que ofendem os seguintes bens inerentes à pessoa física: honra, imagem, intimidade, liberdade de ação, autoestima, sexualidade, saúde, lazer e integridade física (artigo 223-C). Ou os seguintes bens inerentes à pessoa jurídica: imagem, marca, nome, segredo empresarial e sigilo da correspondência (artigo 223-D).

Certamente, a configuração de acometimento de um trabalhador à Síndrome de Burnout permite esse tipo de reparação.

Tendo em vista que a lei não fez isso, ocorre que ainda se faz necessário explicitar melhor o que se pode entender por ofensa à esfera moral e por ofensa à esfera existencial no âmbito de nosso estudo, a Síndrome de Burnout.

A esfera moral é subjetiva, reside nas entranhas ocultas de cada ser, é encoberta e poucos são capazes de percebê-la com objetividade. No entanto, se vemos um ato ou uma situação comprometer o equilíbrio emocional de alguém, estamos diante de sintomas claros de ofensa à esfera moral. São provas incontestáveis de ofensa à moral quadros provocados de angústia, de desânimo, de tristeza, de vergonha paralisante.

A esfera existencial está inserida no mesmo dilema. Constata-se ofensa à esfera existencial "quando a vítima não pode mais fazer o que antes fazia, terá que fazer agora o que não queria, fará diferente o que habitualmente fazia, fará doravante o que antes nunca fazia, ou será auxiliada pra fazer o que sozinha faria" (OLIVEIRA, 2020). A ofensa muda seu projeto de vida, afeta as suas aspirações de longo prazo, compromete o seu modo de viver, o *modus vivendi*, o lazer, o esporte, a religião, a arte. É um "não mais poder fazer, frustrante" que determina uma "reprogramação compulsória do projeto de vida" (OLIVEIRA, 2020).

Nesse sentido, destacamos os seguintes julgados:

**TRT-15ª Região. Processo nº 0000954-53.2014.5.15.0021:**

"Afastar o trabalhador do convívio familiar por lhe impor uma jornada extenuante gera indenização por dano existencial."

"A jornada excessiva afasta o trabalhador do convívio social, desestrutura sua família, acarreta doenças e, por outro lado, presta-se a um aumento tresloucado de lucro que raramente é repassado ao empregado".

**TST. Processo: RR-1355-21.2015.5.12.0047:**

A decisão considerou que sua jornada de 14 horas diárias, com 30 minutos de intervalo e finais de semana alternados, configura dano existencial, que consiste em lesão ao tempo razoável e proporcional assegurado ao trabalhador para que possa se dedicar às atividades sociais inerentes a todos.

Segundo o relator do recurso do trabalhador ao TST, ministro Maurício Godinho Delgado, a gestão empregatícia que submete o indivíduo a reiterada jornada extenuante, muito acima dos limites legais, com frequente supressão do repouso semanal, agride alguns princípios constitucionais e "a própria noção estruturante de Estado Democrático de Direito", por afastar o tempo destinado à vida particular. A situação, a seu ver, caracteriza o dano existencial, possibilitando a indenização prevista no artigo 5º, incisos V e X, da Constituição Federal, e 186 do Código Civil.

## CONSIDERAÇÕES FINAIS

Consideramos como pressuposto que o direito à saúde do trabalhador, como direito humano e fundamental, seja considerado um direito indisponível, um direito que não pode ser maculado por necessidades passageiras ou conjunturais e que não pode ceder a direitos de menor estatura, como são os econômicos.

A literatura aponta que as doenças ocupacionais estavam, antes da pandemia, tornando-se cada vez mais presentes, em especial a Síndrome de Burnout, pois consolidamos marcos empresariais não civilizatórios, dinâmicas empresariais não saudáveis, **que se agravam pelo desemprego e pelas crises econômicas, pelas formas que resolvemos enfrentar a competitividade** (sacrificando o trabalhador). Desse modo, consolidamos fatores que geram ansiedade, depressão e **esgotamento** no trabalhador.

**3.4** | *Burnout, a síndrome do vulnerável*
Carvalho |

Durante a pandemia, vimos crescer significativamente os quadros depressivos, os quadros de ansiedade, enfim, os casos de esgotamento profissional.

Urge, então, rever alguns paradigmas da relação de trabalho e consolidar novas normas imperativas que restrinjam a atuação humana exploratória: resgatar a extraordinariedade das horas extras, restringir radicalmente as possibilidades de jornadas intermitentes, expurgar quaisquer condutas de gerenciamento tóxico, reeducar o trabalhador para construir e manter seus projetos de vida pessoal (além do trabalho).

Os gestores ou sistemas de gerenciamento tóxico, infelizmente, não serão expurgados de nosso viver de maneira pacífica. Parece-nos que pode ser o caminho de transformação de nosso sistema trabalhista a possibilidade de o Judiciário reconhecer as ofensas à moral e à existência (senda aberta pela lei nº 13.467/2017) e fixar altos valores reparatórios para essas ofensas.

## REFERÊNCIAS

BRASIL. CONSELHO NACIONAL DE JUSTIÇA. *Justiça em Números 2019.* Brasília: CNJ, 2019. Disponível em: https://www.cnj.jus.br/pesquisas-judiciarias/justica-em-numeros/. Acesso em: 04 fev. 2021.

FREUDENBERGER, H. - *Staff burnout. Journal of Social Issues* 30: 159-165, 1974. Disponível em: https://spssi.onlinelibrary.wiley.com/doi/abs/10.1111/j.1540-4560.1974.tb00706.x. Acesso em: 04 fev. 2021.

LAMY, Marcelo. *Metodologia da Pesquisa: técnicas de investigação, argumentação e redação.* 2ª ed. rev. atual. e ampl. São Paulo: Matrioska Editora, 2020.

OLIVEIRA, Sebastião Geraldo de. *Entrevista no programa Reacenda,* transmitido pela internet no dia 09/07/2020. Entrevistadora: Izabella Camargo. Disponível em: https://www.facebook.com/watch/live/?v=638329216778876&ref=watch_permalink. Acesso em: 04 fev. 2021.

OLIVEIRA, Sebastião Geraldo de. *Proteção Jurídica à Saúde do Trabalhador.* 4ª edição. São Paulo: LTr, 2002.

ORGANIZAÇÃO INTERNACIONAL DO TRABALHO. *Convenção nº 190 (combate à violência e assédio no mundo do trabalho).* Aprovada em 21/06/2019.

RODRIGUEZ, Américo Plá. *Princípios de direito do Trabalho.* Tradução de Wagner D. Giglio. São Paulo: Editora LTr, 2ª tiragem. 1993, p. 30.

# 3.5

# Superlotação nos presídios e as medidas de enfrentamento ao contágio do novo coronavírus

*DANILO FERNANDES MARQUES*
*LUCIANO PEREIRA DE SOUZA*

## INTRODUÇÃO

COM as pesquisas realizadas, apresentaremos as definições de superlotação, dados que comprovam a existência de quase todas as unidades prisionais muito além de suas capacidades, bem como o alto risco de contaminação dos prisioneiros pelo novo coronavírus, tendo em vista as medidas de enfrentamento promovidas pelos Poderes Executivo e Judiciário.

A problemática que se pretende demonstrar refere-se a quais são as medidas necessárias e eficazes para diminuir os efeitos da pandemia de coronavírus e quais foram efetivamente tomadas em relação ao direito à saúde das pessoas em situação de cárcere. Além disso, é objetivo deste artigo evidenciar em quais aspectos a falta de uma política pública de saúde nos presídios pode impactar a sociedade no âmbito da pandemia. Para tanto, desenvolveu-se uma pesquisa analítica, a partir de fontes documentais, sobre o impacto da Covid-19 nos presídios superlotados e sobre as possibilidades de enfrentamento em relação a ela, além de uma análise das medidas que vêm sendo adotadas em território nacional.

### 3.5.1. SUPERLOTAÇÃO NO CÁRCERE BRASILEIRO

Desde logo, para melhor compreensão do tema, faz-se necessário entender o conceito de penitenciária no Brasil.

Segundo Fernando Capez (2016):

> [...] a privação de liberdade de locomoção determinada por ordem escrita da autoridade competente ou em caso de flagrante delito. Também é um "castigo" imposto pelo Estado ao condenado pela prática de infração penal, para que este possa se reabilitar visando restabelecer a ordem jurídica violada (CAPEZ, 2016).

Assim, trata-se do estabelecimento prisional oficial de reclusão ou detenção, no qual deverão ser recolhidas as pessoas condenadas pelo Poder Judiciário por terem cometido algum tipo de delito ou infração contra as leis do Estado.

Os estabelecimentos prisionais destinam-se ao condenado, ao submetido à medida de segurança, ao preso provisório e ao egresso, mas eles também poderão ser abrigados em estabelecimentos de destinação diversa desde que sejam devidamente isolados.

Os principais tipos de estabelecimentos prisionais são: cadeias públicas, penitenciárias, colônias agrícolas, industriais ou similares, casas do albergado, hospitais de custódia e tratamento psiquiátrico e patronatos, porém o que define os tipos de estabelecimentos penais, em suma, é a finalidade original das unidades.

De acordo com a Lei de Execução Penal (LEP) (Lei n° 7.210, de 11 de julho de 1984), penitenciária é a unidade prisional destinada aos condenados a cumprir pena no regime fechado, enquanto as colônias agrícolas, industriais ou similares são destinadas aos presos do regime semiaberto e a casa do albergado, aqueles em regime aberto. Detentos provisórios devem aguardar o julgamento em cadeia pública. Há ainda os hospitais de custódia, onde deve cumprir medida de segurança quem cometeu crime por algum problema mental e foi, por isso, considerado inimputável ou semi-imputável.

Entendidas essas premissas acerca dos conceitos e tipos de estabelecimentos prisionais, podemos entender todos os prejuízos decorrentes da superlotação nas unidades prisionais brasileiras, consequentemente agravados pela situação pandêmica atual.

A superlotação das unidades prisionais, a precariedade e as condições de insalubridade das prisões as tornam um ambiente propício à proliferação de epidemias e ao contágio de doenças. Esses fatores, quando aliados à má alimentação dos presos, o sedentarismo, o uso de drogas, a falta de higiene e toda a lugubridade do cárcere, fazem com que uma pessoa que adentrou lá numa condição sadia muitas vezes não saia de lá sem alguma doença ou alguma fragilização de sua resistência física e saúde (DIAS).

Segundo determina a LEP, no artigo 85, o estabelecimento prisional deverá ter lotação compatível com a estrutura e finalidade que apresente. Já no parágrafo único do artigo 88, a mesma legislação prevê os requisitos básicos da unidade celular, quais sejam:

a) salubridade do ambiente pela concorrência dos fatores de aeração, insolação e condicionamento térmico adequado à existência humana;

b) área mínima de 6,00m² (seis metros quadrados).

Assim, diante dos descumprimentos dessas e de outras medidas, as prisões se tornaram depósitos humanos, onde os detentos são trancafiados aos montes e sem mínimas condições de higiene e salubridade, sendo raras as unidades carcerárias que atendem aos preceitos determinados na Constituição Federal e nas Regras de Mandela, da ONU, dentre outros normativos domésticos e internacionais, a exemplo da Declaração Universal de Direitos Humanos (DUDH), a qual, no artigo 5°, prevê que: "Ninguém será submetido à tortura nem a tratamento ou castigo cruel, desumano ou degradante" (DUDH, 1948).

O que acaba ocorrendo nesses casos é, na verdade, uma dupla penalização da pessoa do condenado: a pena de prisão propriamente dita e o lamentável estado de saúde que ele adquire durante a permanência no cárcere. Também pode ser constatado o descumprimento dos dispositivos da Lei de Execução Penal, a qual prevê, no inciso VII do artigo 40 (LEP, 1984) o direito à saúde por parte do preso como uma obrigação do Estado.

O Departamento Penitenciário Nacional (Depen), órgão ligado ao Ministério da Justiça e Segurança Pública, divulga os dados da população carcerária no Brasil por meio do levantamento nacional de Informações Penitenciárias (Infopen) e trazem um levantamento de dados de todas as unidades prisionais brasileiras. Considerando os presos em estabelecimentos penais e presos detidos em outras carceragens, o Brasil possui uma população prisional de 748.009 pessoas. São 748.009 pessoas privadas de liberdade quando se computam todos os regimes, o que faz o país ocupar, assim, o terceiro lugar no ranking de pessoas presas, ficando atrás apenas dos Estados Unidos e da China (BRASIL, Depen, 2019).

Ainda segundo o Depen, entre os 748.009 presos nas unidades carcerárias, a maioria, 362.547, encontra-se em regime fechado, o que corresponde a quase metade do total de aprisionados (46,82%). Os dados mostram um crescimento dessa população de 3,89% em relação ao apurado em 2018. Os números mostram, ainda, que faltam aproximadamente 311.000 vagas nas unidades carcerárias do país, tendo em vista que a quantidade de vagas disponíveis é de 461.026 (BRASIL, Depen, 2019).

Em 2015, o Supremo Tribunal Federal (STF) reconheceu o sistema carcerário brasileiro como sendo um "estado de coisas inconstitucional", ocasionado pelas graves violações dos direitos humanos. Essa decisão foi proferida em caráter liminar no julgamento da Ação de Descumprimento de Preceito Fundamental (ADPF) n° 347 (BRASIL, STF, 2015).

Segundo o relator, o Ministro Marco Aurélio, "além de ofensa a diversos princípios constitucionais, a situação carcerária brasileira fere igualmente normas reconhecedoras dos direitos dos presos, como o Pacto Internacional dos Direitos Civis e Políticos e a Convenção contra a Tortura, além da própria Lei de Execução Penal" (BRASIL, STF, 2015). Ainda de acordo com ele, a violação aos direitos fundamentais nas prisões tem reflexos também na sociedade e não serve à ressocialização.

Na continuidade, destacou também que: "A superlotação carcerária e a precariedade das instalações das delegacias e presídios, mais do que inobservância, pelo Estado, da ordem jurídica correspondente, configuram tratamento degradante, ultrajante e indigno a pessoas que se encontram sob custódia" (BRASIL, STF, 2015), sustentando, além disso, que: "As penas privativas de liberdade aplicadas em nossos presídios convertem-se em penas cruéis e desumanas. Os presos tornam-se 'lixo digno do pior tratamento possível', sendo-lhes negado todo e qualquer direito à existência minimamente segura e salubre" (BRASIL, STF, 2015).

Sendo assim, é evidente que o sistema prisional brasileiro enfrenta uma grande crise em relação à superlotação. Aliado a isso, temos as limitações da pena restritiva de liberdade quanto à efetiva proposta de ressocialização dos presos. O fato de eles muitas vezes serem reincidentes sinaliza uma conexão desse fato com o enfrentamento às condições caóticas dos presídios brasileiros, tais como a superlotação e a manifesta proliferação de doenças. Torna-se necessário, então, tratar de casos em que a pena restritiva de liberdade possa ser afastada] e substituída por uma medida alternativa que, a nosso ver, traria resultados positivos à sociedade e ao indivíduo.

### 3.5.2. O SISTEMA PRISIONAL BRASILEIRO E A SAÚDE

No Brasil, desde 1984, está previsto em lei o atendimento em saúde às pessoas reclusas em unidades prisionais. A LEP assegura atendimento médico, farmacêutico e odontológico às pessoas presas. Porém, durante longo período, devido à falta de investimentos na saúde da população privada de liberdade, não se produziram os resultados esperados, tampouco o cuidado integral à saúde nos espaços prisionais.

O Sistema Único de Saúde (SUS), regulamentado pelas Leis nº 8.080/1990 e nº 8.142/1990, nos moldes definidos pela Constituição Federal de 1988 (CF/1988) no artigo 196, prevê, em suas diretrizes, a universalidade, a igualdade e a equidade do acesso à saúde enquanto direito de cidadania e dever das três esferas de governo. Apesar dos consideráveis avanços trazidos pela Constituição brasileira, em especial quanto aos direitos constitucionais à saúde, por exemplo, ocorre que, no âmbito daquelas privadas de liberdade, esse avanço foi e ainda é tímido, quase imperceptível.

Até 2003, os serviços de saúde nas unidades prisões eram de responsabilidade única do Ministério da Justiça, em conjunto com os órgãos de Justiça e da Segurança dos respectivos estados e do Distrito Federal (DF). Naquele mesmo ano, passadas quase duas décadas de vigência da LEP, o Ministério da Justiça e o Ministério da Saúde homologaram o Plano Nacional de Saúde no Sistema Penitenciário (PNSSP), pela Portaria Interministerial nº 1.777/2003 (BRASIL, MS e MJ, 2003), na qual foram regulamentados a organização e o acesso à saúde das pessoas privadas de liberdade por meio do SUS.

Entretanto, só ocorreu onze anos depois a transição entre a publicação do PNSSP – que organizou o acesso da população privada de liberdade (PPL) aos serviços de saúde no âmbito do Sistema Único de Saúde (SUS) – e a consolidação dele enquanto política pública, a partir da publicação da Política Nacional de Atenção Integral à Saúde das Pessoas Privadas de Liberdade no Sistema Prisional (PNAISP), pela Portaria Interministerial nº 1, de 2 de janeiro de 2014(BRASIL, MS e MJ, 2014).

Nesse sentido, percebe-se que nada adiantam as previsões amplas no Poder Legislativo se as penitenciárias não possuem suporte arquitetônico, estrutural ou sequer recursos humanos e materiais para colocar em prática as determinações que foram criadas sob um olhar voltado aos direitos previstos na Constituição e na LEP. A não observância de todos esses fatores acaba por funcionar como um *bis in idem* da execução penal, ou seja, uma dupla sanção, agravada quando do estado atual de pandemia, uma vez que é evidente o aumento do risco de morte no cárcere devido às péssimas condições do sistema prisional brasileiro, que caminha totalmente ao reverso das recomendações da Organização Mundial da Saúde (OMS) no combate à Covid-19. Essa situação, flagrantemente inconstitucional, já se tornou, de maneira lamentável, uma frequente na realidade do cárcere nacional.

### 3.5.3. COVID-19 NO CÁRCERE

O surto da doença (Covid-19) causada pelo novo coronavírus (SARS-CoV-2) na China ganhou destaque global e foi declarado pandemia pela OMS em 11 de março de 2020. Porém, como não existiam tratamentos e vacinas específicas disponíveis para o controle da doença, a pandemia acabou se transformando em uma grande ameaça para a saúde pública no mundo.

No presente estudo, o foco é o avanço da moléstia dentro dos presídios brasileiros, fato que exige ações de prevenção, tais como o isolamento social e o reforço de medidas de higiene.

Como já é sabido globalmente, é altíssimo o potencial de transmissão do vírus quando em ambientes fechados e aglomerados. Mizumoto e Chowell (2020) descreveram a evolução epidemiológica dentro de um cruzeiro asiático, em que o número médio de reprodução no ambiente confinado atingiu valores próximos a onze, o que é mais alto do que as estimativas relatadas na dinâmica de transmissão comunitária na China e na Singapura, que até então estavam variando no intervalo de 1,1 a 7. Nesse navio, os casos passaram de um para 454 em apenas dezesseis dias (MIZUMOTO, CHOWELL, 2020).

As prisões brasileiras aplicam um encarceramento em massa imposto por uma ordem judicial. As pessoas lá encarceradas são cercadas de estigma, vulnerabilidade e lentidão nos julgamentos.

Se, em cruzeiros, escolas, casas, os isolamentos são mais "voluntários", muito diferente é a realidade dentro de uma cadeia, tendo em vista que nesta o confinamento é resultante de um cerceamento involuntário da liberdade de ir e vir . Muitos presídios no Brasil e no mundo estão superlotados e oferecem pouco espaço para o exercício da vida em condições minimamente dignas. O cenário só se agrava quando se pensa na

##### 3.5 | *Superlotação nos presídios e as medidas de enfrentamento ao contágio do novo coronavírus*
Marques | Souza |

necessidade de viabilização de um distanciamento social adequado em virtude da situação pandêmica atual.

Entre a população livre, estima-se que cada infectado contamine de duas a três pessoas. Dadas as precárias condições de confinamento no cárcere brasileiro, pode-se estimar que um caso contamine até dez outros indivíduos, no mínimo. se compararmos com o estudo desenvolvido dentro do navio, onde as condições de espaço e higiene são milhares de vezes melhor do que nas prisões brasileiras. Assim, em uma cela com 150 presos, 67% deles poderão estar infectados ao final de quatorze dias, atingindo os 100%em 21 dias. A maioria dos infectados (80%) permanecerá assintomática ou desenvolverá formas leves, e os 20% restantes progredirão para formas mais graves que necessitarão de hospitalização, dos quais 6% deverão ser em UTI (WHO, 2020).

Como o STF tem afirmado reiteradamente, a saúde nas prisões é responsabilidade do Estado, e as pessoas privadas da liberdade têm direito às mesmas condições de prevenção e assistência que o restante da população no âmbito do SUS, , conforme dispõe a Constituição, a LEP, a PNAISP e os dispositivos internacionais, tais como as Regras Mínimas das Nações Unidas para o Tratamento de Reclusos (BRASIL, STF, 2017). No entanto, a maioria das decisões sobre o enfrentamento da pandemia de coronavírus no Brasil nem sequer menciona, ou menciona de maneira apenas superficial, a população prisional, o que faz com que sejam de muito difícil aplicação nas prisões do país as mesmas e principais recomendações feitas para a prevenção do contágio entre a população livre (o distanciamento social e as práticas de higiene, como lavagem das mãos, ), uma vez que, por exemplo, várias das unidades prisionais lotadas no Brasil ainda possuem sistema de racionamento de água (ligada somente durante oito horas diárias) o que, por consequência, dificulta ainda mais a higienização do preso, que, além disso, já vive em celas superlotadas e completamente insalubres.

No contexto de superlotação das prisões, a estreita vigilância para identificar com rapidez a introdução do vírus nas unidades prisionais e o pronto bloqueio da transmissão são fundamentais para evitar a disseminação massiva. Dessa forma, a testagem das pessoas presas, profissionais de segurança e de saúde com quadro gripal deveria ser considerada estratégia prioritária para o enfrentamento da pandemia nas prisões.

Se, para a população livre, de acordo com as orientações do Ministério da Saúde, pessoas com sintomas de resfriado comum ou gripal devem ser tratadas como possível infectadas pelo novo coronavírus, e, assim, precisam permanecer em isolamento por quatorze dias contados do início dos sintomas, com o encaminhamento dos casos graves pelo sistema de regulação de urgências, para a população prisional, em contrapartida, as práticas atualmente se limitam ao "isolamento" das visitas, pois as celas continuam trancadas e com uma quantidade de presos até dez vezes maior do que aquela para a qual foi projetada.

Na prisão, é fator agravante das tensões entre os prisioneiros a percepção do risco à vida e à saúde ocasionada pela Covid-19, além da restrição à circulação dentro do espaço prisional, da interrupção das atividades laborais, educativas e religiosas. Tudo isso tem fortes implicações emocionais para os encarcerados. Somado a isso, a paralisação do contato com os parentes aumenta a sensação de isolamento e insegurança, gerando preocupação com a saúde e a vida dos familiares (como eles estarão? O que pode estar acontecendo com eles?) e deles mesmos (será que vou adoecer? Será que teremos assistência ou vamos morrer aqui dentro?).

Para reduzir a sensação de perda de controle e a ansiedade decorrentes dessa situação, é preciso que as pessoas encarceradas sejam informadas sobre as estratégias adotadas pela administração penitenciária para a proteção, a prevenção e a assistência à saúde. Em especial, é necessário que os presos possam manter a interação com seus familiares, por cartas, e-mails, telefones ou outros meios institucionalmente disponibilizados para esse fim. É importante evitar, ainda, o estigma e a violência que podem ocorrer contra pessoas identificadas como possíveis portadoras do vírus no ambiente carcerário.

### 3.5.4. MEDIDAS NECESSÁRIAS PARA O ENFRENTAMENTO DA COVID-19 NO ÂMBITO DO SISTEMA PRISIONAL BRASILEIRO

No Brasil, as necessidades de saúde das pessoas privadas de liberdade estão sob a responsabilidade do Estado, como previsto pela LEP. Além dela, no âmbito do SUS, também têm sido implantadas políticas para a inclusão da população prisional. Conforme exposto anteriormente, em 2014, foi instituída a PNAISP, cujo objetivo está centrado na garantia do atendimento às pessoas privadas de liberdade em todos os níveis de complexidade, ampliando e organizando desde as formas de financiamento das equipes de saúde prisional até as principais ações de saúde para as pessoas presas.

Um desafio para sistemas penitenciários do mundo inteiro, a Covid-19, que tem como tratamento mais efetivo a prevenção da sua transmissão (por meio da higiene individual e de espaços coletivos, do incentivo a ambientes ventilados e ao isolamento social), expõe a fragilidade do sistema prisional brasileiro. Essa situação desafia gestores públicos a garantir a efetivação das ações previstas na PNAISP e a oferecer segurança também aos profissionais de saúde que estão na linha de frente em unidades prisionais a fim de que possam se organizar frente aos riscos de uma explosão de casos e óbitos.

Em 2019, havia 1.422 unidades prisionais no Brasil, das quais 49% eram destinadas à detenção de presos provisórios, e 79% se encontravam com superlotação. Metade das instituições prisionais não possuem consultório médico. Segundo o Departamento Penitenciário Nacional, no mesmo ano, havia 755.274 pessoas privadas de liberdade no país, das quais 31% eram presas provisórias (BRASIL, Depen, 2020).

O Brasil acatou as medidas propostas pela OMS em relação à população privada de liberdade com a Recomendação n° 62/2020 do Conselho Nacional de Justiça (CNJ) (BRASIL, CNJ, 2020). Esse dispositivo envolve medidas desencarceradoras e de não aprisionamento, além de outras ações sanitárias. Considera também como pertencentes ao grupo de risco idosos;

gestantes pessoas com doenças crônicas, respiratórias ou com condições imunossupressoras.

A recomendação do CNJ parte das premissas de que é dever do Estado garantir a saúde das pessoas privadas de liberdade, de que o coronavírus se propaga rapidamente em espaços de confinamento e de que o alto índice de transmissibilidade da doença denota um significativo risco de contágio nos estabelecimentos prisionais. Esses fatores colocam em perigo a vida e a saúde dos custodiados e internados, bem como de todos os agentes públicos e visitantes dos estabelecimentos prisionais.

Referida recomendação expiraria em 16 de setembro de 2020, mas foi prorrogada sucessivamente (pelas resoluções n° 68 e 78) e terá validade por 360 dias, pois é evidente a necessidade de tratamento especial para a população carcerária diante da pandemia da Covid-19.

Das várias instruções que foram expostas pelo CNJ, chama atenção a recomendação para que os magistrados, com vistas à redução dos riscos no contexto de disseminação do vírus, considerem a reavaliação das prisões provisórias. Na prática, isso significa que deverá o juiz reavaliar a situação do preso com novos olhos a possibilidade de retirá-lo do sistema prisional, ainda que com imposição de outras restrições, diversas da prisão.

Além das recomendações mencionadas, a Sociedade Brasileira de Medicina de Família e Comunidade emitiu um documento reforçando a necessidade de outras medidas, tais como: ações educativas para os prisioneiros e os diversos profissionais penitenciários, combate às falsas notícias, mais atenção na higiene individual e coletiva dos presos, mais higienização dos ambientes, principalmente os fechados, fornecimento de informações aos familiares.

Mesmo diante dessas medidas, até o dia 11 de maio de 2020, havia 603 casos de Covid-19 confirmados em prisões brasileiras, dos quais 23 resultaram em óbitos. Com apenas quatro meses, os números saltaram para mais de 23.000 infectados, o que repercutiu em mais de cem mortes no Brasil, segundo o Depen (BRASIL, 2020, até 15/09/2020).

## CONSIDERAÇÕES FINAIS

É um equívoco pensar que, diante do atual quadro, não haverá um aumento exponencial e, por consequência, altos índices de disseminação da Covid-19 no ambiente carcerário.

É necessária, indispensável e urgente a efetiva implantação, com toda a transparência, de todas as estratégias de enfrentamento e vigilância cientificamente fundamentadas e similares às preconizadas para a população geral para evitar o risco de um drama humanitário ainda maior.

No entendimento de muitas instituições e organizações sociais (e até mesmo do CNJ), a principal medida que deve ser posta é a redução significativa da população encarcerada, tanto por meio da soltura de parte dos presos, em especial daqueles que já estão na iminência de benefícios que o coloquem em liberdade, quanto pela diminuição do número de novas prisões. Isso deve começar pela parcela considerável de detentos que já possuem os requisitos para uma progressão de regime e não o conseguem, pois dependem, muitas vezes, do advogado do Estado para requerer (os quais, por sua vez, não dão conta das demandas desproporcionais que lhes são impostas), o que gera, dessa e de diversas outras formas, a morosidade nos trâmites processuais que desencadeiam a soltura ou a progressão para o regime aberto.

O desencarceramento da população para prevenir o alastramento do coronavírus tem sido uma medida tomada em outros lugares para libertar os presos mais vulneráveis, tais como em Los Angeles e Nova York, nos Estados Unidos, . Aqui no Brasil, alguns juízes, em diversos estados, têm feito o mesmo, optando pela prisão domiciliar. Afinal, se já era necessário um desencarceramento em massa anterior ao período de pandemia, agora há uma necessidade ainda mais urgente.

Assim como acertadamente decidiu o Superior Tribunal de Justiça (STJ), que entendeu não ser possível nem sequer a prisão domiciliar para o devedor de pensão alimentícia, considera-se adequado suspender as prisões dos criminosos de menor potencial ofensivo ao tempo que perdurar a pandemia.

Todos os órgãos internacionais e nacionais que se relacionam ao direito da população presa já disseram que a principal medida é o desencarceramento. Percebe-se, então, que este é a única medida viável e efetiva para diminuir qualquer possibilidade de contágio e prevenir a proliferação da doença no interior do cárcere.

## REFERÊNCIAS

BRASIL. CONSELHO NACIONAL DE JUSTIÇA. Recomendação n. 62, de 17 de março de 2020. Disponível em: https://www.cnj.jus.br/wp-content/uploads/2020/03/62-Recomenda%C3%A7%C3%A3o.pdf. Acesso em: 03 fev. 2021.

_____. DEPARTAMENTO PENITENCIÁRIO NACIONAL (Depen). Medidas de combate ao Covid-19. Disponível em: https://app.powerbi.com/view?r=eyJrIjoiYThhMjk5YjgtZWQwYS00ODlkLTg4NDgtZTFhMTgzYmQ2MGVIiwidCI6ImViMDkwNDIwLTQ0NGMtNDNmNy05MWYyLTRiOGRhNmJmZThlMSJ9. 03 fev. 2021.

_____. DEPARTAMENTO PENITENCIÁRIO NACIONAL (Depen). Sistema de Consultas pela Internet: Presos em Unidades Prisionais no Brasil. Período de julho a dezembro de 2019. Disponível em: https://app.powerbi.com/view?r=eyJrIjoiZWI2MmJmMzYtODA2MC00YmZiLWI4M2ItNDU2ZmIyZjFjZGQ0Iiwid-CI6ImViMDkwNDIwLTQ0NGMtNDNmNy05MWYyLTRiOGRhNmJmZThlMSJ9. Acesso em: 03 fev. 2021.

_____. MINISTÉRIO DA SAÚDE (MS) E MINISTÉRIO DA JUSTIÇA (MJ). *Portaria Interministerial*. n° 1.777, de 9 de setembro de 2003. Disponível em: http://www.crpsp.org.br/sistemaprisional/leis/2003Portaria1777.pdf. Acesso em: 03 fev. 2021.

_____. MINISTÉRIO DA SAÚDE (MS) E MINISTÉRIO DA JUSTIÇA (MJ). *Portaria Interministerial n° 1, de 2 de janeiro de 2014*. Institui a Política Nacional de Atenção Integral à Saúde das Pessoas Privadas de Liberdade no Sistema Prisional (PNAISP) no âmbito do Sistema Único de Saúde (SUS). Disponível em: http://bvsms.saude.gov.br/bvs/saudelegis/gm/2014/pri0001_02_01_2014.html. Acesso em: 03 fev. 2021.

_____. MINISTÉRIO DA SAÚDE. SECRETARIA DE ATENÇÃO PRIMÁRIA À SAÚDE. *PNAISP: Adesão e Habilitação*. Disponível em: https://aps.saude.gov.br/ape/pnaisp/adesao. Acesso em: 03 fev. 2021.

_____. SUPREMO TRIBUNAL FEDERAL. *Acórdão da Medida cautelar na ADPF n° 34/-DF*, Rel. Min Marco Aurélio, j. 09/09/2015. Disponível em: http://www.sbdp.org.br/wp/wp-content/uploads/2018/03/ADPF-347-Ementa-Ac%C3%B3rd%C3%A3o-e-Relat%C3%B3rio.pdf. Acesso em: 03 fev. 2021.

_____. SUPREMO TRIBUNAL FEDERAL. Acórdão do Recurso Extraordinário 580.252/MS (tema 365: responsabilidade do Estado por danos morais decorrentes de superlotação carcerária). Relator Min. Teori Zavascki, Redator do acórdão: Min.

**3.5** | *Superlotação nos presídios e as medidas de enfrentamento ao contágio do novo coronavírus*
Marques | Souza |

Gilmar Mendes, j. 16/02/2017. Disponível em: https://jurisprudencia.stf.jus.br/pages/search/sjur373162/false61. Acesso em: 03 fev. 2021.

CAPEZ, Fernando. *Direito penal.* Disponível em: < http://lelivros.win/book/download-cursode-direito-penal-vol-1-parte-geral-fernando-capez-em-epub-mobi-e-pdf/>. Acesso em: 03 fev. 2021.

DIAS, Cláudio Cassimiro. *Realidade do Brasil.* Disponível em: www.direitonet.com. br/artigos /exibir/3481/A-realidade-atual-do-sistema-penitenciario-brasileiro. Acesso em: 03 fev. 2021.

DIAS, Cláudio Cassimiro. *Realidade do Brasil.* Disponível em: . Acesso em: 13 set. 2016. Acesso em: 03 fev. 2021.

MIZUMOTO, Kenji; CHOWELL, Gerardo. *Transmission potential of the novel coronavirus (Covid-19) onboard the diamond Princess Cruises Ship,* 2020. Infect Disease Modelling, 2020, vol. 5, p. 264-270. Disponível em: https://www.sciencedirect.com/science/article/pii/S2468042720300063. Acesso em: 03 fev. 2021.

PASTORAL CARCERÁRIA. *Pastoral Carcerária divulga dados de questionário sobre coronavírus nas prisões,* 9 de abril de 2020. Disponível em: https://carceraria. org.br/combate-e-prevencao-a-tortura/pastoral-carceraria-divulga-dados-de-questionario-sobre-coronavirus-nas-prisoes. Acesso em: 03 fev. 2021.

WHO REGIONAL OFFICE FOR EUROPE. *Preparedness, prevention and control of Covid-19 in prisons and other places of detention. Interim guidance;* 15 March 2020. Disponível em: http://www.euro.who.int/__data/assets/pdf_file/0019/434026/Preparedness-prevention-and-control-of-COVID-19-in-prisons.pdf?ua=1. Acesso em: 03 fev. 2021.

# 3.6

## O consórcio intermunicipal como mecanismo de solução para os problemas regionais de saúde

*Bruno Chancharulo de Barros*

*Renato Braz Mehanna Khamis*

## INTRODUÇÃO

O ESTUDO aqui relatado teve como objetivo apontar os primeiros elementos para a avaliação da viabilidade e da adequação da utilização de consórcios administrativos intermunicipais para a prestação de serviços públicos de saúde, como forma de superar os entraves financeiros, jurídicos, normativos e burocráticos que podem impactar na prestação dos serviços de saúde em regiões compostas por municípios pequenos e de baixa arrecadação.

Para atingir a finalidade proposta, foi realizada pesquisa de natureza exploratória a partir de ampla base doutrinária e legislativa, de modo a buscar elementos para a resposta sobre a viabilidade e a adequação da utilização do consórcio público como mecanismo de cumprimento da obrigação estatal e de efetivação do direito à saúde.

## 3.6.1. CONVÊNIOS E CONSÓRCIOS ADMINISTRATIVOS

Antes de adentrar na temática específica dos consórcios, é importante diferenciar os possíveis mecanismos de implementação regional de uma política pública e verificar, ainda que apenas superficialmente, a adequação ou não à saúde.

**3.6** | *O consórcio intermunicipal como mecanismo de solução*
Barros | Khamis |

Nesse sentido, menciona Meirelles (1988): "a ampliação das funções estatais, a complexidade e o custa das obras públicas vêm abalando dia a dia, os fundamentos da administração clássica, exigindo novas formas e meios de prestação de serviços afetos ao Estado".

Originalmente, os serviços públicos eram prestados pela própria Administração Direta. Depois, passou-se a admitir que alguns serviços fossem transferidos às autarquias (Administração Indireta). Posteriormente, admitiu-se que os serviços fossem repassados a entidades paraestatais (Administração Indireta). Finalmente, chegou-se ao ponto em que os serviços públicos poderiam ser executados por particulares (particular em colaboração). Por essa razão, estabeleceram-se formas como a concessão de serviço público e a parceria público-privada.

No âmbito da prestação de serviços públicos pela Administração Direta e Indireta, investiu-se há tempos em formas de associar as Administrações Públicas (convênios e consórcios administrativos), como menciona Meirelles (1979):

> E assim se faz porque, em muitos casos, já não basta só modificação estrutural da prestação de serviços na área de responsabilidade de uma Administração. Necessário se torna a sua ampliação territorial e a conjugação de recursos técnicos e financeiros de outros interessados na sua realização. Desse modo, se conseguem serviço de alto custo que jamais estariam ao alcance de uma administração menos abastada. Daí o surgimento dos convênios e consórcios administrativos. (MEIRELLES, 1979)

### 3.6.1.1. Convênios Administrativos

O convênio administrativo era o meio mais utilizado pela Administração Pública em geral, sendo assim apresentado por Castro e Rabello (1988): "o convênio é uma forma de colaboração pela qual as instituições podem atingir parte de seus objetivos sem a necessidade de aumentar sua capacidade instalada e pessoal permanente.". Ele não implica alteração de responsabilidades, apenas instituição de mecanismos de colaboração.

Em outras palavras, é, assim, uma via prática para que a Administração Pública, associando esforços, consiga dar conta de responsabilidades que ultrapassem suas capacidades momentâneas: pelo pacto com outros entes da Administração (que envolva ou não a colaboração de pessoas jurídicas de direito privado), busca cumprir suas responsabilidades sem ter de alterar profundamente os próprios investimentos.

O convênio administrativo instrumentaliza a colaboração de Administrações Públicas, mas acaba por instituir uma execução fracionada de políticas e de serviços públicos. Ao estabelecer esse desenho operacional fracionado, o controle técnico e organizacional para garantir a qualidade e a efetivação da responsabilidade se torna, muitas vezes, superficial. Ademais, a utilização desse mecanismo, em especial quando envolve alguma pessoa jurídica de direito privado, esmorece indevidamente a percepção social sobre quem é o responsável.

Muitos dos convênios administrativos de saúde são firmados com a intermediação dos Departamentos Regionais de Saúde (DRS). Esses departamentos possuem natureza político-administrativa. São descentralizações das Secretarias Estaduais de Saúde às quais se vinculam e se inserem em áreas territoriais demográficas. O Estado de São Paulo, por exemplo, está dividido em dezessete Departamentos Regionais de Saúde.

O problema trazido pelos convênios intermediados pelos DRS consiste na dificuldade de a Secretaria Estadual de Saúde identificar com lucidez as unidades de comandos que responderão pela execução dos convênios e os mecanismos de fiscalização, que muitas vezes são insuficientes ou desconsideram os índices de produtividade e qualidade do serviço prestado pelo delegado conveniado (CASTRO; RABELLO, 1988).

A Lei Orgânica da Saúde (Lei nº 8.080/1990), por sua vez, deixa um recado: a necessidade de superar o instituto dos convênios administrativos (vide artigo 50) – não os convênios com entidades privadas (vide artigo. 18, X) – e a ampla possibilidade de utilizar o instituto dos consórcios intermunicipais (vide artigos 10, §1º e 18, VII).

**3.6** | *O consórcio intermunicipal como mecanismo de solução*
Barros | Khamis |

## 3.6.1.2. Consórcios Administrativos

O consórcio administrativo intermunicipal é um mecanismo antigo de gestão (mencionado na Constituição Paulista de 1891, no artigo 56, e novamente em 1967, no artigo 103), conforme pontuado por Lima (2010) e apresentado por Torres (1995):

> Consórcio, do Latim *consortiu*, implica a idéia de associação, ligação, união e, no âmbito das relações intermunicipais nada mais apropriado do que a formação de entidades visando o estudo, o acompanhamento, o diagnóstico das soluções que, via de regra envolvem municípios limítrofes e com problemas que se identificam numa ordem cada vez mais crescente em função de forte demanda dos administrados. (TORRES, 1995)

O consórcio está vinculado a uma lógica de proximidade local e de disponibilidade de recursos da região, podendo agrupar mais de um município com interesse comum, visando a soluções de problemas e de demandas correlacionadas. Esse mecanismo tem sido utilizado para objetivos diversos, tais como melhoria das condições de estradas, saneamento básico, instalações de energia elétrica etc.

A figura dos consórcios foi incorporada pela Lei Orgânica da Saúde, a Lei nº 8.080/1990 (artigos. 10, §1º e 18, VII), pela lei que regula a participação comunitária no SUS, a Lei nº 8.142/1990 (art. 3º, §3º), tendo sido mais recentemente regrada por lei específica, a Lei nº 11.107/2005.

A lei específica dos consórcios prevê, inclusive, a utilização dos consórcios na área da saúde (artigo. 1º, §3º). Os municípios dispõem dessa alternativa, portanto, para fortalecerem as políticas de saúde locais sob uma estrutura regional conjunta, conforme Vianna (1996):

> O processo de descentralização do setor de saúde foi influenciado pela reforma fiscal de 1988. Isto teria ocasionado uma desigualdade na implementação do SUS, nas diferentes regiões do país, sendo que a retração dos investimentos federais na área de saúde não foi compensada de maneira homogênea pela elevação dos investimentos municipais. Desta forma, a mesma autora refere-se que foi efetivamente implantado um modelo de "descentralização

caótico" em substituição à descentralização planejada anteriormente prevista para a implementação do SUS. (VIANNA, 1996)

A Constituição de 1988 concebeu, em seus dispositivos normativos, os Municípios como integrantes da estrutura federativa, colocando-os, portanto, como entes dotados de autonomia e competências. Ocorre que o constituinte não resolveu como aqueles de pequeno porte devem enfrentar as responsabilidades constitucionalmente atribuídas, em especial diante de eventual retração de repasses da União.

Os Municípios de pequeno porte apresentam diversas dificuldades e carências, tais como o acesso insuficiente às tecnologias médicas, a dificuldade de aquisição de medicamentos, além da escassez de recursos humanos especializados, principalmente em função da falta de capacidade financeira para atrair profissionais com base na remuneração.

Conforme aponta Lima (2010), na década de 1990, foram criados diversos programas visando a equalizar o problema: "[...] a década de 1990 instituiu diversos programas e normas para operacionalizar o sistema como a Norma Operacional Básica (NOB) n° 01/1991 (MS, 1991), a NOB n° 01/1993 (MS, 1993) [...]". Houve o lançamento do Piso Assistencial Básico (PAB), o qual visava a uma maior igualdade na distribuição recursos entre os municípios. Estimularam-se os Programas de Agentes Comunitários de Saúde (PACS) e os Programas de Saúde da Família (PSF).

O Ministério da Saúde, com a mesma preocupação, lançou um programa de incentivo aos consórcios e batizou-o de "1997 – o Ano da Saúde no Brasil". Nele, tornava relevante a criação de consórcios intermunicipais. No mesmo ano, convocou a primeira oficina sobre consórcios e editou o manual de gestores intitulado "Os Consórcios e a Gestão em Saúde".

Note-se que o Ministério da Saúde fomentava a implantação dos consórcios, não se limitando a promover genéricos incentivos. Tanto é assim que emitiu portarias e programas para a capacitação dos gestores.

O incentivo do Ministério da Saúde atribuiu relevância aos consórcios para a regionalização de saúde, como uma estratégia de articulação e

**3.6** | *O consórcio intermunicipal como mecanismo de solução*
Barros | Khamis |

mobilização dos Municípios, com a coordenação estadual, a partir do estabelecimento de políticas de saúde capitaneadas pelas características geográficas, pelas demandas peculiares, pelos perfis epidemiológicos e pelas ofertas dos serviços necessários para as microrregiões.

Carvalho e Santos (1995) ressaltam que os consórcios são "um importante instrumento de organização e gestão do SUS".

Em sua maioria, os consórcios públicos constituem pessoa jurídica, mantida e estruturada pelos rateios das entidades consorciadas. Essa pessoa jurídica realiza a gestão ou a oferta de serviços e é conduzida por funcionários celetistas ou por funcionários públicos deslocados dos quadros das entidades públicas consorciadas.

Seu suporte financeiro é proveniente de recursos públicos, originários dos próprios Municípios, ou de repasses dos Estados e da União. Aplicam-se os princípios básicos da Administração Pública, para efeito de contratação de profissionais por meio dos concursos públicos ou da CLT, para a realização de licitações para aquisições de bens e insumos ou, ainda, para a prestação de contas.

## 3.6.2. O CONSÓRCIO DE PENÁPOLIS

Os consórcios são formados, em grande maioria, por Municípios pequenos (tendo em vista o tamanho populacional e o poder arrecadatório de tributos).

Lima (1998) apontou que os Municípios consorciados estão entre cinco mil a cinquenta mil habitantes, constatou que os consórcios atingem 12% da população brasileira em 22% dos Municípios e verificou que 60% dos Municípios atingidos possuem, em média, populações de menos de dez mil habitantes. Os Municípios maiores (de cinquenta mil a sessenta mil habitantes) centralizam os atendimentos de maior complexidade e os profissionais especialistas, ou seja, a atenção terciária da saúde. Já os menores priorizam a atenção básica primária e secundária e são fornecedores de transporte para a locomoção de pacientes para as cidades satélites dos consórcios (cidades grandes), as quais possuem mais poder econômico e populacional.

O consórcio de Penápolis é o pioneiro nessa forma de gestão no Brasil. Situa-se no noroeste do Estado de São Paulo e reúne sete municípios, sendo seis deles de pequeno porte em torno de um de grande porte. É formado por Alto Alegre (4.261 habitantes), Avanhandava (8.829 habitantes), Barbosa (5.837 habitantes), Braúna (4.383 habitantes), Glicério (4.428 habitantes), Luiziânia (4.274 habitantes) e Penápolis (54.635 habitantes). Os dados referem-se ao censo do IBGE realizado em 2000. Note-se que esses municípios aderiram ao consórcio no âmbito da saúde em 1986, graças à experiência anterior no mesmo modelo que havia sido realizada, por sua vez, na área do saneamento básico naquela região metropolitana. Seguindo o padrão dominante, os consorciados constituíram uma pessoa jurídica de natureza privada para administrar os recursos e coordenar as operações dos serviços de saúde.

Na visão de Neves (2006):

> [...] no Brasil revela que 95% dos municípios envolvidos são de pequeno porte, com menos de 50 mil habitantes, o que reforça a importância desse tipo de cooperação na superação de problemas comuns. Uma lacuna importante nesta linha de investigação é a falta de um inquérito nacional sobre os consórcios. (NEVES, 2006)

Neves (2006), refletindo sobre a óptica da estabilidade política, mencionou que os prefeitos se reelegeram após a instituição do consórcio de Penápolis, bem como os vereadores se mantiveram sucessivas vezes nos mandatos em todas as cidades envolvidas. Os prefeitos detiveram uma expressiva base de apoio político nas respectivas Câmaras, o que seria um indício de que os referidos agentes políticos, tanto do Executivo quanto do Legislativo, se beneficiaram politicamente da existência do consórcio.

### 3.6.3. OS ASPECTOS JURÍDICOS DOS CONSÓRCIOS

O consórcio intermunicipal é representado como um acordo mútuo entre os municípios envolvidos, de modo diferenciado do convênio, conforme assinala a Lei nº 11.107/2005, no artigo 1º, §1º: "O consórcio público constituirá associação pública ou pessoa jurídica de direito privado", observando-se também o disposto no §3º: "Os consórcios públicos, na área de saúde, deverão obedecer aos princípios, diretrizes e normas que regulam o Sistema Único de Saúde - SUS".

É exigida a formação de uma nova pessoa jurídica, com caráter primordialmente privado, a qual será incumbida da prestação do serviço. Há semelhanças com os consórcios empresariais, porém é importante diferenciá-los, conforme menciona Carvalho e Santos (1995):

> Vale lembrar que o consórcio intermunicipal não se confunde com o consórcio de empresas previsto na Lei de Sociedade por Ações e na Lei de Mercado de Capitais, nem com o consórcio de empresas para fins de licitação [...]. O único ponto de contato entre esses consórcios (formalizados em contrato particular) e o consórcio administrativo intermunicipal está em que uns e outro se destinam a congregar esforços e recursos para um fim determinado. Mas enquanto os consórcios de empresas não podem formar uma pessoa jurídica porque então seria uma outra entidade, distinta das empresas consorciadas, igualmente de natureza jurídica privada, o consórcio de municípios tem necessidade de criar uma pessoa jurídica privada, uma vez que os municípios são entidades estatais, políticas, e não poderiam agir em conjunto a não ser por intermédio de uma pessoa jurídica e, obviamente, de natureza jurídica privada. (CARVALHO; SANTOS, 1995)

O processo para os municípios participarem dos consórcios exige a aprovação e autorização das respectivas Câmaras de Vereadores e deverão respeitar os princípios da Administração Pública, conforme apontam novamente Carvalho e Santos (1995):

> [...] a pessoa jurídica de direito privado criada pelos municípios consorciados deverá, no nosso entender, se pautar pelos princípios básicos que informam

as atividades da administração pública, uma vez que os recursos que irá administrar são recursos públicos. (CARVALHO; SANTOS, 1995)

A pessoa jurídica formada pelo consórcio não poderá ter fins lucrativos e será acompanhada pela sociedade civil, conforme indicado por Torres (1995) em análise sobre o processo de constituição de consórcios intermunicipais:

> Assim, este tipo de sociedade surgiria a partir da celebração de um contrato entre pessoas jurídicas de direito público (os municípios) e que se obrigariam mutuamente a combinar esforços e recursos para lograr fins comuns, consoante conceito dado pelo artigo 1.363 do Código Civil, certamente desprovidas de atividade comercial, isto é sem fins lucrativos e, uma vez elaborados os seus atos constitutivos, seriam registradas no Registro Civil (artigos 114 e seguintes da Lei nº 6.015/73), nascendo do registro a personalidade jurídica dessas entidades, isto é, aptidão plena para atuar na órbita jurídica e desvinculada juridicamente dos municípios que a criaram. Obviamente não seriam entidades supramunicipais, isto é, acima das entidades municipais que as integram, nem teriam autonomia política, mas sim organizações de auxílio e de cooperação com as unidades políticas que as integram, formulando políticas e diretrizes intermunicipais, gerenciando planos e programas e realizando obras e serviços de interesse intermunicipal, como aliás já vem ocorrendo em várias regiões. (TORRES, 1995)

O objetivo da formação de uma pessoa jurídica justifica-se para que se evitem as burocracias e as amarras administrativas que possuem os entes políticos. Assim, viabiliza-se o planejamento dinâmico, organizado e racional dos escassos recursos municipais.

Destarte, Torres (1995) pontua que, para a participação efetiva da sociedade civil no âmbito dos consórcios, devem ser constituídos mecanismos internos de caráter democrático para o controle pelos municípios. No que tange especificamente ao Conselho Fiscal, o Ministério da saúde (1997) ressalta a necessidade de respeito à separação de poderes:

> O Conselho Fiscal, além de fazer parte das exigências decorrentes da criação da pessoa Jurídica, é o órgão que fiscaliza internamente o consórcio

e, portanto não pode ser integrado pelas mesmas pessoas que autorizam o repasse e a utilizarão de recursos e exercem a fiscalização externa à pessoa jurídica. Assim, o Conselho Fiscal não deve ser integrado por pessoas que pertençam ao Poder Legislativo ou ao Poder Judiciário, tendo em vista a independência dos poderes. Conforme está previsto no Artigo 2º da Constituição Federal [...] são poderes da União, independentes e harmônicos entre si, o Legislativo, o Executivo e o Judiciário. (BRASIL, 1997)

Quanto à composição do quadro de funcionários dos consórcios, mencionam Costa e Ribeiro (1999) que:

> [...] aspectos relacionados à contratação de pessoal costumam ser tratados segundo lógicas do mercado, como no emprego regido por regime CLT, e pagamentos por produtividade não extensivos aos conjuntos dos servidores. De certa forma, a inobservância das disposições jurídicas nos consórcios situa-se no mesmo plano do contratado em outras inovações em gestão – indução do governo federal à gestão semipública no setor da saúde na qual enfraquece pontos de veto tanto na área do Executivo local quanto no Judiciário, apesar dos sucessivos recursos interpostos por sindicatos de servidores públicos. (COSTA; RIBEIRO, 1999)

Trata-se de divergência doutrinária quanto à forma de efetivação do quadro de profissionais. De um lado, há a defesa no sentido de que esses profissionais deverão ingressar por meio de concursos (mesma regra para a Administração Pública) e, de outro, defende-se que a contratação deverá ocorre sob o regime da Consolidação das Leis do Trabalho (CLT). Para dirimir a questão do ponto de vista legal, a Lei nº 11.107/2005, no artigo 6º, §2º, define o que segue:

> O consórcio público, com personalidade jurídica de direito público ou privado, observará as normas de direito público no que concerne à realização de licitação, à celebração de contratos, à prestação de contas e à admissão de pessoal, que será regido pela Consolidação das Leis do Trabalho (BRASIL, 2005)

Não obstante as divergências doutrinárias existentes, os estudos realizados sobre consórcios indicam uma forte efetivação dos programas propostos com um bom resultado, como o aumento dos atendimentos dos níveis terciários à saúde (especializações).

Todavia, cumpre frisar que não existe nenhuma regulação jurídica de natureza legislativa específica para a celebração de consórcios no âmbito da saúde. A legislação de regência refere-se aos consórcios de forma geral e não há dispositivos normativos que considerem especificamente as peculiaridades que o campo da saúde possui.

## CONSIDERAÇÕES FINAIS

Uma vez que os municípios possuem fontes de receita desproporcionais às atribuições executivas de caráter prestacional que a Constituição lhes incumbe, a organização da prestação de serviços públicos municipais sob a forma cooperativa e de modo regionalizado pode ser o caminho para o cumprimento de suas responsabilidades.

Há indícios de que o consórcio administrativo intermunicipal seja mecanismo jurídico apto a equalizar as limitações fáticas para o exercício da competência municipal de saúde, especialmente para superar as limitações orçamentárias.

Diante das características e peculiaridades do direito à saúde, que possui matriz constitucional de natureza social e fundamental e manifesto caráter prestacional, parece conveniente consolidar lei específica que disponha sobre os consórcios de saúde.

## REFERÊNCIAS

BRASIL, 1988. Constituição (1988). *Constituição da República Federativa do Brasil.* Brasília: Senado Federal.

_____. *Lei Federal nº 10.406, de 10 de janeiro de 2002. Código Civil Brasileiro.* Brasília, 2002. Disponível em: http://www.planalto.gov.br/ccivil_03/leis/2002/L10406compilada. htm#:~:text=LEI%20N%20o%2010.406%2C%20DE%2010%20DE%20JANEIRO%20

**3.6** | *O consórcio intermunicipal como mecanismo de solução*
Barros | Khamis |

DE%202002&text=Institui%20o%20C%C3%B3digo%20Civil.&text=Art.,e%20deve-res%20na%20ordem%20civil. Acesso em: 20 set. 2020.

_____. *Lei Federal sob nº 11.107, de 6 de abril de 2005.* Brasília, 2005. Disponível: em: http://www.planalto.gov.br/ccivil_03/_Ato2004-2006/2005/Lei/L11107.htm. Acesso em: 20 set. 2020.

CARVALHO, G. I de & SANTOS, L. *Sistema Único de Saúde: comentários à Lei Orgânica da Saúde (Lei n.º 8.080/90 e Lei n.º 8.142/90),* 2ª edição, atualizada e ampliada. São Paulo: Hucitec, 1995.

COSTA, N. R. Do & RIBEIRO, J. M. *Consórcios Municipais.* Texto para Discussão nº 669. ISSN 1415 – 4765, 1999.

E.N de C, & RABELLO, M. C. G. *Administração por Convênios, um instrumento gerencial de Políticas. Uma Análise dos convênios da secretaria de Estado da Saúde de São Paulo, Brasil – 1987.* Rev. Saúde Pública, São Paulo, 22:150-8, 1988.

IBGE (Fundação Instituto Brasileiro de Geografia e Estatística). *Anuário Estatístico do Brasil,* v. 56. Rio de Janeiro: IBGE, 1996.

KHAMIS, R. B. M. *Os Municípios inviáveis e a proteção Federativo-Constitucional.* Rev. Direitos fundam. Democ., v. 22, n. 3, pp. 150-168. ISSN 1982-0496, 2017.

LIMA, A. P. G. De. *Os Consórcios Intermunicipais de Saúde e o Sistema Único de Saúde.* Departamento de Ciências Sociais, Escola Nacional de Saúde Pública, Fundação Oswaldo Cruz. 2010. Disponível em: https://www.scielosp.org/article/csp/2000. v16n4/985-996/. Acesso em 20 de setembro de 2020.

_____. 1998. *Os Consórcios Intermunicipais de Saúde e o Sistema Único de Saúde.* Dissertação de Mestrado, Rio de Janeiro: Escola Nacional de Saúde Pública, Fundação Oswaldo Cruz.

MEIRELLES, H. L. *Direito administrativo brasileiro.* 7.ª ed. São Paulo, Ed. Revista dos Tribunais, 1979.

MENDES, E. V. *Uma Agenda para a Saúde.* São Paulo: Editora Hucitec, 1996.

NEVES, L. A. *Consórcios de Saúde: estudo de caso exitoso.* Cad. Saúde Pública, vol. 22 n. 10 Rio de Janeiro, 2006. Disponível em: https://www.scielo.br/scielo.php?pid=S01023 11X2006001000027&script=sci_arttext&tlng=pt. Acesso em 20 de setembro de 2020.

REZENDE, F. *Federalismo Fiscal no Brasil.* Revista de Economia Política, v. 15, n. 3 (59), 1995.

SILVA, J. A. Da. *Curso de direito constitucional positivo.* 25ª ed. São Paulo: Malheiros, 2005.

TORRES, L. A. G., 1995. *Consórcio Intermunicipal: Estudos, Pareceres e Legislação Básica. Informativo Jurídico do Centro de Estudos e Pesquisas de Administração Municipal* (CEPAM) nº 11. São Paulo: CEPAM/Fundação Prefeito Faria Lima.

VIANNA, A. L., 1996. SUS: *Entraves à descentralização e propostas de mudança. In: Federalismo no Brasil. Descentralização e Políticas Sociais* (R. B. A. Affonso & P. L. B. Silva, org.), pp. 269-295, São Paulo: Fundação de Desenvolvimento Administrativo.

# 3.7

# Paradigmas internacionais para a proteção da saúde dos trabalhadores portuários

*CELSO RICARDO PEEL FURTADO DE OLIVEIRA*

*MARCELO LAMY*

## INTRODUÇÃO

A ORGANIZAÇÃO Internacional do Trabalho (OIT) foi criada em 1919 pelo Tratado de Versalhes (o mesmo que colocou um fim oficial à Primeira Guerra Mundial), em virtude do entendimento (acertado) de que a paz mundial só seria possível com justiça social.

Depois do término da Segunda Guerra Mundial, em 1945, e da criação da Organização das Nações Unidas (ONU), a OIT passou a ser a primeira agência especializada da ONU, voltada para a promoção da justiça social e para o reconhecimento internacional de direitos humanos trabalhistas.

Desde então, quando se fala em meio ambiente de trabalho, temos que falar da OIT. A ideia de proteção à saúde do trabalhador surgiu efetivamente pelo trabalho da organização, por meio da sistematização e da conquista de normas jurídicas internacionais.

A ideia de que trabalho não é mercadoria é o princípio basilar de Direito internacional do Trabalho, como consta da Constituição da OIT e da Declaração da Filadélfia. A proteção da saúde do trabalhador, por sua vez, constitui uma das centralidades do Direito Internacional do Trabalho. Almeja-se a virada de paradigma do trabalhador precisando adaptar-se à máquina para a máquina passando a adaptar-se ao trabalhador[1].

---

1. Paralelamente, a evolução dos direitos humanos trouxe a pessoa humana para a centralidade do sistema jurídico mundial e interno de cada país, especialmente no processo denominado neoconstitucionalismo. A centralidade da dignidade humana nas Constituições contemporâneas

**3.7** | *Paradigmas internacionais para a proteção da saúde dos trabalhadores portuários*
Oliveira | Lamy |

Por outro lado, a indústria portuária, em contínua revolução com a introdução de contêineres e sistemas *roll-on/roll-off* e com técnicas cada vez mais sofisticadas para aumentar a capacidade de movimentação de carga e descarga, renova continuamente os riscos para a saúde do trabalhador.

Por essa razão, a OIT conquistou a aprovação de diversas normas internacionais (voltadas a todos os trabalhadores ou a classes específicas de trabalhadores) de proteção da saúde dos trabalhadores, que garantem, de forma efetiva, que o direito à saúde não ceda às conveniências econômicas ou políticas, especialmente às momentâneas.

### 3.7.1. STATUS CONSTITUCIONAL OU SUPRALEGAL DOS TRATADOS DE DIREITOS HUMANOS E DAS CONVENÇÕES DA OIT

Com a aprovação da Emenda Constitucional n° 45/2004, que acrescentou o §3° ao artigo 5° da Constituição Federal[2], passaram a ter status jurídico equivalente ao de emenda constitucional os tratados internacionais de direitos humanos aprovados pelas duas casas legislativas com quórum qualificado de três quintos, em duas votações em cada casa e ratificado pelo Presidente da República.

Entretanto, existiam vários tratados aprovados antes da entrada em vigor da EC n° 45/2004, o que levou à discussão de qual seria o status desses tratados, uma vez que, repita-se, não tinham sido aprovados com o quórum qualificado para a aprovação de emenda constitucional.

A questão jurídica foi solucionada pelo Pleno do STF, em 2008, no julgamento do RE n° 466.343/SP, quando a Suprema Corte reconheceu que os tratados de direitos humanos valem no mínimo mais do que a lei ordinária. Com efeito, a tese vencedora, defendida pelo Ministro Gilmar Mendes, consagrou o valor supralegal dos tratados de direitos humanos

---

fez com que a proteção à saúde, a proteção à saúde do trabalhador fosse erigida como princípio constitucional.

2. Art 5°. [...] § 3°. Os tratados e convenções internacionais sobre direitos humanos que forem aprovados, em cada Casa do Congresso Nacional, em dois turnos, por três quintos dos votos dos respectivos membros, serão equivalentes às emendas constitucionais. (BRASIL, 1988).

quando eles não forem aprovados pelo *quorum* qualificado do §3º do artigo 5º do texto constitucional.

De qualquer forma, as convenções internacionais com conteúdo de direitos humanos, uma vez internalizados, em razão da sua natureza constitucional (se aprovado no procedimento do §3º) ou supralegal (na óptica do RE nº 466.343/SP), operam a consequente supressão de efeitos de quaisquer outros atos estatais infraconstitucionais anteriores, se contraditórios. Por consequência, operam também a barreira à produção de quaisquer novos atos administrativos ou legislativos que contradigam esse tipo de normativa.

As normas jurídicas internacionais relacionadas ao direito ao trabalho e ao repouso, editadas pela OIT são normas de "direitos humanos sociais", o que é reconhecido expressamente nos artigos 23 e 24 da Declaração Universal dos Direitos Humanos de 1948, aprovada pela Assembleia da Organização das Nações Unidas[3].

Os direitos humanos sociais (como o direito do trabalho) realmente são tão direitos humanos como os civis e políticos e merecem a mesma proteção e o reconhecimento da mesma hierarquia (constitucional ou supralegal, como vimos).

Assim, a aplicação dos tratados internacionais que envolvam direitos humanos sociais e tenham sido internalizados se impõe contra toda a legislação infraconstitucional que colidir com as suas disposições, princípios e regras.

---

3. "Artigo 23. 1. Toda a pessoa tem direito ao trabalho, à livre escolha do trabalho, a condições equitativas e satisfatórias de trabalho e à protecção contra o desemprego. 2.Todos têm direito, sem discriminação alguma, a salário igual por trabalho igual. 3.Quem trabalha tem direito a uma remuneração equitativa e satisfatória, que lhe permita e à sua família uma existência conforme com a dignidade humana, e completada, se possível, por todos os outros meios de protecção social. 4. Toda a pessoa tem o direito de fundar com outras pessoas sindicatos e de se filiar em sindicatos para defesa dos seus interesses."
"Artigo 24. Toda a pessoa tem direito ao repouso e aos lazeres, especialmente, a uma limitação razoável da duração do trabalho e as férias periódicas pagas."

3.7 | *Paradigmas internacionais para a proteção da saúde dos trabalhadores portuários*
Oliveira | Lamy |

## 3.7.2. CONVENÇÃO 137 DA OIT SOBRE O TRABALHO PORTUÁRIO

A Convenção n° 137 da OIT (aprovada em 1973, na 58ª Conferência Internacional do Trabalho, com vigência no plano internacional a partir de 1975 e, no Brasil, a partir de 1995) trata da necessidade de proteção do trabalho portuário frente à automação. Preocupa-se com a manutenção dos empregos ao estabelecer a prioridade da manutenção dos contratos dos trabalhadores portuários frente aos processos de mecanização e automação dos portos. No caso de alteração do processo de movimentação de cargas e mercadorias, deve o operador portuário, em consequência, dar prioridade à manutenção do vínculo, e não à contratação de trabalhador fora do sistema portuário de utilização de mão de obra.

O ordenamento jurídico interno brasileiro é consentâneo com a diretriz internacional e foi ainda mais longe ao conferir exclusividade aos trabalhadores portuários avulsos registrados no Órgão Gestor de Mão de obra Portuária, na contratação com vínculo de emprego celetista pelo Operador Portuário[4]. A norma jurídica deixa clara a intenção de manutenção dos empregos dos trabalhadores portuários, em face da peculiaridade das atividades no porto e da necessidade do bem-estar físico, mental e psicológico do trabalhador.

## 3.7.3. A CONVENÇÃO N° 152 DA OIT SOBRE SEGURANÇA E SAÚDE NO TRABALHO PORTUÁRIO E A RECOMENDAÇÃO N° 160

As Convenções (n° 155 e n° 197), Recomendações (n° 164) e Protocolos (de 2002) de proteção geral a saúde e segurança de todos os trabalhadores também abrangem o trabalhador portuário. Ocorre que a OIT também editou a Convenção n° 152 e a Recomendação n° 160 sobre a Segurança e Saúde especificamente no Trabalho Portuário.

---

4. Lei n° 12.815/2013: "Art. 40 [...] § 2° A contratação de trabalhadores portuários de capatazia, bloco, estiva, conferência de carga, conserto de carga e vigilância de embarcações com vínculo empregatício por prazo indeterminado será feita exclusivamente dentre trabalhadores portuários avulsos registrados".

A Convenção nº 152 (aprovada pela 65ª Conferência Internacional do Trabalho, com vigência no plano internacional a partir de 1981 e, no Brasil, a partir de 1991), no artigo 1º, define "trabalhos portuários" como "operações de carregamento ou descarregamento de todo navio bem como todas as operações conexas". O artigo 3º estabelece que, para fins da Convenção, o termo "trabalhador" deve ser entendido como "toda pessoa ocupada nos trabalhadores portuários", ou seja, essa condição independe da natureza jurídica do vínculo estabelecido pela prestação de serviços. Podem ser trabalhadores portuários os avulsos, os vinculados (previstos na Lei nº 12.815/2013), os celetistas, responsáveis pela execução de serviços que estejam fora das categoriais diferenciadas (estiva, bloco, conferência, capatazia, concertado e vigia).

Diante da atual discussão de alteração da natureza do vínculo jurídico do trabalhador portuário (com a possibilidade da extinção do trabalhador avulso portuário), a abordagem trazida pela Convenção ganha ainda mais importância. Independentemente da natureza do vínculo, a Convenção precisa continuar a ser aplicada, protegendo os trabalhadores do porto, qualquer que seja a natureza da relação de trabalho desenvolvida ali.

A Convenção traz, de forma cogente, na parte III, que os Estados-membros devem observar de forma obrigatória, com relação à saúde e segurança: o fornecimento e a manutenção de locais de trabalho, equipamentos e métodos de trabalho seguros e sem riscos de lesões à saúde; o fornecimento e a manutenção de meios seguros de acesso a qualquer local de trabalho; o fornecimento de informação, treinamento e supervisão necessários para garantir a proteção dos trabalhadores contra riscos de acidentes ou lesões para a saúde decorrentes do trabalho ou durante ele; o fornecimento aos trabalhadores de qualquer equipamento de proteção individual e roupas de proteção e quaisquer aparelhos salva-vidas razoavelmente necessários quando a proteção adequada contra riscos de acidentes ou lesões não puder ser fornecida por outros meios; o fornecimento e a manutenção de instalações de primeiros socorros e resgate adequados; o

**3.7** | *Paradigmas internacionais para a proteção da saúde dos trabalhadores portuários*
Oliveira | Lamy |

desenvolvimento e o estabelecimento de procedimentos adequados para lidar com quaisquer emergências que possam surgir.

Em termos globais, essa Convenção consagra o princípio da prevenção ao determinar que o trabalho portuário deve ser prestado com segurança e sem risco à saúde do trabalhador. Em sintonia principiológica com isso, a CLT tem um capítulo inteiro sobre Segurança e Medicina no Trabalho, que se aplica aos trabalhadores. Nesse sentido, destaca-se o artigo 157, o qual estabelece que cabe ao empregador cumprir e fazer cumprir as normas de segurança e medicina do trabalho, inclusive instruindo os trabalhadores quanto às precauções, a fim de evitar acidentes do trabalho ou doenças profissionais[5].

Destaca-se, ainda, a peculiaridade do setor: cabe ao órgão de gestão de mão de obra do trabalho portuário, nos termos da Lei n° 12.815/2013, zelar pelas normas de saúde, higiene e segurança no trabalho portuário avulso. Essa responsabilidade deve ser transferida ao operador portuário quando ele contratar diretamente trabalhador portuário, mediante a vinculação[6].

A Convenção n° 152 e a Recomendação n° 160 também foram concretizadas em nosso ordenamento jurídico de modo operacional: pelas Normas Regulamentares, previstas na Portaria n° 3.215/1973 sobre a proteção à saúde e segurança dos trabalhadores portuários. Nesse sentido, a NR-9 e a NR-29 são os principais instrumentos para a garantia das condições de segurança e saúde dos trabalhadores portuários.

A NR-9 se refere ao Programa de Prevenção de Riscos Ambientais (PPRA), cujo objetivo principal é a preservação da saúde e a integridade dos trabalhadores. Deve ser concretizada com a participação dos trabalhadores na sua implantação e execução, pois dependem do respeito às orientações recebidas nos treinamentos oferecidos dentro do Programa

---

5. Art. 157 - Cabe às empresas: I - cumprir e fazer cumprir as normas de segurança e medicina do trabalho; II - instruir os empregados, através de ordens de serviço, quanto às precauções a tomar no sentido de evitar acidentes do trabalho ou doenças ocupacionais; III - adotar as medidas que lhe sejam determinadas pelo órgão regional competente; IV - facilitar o exercício da fiscalização pela autoridade competente. (BRASIL, 1943).
6. Art. 33. Compete ao órgão de gestão de mão de obra do trabalho portuário avulso: [...] V - zelar pelas normas de saúde, higiene e segurança no trabalho portuário avulso; (BRASIL. 1943).

e do fornecimento de informação imediata sobre os incidentes que possam representar risco à saúde dos trabalhadores. A norma estabelece a obrigatoriedade da elaboração e da implementação do PPRA por parte de todos os empregadores e instituições que admitam trabalhadores como empregados, visando à preservação da saúde e da integridade dos trabalhadores, por meio da antecipação, reconhecimento, avaliação e consequente controle da ocorrência de riscos ambientais existentes ou que venham a existir no ambiente de trabalho, em consideração também à proteção do meio ambiente e dos recursos naturais. A NR-29 regula a proteção obrigatória contra acidentes e doenças profissionais e facilita os primeiros socorros a acidentados com vistas a alcançar as melhores condições possíveis de segurança e saúde aos trabalhadores portuários.

As NRs abrangem todos os trabalhadores portuários em operações, tanto a bordo como em terra. Contemplam também os demais trabalhadores que exerçam atividades nos portos organizados e instalações portuárias de uso privativo e retroportuárias, situadas dentro ou fora dessa área

Ressalte-se, ainda, que a Portaria n° 3.214/1978 regulamentou a obrigatoriedade de os empregadores instituírem o Serviço Especializado em Segurança e Saúde no Trabalho Portuário (SESSTP) e a Comissão de Prevenção de Acidentes no Trabalho Portuário (CPATP). O primeiro tem como atribuição a proteção à saúde do trabalhador no ambiente de trabalho portuário, enquanto o segundo tem como objetivo o relato acerca das condições de trabalho, a solicitação de medidas de eliminação dos fatores de risco e a discussão dos acidentes de trabalho na área portuária.

### 3.7.4. CÓDIGO DE PRÁTICA SOBRE SEGURANÇA E SAÚDE NOS PORTOS

A OIT, para atingir o objetivo de justiça social e de reconhecimento dos direitos humanos e trabalhistas, elabora normas internacionais relacionadas ao trabalho na forma de Convenções, Recomendações, Protocolos, Resoluções e Declarações, todas aprovadas pela Conferência

**3.7** | *Paradigmas internacionais para a proteção da saúde dos trabalhadores portuários*
Oliveira | Lamy |

Internacional do Trabalho, órgão de cúpula com formação tripartite, isto é, com representantes dos Estados, dos Empresários e dos Trabalhadores.

As convenções e os protocolos são tratados internacionais que podem adquirir efeito vinculante internacional para o Estado-membro quando ratificados e efeito vinculante nacional quando internalizados. As Recomendações (não sujeitas à ratificação) não têm caráter vinculante imediato e costumam ter a finalidade de complementar uma Convenção, estabelecendo a forma, os modos, os mecanismos de seu cumprimento, apresentando orientações para as políticas públicas dos Estados-membros. As Resoluções, que não estão sujeitas à ratificação–e abrangem os Códigos de Prática, têm por objetivo orientar de modo geral os Estados-membros e a própria OIT em matérias específicas. As Declarações, em regra, são as normas que estabelecem os princípios gerais de direito internacional.

Já destacamos as convenções e as recomendações, as quais nos parecem as mais relevantes para o tema (saúde do trabalhador portuário). Cumpre destacar também o Código de Prática sobre Segurança e Saúde nos Portos, além de duas declarações: a Declaração relativa aos Princípios e Direitos Fundamentais no Trabalho (1998) e a Declaração sobre a dimensão de Justiça Social numa Globalização Equitativa (2008).

A OIT edita códigos setoriais com a finalidade de estabelecer princípios orientadores aos Estados-membros e à própria organização, no que tange à elaboração de políticas públicas e à regulação destas em setores econômicos específicos. Os códigos setoriais são aprovados em reuniões de especialistas das respectivas áreas, considerando necessidades específicas do setor em questão e com representação de governos, empregadores e trabalhadores, dentro do princípio basilar da OIT de a discussão envolver todos os atores sociais.

Dentre os códigos setoriais, destacamos um, relacionado à atividade dos portos, que foi revisto na reunião de peritos realizada em 2016: o Código de Prática sobre Segurança e Saúde nos Portos. O texto revisa a edição de 2005, que já havia substituído duas publicações anteriores, Guia de Segurança e Saúde no Trabalho Portuário (1976) e Segurança e Saúde no Trabalho Portuário (1977), e atende o anseio dos atores sociais em razão da modernização e da alteração da operação portuária.

O Código de Prática da área portuária tratou de estabelecer as diretrizes de proteção à saúde do trabalhador portuário que devem ser observadas pelos operadores portuários na movimentação de cargas e mercadorias.

Ainda que esse código não tenha efeito vinculante imediato (como têm os tratados ratificados e internalizados), por ser uma regulamentação da Convenção nº 152 e Recomendação nº 160 sobre a matéria, goza de efeito vinculante mediato e deve ser cumprido por todos os atores sociais envolvidos. Ademais, sempre pode ser considerada materialmente vinculante toda norma da OIT, independente de ser formalmente vinculante ou não – por visar cumprir a nobre finalidade do Direito do Trabalho e da própria instituição centenária, qual seja, o desenvolvimento da melhoria da condição o social do trabalhador (no caso específico, do trabalhador portuário).

### 3.7.5. O PRINCÍPIO DA PREVENÇÃO DA PROTEÇÃO À SAÚDE

O arcabouço jurídico internacional (notadamente a Convenção nº 152, a Recomendação e o Código de Prática sobre Segurança e Saúde nos Portos) e nacional (notadamente as Normas Regulamentares da Portaria nº 3.214/1978) permite-nos afirmar que existe normatização suficiente para garantir a proteção à saúde dos trabalhadores portuários. Ocorre que essas normativas não produzirão o efeito devido se não forem lidas pelo viés de seu princípio inspirador: o princípio da prevenção.

O empregador é responsável pela manutenção de um ambiente sadio que garanta a segurança no ambiente de trabalho e preserve a saúde do trabalhador. Existindo norma jurídica que determine as medidas de prevenção a serem adotadas pelo empregador, este deve responder de forma

**3.7** | *Paradigmas internacionais para a proteção da saúde dos trabalhadores portuários*
Oliveira | Lamy |

objetiva por eventuais danos à saúde dos trabalhadores portuários em caso de violação das medidas de prevenção.

O princípio da prevenção encontra-se previsto de forma genérica no artigo 225 da Constituição Federal, é aplicável ao meio ambiente de trabalho e estabelece o dever de cautela em razão de riscos ao ambiente de trabalho conhecidos, ao impor condicionante ao empregador em razão de riscos conhecidos, com a finalidade de impedir eventuais danos à saúde do trabalhador[7]. Entretanto, independentemente da aplicação desse dispositivo (artigo 225), a aplicação do princípio da prevenção também resulta do artigo 7º, XXII, da Carta Magna, pois nele está disposto que o empregador deve tomar as medidas necessárias que visem à redução ou à eliminação total dos riscos afetos ao meio ambiente de trabalho[8].

A aplicação do princípio da prevenção traz a inversão do ônus da prova, cabendo ao empregador o ônus de provar que adotou todas as medidas e, por isso, não existe o nexo causal ensejador da responsabilidade objetiva.

## CONSIDERAÇÕES FINAIS

Desde a criação da OIT, considerando o princípio basilar da organização, sobre o trabalho não ser mercadoria, a proteção à saúde do trabalhador ganhou centralidade na sistematização do direito internacional do trabalho. O neoconstitucionalismo consolidou, de forma paralela, a centralidade dos direitos humanos, da proteção à dignidade da pessoa humana, da proteção à pessoa humana, da proteção à saúde do trabalhador.

As normas jurídicas internacionais da OIT possuem natureza jurídica de normas de direitos humanos sociais que garantem de forma genérica a proteção à saúde do trabalhador e, de forma específica, a proteção à saúde

---

7. Art. 225. Todos têm direito ao meio ambiente ecologicamente equilibrado, bem de uso comum do povo e essencial à sadia qualidade de vida, impondo-se ao Poder Público e à coletividade o dever de defendê-lo e preservá- lo para as presentes e futuras gerações.

8. Art. 7º São direitos dos trabalhadores urbanos e rurais, além de outros que visem à melhoria de sua condição social: [...] XXII - redução dos riscos inerentes ao trabalho, por meio de normas de saúde, higiene e segurança;

do trabalhador portuário, inclusive mediante a adoção do princípio da prevenção contra acidentes de trabalho e doenças ocupacionais.

O princípio da prevenção traz a inversão do ônus da prova e a responsabilidade objetiva (sem a necessidade da demonstração da culpa) do empregador ou do gestor de mão de obra da área portuária caso contrarie ou não observe (pela simples omissão, por exemplo) as normas jurídicas de prevenção traduzidas sobre o tema no arcabouço internacional e nacional.

O fato de esses direitos terem sido reconhecidos formalmente como direitos humanos pela ONU, pela OIT, pela Constituição e pelas normas infralegais faz com que eles não sejam mais sujeitos a suspensões ou alterações momentâneas ou ocasionais, mesmo que decorrentes de políticas nacionais. Impede-se, assim, que seja alterado o processo civilizatório de desenvolvimento de uma sociedade centrada na proteção à dignidade humana.

## REFERÊNCIAS

BRASIL. CONGRESSO NACIONAL. *Lei n° 12.815/2013*. Dispõe sobre a exploração direta e indireta pela União de portos e instalações portuárias e sobre as atividades desempenhadas pelos operadores portuários; altera as Leis nºs 5.025, de 10 de junho de 1966, 10.233, de 5 de junho de 2001, 10.683, de 28 de maio de 2003, 9.719, de 27 de novembro de 1998, e 8.213, de 24 de julho de 1991; revoga as Leis nºs 8.630, de 25 de fevereiro de 1993, e 11.610, de 12 de dezembro de 2007, e dispositivos das Leis nºs 11.314, de 3 de julho de 2006, e 11.518, de 5 de setembro de 2007; e dá outras providências. Disponível em: http://www.planalto.gov.br/ccivil_03/_ato2011-2014/2013/lei/l12815.htm. Acesso em: 05 jan. 2021.

_____. *Constituição da República Federativa do Brasil de 1988*. Disponível em: http://www.planalto.gov.br/ccivil_03/constituicao/constituicao.htm. Acesso em: 05 jan. de 2021.

_____. MINISTÉRIO DO TRABALHO. *NR n° 29 - Norma Regulamentadora de Segurança e Saúde no Trabalho Portuário - Portaria SSST nª 53, de 17 de dezembro de 1997*. Disponível em: https://www.gov.br/trabalho/pt-br/inspecao/seguranca-e-saude--no-trabalho/normas-regulamentadoras/nr-29.pdf. Acesso em: 05 jan. de 2021.

_____. MINISTÉRIO DO TRABALHO. *NR n° 9 - Programa de Prevenção de Riscos Ambientais*. Portaria n° 3.214, de 08 de junho de 1978. Disponível em: https://www.

### 3.7 | *Paradigmas internacionais para a proteção da saúde dos trabalhadores portuários*
Oliveira | Lamy

pncq.org.br/uploads/2016/NR_MTE/NR%209%20-%20PPRA.pdf. Acesso em: 05 jan. 2021.

_____. MINISTÉRIO DO TRABALHO. *Portaria MT n° 3.214, de 8 de junho de 1978*. Aprova as Normas Regulamentadoras - NR - do Capítulo V, Título II, da Consolidação das Leis do Trabalho, relativas a Segurança e Medicina do Trabalho. Disponível em: https://www.camara.leg.br/proposicoesWeb/prop_mostrarintegra ;jsessionid=9CFA236F73433A3AA30822052EF011F8.proposicoesWebExterno1?codt eor=309173&filename=LegislacaoCitada+-INC+5298/2005. Acesso em: 05 jan. 2021.

_____. PRESIDÊNCIA DA REPÚBLICA. *Decreto-Lei n° 5.452, de 1° de maio de 1943*. Aprova a Consolidação das Leis do Trabalho. Disponível em: http://www.planalto. gov.br/ccivil_03/decreto-lei/del5452.htm. Acesso em: 05 jan. 2021.

_____. SUPREMO TRIBUNAL FEDERAL. *Recurso Extraordinário 466.343-SP*, rel. Min. Cezar Peluzo. Disponível em: http://www.stf.jus.br/imprensa/pdf/re466343.pdf. Acesso em: 05 jan. de 2021.

LAMY, Marcelo. *Metodologia da Pesquisa: técnicas de investigação, argumentação e redação*. 2ª ed. rev. atual. e ampl. São Paulo: Matrioska Editora, 2020.

ORGANIZAÇÃO DAS NAÇÕES UNIDAS. *Declaração Universal dos Direitos Humanos – 1948*. Disponível em: https://www.ohchr.org/en/udhr/documents/udhr_translations/por.pdf. Acesso em: 06 jan. 2021.

ORGANIZAÇÃO INTERNACIONAL DO TRABALHO. *Código de Prática sobre Segurança e Saúde nos Portos*. Disponível em: https://www.ilo.org/wcmsp5/groups/public/--ed_dialogue/---sector/documents/normativeinstrument/wcms_546259.pdf. Acesso em: 06 jan. 2021.

_____. *Convenção n° 137 sobre Trabalho Portuário*. Disponível em: https://www.ilo.org/ brasilia/convencoes/WCMS_235871/lang--pt/index.htm. Acesso em: 06 jan. 2021.

_____. *Convenção n° 152 sobre Segurança e Higiene dos Trabalhos Portuários*. Disponível em: https://www.ilo.org/brasilia/convencoes/WCMS_236161/lang--pt/index.htm. Acesso em: 06 jan. 2021.

_____. *Normas Internacionais do Trabalho*. Disponível em: https://www.ilo.org/brasilia/temas/normas/lang--pt/index.htm. Acesso em: 06 jan. 2021.

_____. *Recomendação n° 160 sobre Segurança e Higiene dos Trabalhos Portuários*. Disponível em: https://www.ilo.org/dyn/normlex/es/f?p=NORMLEXPUB:12 100:0::NO:12100:P12100_INSTRUMENT_ID:312498:NO. Acesso em: 06 jan. 2021.

PIOVESAN, Flávia. *A Universalidade e a Indivisibilidade dos Direitos Humanos: Desafios e Perspectivas*. Rio de Janeiro: Renovar, 2004.

TRINDADE, Antônio Augusto Cançado. *A Proteção Internacional dos Direitos Humanos*. São Paulo: Saraiva, 1991.

VILLATORE, Marco Antônio César (Org.); PIOVESAN, Flávia (Org.). *Organização Internacional do Trabalho – Convenções Sobre Direitos Humanos da Organização Internacional do Trabalho*. São Paulo: DPJ Editora, 2007.

Impressão e Acabamento:

Fones: (11) 3951-5240 | 3951-5188 | 3966-3488
E-mail: atendimento@expressaoearte.com
www.graficaexpressaoearte.com.br